纳税、避税与反避税

Taxpaying,
Tax Avoidance
& Anit-Tax Avoidance

【第五版】

主编　刘李胜　刘隽亭

西南财经大学出版社

图书在版编目(CIP)数据

纳税、避税与反避税/刘李胜,刘隽亭主编.—成都:西南财经大学出版社,2012.3

ISBN 978 - 7 - 5504 - 0503 - 5

Ⅰ.①纳… Ⅱ.①刘…②刘… Ⅲ.①税收管理—基本知识—中国②避税—基本知识—中国 Ⅳ.①F812.423

中国版本图书馆 CIP 数据核字(2011)第 258223 号

纳税、避税与反避税

主编:刘李胜　刘隽亭

责任编辑:孙　婧

助理编辑:王旭中

封面设计:杨红鹰

责任印制:封俊川

出版发行	西南财经大学出版社(四川省成都市光华村街55号)
网　　址	http://www.bookcj.com
电子邮件	bookcj@foxmail.com
邮政编码	610074
电　　话	028 - 87353785　87352368
印　　刷	四川森林印务有限责任公司
成品尺寸	185mm×260mm
印　　张	18.5
字　　数	420 千字
版　　次	2012 年 3 月第 5 版
印　　次	2012 年 3 月第 1 次印刷
印　　数	1—4000 册
书　　号	ISBN 978 - 7 - 5504 - 0503 - 5
定　　价	33.80 元

前 言

税收作为国家参与社会产品分配的手段，与纳税人密切相关。税收政策的制定，不仅影响着社会经济发展的速度，也直接或间接地影响社会的和谐。从纳税人的角度看，税款的征收无论怎样公平、公正、合理，在一定程度上都是纳税人的直接经济利益损失，减轻或免除税负自然成为纳税人的诉求。因此，纳税与征税、避税和反避税在国家或地区税收征管中一直是紧密相连的一场博弈。

影响企业税收负担的原因很多，包括企业所在国的产业政策、所处地区劳动力价格、所产出产品的优劣、企业营销策略、融资方式和投资方案等。因此，一个成功的企业要降低本企业的税收成本，仅仅注意经营过程中避免额外税收负担是不够的，必须在企业决定所有经营策略之前.就对该问题加以考虑，也就是要与企业经营策略同步进行。尤其是在市场竞争日益激烈的今天，通过税收规划和税收风险控制有效降低税收负担，往往能成为企业竞争成功的关键。

纳税人减轻税负的方法五花八门，概括起来无非是逃避税款缴纳和避税。在中国税收法制日臻完善的情况下，逃避税款缴纳这种行为，因为触犯国家法律，已经为企业经营者所弃用，税收筹划—避税成为企业必然的选择。随着中国市场经济的逐步发展，经济对外合作力度的不断加大，国外投资者和中国的一些企业的避税问题也日益突出，并严重影响了中国的利益，已经引起了中国政府的高度重视，中国政府已经将反避税工作作为近年税收工作的重点。这具体体现在：一是《中华人民共和国税收征管法》、《中华人民共和国企业所得税法》等税收法律、法规中分别加入了反避税的章节和条款；二是根据国际惯例和中国的具体情况，我国专门成立了反避税机构具体督导中国反避税工作。

避税和反避税作为纳税人与税收征管部门之间无法回避的主题将长期存在于各国的经济生活中。在经济全球化的挑战下，企业在市场竞争中的经营风险不断加大，最大限度地控制和降低税务风险，是企业在市场竞争中立于不败之地的基本需要和必备条件。公平税负，正确处理好税收收入和依法治税的关系，用税收政策促进经济发展，引导产业进步，也是税务机关的责任。企业要客观看待避税的作用，在避税过程中不要被短期的避税利益所吸引，触犯法律。如何合理控制和降低自身税负，同时又不违反国家的税收法律，是企业将要面临的重要挑战。

由刘李胜、刘隽亭主编的《纳税、避税与反避税》，因其简明、全面、实用的风格，受到广大读者的欢迎，已经四次修订再版。前四次的修订中，刘隽亭教授做了很多工作。考虑到近几年来我国税法经历较大的修订和调整，这次由刘李胜教授主持做了第五次全面的修订；由丁淑芬总纂并对第六章进行了修改和补充；由丁淑芬、马万信、许振玲、刘铮、汤国明担任副主编；周维、吕冠男、刘李红、李明磊、刘芮华、苑苑、张可、杜宇、王莉、舒学健、朱山、吴亮、李斌、卢星、关书宾等参加编写工作；丁淑芬负责思考题的编写。本书作为高等学校、机关和企事业单位的教材及参考书，得到了许多优秀教师的极大认同和支持，受到许多国内外专家、学着、企业家、税务人员的重视和喜爱。在本书的修订和编著中，我们参考了大量文献资料和最新研究成果，在此向这些作者和所有者表示衷心的感谢。

作者

2011 年 10 月

目 录

第一章 中国现行税收制度

第一节 中国税制改革概述

我国改革开放三十多年来，税制改革总是与经济体制改革发展相联系的。它已经成为我国促进经济体制改革，推动经济发展的不可缺少的手段。纵观中国的税制改革历程，大致包括四个阶段。

第一阶段是 1978 年到 1982 年。这是中国改革开放以后税制改革的酝酿与起步阶段。这一时期，中国的税制改革取得了第一次全面重大突破。一是适应中国对外改革开放的需要，初步建立了涉外税收制度。1979 年先行一步改革的涉外税制主要包括：在货物和劳务税方面，暂时沿用 1958 年实施的《中华人民共和国工商统一税条例（草案）》，对涉外企业销售收入和货物征收工商统一税；在财产税方面则沿用 1951 年公布的《城市房地产税暂行条例》和《车船使用牌照税暂行条例》，对涉外企业的房产和车辆征税；在企业所得税上则积极开展立法工作。1980 年先后颁布了《中华人民共和国中外合资经营企业所得税法》、《中华人民共和国个人所得税法》及其实施细则。1981 年则颁布了《中华人民共和国外国企业所得税法》。据此包括货物和劳务税、所得税和财产税在内的一套比较完整的涉外税收制度建立起来。二是根据国内经济发展的实际情况，积极开展国内税制改革研究与试点。在货物和劳务税上，在对商品销售、劳务服务征收工商税时，提出将工商税按照性质划分为产品税、增值税、营业税和盐税四个税种的构想，并扩大了工商税的征税项目。在所得税上，将改革的中心定为国有企业利改税，对国有企业征收所得税。在其他税种上，恢复和开征包括城市房地产税、车船使用牌照税、印花税等一些地方税种，并将国有企业缴纳的固定资产占用费改为固定资产税。这期间颁布的一系列改革措施、政策为后来的税制改革打下了坚实的基础。

第二个阶段是 1983 年到 1993 年。这是中国改革开放以后税制改革全面展开的阶段。一是实行工商税收制度的全面改革。其一，包括：1984 年国务院发布了《中华人民共和国产品税条例（草案）》、《中华人民共和国增值税条例（草案）》、《中华人民共和国盐税条例（草案）》、《中华人民共和国营业税条例（草案）》、《中华人民共和国资源税条例（草案）》和《国营企业调节税征收办法》，根据国务院颁布的税收法规，同年财政部颁布了相应的实施细则。1985 年国务院发布《中华人民共和国城市维护建设税暂行条例》，1986 年发布了《中华人民共和国房产税暂行条例》、《中华人民共和国车船使用税暂行条例》，1988 年发布了《中华人民共和国印花税暂行条例》、《中华人民共和国城镇土地使用税暂行条例》。其二，在颁布上述工商税收制度的法律后，对增值税、产品税、营业税、资源税在征税范围、税目、税率、计税方法和征税管理方面不断完善。二是完善所得税制度。包括 1984 年《中华人民共和国国营企业所得税条例（草案）》、1985 年《中华人民共和国集体企业所得税暂行条例》、1986 年《中华人民共和国城乡个体工商业户所得税暂行条例》、《中华人民共和国个人收入调节税暂行条例》、1988 年《中华人民共和国私营企业所得税暂行条例》、1991 年《中华人民共和国外商投资企业和外国企业所得税法》，将《中华人民共和国中外合资经营企业所得税法》和《中华人民共和国外国企业所得税法》统一。三是调节投资和消费的税收措施。包括 1983 年国务院发布《建筑税征收暂行办法》，开征建筑税。1991 年国务院发布《中华人民共和国固定资产投资方向调节税暂行条例》，自 1991 年开始实行，《建筑税征收暂行办法》同时废止。四是开征奖金税和工资调节税。1984 年国务院发布《国营企业奖金税暂行规定》，1985 年又先后发布了《集体企业奖金税暂行规定》、《事业单位奖金税暂行规定》，开始对超限额发放的奖金征税。五是为保护耕地资源，1987 年国务院发布了《中华人民共和国耕地占用税暂行条例》。六是开征了特别消费税和筵席税。

第三阶段是 1994 年到 2000 年。这是中国改革开放以后税制改革的深化阶段。从 1994 年起全面推行新税制，初步建立了适应社会主义市场经济体制需要的新税制。在流转税方面规定改革后流转税由增值税、消费税和营业税组成。在工业生产领域和批发、零售商业普遍征收增值税，对少量消费品征收消费税，对不实行增值税的劳务和销售不动产征收营业税。1993 年国务院发布了《中华人民共和国增值税暂行条例》、《中华人民共和国消费税暂行条例》、《中华人民共和国营业税暂行条例》。在所得税上：一是从 1994 年起统一内资企业所得税。1993 年国务院发布了《中华人民共和国企业所得税暂行条例》，同时废止《中华人民共和国国营企业所得税条例（草案）》、《中华人民共和国集体企业所得税暂行条例》、《中华人民共和国私营企业所得税暂行条例》和《国营企业调节税征收办法》。二是统一个人所得税制度。1993 年全国人大颁布了《关于修改〈中华人民共和国个人所得税法〉的决定》，并于 1994 年起实行，1994 年国务院发布《中华人民共和国个人所得税法实施条例》，同时宣布废止《中华人民共和国个人收入调节税暂行条例》和《中华人民共和国城乡个体工商业户所得税暂行条例》。其他税种：一是发布《中华人民共和国资源税暂行条例》，同时宣布废止《中华人民共和国资源税条例（草案）》和《中华人民共和国盐税条例（草案）》；二是发布《中华人民共和国土地增值税暂行条例》。根据国务院颁布的税收法规，同年财政部颁布了相应的实施细则。根据全国人大常委会的规定，1994 年国务院发布了《关于外商投资企业和外国企业适用增值税、消费税、营业税等税收暂行条例有关问题的通知》，指出除适应上述条例外还适用土地增值税、资源税、印花税、城市房地产税等暂行条例；同时对外资企业由于税制改革提高的税负给予了妥善解决的方法。由此适应社会主义市场经济体制要求的新税制体系初步形成。

第四阶段是 2001 年到 2010 年。这是中国改革开放以后税制改革的完善阶段，改革的目标是建立适应完善的社会主义市场经济体制税收制度。2001 年以后，中国为完善社会主义市场经济的需要，在农村税费改革、货物和劳务税改革、所得税改革、财产税改革，取得了一系列改革。一是货物和劳务税。增值税转型改革从 2004 年起在东北三省实行，从 2007 年、2008 年继续扩大范围开始，2008 年国务院公布修订《中华人民共和国增值税暂行条例》以后，自 2009 年起在全国所有地区、所有行业进行增值税转型改革，允许企业抵扣新购入设备所含的增值税。完善消费税。从 2006 年起，开始调整部分税目、税率。营业税：2008 年国务院公布修订了《中华人民共和国营业税暂行条例》，从 2009 年开始实行。企业所得税：合并内资企业所得税与外资企业所得税。2007 年第十届全国人大个人第 5 次会议通过了《中华人民共和国企业所得税法》，并从 2008 年 1 月 1 日起执行。个人所得税：中国从 2005 年起到 2011 年先后 4 次修改所得税法，从 2011 年 9 月 1 日起，将个人所得税的起征点从 2 000 元提高到 3 500 元 。农村税费改革，废止农业税。从 2001 年开始，国家开始农村税费改革，2002 年开始税费改革全面试推行。2005 年全国人大常委会通过了关于废止《中华人民共和国农业税条例》的决定，从 2006 年开始废止农业税。

2011 年后税制改革的目标是，适应新的形势需要，建立起符合社会主义市场经济体制要求的科学的税制体系。重点解决合理调整税负，优化税制结构，完善各个税种包括考虑开征物业税、社会保障税，从而建立起符合社会主义市场经济体制要求的、符合国际惯例的税收制度。有关的课题讨论已经列上日程。相信我国新阶段的税制改革必将根据经济社会发展的需要取得丰硕的成果。

第二节　税收概念及一般特征

一、税收定义

税收是国家为实现其职能，凭借其政治权力，按照法定标准，依法参与单位和个人的财富分配，强制、无偿取得财政收入的一种形式，是国家凭借政治权力参与国民收入分配和再分配形成的一种特定分配关系。此定义包含以下内容：

（一）税收是国家取得财政收入的一种基本方式

税收是为实现国家的职能和任务服务的，这是所有国家税收的共性。历史上的任何一个国家（地区），不论其性质如何，为了维持自身的存在和发展，都必须耗用一定的物质和资金，因而必须采用适当的方式取得财政收入。税收就是在一定的经济条件下取得财政收入的一种方式。

（二）国家征税凭借的是政治权力

征税主体是国家，国家征税凭借的是政治权力。国家取得任何一种财政收入，总是要凭借国家的某种权力。而政治权力是国家权力，是在一种可以超越所有权让，向纳税人实施强制、无偿征收的一种权力，也就是这种政治权力，才使得税收具有强制性和无偿性的特征。

（三）税收必须借助法律形式进行

国家凭借政治权力把劳动者创造的一部分产品用税收的形式集中到国家手中，必须按照法定的标准进行。只有通过法律形式，才能使强制合法进行，才能规范和协调征纳双方的权利义务关系。

（四）国家征税的目的是满足社会公共需要

国家通过征税参与社会产品和国民收入额分配，把一部分社会产品或国民收入强制性地转化为国家所有，然后根据国家的意志支配、使用，以满足社会公共需要。

二、税收的基本特征

税收作为国家凭借政治权力进行的特殊分配，作为国家取得财政收入的一种特殊方式，具有某些显著的特征。这些特征是税收区别于其他财政收入方式的基本标志。

（一）强制性

国家征税是通过颁布法律、法令，凭借政治权力强制征收，任何单位和个人都必须依法遵守，否则会受到法律的制裁。国家为了征税，要制定一系列税收法律和法令，并纳入国家法律体系的组成部分。国家为了保证税法的贯彻与实施，在宪法和有关法律中都有税收条款。例如，中国宪法中就明确规定"中华人民共和国公民有依照法律纳税的义务"。《中华人民共和国刑法》修改后在第二编第三章第六节里规定了"危害税收征管罪"（第二百零一条至第二百一十二条）。可见，纳税是纳税人必须履行的法定义务，不以纳税人的意志为转移。

（二）无偿性

税收的无偿性是就具体的征税过程来说的，表现为国家作为统治阶级的代表，征税以后税款即为国家所有，并不存在对纳税人的偿还问题。对具体纳税人来说，纳税后并未取得任何报酬。从此意义上来说，税收不具有偿还性和返还性，是无偿的。但是从财政活动的整体过程看，税收取之于民，用之于民，政府征收的税款必须用于对公共社会提供公共物品和社会服务。从这方面来说，税收的无偿性又是相对的。税收无偿性的性质在一定范围和程度上，对改变社会财富分配的不合理状况，贯彻国家各项方针、政策起到了重要的作用。税收的无偿性是税收的其他特性的基础，因为只有无偿征收，才能体现国家的职能作用。

（三）固定性

税收的固定性是指国家在征税前，以法律形式设定了课税对象及每一单位课税对象的征收比例或征收数额。其固定性表现在两个方面：一是对国家来说，由于通过法律形式规定了纳税环节、征税范围、征税对象和征收比例等，这样一来，经济组织和个人应不应该纳税、纳什么税、纳多少税、应在什么时间纳税等，都是固定的，不可以随意变更，所以只能按照预定标准征收，而不能无限度征收。二是纳税人只要取得了税法规定的应税收入，或者发生了应税行为，拥有了应税财产等，就必须按规定标准（比例或定额）如数纳税，而不能改变这个标准。税收的这一特征同无偿征收是分不开的。因为既然是无偿征收，就同纳税人的经济利益关系极大，如果没有一定的预定标准，任意征收，必然遭到纳税人的反对。同时税收的固定性也不能绝对化，随着社会经济条件的变化，具体的征税标准是可以改变的。比如修订税法，调高或者降低税率等，但这些只是变动征收标准，而不是取消标准，和税收的固定性并不矛盾。

税收的上述特征只是税收在形式上与其他财政收入的区别，并不反映不同社会制度下税收体现的不同经济关系。因此，在不同的社会制度下，尽管税收体现的经济关系不同，但其特征则是共同的。鉴别一种财政收入是不是税收，不能看它的名称，只能看它是否同时具备税收的三个特征。凡同时具备这三个特征的就是税收，否则就不是税收。

三、税收与其他财政收入形式的区别

（一）税收与国家财政发行的区别

财政发行是国家为了弥补财政赤字而发行货币用以取得财政收入的行为。同税收一样也具有一定的强制性和无偿性。它的强制性表面上不明显，但其是国家运用政治权力强制流通的，它的无偿性表现为是国家通过发行货币取得的收入，没有缴纳收入的具体对象，所以也不存在返还的可能，所以被人们称为隐蔽的税收。财政发行与税收也存在着一定的区别，最大区别一是税收是以社会总产品作为基础，是国民收入的一部分，有物质保证；而增加纸币发行，则没有相应的社会产品做基础。二是只有税收才是国家稳定、可靠的收入来源。虽然增发货币取得财政收入的办法最为简便，收款（效）也最快，但其后果却很严重。在商品数量和货币流通速度不变的情况下，物价高低与货币多少成正比例。而滥发纸币，造成虚假的购买方，势必导致货币贬值，物价上涨，社会经济秩序紊乱。所以，一般国家都不敢贸然采用此法。只有税收才是筹集财政资金的正常渠道和基本手段。

（二）税收与国家信用的区别

国家信用通俗称国债，是国家以债务人的身份，运用信用方式筹集财政资金的一种方式，包括内债和外债。通常内债是以发行公债和国库券取得，外债则是以发行国际债券和贷款方式取得。税收与国家信用二者的区别在于：一是财政作用不同。国家信用虽然也是一种聚财之道，可以暂时解决一定时期的财政困难，但一般不能从根本上改善国家的财政收支状况。因为不论是募集公债还是利用外资，都属于信用关系，必须有借有还，并支付利息，一般称之为税收的预征。税收则既不需要偿还，又不支付利息，它是当年实际的财政收入，反映一个国家的真实财力。二是特征不同。从强制性看公债作为一种信用关系，发行公债者与认购公债者双方在法律上处于平等地位，因此只能坚持自愿认购的原则，不能强行推销。而税收则是强制征收，只要坚持依法办事、依率计征的原则，就可以征收而不必考虑纳税人是否自愿。

（三）税收与国有企业上缴利润的区别

税收与利润上缴是国家参与企业收入分配的形式，但二者有着明显的不同，是两个不同的经济概念。从适用范围看，税收是国家依靠社会公共权力，根据国家法律、法规，对纳税人包括法人企业、非法人企业和自然人强制无偿征收的，在税收、税法面前，各类企业包括国有企业处于同等地位。只要符合国家法律规定，既可以对国有企业征税，也可以对非国有制的单位和个人征税。上缴利润是社会主义国家国有企业上缴国库一部分企业纯收入。利润上缴只能适用于国家所有制企业，这是国家参与国有资本的收益的分配，行使的是国有资产所有者的权益，所以不适用于集体企业、外商投资企业和私营企业等。从强制性看，税收具有法律强制性质。纳税人必须按期、足额地缴纳税款，否则就要加收滞纳金或罚款。由于利润属于同一所有制内部的分配，所以不具备强制性，这使财政收入远不如税收那样及时、稳定和可靠。从固定性看，由于税收是按照预先规定的征收比例或征收数额进行征收（尤其是货物劳务税是针对流转额征收的，不论企业有无赢利和获利多少，都必须按照规定的统一比例如数缴纳），所以保证了国家税收收入可以稳定可靠地取得。利润上缴则是以企业实现的利润为依据，利润多则多缴，利润少则少缴，无利润和亏损则不缴，而且上缴的比例和数额还经常进行调整，因此，利润上缴的数额很不稳定，这样就使得国家与企业的分配关系也难以稳定下来。1994 年税制改革之际，我国政府为了"激励企业改革和发展"，暂停向国有企业收缴利润，14 年后，随着国有企业总体走出困境，我国政府宣布将重新启动国企向国家上缴利润政策。2007 年 9 月，国务院发布了《国务院关于试行国有资本经营预算的意见》，决定中央直接管辖的国有资本经营预算从 2007 年起进行试点，2008 年开始实施。2007 年 12 月中旬，财政部和国资委制定发布了《中央企业国有资本收益收取管理暂行办法》，规定根据不同行业，分三类执行：烟草、石油石化、电力、电信、煤炭等资源型企业，上缴比例为 10%；钢铁、运输、电子、贸易、施工等一般竞争性企业上缴比例为 5%；军工企业、转制科研院所等企业，上缴比例三年后再定。

（四）税与费的区别

费的名目很多，大体上可以分为两类：一是经营业务费用；二是行政事业性收费。经营业务费用主要是指在经济活动中，由于一方当事人向另一方当事人提供某种劳务或者某种资源的使用权而所收取的费用。这属于纯商业问题，在此不加讨论。行政事业性收费是指政府机关为单位和居民个人提供某种特定服务或批准使用国家的某些权力等而收取的一种费用。由于其也和税收一样是国家取得财政收入的一种形式，而且名目繁多，甚至有些还和税收难以加以区分，所以需要对二者加以讨论。从目前各地区、各部门收费的内容来看，大体上可以分为以下三种：第一种是事业收费，如房管部门收取的房租，城建部门收取的地段租金，环保部门收取的排污费等；第二种是规费，它包括由公安、民政、司法、卫生和工商行政管理等部门向有关单位和个人收取的工本费、手续费、诉讼费、化验费、商标注册费和市场管理费等；第三种是资源管理收费，例如国家有关部门向开采石油的企业收取的矿区使用费，集体单位经批准开采国家矿藏等资源向国家有关部门缴纳的矿山管理费、沙石管理费等。税与费的主要区别是：一是征收的主体不同。凡是代表政府所属的各级税务机关、海关收取的一般是税，由其他机关、各经济部门和事业单位收取的一般是费。二是是否有偿性。国家征税过程强调无偿性，费则是提供服务的部门向受益者收取的一种报酬。有偿的是费，无偿的是税。三是用途不同。缴入国库的税款一般是由国家预算，通过财政支出，满足公共需要；而费则多用于提供服务本身义务所付出的成本的支出。

（五）税收与罚没收入的区别

罚没收入是罚款和没收收入的简称，是指国家主管部门和机关（如公安、工商、税务、海关）对违反法规的单位和个人实施的罚款及没收财务的惩罚性措施，是国家财政收入的主要来源之一。税收法律、法规中就设有罚没的条款。从税收管理上讲，罚没比税收具有更加明显的强制性和无偿性。但是，罚没不同于税收，它缺乏固定性，只是对被处罚人的一次性处分，不存在固定连续取得收入的特性，对取得财政收入缺乏稳定、可靠的保证，与税收相差很多，甚至是无法比较的。因而只适宜作为行政管理和财政管理的辅助手段，而不宜作为取得财政收入的经常手段和主要手段。在特定的历史条件下，它可以发挥其独特的政治、经济作用。所以，它在维护国家各项法律的严肃性、保证税法的顺利实施方面，有着独特的作用。特别是在经济领域对打击严重经济犯罪活动方面，罚没手段仍具有一定的威慑力和惩罚作用。

第三节 税收制度的构成要素

税收制度是国家以法律形式规定各种税收法令和征收办法的总称，包括税收法律、法规、条例、实施细则、税收管理体制、征收管理办法等，是国家法律的有机组成部分，起着规范征税主体和纳税主体之间有关税收征纳的权利义务关系的行为准则的作用。从税收制度的形式看，一个国家的税收制度，可以按照构成方法和形式分为简单型税制及复合型税制。结构简单的税制主要是指税种单一，结构简单的税收制度；而结构复杂的税制主要是指由多个税种构成的税收制度。在现代社会中，世界各国一般都采用多种税并存的复税制税收制度。税收制度不仅在不同社会制度的国家（地区）有所区别，而且在同一社会制度的国家（地区），甚至在一个国家（地区）的不同历史时期，由于政治经济条件和政治经济任务不同，税收制度也有着或大或小的差异。因此，税收制度是具体的，是不断发展变化的。

税收制度由若干要素构成，这些要素可以分为实体要素和程序要素两类。在任何一个国家，不论采用何种税收制度，构成税种的要素都不外乎包括以下几项：纳税人、征税对象、税目、税率、计税方法、纳税环节、纳税期限、纳税地点、减税、免税和法律责任。

一、纳税人

纳税人也称课税主体，是税法上规定的直接负有纳税义务的单位和个人，包括法人和自然人。

（一）自然人和法人

自然人一般是指公民或居民个人，是指在法律上成为一个权利和义务主体的普通人，以个人身份来承担法律所规定的纳税义务。

法人是指依法成立并能以自己行使权利和负担义务的组织。作为纳税人的法人，一般是指经工商行政机关审查批准和登记，具有必要的生产手段和经营条件，实行独立经济核算并能承担经济责任，能够依法行使权利和义务的单位、团体。法定纳税人负有直接缴纳税款的义务。一般地说，它是所纳税款的实际负担者，即负税人，纳税人与负税人是一致的。但是，在某种情况下，纳税人可以通过一定的方式把缴纳的税款转嫁给他人负担，这样，纳税人就不是所纳税款的实际负担者，从而与负税人不一致。

（二）扣缴义务人

扣缴义务人是按照税法的规定，负有代扣税款并向国家缴纳税款义务的单位和个人。扣缴是国家为了保证财政收入，简化纳税环节和计征手段，加强税收的源泉控制，对某些税目规定由支付单位在支付款项时负责代扣和代缴纳税人应缴纳的税款。如个人所得税规定由支付所得单位代扣代缴。扣缴义务人必须依法履行代扣、代收税款义务，否则也要承担相应的法律责任。

二、征税对象

征税对象也称征税客体，是课税的标的物，即规定对什么东西征税。每一种税的征税对象都规定或体现着它的征税范围，凡是列入征税对象的就属于该税的征收范围。

国家按照政治、经济的需要和征收某种税的目的，打算对什么征税，原则上要确定征收范围。不同的课税对象和征收范围构成不同的税种，在税率等条件不变的情况下，征税数额的多少直接取决于课税对象数量的变化，因此，课税对象在税收制度中占有重要的地位。确定课税对象，首先要选定税源。税源是国民经济各部门在分配过程中形成的各种收入。税源是税收收入的来源，即各种税收收入的最终出处。每种税收收入在经济上都有其各自的来源。如企业所得税的税源，是企业的经营利润；个人所得税，是个人取得的各种收入。税源可以是直接的课税对象，也可以不是直接的课税对象。例如征收所得税，税源和课税对象是一致的，都是纳税人的利润所得。而对财产的征税，课税对象是财产的数量或价值，税源则是财产带来的收益或财产所有人的收入。由此可见，课税对象与税源是两个既相互联系又相互区别的不同概念。因此在设计税制时，必须依据客观经济形势，注意税源的发展变化，选择适当的课税对象，设置适当的税种。如果课税对象选择不当，不仅发挥不了税收的作用，甚至可能导致税源萎缩，税收枯竭。课税对象往往决定了本税种的性质和作用，甚至决定了本税种的名称，因而是税制中的基本要素。

（一）税目

税目是税法规定的统一课税对象范围内的具体征税项目。反映具体的征税范围，体现了征税的广度。有些税的课税对象简单、明确，例如房地产税、烟叶税等，当然没有另行规定税目的必要。但从大多数税种来看，课税对象都比较复杂，在征税时，还需要对这些税的课税对象做进一步的详细划分，并做出具体的界限规定，这个规定的界限范围就是税目。规定税目是税收技术上的需要。通过规定税目，可以划分各税征免的界限。凡属于税目之内的商品或经营项目就要征税，不属于这些税目的就免于征税。规定税目也是贯彻国家政策的需要。对有些税目要制定较高的税率，有些税目可以制定一般的税率，有些税目则可以制定较低的税率，通过不同税率的制定，便于贯彻一定时期的经济政策和税收政策。

制定税目通常有两种方法：一是列举法，即按照每一种商品的经营项目或收入项目分别设计税目。列举法又有正列举法和反列举法之别。正列举法就是列举的征税，没有列举的不征税。反列举法就是列举的不征税，没有列举的都征税。列举法的优点是税目界限明确，便于掌握；缺点是税目繁杂，不便查找。二是概括法，即按照商品大类或行业设计税目。其优点是税目较少，便于记忆；缺点是税目设置过粗，不便于贯彻国家的经济政策。

（二）计税依据

计税依据是指计算应纳税额的根据。计税依据是课税对象的量的表现。计税依据的数额同税额成正比例，计税依据的数额越多，应纳税额也越多课税对象同计税依据有密切的关系。前者是从质的方面对征税的规定，即对什么征税；后者则是从量的方面对征税的规定，即如何计量。

三、税率

税率是应纳税额占课税对象之间的比例，它决定单位课税对象所征收的税额。在征税对象已经确定的前提下，国家征税的数量和纳税人负担水平取决于税率，国家一定时期的税收政策也体现在税率方面。因此说它是税收制度的中心环节。经济主体从事各种生产经营活动，它们在遵守国家法律和法规的前提下，所关心的主要是能够获取一定的利润和收入。如果投入多，产出少，必然会大大减弱或停止该项经营活动。这样，税率的高低就成为经济主体推测未来经济活动是否合算的主要依据，税率就成为影响企业和个人经济行为的极为重要的手段。因此，在税法中对税率的规定就显得特别重要。税率有多种表示方法，其中比例税率、累进税率和定额税率是税率的三种最基本形式。中国目前税率也是按照比例税率、定额税率和累进税率这三种形式分类的。

（一）比例税率

比例税率是指同一课税对象不论数额大小都按同一比例征税。实行这种税率，其税额随课税对象等比例增加，是应用最广泛的一种税率。在具体运用时，按对征税对象或纳税人的使用方式划分有统一比例税率和差别比例税率。统一比例税率，即一个税种只规定一个比例税率。例如，烟叶税采用20%的比例税率。差别比例税率，即一个税种分别采用不同的比率的比例税率。差别比例税率按其作用范围又分为：产品差别比例税率，即对同一产品采用同一税率，不同产品采用不同的税率。例如消费税中，酒按类设计税率，粮食白酒、薯类白酒、黄酒和啤酒分别适用不同的税率；小汽车按排气量分档设计税率；化妆品按30%税率征收等。行业差别比例税率，即对同一行业采用同一税率，不同行业采用不同的税率。例如，营业税对建筑业、金融保险业、交通运输业、服务性行业等行业采用各自不同的行业税率。地区差别比例税率，即为了照顾不同地区的生产水平和收益分配上的差别，区分富裕、贫穷、落后等不同情况制定高低不同的税率，如城市维护建设税和城镇土地使用税。幅度比例税率，也称弹性比例税率，即由中央规定一个税率的幅度，在此幅度内由各地因地制宜地自行确定本地区适用的税率。例如，营业税中的娱乐业的税率规定为5%～20%，由各省、自治区、直辖市人民政府根据本地区实际情况在规定的幅度内自行确定娱乐业适用的税率。从经济方面看，比例税率除有计算比较简便的优点外，可以使税收负担随经济的变化而变化，收入多者多负担，收入少者少负担，有利于企业在大体相同的条件下展开竞争，努力提高经济效益。因为同种产品相应地承担同等纳税义务，就必须尽力设法降低成本，提高产品质量，才能在竞争中不至于失利。但在贯彻社会政策方面由于收入多者和收入少者负担能力不尽相同，按照同一比例征税，存在着表面平等掩盖实际不平等的弊病。因此在实际运用中，比例税率主要适用于对商业、劳务的课税，而对所得或财产的课税则大多使用累进税率。

（二）累进税率

累进税率是将课税对象按照数额的大小划分为若干个等级，每一等级分别设计不同的税率。随着课税对象数额的递增，税率逐级提高，课税对象的数额越多，适用税率越高。它把税率的变动与课税对象数额的变动联系起来，包括最低税率、最高税率和若干等级的中间税率。一般多在收益课税中使用。由于累进税率有一个累进最高点，超过最高点的部分实际上又变成了比例税率。累进税率按照累进依据的不同可分以下5种形式：

1. 全额累进税率

全额累进税率是将课税对象的全部数额按照与之相适应的等级税率计税，计算简便，但累进程度急剧，特别是在两个级距临界点附近会出现税额的增加超过课税对象数额增加的不合理现象。

2. 超额累进税率

超额累进税率是按课税对象数额大小划分为若干等级，对每个等级分别规定相应的税率，分别计算税额，然后再加以汇总，于是课税对象数额越大，适用的等级越多，甚至适用全部等级的税率。它在计算上比较复杂，但累进的程度较为缓和，在实际工作中，为了解决超额累进税率计算税额的复杂性，常采用速算扣除数计税法解决。

3. 全率累进税率

全率累进税率是按课税对象的全部销售利润率（或产值利润率、资金利润率）找出适用税率，再直接用全部销售收入额（或产值、资金额）来乘以适用税率，即等于应纳税额。全率累进税率，至今只是在理论上存在，还没有哪个国家采用过。

4. 超率累进税率

超率累进税率是对纳税人的销售利润率（或其他比率）划分为若干等级，每个等级规定一个税率，在课税对象比例增加而需要提高一级税率时，只对增加的部分按规定的等级税率计征。这种税率的累进级距是按课税对象的某一相对量分段，而不是按绝对量分段。因此，确定某一课税对象适用哪个等级的税率无法直接判定，首先要计算出它的相对比率。这样，如果某一课税对象的绝对额大，而相对量小，则可能使课税对象处于免征额之内或适用较低的税率；反之，如果一课税对象的绝对额较小，但相对量较大而适用于较高税率的情况，这一特点一般对大企业较为有利，例如我国现行土地增值税就实行超率累进税率。

5. 超倍累进税率

超倍累进税率其原理与超额累进税率是一致的，所不同的是预先设计一下课税基数，然后就课税对象超过课税基数的倍数，设计不同的级距和税率，超过的倍数越多，税率越高。原个人收入调节税就是采用这种税率。

总之，额累能使利润额大而利润率低的企业负担重，利润额小而利润率高的企业负担轻；率累使利润额小而利润率高的企业负担重，利润额大而利润率低的企业负担轻。

（三）定额税率

定额税率是按征税对象的计量单位直接规定应纳税额税率形式。它是以绝对数表示的一种税率，是税率的一种特殊表现形式。采用定额税率征税，税额的多少同征税对象的数量成正比。中国现行税制中的定额税率有四种表现形式。

1. 地区差别定额税率

地区差别定额税率即对同一征税对象按照不同地区分别规定不同的征税数额。具有调节不同地区级差收入的作用，例如资源税中的盐税。一般来说，产自成本低、利润大的地区，税额定得高些；产自成本高，利润小的地区，税额定得低些。

2. 幅度定额税率

幅度定额税率即在统一规定的征税幅度内根据纳税人拥有的征税对象或发生课税行为的具体情况，确定纳税人的具体适用税率。由各地区根据本地实际情况，在幅度内确定一个执行税额。例如，车船使用税对车船或按净吨位或按载重吨位均规定了幅度税额。

3. 分类分级定额税率

分类分级定额税率即把课税对象按照一定标志分为类、项或级，然后按不同的类项或级分别规定不同的征税数额。等级高的税额高。例如，车船税中机动船的税额，就是按净吨位的多少来规定税额的。定额税率的优点是，从量计征，计算简便，其税额不受产品成本和价格变动的影响，有利于鼓励企业提高产品质量，改进包装。但是，因应纳税额与课税对象价值的增减脱钩，所以不能使国家财政收入随着国民收入的增长而同步增长。

4. 地区差别、分类分级和幅度相结合的定额税率

地区差别、分类分级和幅度相结合的定额税率即对同一征税对象在按照地区分别

或分类分级定率单位前提下，实行有幅度的定额税率。

四、纳税环节

纳税环节是税法规定的征税对象从生产到消费的流转过程中应当缴纳税款的环节，有广义与狭义之分。社会产品从生产到消费是一个复杂的过程，往往要经过很多环节。例如：工业品要经过工业生产、商品批发、商业零售等环节；农业品要经过农业生产、商业采购、商业批发和商业零售等环节。纳税环节也就是对这些环节具体确定在哪个环节缴纳税款。一般来说，应当根据社会产品生产和流通的实际情况来确定。哪个环节创造和实现赢利较多，就确定在哪个环节纳税。在复杂的经济活动中，确定在什么环节纳税，关系到税制结构和整个税收体系的布局以及国家财政收入能否得到保证，关系到税款能否及时足额入库和加强经济核算，因而纳税环节是税制的构成要素。

按照纳税环节的多少，对商品流转额的课税，可以分为以下几种课征形式：一次课征制或多次课征制。同一种税，只在一个环节内征的，称为一次课征制。同一种税，规定在两个或两个以上流转环节课征的，称为多次课征制。工业品在出厂销售时，征一次工业环节的税；经过商业零售时，再征一次零售环节的税。这样确定纳税环节，符合工业品纯收入分布状况。同时，在工业环节征税，还能适应有些工业品直接由企业出售给消费者的情况，便于控制税源，有利于国家及时取得财政收入和简化征收手续。

五、纳税期限

纳税期限是纳税人、扣缴义务人发生纳税义务或者扣缴义务后，向国家缴纳税款或解缴税款的期限。纳税期限主要是根据纳税人的生产经营规模和应纳税额的大小以及各个税种的不同特点决定的。它包括按次计算和按期计算。按次计算如：耕地占用税、契税等，每次行为发生后立即征税，以免发生偷漏税。按期缴纳税款时，无论数额大小，均应在纳税期限内缴入国家金库。由于期限是表达一段时间的下限，超过了纳税期限规定的，则要处以滞纳金。

六、纳税地点

纳税地点是税法规定的纳税人缴纳税款的地点。本着有利于征纳的原则，税法规定了不同的纳税地点。纳税地点主要有企业所在地纳税、营业行为所在地纳税、集中纳税、口岸纳税等。规定纳税人申报纳税的地点，既有利于税务机关实施税源控管，防止税收流失，又便利纳税人缴纳税款。

七、税收减免

税收减免是指税法规定对某些纳税人或课税对象给予减征部分税款或全部免征税款的规定。它是税收优惠的主要形式之一。国家税收制度是根据国民经济一般情况制定的，具有普遍性。但是在经济发展的过程中总会出现个别的、特殊的或临时性的情况，如新产品的开发、自然灾害的发生等。为了把征税的普遍性和特殊性结合起来，更好地体现税收政策，以利于生产的发展，要求在统一的税收制度基础上实行减税和免税优惠，体现了税收的严肃性和灵活性的统一。世界各国的税收法规都有减免税的规定。税收减免有不同的方式：从时间上可划分为定期减免和不定期减免；从性质上可划分为政策减免、困难减免和一般减免；从与税法的关系看，可以分为法定减免和非法定减免。从内容上看，减免税一般有以下几种形式：

（一）税基式减免

1. 起征点

起征点是税法规定的可以征税的界限，低于起征点的免征，达到或超过起征点的就其数额征税。它是对那些收入较少的纳税人的一种照顾，收入所得不足规定起征点的不交税。

2. 免征额

免征额是指在课税对象总额中免于征税的数额，免征额部分不征税，超过免征额时仅就超过的部分征税。它是考虑纳税人的收入所得应扣除一定数额费用而规定的。

3. 项目扣除

项目扣除是指在征税对象中扣除一定项目的数额，以其余额作为计税依据计算税额。

4. 弥补亏损

弥补亏损是指将以前年度的经营亏损在本纳税年度的经营利润中扣除，以其余额作为计税依据计算税额。

（二）税率式减免

税率式减免是指直接降低税率的方式实行的减免税优惠，如重新确定税率、零税率等。

（三）税额式减免

税额式减免是指直接减少应纳税额的方式实行的减免税优惠，如全部免征、减半征收、减征一定比例或数量的税额等。

减税、免税是通过直接国家财政收入，来增加纳税人的经济利益，从而发挥调节作用，在一定的时期内对它的使用必须加以某种控制。在执行过程中，要依法进行减免，不可各行其是，随意减免，否则不但不能保证财政收入，而且会脱离客观经济决策的指导，影响国民经济的发展。

八、税务违章与违章处理

税务违法行为是指漏税、欠税、偷税、抗税，以及违反其他有关税收征收管理规定的行为。

税务违章行为处理是税务机关对纳税人违反税法行为所采取的处罚措施，体现了税法的严肃性。

对纳税人的税收违章行为，可以根据情节轻重的不同，分别采用不同的处理方式，如批评教育、强行扣款、加收滞纳金、罚款、追究刑事责任等。

第四节　税负转嫁

所谓税负转嫁是指纳税人不实际负担所纳税收，而通过购入或者销出商品价格的变动，或通过其他手段，将全部或者部分税收转移给他人负担的经济现象。税负转嫁并不影响税收的总体负担，但会使税收负担在不同的纳税人之间进行分配，对不同的纳税人产生不同的经济影响。商品经济的发展是税负转嫁产生的客观经济条件。税收属于分配范畴，也属于历史范畴。

只要有税收，就必然存在税收负担，但这并不意味着有了税收必然存在税负转嫁。在以自给自足的自然经济为基础的社会里，一般生产物不经过市场交换直接从生产领域进入消费领域，国家不可能对商品或商品流转额进行课税，国家征自土地生产物的税收只能由土地所有者或生产者自己负担，这也排除了税负转嫁存在的可能性。随着社会生产力的发展，商品交换突破时间和地域的限制而大规模地发展起来，一切商品的价值都要通过货币形式表现为价格，一切对商品流转额的征税必然与商品价格形成紧密的联系，这就为税负转嫁提供了可能。因此，税负转嫁是商品货币关系发展到一定阶段的产物，只要存在商品经济且价值规律发挥作用，必然会伴随着商品的价格运动而发生税负转嫁问题。当然，在不同的社会制度下，税负转嫁的表现形式和作用范围是有所不同的。

1. 市场经济条件下的税负转嫁形式

在市场经济条件下，纳税人转嫁税负的目的在于摆脱自己的应纳税额，以追求最大限度的利润。从税负转嫁的基本形式看，大体有以下五种：

（1）前转嫁

前转嫁又称顺转嫁，是指纳税人通过交易活动，将税款附加在价格之上，通过顺着价格运动方向向前转移给购买者负担。具体影响过程是：缴纳税额增加了单位产品的实际生产费用，从而使税收成为生产成本的一个组成部分。在这种情况下，厂家为了获得同以前一样的利润，就必然比照税额抬高价格。在价格无法提高时，由于生产费用提高，一部分厂家将退出该领域的生产过程，资本转移到其他生产领域，这样引起该产品的生产量减少，价格就上升。此时，这部分税款也就随着价格的提高而转嫁给消费者。这可表示为：生产厂商→批发商→零售商→消费者。

（2）后转嫁

后转嫁也称为逆转嫁，即通过压低原材料的收购价格或本企业的劳动力价格，或者两者兼而有之，以达到转嫁税负的目的。这样，即使在出厂价不变甚至有所降低的情况下，纳税人也能不负担或少负担税款。这可表示为：原材料供应商（或雇佣工人）←生产厂商←批发商←零售商。

（3）散转嫁

散转嫁也称混合转嫁即将前转与后转结合起来进行。如果现实的经济状况不允许纳税人以上述任何一种方式转嫁全部税额，这时纳税人往往采取混合转嫁方式。按照这种转嫁方式，当提价或压价的总额超过其应纳税额时，还可以得到额外利润。该种方式由于比其他方式更具有隐蔽性，因而在实际上被普遍运用。

（4）消转

消转即对已缴纳的税额，纳税人既不前转也不后转，而是自己把它"消化"掉。当然，消转需要具备一定的条件，如生产成本下降、商品销量尚有扩大的弹性等，纳税人通过改善经营管理，挖掘内部潜力，由课税商品在生产和流通中增加的利润来抵消税负。

（5）税收资本化

税收资本化也称为"资本还原"，即生产要素购买者将所购生产要素未来应纳税款通过从购入价格中预先扣除（压低生产要素购买价格）的方法，向后转嫁给生产要素的出售者。这种方式的对象多是一些能够增值的商品，例如土地、房屋、股票等。税收资本化与一般意义上的税收转嫁不同，一般意义上的税收转嫁是将每次经济交易所征收的税款，通过种种途径随时予以转嫁，而税收资本化则是将累计应纳的税款做一次性的转移，所以它实际是税负后转的一种特殊形式。

纳税人转嫁税负的基本手段表明，税负转嫁必然伴随着价格背离价值的运动。不管纳税人是以提价还是压价，或以两者结合的方式实现税负转嫁，其共同点都是以价格背离价值的那部分差额来补偿其应纳税额。同时，税负转嫁除了需要具备自由定价的基本条件外，还需要根据经济的景气状况、商品供求关系以及商品本身的特点（例如该项商品是必需品还是非必需品，有无代用品以及与代用品的比价关系）等客观情况而定，而不能恣意妄行。

2. 计划经济与社会主义市场经济条件下的税负转嫁

在计划经济条件下是否存在税负转嫁问题，理论界有两种不同的观点。一种观点是绝对转嫁论，认为税收决定价格，只要价格中含税，就是转嫁税。换言之，这种观点把税收完全看成价格以外的附加，"有税即提价，加税即加价"，一切对商品课征的税收，都不是来自企业创造的纯收入，而是来自对消费者的收入的再分配。另一种观点是绝对不转嫁论，认为价格决定税收，因为一切重要商品的价格有相当一部分是由国家统一制定的，企业无权变动，无论国家加税还是减税，都不会随商品价格运动而发生税负转嫁。我们认为，这两种观点都有偏颇之处。要弄清社会主义市场经济条件下是否存在税负转嫁，应该从课税形式、税收同价值与价格形成的关系上进行剖析。

从课税形式方面来说，按流转额课税分为价内税和价外税两种。

流转税采用价内税形式，是指在设计税制时，把税金包括在价格之内，作为价格的组成部分，即：

价格 = 成本 + 税金 + 利润

流转税采取价内税形式是商品经济条件下的普遍课征形式。它的优点是：收入及时，即随着商品销售或提供劳务收费的实现，包括在商品价格或服务收费标准中的税金就实现了，纳税人就要按时履行纳税义务，这样就能保证财政收入及时入库。收入稳定，即税金随价格的涨落而增减，而与企业成本费用的高低无关。无论企业赢利还是亏损，在价格相对稳定的情况下，税收数额也相对稳定。调节性强，通过课税多少来影响企业的经济利益，进而调节企业的经济行为。流转税的价内税形式是企业缴纳税金，其税收负担的实际承担者可能是纳税的企业，也可能是购买商品的消费者。流转税采取价外税形式，是指设计税制时，使税金不包括在价格之内，而作为价格之外的附加。

购买商品的支付金额 = 商品价格 + 商品税金

这种形式过去多为西方发达国家所采用。事实上，价外税具有许多价内税所不具备的优点。例如，它多采用固定税额，税金明确，透明度高；一般从量计征，计算简便；税收不随价格的波动而变化；纳税人负税感强烈，调节消费的作用突出。流转税的价外税形式是典型的转嫁税，其税收负担的实际承担者是购买商品的消费者。

从税收同价值与价格形成的关系方面来说，在商品价格等于商品价值时，税收分配是对社会产品价值的分配。

例如，某项商品价值为100，其价值的构成形式为：商品价值（W）100 = 成本（$C+V$）60 + 利润（m）40。假定商品价格（P）为100（与商品价值相符），流转税率（R）为20%，则税金（T）为20，销售利润（$m1$）为20。这时价格的构成式为：（P）100 =（$C+V$）60 +（T）20 +（$m1$）20。

显然，征税使企业的利润由40减少到20。这说明在这种情况下，流转税是由企业负担的，而且税率越高，企业的负担就越重。在上述商品价格不变的情况下，当税率 R→40%时，税金 T→40，则销售利润 $m1$→0。事实说明，在商品价格与商品价值一致的情况下，企业缴纳的流转税由企业自身负担是客观事实，而且价内税与商品销售利润是互为消长关系。当商品价格低于商品价值时，企业缴纳的流转税金额减少企业所创造的价值。所以，在这种情况下，企业缴纳的价内税的全部税额都是由企业负担的。原理同上。

问题的复杂性在于商品价格高于商品价值的情况下，税收既有参与价值分配的情况，又有参与价格形成分配价格级差的情况。仍以前例来说明：当国家把税金 T 提高到 $T1 = 35$ 时，为使生产不受影响，国家把价格 P 提高到 $P1 = 115$，税金的增量 $\Delta T = 15$。

现在的价格构成式为：（$P1$）115 =（$C+V$）60 +（T）20 +（ΔT）15 +（$m2$）20；或写成（$P1$）115 =（$C+V$）60 +（$T1$）35 +（$m2$）20。在这种情况下，企业共纳税35，其20的部分由企业负担（这在前面已经分析过），15的部分并未形成企业负担。因为企业并没有因多纳税而相应减少可供支配的财力，即税金增加后企业的利润并未减少，$m1 = m2 = 20$，增加的税金 $\Delta T = 15$ 则由于价格的推进而转移出去，由消费者负担。如果国家把该项商品的价格从 $P1 = 115$ 提高到 $P2 = 150$，税金由 $T1 = 35$ 随价格提高而增加到 $T2 = 50$，企业的负担情况如何呢？

这时价格的构成式为：（$P2$）150 =（$C+V$）60 +（$T2$）50 +（$m3$）40。从现在的价格构成式来看，企业纳税50并没有使其剩余利润有任何减少，$m3 = m = 40$。因此，在这种情况下，税金50被价格级差收入（150 - 100）所抵消，企业负担则为零。

通过以上的分析，可以得出下述结论：流转税的价外税形式，税收容易转嫁给消费者，由消费者负担。流转税的价内税形式，在价格符合商品价值或价格低于价值的情况下，税收的实际负担者是企业。

流转税的价内税形式，在商品价格高于商品价值，且价格高于价值的部分是由于税收的增加而等量推进价格的情况下，其增加的税收部分不是由企业负担的；如果价格高于价值的部分等于或大于企业所纳流转税金的数额，则企业缴纳的流转税完全不由企业负担。

企业缴纳的流转税，不能以其由谁负担而论褒贬。不能认为由企业负担就好，由消费者负担就不好；也不能认为由消费者负担就好，由企业负担就不好。企业缴纳的流转税或由企业负担，或转嫁给消费者，各有不同的效应。

随着社会主义市场经济体制的建立，除有少数关系国计民生的重要商品仍采取计划价格管理外，其他商品的价格将逐步放开，这对发展生产、活跃流通是非常有利的。但是，当价格放开以后，税负转嫁的数量和范围将会扩大。例如，有的行业会凭借自己的垄断地位随意提高价格，有的租赁承包企业违反有关规定乱涨价，有的工商企业和个体商贩就地转手倒卖、层层加价。这样不仅把企业原来应交的税金转嫁出去，而且远远超出这一范围获得了更多的额外利润，这些行为严重损害了消费者利益。对此，政府需要采取得力措施加以宏观调控。

第五节　税收制度的分类

由于当今各国的社会制度不同，在经济结构、自然条件等方面也互有差异，所以各国（地区）的税制结构也不是完全相同的，税种的设置有多有少，名称多种多样。为了对这些不同的税制和复杂的税种进行各种有目的的研究，需要从不同的角度研究税收的发展演变过程、税收的负担状况、税收来源的分布等，为制定正确的税收法规提供依据。由于分析的角度不同，税种的分类方法不同，常用的税种分类方法一般有以下几种。

（一）按课税对象的性质分类

按课税对象的性质分类可以分为货物和劳务税类、所得税类、社会保障税类、财产税类、关税、其他税类六种类型。

1. 货物和劳务税

货物和劳务税类是指以货物或劳务的流转额为课税对象的税收体系。目前我国有增值税、消费税、营业税、关税和车辆购置税等税种。货物和劳务税课税的特点是：首先，它与商品经济有密切的关系，是对商品销售额或业务收入额征收的。征税的前提条件是商品生产和商品交换。在确定税制时，自然要受到客观商品经济的制约，如对什么商品征税，在商品流通的什么环节征税，采用什么样的税率及征收方法等，同时，对商品销售额或业务收入额征收后，也要反作用于商品经济，并影响商品生产和交换。其次，税款直接受流转额影响，商品销售额或业务收入额越大，税收收入就越多，反之则少。再次，在市场价格可以自由涨落的情况下，税负可以转嫁。最后，有利于国家积累资金，以流转额作为计税依据，不受企业成本变化影响，可以保证财政收入的及时、稳定。

2. 所得税

所得税税类对收益额征税，是指对法人和自然人在一定期间获取的收益所得额为课税对象的一类税收。纳税人的应税所得可以分为经营所得、财产所得、劳动所得、投资所得和其他所得。经营所得是指生产经营的企业和个体经营者获取的经营收入扣除为取得该项收入所支付的费用及有关税金后的余额；其他所得是指工资、劳务报酬、股息、利息、租金、转让特许权利等所得。我国现行税制中属于所得税的包括企业所得税、个人所得税和土地增值税等。对收益额课税的特点：首先，税收收入受收益有无和多少制约。国家对收益额征税时，是按照国家财政需要和纳税人负担能力来制定税率的，一般贯彻"所得多的多征，所得少的少征，无所得的不征"的原则，因此它不像货物和劳务税那样有可靠的保证。其次，税收收入受收益时间的限制。所得税受工商企业利润结算期的限制，农业税受收益季节的限制。一般采用分期预缴和年终汇算清缴的办法，所以它不如货劳税那样经常。再次，税率最便于累进。因为这种税是以纯收益为课税对象，这是纳税人的真实收入，代表纳税人的实际负担能力，可能采取调节性强的累进税率，有利于贯彻合理负担政策。最后，这种税负通常不能转嫁，因为收益税转嫁的途径只有降低工资或延长工时，在实践中很难做到。

3. 财产税

财产课税是以各种财产为征税对象的税收体系。财产税类税种的课税对象是财产的收益或财产所有人的收益，包括动产和不动产。它主要包括房产税、财产税、遗产和赠与税、土地使用税等。我国目前开征的财产税包括房产税、城镇土地使用税、耕地占用税、契税、资源税、车船税、船舶吨税等。财产税类的特点是：首先，对财产的课征税源较小，也比较分散。目前我国居民个人仅占有一些生活所用的财产，对财产的征税涉及千家万户，税源零星。其次，课税对象明确易查。再次，税收收入较稳定。因为财产额的数量变动较小，不像货劳税额、收益额那样变动较大。最后，地方政府有较大的管辖权。国家给予地方政府较多的税收管辖权，以便因地制宜，灵活安排，搞好征收管理。

4. 其他税类

我国现行税制结构中，其他税类包括除上述几种类型以外的所有税种，包括印花税、城市维护建设税、烟叶税、固定资产投资方向调节税等。

中国现行税制结构中，以课税对象为标准，将税种分为四类：包括货物和劳务税、所得税、财产税和其他税收。按课税对象为标准课税的特点是：税种选择十分灵活，可以根据国家（地区）各个时期、各个阶段政策的特点需要，对某一行为或某一方面进行税收调节。

（二）按税收收入形态分类

1. 实物税

实物税是指国家以实物形式（粮食、棉花、牲畜等）征收的税。我国的农业税，一直以实物缴纳。从 1985 年起，在有的地区改为折征代金，向货币税过渡。新中国成立初期的 1950 年，农业税占全国财政收入的 41%，2004 年，全国农业税收入 232 亿元，下降到占全国财政收入不到 1%，2005 年，全国农业税收入减少到 15 亿元。2005 年 12 月 29 日，十届全国人大常委会第十九次会议通过了从 2006 年 1 月 1 日起废止农业税条例的决定草案。我国从 2006 年起彻底取消农业税，标志着在我国已实行了长达 2 600 多年的古老税种从此退出历史舞台。

2. 货币税

货币税是指纳税人以货币形式缴纳各种税金（比如现金、支票、银行划拨转账等），这种方式是商品经济、货币交换发展到一定阶段的必然结果，它不仅便于纳税人缴纳税款，也便于国家财政的集中分配和管理使用。

（三）按税收的课征方法分类

定率税是国家先在税法中明确规定每一课税对象单位应纳税款的比例，实行依率计征。由于税金相对稳定，征收简便，既可以保证国家财政收入，又利于促进经济发展，因此世界各国大都实行定率税。

配赋税也称摊派税，是国家只预先规定某税应征的税收总额，然后按纳税人或课税对象依一定标准进行分摊，以确定每一纳税人或某一课税对象应负担的税额。

（四）按税收的计征依据分类

按税收的计征依据分类可以分为从价税、从量税和复合税。

1. 从价税

从价税是以应税产品的价格来计算税款。一般采用比例税率和累进税率。例如，各种流转税都属于从价税。其特点是商品价格的高低直接制约着税额的增减变化。

2. 从量税

从量税是以应税产品的重量、件数、容积、面积等数量为依据来计算税额。例如资源税等，其税额只与课税对象数量的增减有直接联系，而同价格的升降无关。

3. 复合税

复合税，又称混合税，是对某一征收对象既征收从价税又征收从量税的一种征税方法。复合税可以分为两种：一种是以从量税为主加征从价税；另一种是以从价税为主加征从量税。这种税制有利于为政府取得稳定可靠的财政收入，也有利于发挥各种税的不同调节功能。我国现行消费税对卷烟和白酒采取的就是从价定率和从量定额的征收方式。

（五）按税收和价格的关系分类

按税收和价格的关系分类可以把税制分为价内税和价外税。

凡税金包含在价格之内作为价格组成部分的属于价内税。中国对货物和劳务额的课税绝大部分属于价内税。凡税金附在商品价格上随商品销售实现，作为价格以外附加的则属于价外税。中国税种属于价外税的包括增值税、燃油特别税等。

（六）按税负是否容易转嫁分类

按税负是否容易转嫁分类可以分为直接税与间接税。

直接税是指由纳税人直接负担的各种税收，纳税人即负税人。所得税、财产税和遗产税等都属于直接税。间接税是指纳税人能将税负转嫁给他人负担的各种税收，纳税人不一定是负税人。增值税、营业税、消费税等属于间接税。直接税一般不容易转嫁，间接税一般比较容易转嫁，这是相对而言的。税负的转嫁与否，必须结合一定的经济条件和价格运动的一般规律而定。如果仅凭直接税与间接税的划分为标志，就认为某些税绝对转嫁，某些税绝对不转嫁，那是不符合实际情况的。

（七）按财政、税收管理体制划分

按财政、税收管理体制规定的税收管理权和使用权划分，凡收入划归中央财政的税种，属于中央税，如中央国有企业的所得税，铁道部、银行总行、保险总公司的营业税，以及海关关税等。凡收入划归地方财政的税种属于地方税，如地方国有企业的所得税，集体企业、个体工商业户所得税，城市房地产税等。由中央和地方按一定比例分成的税种，属于中央地方共享税，如增值税等。

上述的各种分类方法，都是针对特定的要求划分的。其中最重要的是按课税对象的性质分类。这是因为税法的核心要素是课税对象，课税对象不同，对经济的调节作用也不同。通过分类，可以针对不同的课税对象制定体现国家政策的税收制度和具体的征管办法。

第六节　税收在社会主义市场经济中的地位和作用

在社会主义市场经济条件下，税收既是国家参与社会产品分配、组织财政收入的手段，又是国家直接掌握的调节社会再生产各环节的经济杠杆，其地位和作用是任何其他行政手段和经济杠杆所无法取代的。在国民经济的运行中，一些根本性的重大问题，例如经济总量的平衡、产业结构的调整、保证竞争的公平性、解决社会分配不公等，都不能完全靠市场机制的作用去完成，而必须依赖于国家的宏观调控。税收因其同时具备法律约束和调节经济的功能，必然成为在社会主义市场经济中国家所掌握的最主要的宏观调控手段之一，担负着更重要的使命。

税收的作用是税收的职能在具体工作中的运用与发挥所产生的效果。税收的作用比其职能更为具体，要受到特定经济条件和时空的限制。税收的作用在不同的历史阶段并非一成不变，而是随着客观条件的变化而发生相应的变化，在不同国家（地区）或同一国家（地区）的不同历史时期，税收的作用是不同的。在社会主义市场经济条件下，税收的作用主要表现在以下几个方面。

一、为国家组织财政收入

在社会主义市场经济条件下，税收收入逐年大幅度上升，税收收入目前已经成为中国财政收入的主要形式，成为国家满足公共需要的主要财力保障。资金作为经济建设的基本条件，决定着国家经济发展的规模和速度。也是加快改革进程，保证国家机器正常运转，扩大公共事业支出，对整个经济实行宏观调控的物质后盾。在市场经济条件下，税收作为国家取得财政收入的一个重要手段或基本方式，能够把分散在各部门、各单位和个人手中的一部分收入集中起来，转变为国家所有的财政资金。税收这种保证财政收入的广泛性、及时性、稳定性和可靠性是任何一种财政形式不能比拟的。

二、配置资源

在社会主义市场经济条件下，市场对资源配置起主导作用，但是在市场资源配置导致市场失灵时，就必须通过税收保证公共产品的供应，以税收配合价格调节具有垄断性质的企业和行业的生产，使资源配置更加有效。第一，调节需求总量。商品经济发展的实际情况表明，同一种商品的价值与价格在量上是经常不一致的，而这种价格背离价值的现象就使价格在国民收入分配中有了广阔的活动余地，使价格政策成为国家的一项重要经济政策。如果价格完全机械地决定于价值，就不会产生价格政策，进而也就无法配合其他政策，调节生产与消费。第二，调节经济结构的作用。在社会主义市场经济条件下，税收在实现国民经济协调发展，改善国民经济结构发挥着重要作用。一是体现国家产业政策，促进产业结构调整。在社会主义市场经济条件下，要实现国民经济协调发展，必须制定符合我国国情的产业政策。然而完全依靠市场机制自发调节资源配置，达到经济结构的合理化，不仅难以做到，而且可能会出现较大的盲目性，造成社会财富的浪费。因此，政府进行干预，运用税收这个宏观调控手段之一，来体现产业政策，促进经济结构和资源配置更加合理。国家通过税收对需要鼓励的产业、目前允许的产业、现行限制产业来设置相应的税收政策，通过税目、税率的高低，来体现国家鼓励、允许或者限制发展哪些产业，引导资金、人力、物力、技术等生产要素向合理方向流动，促进资源配置的优化。二是促进产品结构合理。国家（地区）可以针对商品的不同种类，运用高低不等的税率，调节产品之间的利润差别，促进产品结构合理化。三是促进消费结构合理化。通过对生活必需消费品和奢侈消费品采取不同的消费税税率，促进消费结构的合理化。第三，调节投资的作用。国家（地区）通过在不同时期，对不同区域实行不同的税收优惠政策，以引导国内外的投资方向，对调整中国产业结构、推动技术升级、带动出口创汇生产方面发挥积极作用。

三、调节收入水平，实现公平分配

在市场经济条件下，由市场决定的分配机制不可避免地会拉大收入分配上的差距，客观上需要国家参与和调节社会分配，缩小日益加大的贫富悬殊的差距，税收作为调节分配的一个基本手段，主要表现在两个方面：一是通过税收调节，公平收入分配。通过开征个人所得税、消费税等，调节过高收入，适当缓解社会分配不公的矛盾，防止出现贫富两极分化的局面。根据各国（地区）经济发展的经验，要调节个人收入的高低悬殊现象，最主要的就是充分利用好税收手段。在这方面，税收具有不可替代的职能作用。二是鼓励市场竞争。通过开征资源税、环境税等，缓解由于资源、价格等外部因素引起的不平等竞争，从而促进经济的稳定和发展。

四、监督各项经济活动，维护正常经济秩序

在社会主义市场经济条件下，在根本利益一致的基础上仍然存在着整体利益与局部利益、长远利益与眼前利益的矛盾，因此，必须加强税收监督，督促纳税人依法履行纳税义务，保障社会主义市场经济健康发展。一是保障财政收入圆满完成。随着市场经济的发展，偷逃税款的现象屡禁不止，使国家税收收入受到一定程度的损失，只有严肃税收法令和纳税纪律，才能保证财政收入的增长。二是保证经济杠杆作用充分发挥。三是保障国家税法的正确贯彻执行。四是保证经济运行的良好秩序。目前在某些领域，存在着违反国家财经纪律，破坏国家法制的行为。在一些企业和部门中，乱挤成本、滥发奖金、铺张浪费、挥霍国家资财等现象时有发生。通过税收监督，可以督促企业自觉维护社会主义财经纪律，保证经济运行的良好局面。

五、保护国家权益

税收是保证对外开放政策顺利实施的重要手段，是保护国家经济权益和实施战略措施的重要手段。税收在保护国家权益方面的作用主要包括：一是在改革开放初期为配合改革开放、吸引外来投资，维护中国作为收入来源地国家的国家税收管辖权。在20世纪80年代，在中国迫切吸引外资和引进先进技术的形势下，积极与二十多个发达国家签订了避免双重征税的协定，维护了中国的税收管辖权，保护了中国的经济利益。二是在20世纪90年代至今与发展中国家签订了69个避免双重征税的协定，为配合"走出去"战略的实施、为国家的石油战略安全提供了税收法律上的支持。

思考题

1. 税收的基本职能有哪些？
2. 税收制度的构成要素有哪些？
3. 中国的税收如何分类？
4. 中国现行税率如何分类？

第二章 货物和劳务税

第一节 货物和劳务税概述

中国的货物和劳务税制在历史上曾以各种形态存在，在中国税制史上和经济发展中都扮演了十分重要的角色。中国目前的货物和劳务税制是 1994 年税制改革时确立的。

一、货物和劳务税概念

货物和劳务税是以货物和劳务为征税对象而征收的一种税，是对商品流转额和非商品流转额（提供个人和企业消费的商品和劳务）课征的税种的统称。商品流转额是指在商品生产和经营过程中，由于销售或购进商品而发生的货币金额，即商品销售收入额或购进商品支付的金额。非商品流转额是指非商品生产经营的各种劳务而发生的货币金额，即提供劳务取得的营业服务收入额或取得劳务支付的货币金额。货物和劳务税在各国税收中占有十分重要的地位，并且曾经是或正是许多国家的主要税收来源，随着中国社会主义市场经济的不断发展，货物和劳务税的内容和形式也在不断发展和更新，目前，中国货物和劳务税主要包括增值税、营业税、消费税和关税。

二、货物和劳务税的特点

同其他税类相比，货物和劳务税具有以下几个特点：

第一，征收对象与范围非常广泛。货物和劳务税几乎可以对一切商品和劳务征收，因此可以覆盖全社会商品交易的整个经济活动，因此征税对象普遍。

第二，税源稳定。货物和劳务税以商品价格或劳务收费标准为依据予以征税，无论商品生产者和经营者的成本高低，有无赢利以及赢利多少，主要商品一经售出，劳务一经实现，税金即可实现。而所得税只对净收入课税，企业一旦亏损，就不用纳税。因此，从政府角度来看，货物和劳务税能及时保证财政收入的稳定。

第三，课税对象灵活。货物和劳务税的课税对象是商品和劳务的流转额。因此，在具体税制设计时，可以选择所有商品和服务进行征税，也可以选择部分商品和劳务进行征税；可以选择商品流通的所有环节进行征税，也可以选择其中某一个或几个环节进行征税；可以选择商品或劳务流转总额进行征税，也可以选择课税对象的增值额进行征税等。这种灵活性，有利于国家或政府通过商品税对经济进行有效调节。

第四，易于征收，便于征管。只要商品一经售出，劳务一经实现，就可以直接征收，无须考虑到纳税人的复杂情况，并采用比例税率，所以税收征管简便。

第五，征收的隐蔽性。流转税属于间接税。由于税负转嫁的存在，流转税的纳税人经常与负税人分离。因此，其税负的承担者往往并不能直接感受自己是税收的实际缴纳者，而纳税人只不过是整个税收活动的中介者而已。同时，负税人对于税负增减的感受程度，也相对弱于所得税的负税人。增加流转税所受到的反对程度相对较少。

第六，税收负担可以转嫁。流转税一般具有累退性质，较难体现税收的公平原则。经济调节功能较弱。因而，当社会对公平问题予以较多关注时，必须降低此类税收在税制结构中的地位。

三、货物和劳务税的作用

从总体上来说，货物和劳务税具有以下功能。

第一，它使国家财政收入均衡、及时、充裕可靠。货物和劳务税从价计征，税基广，只要纳税人发生了应税生产经营行为，取得了商品销售收入或劳务收入，不论其成本高低与利润的盈亏，国家均能取得税金。随着我国社会主义市场经济体制进一步的发展，货物和劳务税的征税范围将进一步扩大，税源也进一步增强，这就有力保证了税收收入的及时性和可靠性。

第二，它可以促进企业加强核算。由于对货物和劳务税征税是商品价格有机组成部分，同一产品在不同企业之间的税率基本一致，税也大体相同。这就使经营管理先进的企业税后得到较多利润，经营管理落后的企业得到较少利润。因此，加强货物和劳务税征收，对企业改善经营管理，加强经济核算有重大作用。

第三，它可抑制奢侈消费。货物和劳务税可分别不同商品或劳务课以轻重不同的税，对于某些有损人体健康和社会利益的消费品（如烟、酒及易污染的产品）和奢侈品，政府可课以重税，这既可以增加财政收入，又可限制这些商品的生产与消费，抑制奢侈之风。

第四，它能充分贯彻国家的产业政策，调整产业结构促进国民经济的均衡稳定增长。通过对不同商品、不同行业设计不同税率，有利于调节生产、交换、分配，正确引导消费；对同一产品、同一行业，实行同等税负的政策，有利于在平等的基础上开展竞争，鼓励先进，鞭策后进，限制盲目生产、盲目发展；通过减税、免税、退税等优惠激励措施，有利于体现国家对某些商品、行业、企业或地区实行优惠的扶持激励政策，引导投资。这些都能加快产业结构调整，促进国民经济协调发展。

第五，它征收容易，管理方便，节省费用。货物和劳务税一般采用从价计征或从量计征，比财产税和所得税计算手续简单，易于征收。同时只向为数较少的企业厂商征收而不是向为数较多的个人征收，管理方便，可节省税务费用。

第二节 增值税

在对货物和劳务普遍征收增值税的前提下，根据对外购固定资产所含税金扣除方式的不同，增值税分为生产型、收入型和消费型三种类型。目前世界上140多个实行增值税的国家中，绝大多数国家实行消费型增值税。我国增值税对销售、进口货物以及提供加工、修理修配劳务的单位和个人征收，覆盖了货物的生产、批发和零售各环节，涉及众多行业。1994年税制改革以来，我国一直实行生产型增值税。目前中国开始了增值税转型工作，所谓增值税转型，是指从生产型增值税转变为消费型增值税。

一、增值税的概念和特点

（一）增值税的概念

根据《中华人民共和国增值税暂行条例》的规定，中国的增值税是对从事销售货物或者提供加工、修理修配劳务以及从事进口货物的单位和个人征收。从计税原理上讲增值税是以商品增值额为课税对象而征收的。具体做法是以商品销售额为计税依据，按照税法规定的税率计算出商品应负担的增值税额，然后扣除为生产商品所耗用的外购物资在以前生产流通环节已经缴纳的增值税，扣除后的余额为企业应纳税额，从而避免了重复征税。

（二）增值税的特点

增值税有以下特点：第一，由企业主缴纳。第二，分阶段征收，即在商品的各个流通环节征收。第三，税收负担最终由消费者承担。在增值税的征收中各环节的经营者作为纳税人只是把从买方收取的税款转交给政府，而经营者本身并没有承担增值税税款，直到货物卖给最终消费者时，货物在以前环节已经缴纳的税款连同本环节的税款一起转移给了最终消费者。第四，实行扣除已征税制度。在计算应纳税款时，要扣除在以前生产环节已经负担的税款，中国实行凭购货增值税发票进行抵扣。第五，实行比例税率。第六，实行价外税制度。销售价格中不包括增值税税额。

（三）增值税的优点

第一，能够避免重复征税，充分贯彻公平税负的原则。增值税只对货物或劳务销售额中没有征过税的那部分增值额征税，对销售额中属于转移过来的、以前环节中已经征过税的那部分销售额则不再征税，通过税款抵扣的方式将已征过税的部分扣除，避免了重复征税的问题。第二，有利于发展对外贸易。为了本国商品在国际贸易中处于有利地位，各国基本都实行出口退税制度，使商品在不含税的情况下进入国际市场，增值税实行扣除已征税款的制度，实行退税，不会出现多退或者少退的现象。第三，有利于稳定财政收入。由于具有征收的普遍性和连续性使增值税具有广阔的税基。无论工业、商业还是劳务服务活动，只要有增值收入就要缴纳增值税，无论每一货物经过多少生产经营环节，都要按各道环节上发生的增值额逐次征税，从而保证了财政收入的稳定。

二、增值税的纳税人

(一) 增值税纳税人的认定

在中华人民共和国境内销售货物或者提供加工、修理修配劳务以及进口货物的单位和个人，为增值税的纳税义务人，应当缴纳增值税。

单位：是指一切从事销售货物或者提供加工、修理修配劳务以及从事进口货物的单位，包括企业（国有、集体、私有、股份制、外商投资企业和外国、其他企业）、行政单位、事业单位、军事单位、社会团体及其他单位。

个人：是指从事销售或进口货物、提供应税劳务的个人，包括个体工商户及其他个人。

单位租赁或承包给其他单位或个人经营的，以承租人或承包人为纳税人。

境外的单位或个人在境内提供应税劳务，在境内未设有经营机构的，以其境内代理人为扣缴义务人；在境内没有代理人的，以购买者为扣缴义务人。

进口货物的增值税纳税人。根据《国家税务总局、海关总署关于对进口货物征收增值税、消费税有关问题的通知》申报进入中华人民共和国海关境内的货物均应缴纳增值税、消费税。进口货物的收货人或办理报关手续的单位和个人为增值税的纳税人。代理进口货物，以海关开具的完税凭证上的纳税人为增值税纳税人，即对报关进口的货物，凡是海关的完税凭证开具给委托方的，对代理方不征收增值税；凡是海关的完税凭证开具给代理方的，对代理方征收增值税。

(二) 增值税的纳税人分类

增值税纳税人分为一般纳税人和小规模纳税人两种。

1. 增值税小规模纳税人的分类

增值税小规模纳税人主要包括两类：一类是从事工业生产或以工业生产为主兼营商业销售、年应税销售额在 50 万元以下的纳税人。另一类是从事商业批发和零售、年应税销售额在 80 万以下的纳税人。小规模纳税人不能自行开具增值税专用发票，不能抵扣购买货物所含的增值税税额。

年销售额超过小规模纳税人标准的其他个人按小规模纳税人纳税；非企业性单位、不经常发生应税行为的企业可选择按小规模纳税人纳税。

2. 增值税一般纳税人

小规模纳税人以外的纳税人属于增值税一般纳税人。一般纳税人可以自行开具增值税专用发票，可以抵扣购买货物所含的增值税税额。但是，纳税人必须经过税务机关认定后，方可取得增值税一般纳税人资格。以下纳税人可以认定为增值税的一般纳税人：

(1) 达到规定标准的企业

增值税纳税人符合下列条件之一的，可以被认定为增值税一般纳税人：一是从事货物生产或提供增值税应税劳务的纳税人，在一个会计年度内，年应纳增值税项目的销售额超过 100 万元的。二是从事货物批发、零售的纳税人，在一个会计年度内，年应纳增值税项目的销售额超过 180 万元的。三是以生产货物或提供增值税应税劳务为主，并兼营货物批发或零售的纳税人，在一个会计年度内，年应纳税销售额超过 100 万元的。

（2）未达到规定标准的企业

第一，商业企业以外的其他企业，即从事货物生产或提供应税劳务的，以及以从事货物生产或提供应税劳务为主，并兼营货物批发或零售的企业、企业性单位，年应税销售额在 100 万元以下，30 万元以上的，如果财务核算健全，仍可认定为一般纳税人。

第二，纳税人总分支机构实行统一核算，其总机构年应税销售额超过小规模纳税人企业标准，但分支机构是商业企业以外的年应税销售额未超过小规模纳税人标准的，其分支机构可申请办理一般纳税人认定手续（须提供总机构所在地主管税务机关批准其总机构为一般纳税人的证明）。

第三，从 2002 年月 1 日起，对从事成品油销售的加油站，无论其年应税销售额是否达到 180 万元，一律按增值税一般纳税人征税。

（3）新开业企业的一般纳税人的认定

第一，对新办小型商贸批发企业。对具有一定经营规模、拥有固定的经营场所，有相应的经营管理人员、有购销合同或书面意向、有明确的货物购销渠道，预计年销售额可达到 180 万元以上的新办商贸批发企业，经主管税务机关审核，也可认定为一般纳税人，实行辅导期一般纳税人管理。第二，新办商贸零售企业。对设有固定经营场所和拥有货物实物，经主管税务机关审核，可认定为一般纳税人，实行辅导期一般纳税人管理。第三，新办大中型商贸企业。注册资金在 500 万元以上，人员在 50 人以上的新办大中型商贸企业，提出一般纳税人资格申请的，经主管税务机关案头审核、法定代表人约谈和实地查验，确认符合规定条件的，可直接认定为一般纳税人，不实行辅导期一般纳税人管理。

（4）下列纳税人不属于增值税一般纳税人

①全部销售免税货物的单位和企业；

②个人；

③非企业性单位；

④不经常发生增值税应税行为的企业。

3. 增值税扣缴义务人

境外的单位或个人在境内销售应税劳务而在境内未设有经营机构的，其应纳税款以代理人为扣缴义务人，没有代理人的，以购买者为扣缴义务人。

三、征税范围

（一）征税范围的一般规定

根据《中华人民共和国增值税暂行条例》的规定，增值税的征收范围主要包括在中国境内销售货物或者提供加工、修理修配劳务以及进口货物。征税范围包括进口、生产、批发和零售四个环节。

1. 销售货物

销售货物是指有偿转让货物的所有权。在中国境内销售货物，是指所销售的货物的起运地或所在地在中国境内。货物是指除土地、房屋和其他建筑物等不动产之外的所有有形动产，包括电力、热力、气体在内。为了公平税负，加强征管，避免税款抵扣链条中断，税法对增值税纳税人的下列行为，视同销售货物：

（1）将货物交付他人代销。

（2）销售代销货物。

（3）设有两个以上机构并实行统一核算的纳税人，将货物从一个机构移送其他机构用于销售，但相关机构设在同一县（市）的除外。

（4）将自产或委托加工的货物用于非应税项目。

（5）将自产、委托加工或购买的货物作为投资，提供给其他单位或个体经营者。

（6）将自产、委托加工或购买的货物分配给股东或投资者。

（7）将自产、委托加工的货物用于集体福利或个人消费。

（8）将自产、委托加工或购买的货物无偿赠送他人。

2. 提供加工、修理修配劳务

提供加工、修理修配劳务是指在中国境内有偿提供加工、修理修配劳务。两者又称为销售应税劳务。其中加工是指受托加工货物，即委托方提供原料及主要材料，受托方按照委托方的要求制造货物并收取加工费的业务。修理修配是指受托对损伤和丧失功能的货物进行修复，使其恢复原状和功能的业务。在境内销售应税劳务，是指所销售的应税劳务发生在境内。

3. 进口货物

进口货物是指申报进入我国海关境内的货物。对于进口货物，除依法征收关税外，还要在进口环节征收增值税。

（二）混合销售和兼营行为

1. 混合销售行为

一项销售行为如果既涉及货物又涉及非应税劳务，属于混合销售行为。混合销售行为既涉及增值税的征税范围，又涉及营业税的征税范围，对其不再分别计算纳税，而是根据企业性质确定征收增值税或是征收营业税。凡是从事货物的生产、批发或零售的企业、企业性单位及个体经营者，以及以从事货物的生产、批发或零售为主兼营非应税劳务的企业、企业性单位及个体经营者的混合销售行为，视同销售货物征收增值税。上述所称以从事货物的生产、批发或零售为主并兼营非增值税劳务，是指纳税人年货物销售额与非应税劳务营业额的合计数中，年货物销售额超过50%。对从事非增值税劳务为主，并兼营货物销售的单位和个人的混合销售行为，征收营业税。但如果其设立单独的机构经营货物销售并单独核算，则该机构发生的混合销售行为应当征收增值税。

非应税劳务，是指属于应缴营业税的交通运输业、建筑业、金融保险业、邮电通信业、文化体育业、娱乐业、服务业等税目征收范围的劳务。

2. 兼营行为

兼营行为是指纳税人在销售货物、提供增值税应税劳务的同时，经营非增值税应税劳务。例如一家摄影器材店除经营各种器材、胶卷外，还提供彩照扩印服务，彩照扩印服务属于摄影器材店兼营的非增值税应税劳务。按照《中华人民共和国增值税暂行条例实施细则》的规定，纳税人兼营非应税劳务的，应分别核算货物或应税劳务和非应税劳务的销售额。不分别核算或者不能准确核算的，其非应税劳务应与货物或应税劳务一并征收增值税。

（三）其他属于增值税征税范围的主要内容

1. 货物期货（包括商品期货和贵金属期货），在期货发生实物交割时在实物交割环节征收增值税。

2. 银行销售金银的业务，在销售时征收增值税。

3. 典当业的死当物品销售业务和寄售业的代委托人销售寄售物品的业务，征收增值税。

4. 融资租赁业务。对经中国人民银行和商务部批准经营融资租赁业务的单位所从事的融资租赁业务，无论租赁货物的所有权是否转让给承租方，均按《中华人民共和国营业税暂行条例》的有关规定征收营业税，不征收增值税。其他单位从事的融资租赁业务，租赁的货物的所有权转让给承租方，征收增值税，不征收营业税；租赁的货物的所有权未转让给承租方，征收营业税，不征收增值税。

5. 集邮产品的生产、调拨征收增值税。邮政部门销售集邮商品（包括邮票、首日封和邮折）和发行报刊，征收营业税；其他单位和个人销售集邮商品和发行报刊，征收增值税。

6. 基本建设单位和从事建筑安装业务的企业附设的工厂、车间生产的水泥预制构件、其他构件或建筑材料，用于本单位或本企业的建筑工程的，在移送使用时征收增值税。但对在建筑现场制造的预制构件，凡直接用于本单位或本企业建筑工程的，不征收增值税。

（四）不需缴纳增值税的几项特殊事项

1. 因转让著作所有权而发生的销售电影母片、录像带母带、录音磁带母带的业务，不征收增值税。

2. 供应或开采未经加工的天然水（如水库供应农业灌溉用水，工厂自采地下水用于生产），不征收增值税。

3. 对国家管理部门行使其管理职能发放的执照、拍照和有关证书等取得的工本费收入，不征收增值税。

4. 对体育彩票的发行收入不征收增值税。

5. 邮政部门、集邮公司销售集邮商品征收营业税，不征收增值税。

6. 对增值税纳税人收取的会员费收入不征收增值税。

四、增值税税率

我国增值税采用比例税率，按照一定的比例征收。按照增值税暂行条例规定，中国现行增值税的税率结构包括一般纳税人适用的税率、小规模纳税人和实行简易征税办法纳税人适用的征收率、出口货物实施的零税率。另外，出口货物还适用出口退税率。

（一）一般纳税人适用的税率

一般纳税人销售和进口货物，以及提供加工、修理修配劳务的，除税法另有规定外，适用 17% 的基本税率，但对于纳税人销售或者进口下列货物，按 13% 的低税率征收增值税。

1. 粮食、食用植物油。

2. 自来水、暖气、冷气、热水、煤气、石油液化气、天然气、沼气、居民用煤炭制品。

3. 图书、报纸、杂志。

4. 饲料、化肥、农药、农机、农膜。

5. 金属矿采选产品、非金属矿采选产品。

6. 农业产品。

7. 国务院规定的其他货物。

（二）小规模纳税人和实行简易征税办法纳税人适用的征收率

1. 现行增值税暂行条例规定，小规模纳税人按工业和商业两类分别适用 6% 和 4% 的征收率。从 2009 年 1 月 1 日起，对小规模纳税人不再区分工业和商业设置两档征收率，将小规模纳税人的征收率统一降低至 3%。

2. 根据财政部、国家税务总局《关于部分货物适用增值税低税率和简易办法征收增值税政策的通知》的规定，优惠政策如下：

（1）一般纳税人销售自己使用过的属于条例第十条规定不得抵扣且未抵扣进项税额的固定资产，按简易办法依 4% 征收率减半征收增值税。小规模纳税人（除其他个人外，下同）销售自己使用过的固定资产，减按 2% 征收率征收增值税。小规模纳税人销售自己使用过的除固定资产以外的物品，应按 3% 的征收率征收增值税。纳税人销售旧货，按照简易办法依照 4% 征收率减半征收增值税。所称旧货，是指进入二次流通的具有部分使用价值的货物（含旧汽车、旧摩托车和旧游艇），但不包括自己使用过的物品。

（2）一般纳税人销售自产的下列货物，可选择按照简易办法依照 6% 征收率计算缴纳增值税：一是县级及县级以下小型水力发电单位生产的电力；二是建筑用和生产建筑材料所用的沙、土、石料；三是以自己采掘的沙、土、石料或其他矿物连续生产的砖、瓦、石灰；四是用微生物、微生物代谢产物、动物毒素、人或动物的血液或组织制成的生物制品；五是对属于一般纳税人的自来水公司销售自来水按简易办法依照 6% 征收率征收增值税，不得抵扣其购进自来水取得增值税扣税凭证上注明的增值税税款；

六是对一般纳税人生产销售的商品混凝土，按规定应缴纳增值税的按6%的征收率征收，但不得开具增值税专用发票。

（3）一般纳税人销售货物属于下列情形之一的，暂按简易办法依照4%征收率计算缴纳增值税：一是寄售商店代销寄售物品（包括居民个人寄售的物品在内）；二是典当业销售死当物品；三是经国务院或国务院授权机关批准的免税商店零售的免税品。

（三）出口退税率

货物或者增值税应税劳务出口时，适用零税率。在出口环节对纳税人以前环节负担的增值税予以全部或者部分退还，使出口商品和劳务以不含税价格进入国际市场。但是，国务院另有规定的除外（目前出口的原油、援外出口货物，国家禁止出口的天然牛黄、麝香、铜和铜基合金、白金等都属于国务院另有规定的项目）。

（四）特殊情况

纳税人有下列情形之一的，应按销售额依照增值税税率计算应纳税额，不得抵扣进项税额，也不得使用增值税专用发票：一是会计核算不健全，或者不能够提供准确税务资料的。二是除年销售额超过小规模纳税人标准的其他个人按小规模纳税人纳税；非企业性单位、不经常发生应税行为的企业可选择按小规模纳税人纳税之外的纳税人，其销售额超过小规模纳税人标准，未申请办理一般纳税人认定手续的。

无法准确计算销项税额和进项税额，实行按销售额和征收率计算应纳税额的简易办法。

纳税人兼营不同税率的货物或者应税劳务，应当分别核算不同税率货物或者应税劳务的销售额。未分别核算销售额的，从高适用税率。纳税人兼营应属一并征收增值税的非应税劳务的，其非应税劳务应从高适用税率。

五、增值税的计税依据和方法

（一）增值税一般纳税人应纳税额的计算

增值税一般纳税人销售货物或者提供应税劳务，应纳税额为当期销项税额抵扣当期进项税额后的余额。其应纳税额的计算公式为：

应纳税额 = 当期销项税额 − 当期进项税额

因当期销项税额小于当期进项税额不足抵扣时，其不足部分可以结转下期继续抵扣。

1. 销项税额

纳税人销售货物或者提供应税劳务，按照销售额和规定的税率计算并向购买方收取的增值税额，为销项税额。销项税额计算公式为：

销项税额 = 销售额 × 税率

销售额为纳税人销售货物或者提供应税劳务向购买方收取的全部价款和价外费用，但是不包括收取的销项税额。

价外费用，是指价外向购买方收取的手续费、补贴、基金、集资费、返还利润、奖励费、违约金（延期付款利息）、包装费、包装物租金、储备费、优质费、运输装卸费、代收款项、代垫款项及其他各种性质的价外收费。但下列项目不包括在内：一是向购买方收取的销项税额。二是受托加工应征消费税的消费品所代缴的消费税。三是同时符合以下条件的代垫运费：承运部门的运费发票开具给购货方的；纳税人将该项发票转交给购货方的。

凡价外费用，无论其会计制度如何核算，均应并入销售额计算应纳税额。

一般纳税人销售货物或者应税劳务，采用销售额和销项税额合并定价方法的，按下列公式计算销售额：

销售额＝含税销售额÷（1＋税率）

纳税人销售货物或者应税劳务的价格明显偏低并无正当理由的，或者有视同销售货物行为而无销售额者，按下列顺序确定销售额：

（1）按纳税人最近时期同类货物的平均销售价格确定。

（2）按其他纳税人最近时期同类货物的平均销售价格确定。

（3）按组成计税价格确定。组成计税价格的公式为：

组成计税价格＝成本×（1＋成本利润率）

属于应征消费税的货物，其组成计税价格中应加计消费税额公式为：

组成计税价格＝成本×（1＋成本利润率）＋消费税税额

或

组成计税价格＝成本×（1＋成本利润率）÷（1－消费税税率）

公式中的成本是指：销售自产货物的为实际生产成本，销售外购货物的为实际采购成本。公式中的成本利润率由国家税务总局确定。

2. 进项税额

纳税人购进货物或者接受应税劳务，所支付或者负担的增值税额为进项税额，准予从销项税额中抵扣的进项税额，限于下列增值税扣税凭证上注明的增值税税额：

（1）从销售方取得的增值税专用发票上注明的增值税额。

（2）从海关取得的海关增值税专用缴款书上注明的增值税额。

（3）一般纳税人向农业生产者或者小规模纳税人购进农产品，准予按照农产品收购发票或者销售发票上注明的农产品买价和13%的扣除率计算的进项税额。

（4）自2009年1月1日起，全国所有增值税一般纳税人新购进设备所含的进项税额可以计算抵扣。购进固定资产，凭增值税专用发票和海关完税凭证等合法的抵扣凭证，直接计算抵扣，不再采用退税的操作方式。准予抵扣的固定资产范围仅限于现行增值税征税范围内的固定资产，包括机器、机械、运输工具以及其他与生产、经营有关的设备、工具、器具。房屋、建筑物等不动产，虽然在会计制度中允许作为固定资产核算，但不能纳入增值税的抵扣范围，不得抵扣进项税额。

（5）生产企业一般纳税人购进废旧物资回收经营单位销售的废旧物资，可按照废旧物资回收经营单位用防伪税控系统开具的废旧物资专用发票上注明的金额，按10%的扣除率计算抵扣进项税额。

（6）一般纳税人购进或者销售货物以及在生产经营过程中支付运输费用的，按照运输运费结算单据上（普通发票）注明，注明的运费金额和7%的扣除率计算的进项税额，但随同运费支付的装卸费、保险费等其他杂费不得计算扣除进项税额。

纳税人购进货物或者应税劳务，未按照规定取得并保存增值税扣税凭证，或者增值税扣税凭证上未按照规定注明增值税额及其他有关事项的，其进项税额不得从销项税额中抵扣。

3. 不得从销项税额中抵扣的进项税额

下列项目的进项税额不得从销项税额中抵扣：

（1）用于非增值税应税项目、免征增值税项目、集体福利或者个人消费的购进货物或者应税劳务。

（2）非正常损失的购进货物及相关的应税劳务。

（3）非正常损失的在产品、产成品所耗用的购进货物或者应税劳务。

（4）国务院财政、税务主管部门规定的纳税人自用消费品。

（5）本条第（1）项至第（4）项规定的货物的运输费用和销售免税货物的运输费用。

（6）纳税人已抵扣进项税额的固定资产发生上述所列第（1）至（3）项所列情况的，应在当月按下列公式计算不得抵扣的进项税额：

不得抵扣的进项税额 = 固定资产净值 × 适用税率

（7）自2009年1月1日起，购进的应征消费税的小汽车、摩托车和游艇不得抵扣进项税。

4. 混合销售行为

混合销售行为按照规定应当征收增值税的，该混合销售行为所涉及的非增值税应税劳务所用购进货物的进项税额，符合规定的，准予从销项税额中抵扣。一般纳税人兼营免税项目或非增值税应税项目而无法划分不得抵扣的进项税额的，按下列公式计算不得抵扣的进项税额：

不得抵扣的进项税额 = 当月无法划分的全部进项税额 × 当月免税项目销售额、非增值税应税劳务营业额合计 ÷ 当月全部销售额、营业额合计

当月无法划分的全部进项税额 = 当月全部进项税额 − 当月可准确划分用于应税项目、免税项目及非应税项目的进项税额

（二）小规模纳税人应纳税额的计算

小规模纳税人销售货物或者应税劳务，实行简易办法计算应纳税额，即按照销售额和规定的征收率计算应纳税额，不得抵扣进项税额，其应纳税额的计算公式为：

应纳增值税税额 = 销售额 × 征收率

采用销售额和应纳税额合并定价方法的，按下列公式计算销售额：

不含税销售额 = 含税销售额 ÷ （1 + 征收率）

（三）进口货物应纳税额的计算

纳税人进口货物，按照组成计税价格和规定的税率计算应纳税额，不得抵扣任何

税额。其组成计税价格和应纳税额计算公式为：

组成计税价格＝关税完税价格＋关税＋消费税

或：组成计税价格＝（关税完税价格＋关税）÷（1－消费税税率）

应纳税额＝组成计税价格×税率

六、税收优惠

（一）增值税起征点

增值税起征点的适用范围限于个人（个体经营者和其他个人），对个人销售额未达到财政部规定的增值税起征点的，免征增值税。现行增值税起征点的幅度规定如下：

1. 销售货物的起征点为月销售额 2 000 元至 5 000 元。

2. 销售应税劳务的起征点为月销售额 1 500 元至 3 000 元。

3. 按次纳税的起征点为每次（日）销售额 150 元至 200 元。

注： 现规定销售水产品、畜牧产品、蔬菜、果品、粮食等农产品的个体工商户、农民，起征点一律为月销售额 5 000 元，按次（日）纳税的，起征点为每次（日）销售额 200 元。

（二）根据暂行条例下列项目免征增值税

1. 农业生产者销售的自产农业产品。

2. 避孕药品和用具。

3. 古旧图书。

4. 直接用于科学研究、科学试验和教学的进口仪器、设备。

5. 外国政府、国际组织无偿援助的进口物资和设备。*

6. 由残疾人的组织直接进口供残疾人专用的物品。

7. 销售的自己使用过的物品。

除前款规定外，增值税的免税、减税项目由国务院规定，任何地区、部门均不得规定免税、减税项目。*

注： 农业生产者，包括从事农业生产的单位和个人。

外国政府、国际组织无偿援助项目在中国境内采购的货物也可免税，同时允许销售免税货物的单位将免税货物的进项税额在其他内销货物的销项税额中抵扣。从 2009 年 1 月 1 日起，取消进口设备增值税免税政策和外商投资企业采购国产设备增值税退税政策。

现已规定的免税的主要项目有：企业为生产《国家高新技术产品目录》中的产品进口的自用设备、外国政府和国际金融组织贷款项目进口的自用设备，软件企业、集成电路生产企业今年规定的技术、原材料，企业为引进《国家高新技术产品目录》中的技术向境外支付的软件费，按规定捐赠进口的直接用于扶贫、慈善事业的物资，来料加工复出口的货物，非营利性医疗机构自产自用的制剂，规定的资源综合利用产品和污水处理劳务，小规模纳税人出口的货物，有机肥产品等。

纳税人兼营免税、减税项目的，应当单独核算免税、减税项目的销售额；未单独核算销售额的，不得免税、减税。

七、增值税征收管理

（一）增值税纳税义务发生时间

1. 销售货物或者应税劳务，为收讫销售款或者取得索取销售款凭据的当天；先开具发票的，为开具发票的当天。

2. 进口货物，为报关进口的当天。

3. 增值税扣缴义务发生时间为纳税人增值税纳税义务发生的当天。

4. 收讫销售款项或者取得索取销售款凭据的当天。按销售结算方式的不同，具体为：

（1）采取直接收款方式销售货物，不论货物是否发出，均为收到销售额或取得索取销售款凭据的当天。

（2）采取托收承付和委托银行收款方式销售货物，为发出货物并办妥托收手续的当天。

（3）采取赊销和分期收款方式销售货物，为书面合同约定的收款日期的当天；无书面合同的或者书面合同没有约定的收款日期的当天；为货物发出的当天。

（4）采取预收货款方式销售货物，为货物发出的当天；但生产销售生产工期超过12个月的大型机械设备、船舶、飞机等货物，为收到预收款或者书面合同约定的收款日期的当天。

（5）委托其他纳税人代销货物，为收到代销单位销售的代销清单的或者收到全部或部分货款的当天。未收到代销清单和货款的，为发出货物满180天的当天。

（6）销售应税劳务，为提供劳务同时收讫销售额或取得索取销售款凭据的当天。

（7）纳税人发生视同销售货物行为的，为货物移送的当天。

（二）增值税纳税地点

增值税由税务机关征收，进口货物的增值税由海关代征。个人携带或者邮寄进境自用物品的增值税，连同关税一并计征。

1. 固定业户应当向其机构所在地主管税务机关申报纳税。总机构和分支机构不在同一县（市）的，应当分别向各自所在地主管税务机关申报纳税；经国务院财政、税务主管部门或其授权的财政、税务机关批准，可以由总机构汇总向总机构所在地主管税务机关申报纳税。

2. 固定业户到外县（市）销售货物或者应税劳务，应当向其机构所在地的主管税务机关申请开具外出经营活动税收管理证明，并向其机构所在地主管税务机关申报纳税；未开具证明的，应当向销售地或者劳务发生地主管税务机关申报纳税；未向销售地或者劳务发生地的主管税务机关申报纳税的，由其机构所在地主管税务机关补征税款。

3. 非固定业户销售货物或者应税劳务，应当向销售地或者劳务发生地的主管税务机关申报纳税；未向销售地或者劳务发生地的主管税务机关申报纳税的，由其机构所在地或居住地主管税务机关补征税款。

4. 固定业户（增值税一般纳税人）临时到外省市销售货物的，必须向经营地税务机关出示《外出经营活动税收管理证明》，回原地纳税，需要向购货方开具专用发票的，亦回原地补开发票。

5. 进口货物，应当由进口人或其代理人向报关地海关申报纳税。

扣缴义务人应当向机构所在地或者居住地主管税务机关申报缴纳其扣缴的税款。

（三）增值税的纳税期限

根据《增值税暂行条例》规定，增值税的纳税期限分别为1日、3日、5日、10日、15日、1个月或者1个季度。纳税人的具体纳税期限，由主管税务机关根据纳税人应纳税额的大小分别核定；不能按照固定期限纳税的，可以按次纳税。

1. 纳税人以1个月或者1个季度为一期纳税的，自期满之日起15日内申报纳税；以1日、3日、5日、10日或者15日为一个纳税期的，自期满之日起5日内预缴税款，于次月1日起15日内申报纳税并结清上月应纳税款。

2. 纳税人进口货物，应当自海关填发海关进口增值税专用缴款书之日起15日内缴纳税款。

扣缴义务人解缴税款的期限，依照前两款规定执行。

3. 纳税人出口货物，按月向税务机关申报办理该项出口货物的退税。

（四）增值税出口退税

1. 出口退税率

一般纳税人的出口退税率分为7档：17%、16%、15%、13%、9%、5%和0。对生产企业自营出口或委托外贸企业代理出口的自产货物，除另有规定者外，一律实行免税、抵税、退税的办法。中国现行出口货物退（免）税的范围主要是报关出口的增值税和消费税。

免税是指对生产企业出口的自产货物免征生产环节的增值税。抵税是指对生产企业出口的自产货物所耗用的原材料、零部件、燃料、动力等所含应予退还的进项税额，抵顶内销货物应纳的增值税；退税是指生产企业出口的自产货物当月应抵顶的大于应纳增值税税额时，对未抵顶完的部分予以退税。生产企业承接国外修理、修配业务；利用国际金融组织或外国政府贷款采用国际招标形式，国内企业中标，或外国企业中标后分包给国内企业的机电产品，可比照上述规定办理。

增值税小规模纳税人出口自产的货物，免征增值税、消费税，其进项税额抵扣或退税。

2. 出口退税的企业范围

目前中国享受出口退税的主要涉及生产企业、外贸企业和某些特许退税的企业。

（1）外贸企业出口货物退税

外贸企业出口货物退还增值税应依据购进货物的增值税专用发票所注明的进项金额和出口货物对应的退税率计算。实行出口退税电子化管理后，外贸企业应退税额的计算方法有两种：一是单票对应法，二是加权平均法。

（2）生产企业出口货物退（免）税

对生产企业自营出口或委托外贸企业代理出口的自产货物和视同自产货物，除另有规定者外，增值税一律实行免、抵、退税管理办法。生产企业出口货物免、抵、退税应根据出口货物离岸价格和出口货物退税率计算，计算方法如下：

①当期应纳税额＝当期内销售货物销项税额－（当期进项税额－当期免、抵、退税不得免征和抵扣的税额）－上期留抵税额

②免、抵、退税额＝出口货物离岸价×外汇人民币牌价×出口货物退税率－免、抵、退税额抵减额

免、抵、退税额抵减额＝免税购进原材料价格×出口货物退税率

③当期期末留抵税额≤当期免、抵、退税额时：则当期应退税额＝当期期末留抵税额；当期免、抵税额＝当期免、抵、退税额－当期应退税额。

当期期末留抵税额大于当期免、抵、退税额时：当期应退税额＝当期免、抵、退税额；当期免、抵税额＝0。

④免、抵、退税不得免征和抵扣税额的计算：

免、抵、退税不得免征和抵扣税额＝出口货物离岸价×人民币外汇牌价×（出口货物征税率－出口货物退税率）－免、抵、退税不得免征和抵扣税额抵减额

免、抵、退税不得免征和抵扣税额抵减额＝免税购进原材料价格×（出口货物征税率－出口货物退税率）

（五）增值税会计科目的设置

1．进项税额的核算

（1）企业从国内采购货物：

借：材料采购或原材料或有关费用

　　应交税费——应交增值税（进项税额）

　贷：银行存款或应付账款

发生进货退回，则：

借：银行存款或应收账款

　贷：材料采购或原材料等

　　　应交税费——应交增值税（进项税额）

（2）企业接受投资转入货物：

借：应交税费——应交增值税（进项税额）

　　原材料等

　贷：实收资本

（3）企业接受捐赠的货物：

借：应交税费——应交增值税（进项税额）

　　原材料等

　贷：资本公积

（4）企业进口货物：

借：应交税费——应交增值税（进项税额）

材料采购或原材料等

贷：银行存款或应付账款

（5）企业购入货物或接受应税劳务直接用于非应税项目，或直接用于免税项目以及直接用于集体福利和个人消费的，其专用发票上注明的增值税额直接计入购入货物及接受劳务的成本，即：

借：材料采购或原材料等

贷：银行存款或应付账款

（6）小规模纳税企业购入货物及接受应税劳务支付的增值税额，以及企业购入货物或接受应税劳务没有取得专用发票的，直接计入有关货物或劳务的成本，即：

借：材料采购或原材料等

贷：银行存款或应付账款

2. 销项税额核算

（1）企业对外销售货物或提供应税劳务：

借：银行存款或应收账款

贷：应交税费——应交增值税（销项税额）

主营业务收入

已销售产品发生销售退回，则：

借：应交税费——应交增值税（销项税额）

主营业务收入

贷：银行存款或应收账款

（2）企业将自产的、委托加工或购买的货物分配给股东或投资者：

借：应付利润

贷：应交税费——应交增值税（销项税额）

主营业务收入

（3）小规模纳税企业对外销售货物或提供应税劳务：

借：银行存款或应收账款

贷：应交税费——应交增值税

主营业务收入

（4）企业将自产货物或委托加工货物用于非应税项目或用于集体福利等，按规定应视同销售计算应交增值税：

借：在建工程等

贷：应交税费——应交增值税（销项税额）

主营业务收入或库存商品等

（5）企业将自产或委托加工的或购买的货物作为投资，提供给其他单位和个体经营者，按规定应视同销售计算应纳增值税：

借：长期投资

　　贷：应交税费——应交增值税（销项税额）

　　　　主营业务收入或库存商品等

　　（6）企业将自产、委托加工或购买的货物无偿赠送他人，应视同销售货物计算应交增值税：

　　借：营业外支出

　　贷：应交税费——应交增值税（销项税额）

　　　　主营业务收入或库存商品等

　　3. 出口退税核算

　　（1）按照规定，企业出口适用零税率的货物，不计算销售收入应缴纳增值税。企业在向海关办理报关出口手续后，凭出口报关单等有关凭证，向税务机关申报办理该项出口货物的进项税额的退税，企业在收到出口货物退回税款时：

　　借：银行存款

　　贷：应交税费——应交增值税（出口退税）

　　（2）企业已办理出口退税后，发生退货或退关的，应补交已退回的税款：

　　借：应交税费——应交增值税（出口退税）

　　贷：银行存款

　　4. 进项税额转出的核算

　　企业购进的货物、在产品、产成品发生非正常损失，以及购进货物改变用途等原因，其进项税额应相应转入有关科目：

　　借：待处理财产损益或在建工程或应付福利费

　　贷：应交税费——应交增值税（进项税额转出）

　　5. 缴纳增值税税额的核算

　　（1）一般纳税企业按规定缴纳增值税时：

　　借：应交税费——应交增值税（已交税金）

　　贷：银行存款

　　（2）月份终了，企业应将当月应交未交增值税余额自"应交税费——应交增值税"科目转入"未交增值税"明细科目。

　　借：应交税费——应交增值税（转出未交增值税）

　　贷：应交税费——未交增值税

　　（3）当月上缴上月应交未交的增值税时：

　　借：应交税费——未交增值税

　　贷：银行存款

　　（4）月份终了，企业应当将当月多缴增值税从"应交税费——应交增值税"明细科目转入"未交增值税"明细科目。

　　借：应交税费——未交增值税

　　贷：应交税费——应交增值税（转出多交增值税）

　　（5）小规模纳税人缴纳税款时，做如下会计分录：

　　借：应交税费——应交增值税

贷：银行存款

6. 减免增值税的会计处理方法

（1）企业实际收到即征即退、先征后退和先征税后返还的增值税时：

借：银行存款

　　贷：营业外收入

（2）对于直接减免的增值税：

借：应交税费——应交增值税（减免税金）

　　贷：营业外收入

7. 实行"免、抵、退"政策的账务的三种处理办法

（1）应纳税额为正数，即免抵后仍应缴纳增值税，免抵税额＝免抵退税额，即没有可退税额（因为没有留抵税额）。此时，账务处理如下：

借：应交税费——应交增值税（转出未交增值税）

　　贷：应交税费——未交增值税

借：应交税费——应交增值税（出口抵减内销产品应纳税额）

　　贷：应交税费——应交增值税（出口退税）

（2）应纳税额为负数，即期末有留抵税额，对于未抵顶完的进项税额，不做会计分录；当期期末留抵税额大于当期免、抵、退税额时，可全部退税，免抵税额为零。

当期应退税额等于当期免、抵、退税额时，账务处理如下：

借：其他应收款

　　贷：应交税费——应交增值税（出口退税）

（3）应纳税额为负数，即期末有留抵税额，对于未抵顶完的进项税额，不做会计分录；当期期末留抵税额大于小于免、抵、退税额时，可退税额为留抵税额。

当期应退税额＝当期期末留抵税额

当期免、抵税额＝当期免、抵、退税额－当期应退税额

此时，账务处理如下：

借：其他应收款

　　　应交税费——应交增值税（出口抵减内销产品应纳税额）

　　贷：应交税费——应交增值税（出口退税）

通过以上三种情况的分析与处理可看出，如果不计算出"免抵税额"，会计处理上将无法平衡。

增值税计算示范：

例1　某公司6月份上缴5月份未缴增值税32 000元；月底上缴当月应交增值税54 000元，还有3 000元应交增值税未缴纳。做会计分录如下：

（1）上交上月未交增值税时：

借：应交税费——未交增值税　　　　　　　　　　　　　　　　32 000

　　贷：银行存款　　　　　　　　　　　　　　　　　　　　　　　32 000

（2）上交当月应交增值税时：

借：应交税费——应交增值税（已交税金） 54 000

   贷：银行存款 54 000

（3）将当月应交未交增值税转账时：

借：应交税费——应交增值税（转出未交增值税） 3 000

   贷：应交税费——未交增值税 3 000

例2 某公司采用先征税后返还增值税的方法，当期收到返还的增值税 26 000 元。收到返还增值税款时做如下会计分录：

借：银行存款 26 000

   贷：营业外收入 26 000

例3 某具有进出口经营权的生产企业，对自产货物经营出口销售及国内销售。该企业 2007 年 2 月份购进所需原材料等货物，允许抵扣的进项税额 68 万元，内销产品取得销售额 300 万元（不含税），出口货物离岸价折合人民币 2 400 万元。假设上期留抵税款 5 万元，增值税税率 17%，退税率 13%，则相关计算和处理如下：

（1）外购原辅材料、备件、能源等，会计分录为：

借：原材料 4 000 000

   应交税费——应交增值税（进项税额） 680 000

   贷：银行存款 4 680 000

（2）产品出口时，免征本销售环节的销项税会计分录为：

借：应收账款 24 000 000

   贷：主营业务收入 24 000 000

（3）产品内销时，会计分录为：

借：银行存款 3 510 000

   贷：主营业务收入 3 000 000

     应交税费——应交增值税（销项税额） 510 000

（4）月末，计算当月出口货物不予抵扣和退税的税额：

免、抵、退税不得免征和抵扣税额 = 当期出口货物离岸价 × 人民币外汇牌价 ×（出口货物征税率 - 出口货物退税率）

免、抵、退税不得免征和抵扣税额抵减额 = 2 400 ×（17% - 13%）= 96（万元）

借：主营业务成本 960 000

   贷：应交税费——应交增值税（进项税额转出） 960 000

（5）计算应纳税额：

本月应纳税额 = 当期内销货物的销项税额 - 当期进项税额 - 当期免、抵、退税不得免征和抵扣的税额 - 上期留抵税款

本月应纳税额 = 51 - 68 + 96 - 5 = 74（万元）

借：应交税费——应交增值税（转出未交增值税） 740 000

   贷：应交税费——未交增值税 740 000

（6）实际缴纳时：

借：应交税费——未交增值税   740 000

 贷：银行存款   740 000

如果本期外购货物的进项税额为160万元，其他不变，则（1）至（4）步分录同上，其余账务处理如下：

（7）计算应纳税额或当期期末留抵税额：

本月应纳税额＝销项税额－进项税额＝当期内销货物的销项税额－（当期进项税额－当期免、抵、退税不得免征和抵扣的税额）－上期留抵税款

本月应纳税额＝51－160＋96－5＝－18（万元）

由于应纳税额小于零，说明当期期末留抵税额为18万元，不需做会计分录。

（8）计算应退税额和应免抵税额：

免、抵、退税额＝出口货物离岸价×外汇人民币牌价×出口货物退税率－免、抵、退税额抵减额＝2 400×13%＝312（万元）

当当期期末留抵税额18万元小于当期免、抵、退税额312万元时，当期应退税额＝当期期末留抵税额＝18（万元）

当期免、抵税额＝当期免、抵、退税额－当期应退税额＝312－18＝294（万元）

借：其他应收款   180 000

  应交税费——应交增值税（出口抵减内销产品应纳税额） 2 940 000

 贷：应交税费——应交增值税（出口退税）   3 120 000

（9）收到退税款时：

借：银行存款   180 000

 贷：其他应收款   180 000

例4 某工厂为增值税一般纳税人，2008年2月份发生如下经济业务：

（1）2月2日，工厂从本市购入甲材料一批，共5 000千克，单价40元/千克，增值税专用发票注明增值税额为34 000元，货款已经支付。

假定该企业材料按实际成本计价，则：

借：原材料   200 000

  应交税费——应交增值税（进项税额）   34 000

 贷：银行存款   234 000

（2）2月3日，企业从外地购入乙种材料一批，共100吨，单价5 000元/吨，增值税额为85 000元。该工厂代垫运输费20 000元，按7%扣除率计算，增值税额为1 400元。

按实际成本计价，则：

借：原材料   518 600

  应交税费——应交增值税（进项税额）   86 400

 贷：应付账款   605 000

（3）2月4日，企业因材料质量问题将甲材料1 000千克退还给供货方，收回价款40 000元，增值税额为6 800元。则：

借：银行存款	46 800
贷：原材料	40 000
应交税费——应交增值税（进项税额）	6 800

（4）2月9日，企业收到其投资者作为投资转入的货物一批，其中：机器一台，双方确认的价值为200 000元；原材料一批，投资者提供的专用发票上注明的增值税额为17 000元，双方确认的价值（已扣增值税）为120 000元。则：

借：固定资产	200 000
原材料	120 000
应交税费——应交增值税（进项税额）	17 000
贷：实收资本	337 000

（5）2月15日，企业汽车损坏，委托某修理厂进行修理，支付修理费5 000元，增值税专用发票注明的增值税额为850元。则：

借：管理费用	5 000
应交税费——应交增值税（进项税额）	850
贷：银行存款	5 850

（6）2月18日，企业购入建筑材料一批，价款为80 000元。专用发票上注明增值税额为13 600元，用于企业正在进行的在建工程，货款已付。则：

|借：工程物资|93 600|
|　贷：银行存款|93 600|

（7）2月18日，企业对外销售A产品一批，收取价款960 000元（不含增值税）。则：

借：银行存款	1 123 200
贷：主营业务收入	960 000
应交税费——应交增值税（销项税额）	163 200

（8）2月20日，企业将B产品一批，用于企业在建工程，按企业销售同类产品的价格计算，价款为60 000元，增值税率为17%。该批产品生产成本为35 000元。则：

借：在建工程	45 200
贷：库存商品	35 000
应交税费——应交增值税（销项税额）	10 200

（9）2月23日，某单位将A产品一部分退还给企业，价款为100 000元，增值税额为17 000元，退货款已支付。则：

借：应交税费——应交增值税（销项税额）	17 000
主营业务收入	100 000
贷：银行存款	117 000

（10）2月25日，由于仓库倒塌损毁A产品、B产品各一批，成本为80 000元，经过计算，其所耗用的材料和有关货物的进项税额为5 600元。则：

|借：待处理财产损溢——待处理流动资产损溢|85 600|
|　贷：库存商品|80 000|

　　应交税费——应交增值税（进项税额转出）　　　　　　　　5 600

（11）2月27日，企业委托某工厂加工材料，支付加工费12 000元，增值税专用发票注明的增值税额为2 040元。则：

　　借：委托加工物资　　　　　　　　　　　　　　　　　　　12 000

　　　　应交税费——应交增值税（进项税额）　　　　　　　　 2 040

　　　　贷：银行存款　　　　　　　　　　　　　　　　　　　14 040

（12）2月底计算该企业2月份应纳增值税税额：

应纳税额=销项税额-（进项税额-进项税额转出）

应纳税额=156 400-（133 490-5 600）=28 510（元）

企业缴纳税额时：

　　借：应交税费——应交增值税（已交税金）　　　　　　　　28 510

　　　　贷：银行存款　　　　　　　　　　　　　　　　　　　28 510

　　例5　某增值税一般纳税人2008年4月2日从美国进口商品一批，离岸价为40 000美元，支付国外运费2 500美元，保险费1 500美元，支付关税为13 200美元。4月25日，公司将上述商品销售给国内某公司，共取得不含税销售额600 000元，款项未收。4月1日国家外汇牌价为1美元=7.00元人民币。计算增值税并做会计处理。

（1）进口商品时：

组成计税价格=关税完税价格+关税=（40 000+2 500+1 500）×7.00+13 200×7.00=400 400（元）

应纳税额=400 400×17%=68 068（元）

　　借：库存商品　　　　　　　　　　　　　　　　　　　　　400 400

　　　　应交税费——应交增值税（进项税额）　　　　　　　　68 068

　　　　贷：银行存款　　　　　　　　　　　　　　　　　　　468 468

（2）将该批进口商品销售给国内公司时：

销项税额=600 000×17%=102 000（元）

　　借：应收账款　　　　　　　　　　　　　　　　　　　　　702 000

　　　　贷：主营业务收入　　　　　　　　　　　　　　　　　600 000

　　　　　　应交税费——应交增值税（销项税额）　　　　　　102 000

　　例6　某家电销售企业是增值税一般纳税人，2008年2月通过以旧换新方式销售洗衣机100台，新洗衣机含税零售价2 340元，收回的旧洗衣机每台作价100元，每台实际收到货款2 240元。计算该企业应缴纳的增值税并做会计处理。

销项税额=2 340÷（1+17%）×17%×100=34 000（元）

　　借：银行存款　　　　　　　　　　　　　　　　　　　　　224 000

　　　　原材料或库存商品　　　　　　　　　　　　　　　　　10 000

　　　　贷：主营业务收入　　　　　　　　　　　　　　　　　200 000

　　　　　　应交税费——应交增值税（销项税额）　　　　　　34 000

例7 某企业为增值税一般纳税人,2008年2月发生以下业务:

(1) 从农业生产者手中收购玉米40吨,每吨收购价3 000元,共计支付收购价款120 000元。企业将收购的玉米从收购地直接运往异地的某酒厂生产加工药酒,酒厂在加工过程中代垫辅助材料款15 000元。药酒加工完毕,企业收回药酒时取得酒厂开具的增值税专用发票,注明加工费30 000元、增值税额5 100元,加工的药酒当地无同类产品市场价格。本月内企业将收回的药酒批发售出,取得不含税销售额260 000元。另外支付给运输单位的销货运输费用12 000元,取得普通发票。

(2) 购进货物取得增值税专用发票,注明金额450 000元、增值税额76 500元;支付给运输单位的购货运输费用22 500元,取得普通发票。本月将已验收入库货物的80%零售,取得含税销售额585 000元,20%用于本企业集体福利。

(3) 购进原材料取得增值税专用发票,注明金额160 000元、增值税额27 200元,材料验收入库。本月生产加工一批新产品450件,每件成本价380元(无同类产品市场价格),全部售给本企业职工,取得不含税销售额171 000元。月末盘存发现上月购进的原材料被盗,成本金额50 000元(其中含分摊的运输费用4 850元)。

(4) 销售使用过的摩托车5辆,其中,2辆低于原值销售,取得含税销售额11 640元,其余3辆高于原值销售,取得含税销售额20 800元。

(5) 当月发生逾期押金收入12 870元。

根据上述材料,按下列序号计算有关纳税事项,每一问需计算出合计数:

(1) 业务1应纳增值税;

(2) 业务2应纳增值税;

(3) 业务3应纳增值税;

(4) 2月份应纳增值税。

按业务的先后顺序计算如下:

计算业务(1)中应缴纳的增值税:

销项税额 $=260\ 000 \times 17\% = 44\ 200$(元)

应抵扣的进项税额 $=120\ 000 \times 13\% + 5\ 100 + 12\ 000 \times 7\% = 21\ 540$(元)

应纳增值税税额 $= 44\ 200 - 21\ 540 = 22\ 660$(元)

计算业务(2)中应缴纳的增值税:

销项税额 $=585\ 000 \div (1 + 17\%) \times 17\% = 85\ 000$(元)

应抵扣的进项税额 $= (76\ 500 + 22\ 500 \times 7\%) \times 80\% = 62\ 460$(元)

应纳增值税税额 $= 85\ 000 - 62\ 460 = 22\ 540$(元)

计算业务(3)中应缴纳的增值税:

销项税额 $=450 \times 380 \times (1 + 10\%) \times 17\% = 31\ 977$(元)

进项税额转出 $= (50\ 000 - 4\ 850) \times 17\% + 4\ 850 \div (1 - 7\%) \times 7\%$
$\qquad\qquad = 8\ 040.55$(元)

应抵扣的进项税额 $= 27\ 200 - 8\ 040.55 = 19\ 159.45$(元)

应纳增值税税额 $= 31\ 977 - 19\ 159.45 = 12\ 817.55$(元)

计算业务（4）中应缴纳的增值税：

销售摩托车应纳增值税 = 20 800 ÷（1 + 4%）× 4% × 1/2 = 400（元）

计算业务（5）中应缴纳的增值税：

押金收入应纳增值税税额 = 12 870 ÷（1 + 17%）× 17% = 1 870（元）

该企业 2 月份应纳增值税税额为：

22 660 + 22 540 + 12 817.55 + 400 + 1 870 = 60 287.55（元）

例8 北京某电子设备公司为一般纳税人，2006 年 10 月份有关经营情况如下：

（1）销售情况：

①销售录音笔一批给商场，其不含税价为 40 万元，按不含税价 15% 给予折扣，开在 1 张专用发票上，注明折扣后的销售额为 34 万元，税额为 5.78 万元。

②销售给某市电器商场（一般纳税人）音响设备 5 套，单价 1.2 万元/套。

③销售给某大型宾馆音响设备 6 套，开出普通发票，单价 1.4 万元/套，另外收取安装费 0.5 万元。

④销售使用过的旧监测设备（日本制造）1 套，取得收入 15 万元，账面原值为 12 万元。

（2）购进货物和劳务情况：

①购入电子元器件一批，取得增值税专用发票，购进金额 33 万元，注明增值税税额 5.61 万元；本月公司宣传用广告设施领用元器件账面成本 3 万元。

②购入基建用木材一批，取得增值税专用发票，购进金额 1.6 万元，注明增值税税额 0.272 万元。

③支付生产用电费，取得增值税专用发票，购进金额 1.1 万元，注明增值税税额 0.187 万元。

（3）其他业务：

本厂该月份优惠销售给职工收录音机 400 台，每台收取优惠价 160 元。经查该厂同类产品不含税单价为 220 元/台。

期初增值税留抵税额为 0.25 万元。

根据上述材料，按下列序号计算有关纳税事项，每一问需计算出合计数：

（1）本月销项税额；

（2）本月购进货物不得抵扣的进项税额；

（3）销售监测设备应纳增值税；

（4）本月应纳增值税。

计算如下：

本月销项税额 = 5.78 + [1.2 × 5 + (1.4 × 6 + 0.5)/(1 + 17%) + 400 × 0.022] × 17% = 9.589（万元）

本月购进货物不得抵扣进项税额 = 0.272 + 3 × 17% = 0.782（万元）

检测设备售价大于原值，按 4% 减半征收增值税，应缴纳增值税 = 15/1.04 × 0.04 × 50% = 0.288（万元）

本月购进货物允许抵扣的进项税额 = 5.61 + 0.272 + 0.187 − 0.782 = 5.287（万元）

本月应纳增值税 = 9.589 + 0.288 − 5.287 − 0.25（期初留抵税额）= 4.34（万元）

例9　北京市一大型商贸公司为增值税一般纳税人，兼营商品加工、批发、零售和进出口业务，2006 年 11 月相关经营业务如下：

（1）进口化妆品一批，支付国外的买价 220 万元、购货佣金 6 万元、经纪费 4 万元；支付运抵我国海关地前的运输费用 20 万元、装卸费用和保险费用共 1 万元；支付海关再运往商贸公司的运输费用 8 万元（取得货运企业的运费发票）、装卸费用和保险费用共 3 万元。

（2）受托加工化妆品一批，委托方提供的原材料不含税金额 86 万元，加工结束向委托方开具普通发票收取加工费和添加辅助材料的含税金额共计 46.8 万元，该化妆品商贸公司当地无同类产品市场价格。

（3）收购免税农产品一批，支付收购价款 70 万元、运输费用 10 万元，当月将购回免税农产品的 30% 用于公司饮食部。

（4）购进其他商品，取得增值税专用发票，支付价款 200 万元、增值税 34 万元，支付运输单位运输费用 20 万元，待货物验收入库时发现短缺商品金额 10 万元（占支付金额的 5%），经查实应由运输单位赔偿。

（5）将进口化妆品的 80% 重新加工制作成套装化妆品，当月销售给其他商场并开具增值税专用发票，取得不含税销售额 650 万元；直接销售给消费者个人，开具普通发票，取得含税销售额 70.2 万元。

（6）销售除化妆品以外的其他商品，开具增值税专用发票，应收不含税销售额 300 万元，由于月末前可将全部货款收回，给所有购货方的销售折扣比例为 5%，实际收到金额 285 万元。

（7）取得化妆品的逾期包装押金收入 14.04 万元。

关税税率 20%；当月购销各环节所涉及的票据符合税法规定，并经过税务机关认证。要求按下列顺序回答问题：

（1）该公司进口环节应缴纳的增值税；

（2）该公司国内销售环节实现的销项税额总和；

（3）该公司国内销售环节准予抵扣的进项税额总和；

（4）计算该公司国内销售环节应缴纳的增值税。

计算如下：

（1）由买方负担的购货佣金不需要计入完税价格中。进口环节应缴纳关税 = (220 + 4 + 20 + 11) × 20% = 51（万元）

进口环节应缴纳消费税 = (220 + 4 + 20 + 11 + 51) ÷ (1 − 30%) × 30% = 131.14（万元）

进口环节应缴纳增值税 = (220 + 4 + 20 + 11 + 51 + 131.14) × 17% = 74.31（万元）

（2）计算销项税额的时候需要将含税的收入换算为不含税的收入。题目中提示了受托加工收取的加工费和辅助材料费是含税的；直接销售给个人的收入是含税的；取得的逾期包装物押金这不需要提示也是应作为含税的处理。

国内销售环节实现的销项税额 = [46.8 ÷ (1 + 17%) + 650 + 70.2 ÷ (1 + 17%) + 300 + 14.04] ÷ (1 + 17%) × 17% = 180.54（万元）

（3）将购入的免税产品的30%用于公司的饮食部，属于将购进的货物用于职工福利，这部分购进货物负担的进项税额不可以抵扣；非正常损失的购进货物所负担的进项税额也是不可以抵扣的。

所以，国内销售环节准予抵扣的进项税额 = 74.31 + 8 × 7% + (70 × 13% + 10 × 7%) × (1 - 30%) + (34 + 20 × 7%) × (1 - 5%) = 74.31 + 0.56 + 6.86 + 33.63 = 115.36（万元）

（4）国内销售环节应缴纳增值税 = 180.54 - 115.36 = 65.18（万元）

例10 甲卷烟厂（位于市区）为增值税一般纳税人，2007年5月发生下列业务：

从农民手中收购烟叶，收购凭证上注明收购价52 000元，支付运费2 000元，装卸费500元，并取得了符合规定的运费发票；将购买的烟叶直接运往乙企业（位于县城，增值税一般纳税人）委托其加工烟丝，取得增值税专用发票，注明加工费6 000元，乙企业代扣代缴了消费税；甲卷烟厂将收回的烟丝的20%直接销售，取得不含税销售额85 000元，80%用于生产A牌卷烟，本月销售卷烟17箱（标准箱），取得不含税销售额348 500元；企业职工浴池领用本月以小规模纳税人购进时取得普通发票的劳保用品，成本8 600元，领用上月购进时取得增值税专用发票和合法的运输发票的煤炭，成本34 290元（包括买价31 000元，运输成本1 790元，装卸费1 500元）。（A牌卷烟的不含增值税调拨价为82元/条，本月取得的发票均在本月认证并抵扣）。计算甲卷烟厂本月应缴纳的增值税。

计算甲卷烟厂应缴纳的增值税：

烟叶税 = 52 000 × (1 + 10%) × 20% = 11 440（元）

购买烟叶可抵扣进项税合计 = [52 000 × (1 + 10%) + 11 440] × 13% + 2 000 × 7% = 9 063.20（元）

加工费进项税 = 6 000 × 17% = 1 020（元）

甲卷烟厂的销项税 = (348 500 + 85 000) × 17% = 73 695（元）

进项税转出额 = 31 000 × 13% + 1 790 ÷ (1 - 7%) × 7% = 4 164.73（元）

应纳增值税 = 73 695 - (9 063.20 + 1 020 - 4 164.73) = 67 776.53（元）

思考题

1. 中国增值税应纳税额的计算方法有哪几种？

2. 有哪些项目可以免征增值税？

3. 增值税的纳税义务发生时间如何确定？

4. 增值税的纳税地点有何具体规定？

5. 增值税的纳税期限有哪几种类型？

6. 现行税收法规中不得从销项税额中抵扣的进项税额包括哪些？为什么？

7. 增值税一般纳税人购进商品的进项税额如何抵扣？

第三节 消费税

目前，世界上已经有 100 多个国家开征了消费税，我国现行的消费税是在 1994 年税制改革后新设置的一种税，在对货物普遍征收增值税的基础上，选择部分消费品再征收一道消费税。根据《中华人民共和国消费税暂行条例》第十二条的规定，消费税由国家税务局负责征收管理，进口的应税消费品的消费税由海关代征。

一、消费税的概念和特点

（一）概念

消费税是在中华人民共和国境内生产、委托加工和进口应税消费品的单位和个人，以及国务院确定的销售本条例规定的消费品的其他单位和个人就其销售额或销售数量，在特定环节征收的一种税。

（二）特点

1. 征税项目具有选择性

消费税主要是针对特定消费品或消费行为征收的税种，征税范围主要是特殊消费品、奢侈品、高能耗消费品、不可再生的资源消费品等。

2. 征税环节具有单一性

消费税是在生产（进口）、流通或消费的某一环节一次征收，而不在每个环节多次征收。

3. 征收方法具有多样性

有些产品采用从价定率的方式征收，有些产品则采用从量定额的方式征收。

4. 税收调节具有特殊性

消费税属于国家运用税收杠杆对某些消费品或消费行为进行特殊调节的税种。

5. 消费税具有转嫁性

凡列入消费税征税范围的消费品，一般都是高价高税产品。消费品中所含的消费税税款最终都要转嫁到消费者身上，由消费者负担，因此税负具有转嫁性。

6. 税率、税额具有差异性

对某些需要限制或控制消费的消费品规定较高的税率；对某些需要特殊调节的消费品或消费行为在征收增值税的同时，再征收一道消费税，形成对消费品双层次调节的税收调节体系。

二、纳税人

在中华人民共和国境内生产、委托加工和进口应税消费品的单位和个人，以及国务院确定的销售本条例规定的消费品的其他单位和个人为消费税的纳税义务人。

"单位"包括企业、行政单位、事业单位、军事单位、社会团体及其他单位。"个人"是指个体工商户及其他个人。"在中华人民共和国境内"是指生产、委托加工和进口属于应当征收消费税的消费品的起运地或所在地在境内。

三、征税范围和税率

（一）征收范围

消费税税目共有 14 个，具体征税范围包括以下内容。

1. 烟

凡是以烟叶为原料加工生产的特殊消费品，包括卷烟、雪茄烟和烟丝。

2. 酒及酒精

它包括白酒、黄酒、啤酒、其他酒、酒精。

（1）粮食白酒是指以高粱、玉米、大米、糯米、大麦、小麦、小米、青稞等各种粮食为原料，经过糖化、发酵后，采用蒸馏方法酿制的白酒。

（2）薯类白酒是指以白薯（红薯、地瓜）、木薯、马铃薯（土豆）、芋头、山药等各种干鲜薯类为原料，经过糖化、发酵后，采用蒸馏方法酿制的白酒。用甜菜酿制的白酒，比照薯类白酒征税。

（3）黄酒。黄酒是指以糯米、粳米、籼米、大米、黄米、玉米、小麦、薯类等为原料，经加温，糖化，发酵，压榨酿制的酒。黄酒的征收范围包括各种原料酿制的黄酒和酒度超过 12 度（含 12 度）的土甜酒。

（4）啤酒是指以大麦或其他粮食为原料，加入啤酒花，经糖化，发酵，过滤酿制的含有二氧化碳的酒。啤酒按照杀菌方法的不同，可分为熟啤酒和生啤酒或鲜啤酒。啤酒的征收范围包括各种包装和散装的啤酒。无醇啤酒比照啤酒征税。

（5）其他酒是指除粮食白酒、薯类白酒、黄酒、啤酒以外，酒度在 1 度以上的各种酒。其征收范围包括糠麸白酒，其他原料白酒、土甜酒、复制酒、果木酒、汽酒、药酒等。

（6）酒精。酒精又名乙醇，是指以含有淀粉或糖分的原料，经糖化和发酵后，用蒸馏方法生产的酒精度数在 95 度以上的无色透明液体；也可以石油裂解气中的乙烯为原料，用合成方法制成。酒精的征收范围包括用蒸馏法和合成方法生产的各种工业酒精食用酒精。

3. 化妆品

化妆品包括：美容修饰类化妆品（香水、香水精、香粉、口红、指甲油、胭脂、眉笔、唇笔、蓝眼油、眼睫毛、成套化妆品等）、高档护肤类化妆品和成套化妆品。舞台、戏剧、影视演员化妆用的上妆油、卸妆油、油彩不属于本税目征收范围。

4. 贵重首饰及珠宝玉石

贵重首饰及珠宝玉石包括：一是金银首饰、铂金首饰和钻石及钻石饰品；二是其他贵重首饰和珠宝玉石。

5. 鞭炮、焰火

鞭炮、焰火包括各种鞭炮、焰火。通常分为 13 类，即喷花类、旋转类、旋转升空类、火箭类、吐珠类、线香类、小礼花类、烟雾类、造型玩具类、爆竹类、摩擦炮类、组合烟花类、礼花弹类。体育上用的发令纸、鞭炮药引线，不按本税目征收。

6. 成品油

成品油包括：汽油（含铅汽油、无铅汽油）、柴油、航空煤油、石脑油、溶剂油、润滑油、燃料油。

（1）汽油是轻质石油产品的一大类。汽油征收范围包括辛烷值不小于 66 的各种汽油。

（2）柴油是轻质石油产品的一大类。柴油征收范围包括倾点或凝点在 -50 至 30 的各种柴油。

（3）石脑油又叫轻汽油、化工轻油。是以石油加工生产的或二次加工汽油经加氢精制而得的用于化工原料的轻质油。石脑油的征收范围包括除汽油、柴油、煤油、溶剂油以外的各种轻质油。

（4）溶剂油是以石油加工生产的用于涂料和油漆生产、食用油加工、印刷油墨、皮革、农药、橡胶、化妆品生产的轻质油。溶剂油的征收范围包括各种溶剂油。

（5）航空煤油也叫喷气燃料，是以石油加工生产的用于喷气发动机和喷气推进系统中作为能源的石油燃料。航空煤油的征收范围包括各种航空煤油。

（6）润滑油是用于内燃机、机械加工过程的润滑产品。润滑油分为矿物性润滑油、植物性润滑油、动物性润滑油和化工原料合成润滑油。润滑油的征收范围包括以石油为原料加工的矿物性润滑油，矿物性润滑油基础油。植物性润滑油、动物性润滑油和化工原料合成润滑油不属于润滑油的征收范围。

（7）燃料油也称重油、渣油。燃料油征收范围包括用于电厂发电、船舶锅炉燃料、加热炉燃料、冶金和其他工业炉燃料的各类燃料油。

7. 汽车轮胎

汽车轮胎包括：轻型乘用汽车轮胎；载重及公共汽车、无轨电车轮胎；矿山、建筑等车辆用轮胎；特种车辆用轮胎（行驶于无路面或雪地、沙漠等越野轮胎）；摩托车轮胎；各种挂车用轮胎；工程车轮胎；其他机动车轮胎；汽车与农用拖拉机、收割机、手扶拖拉机通用轮胎。

8. 摩托车

摩托车包括：轻便摩托车和摩托车。

（1）轻便摩托车：最大设计车速不超过 50 千米/小时，发动机汽缸总工作容积不超过 50 毫升的两轮机动车。

（2）摩托车：最大设计车速超过 50 千米/小时，发动机汽缸总工作容积超过 50 毫升，空车质量不超过 400 千克（带驾驶室的正三轮车及特种车的空车质量不受此限）的两轮和三轮机动车。

9. 小汽车

小汽车是指由动力驱动，具有 4 个或 4 个以上车轮的非轨道承载的车辆，包括乘用车、中轻型商用客车。

本税目征收范围包括含驾驶员座位在内最多不超过 9 个座位（含）的，在设计和技术特性上用于载运乘客和货物的各类乘用车和含驾驶员座位在内的座位数在 10～23 座（含 23 座）的在设计和技术特性上用于载运乘客和货物的各类中轻型商用客车。用排气量小于 1.5 升（含）的乘用车底盘（车架）改装、改制的车辆属于乘用车征收范围。用排气量大于 1.5 升的乘用车底盘（车架）或用中轻型商用客车底盘（车架）改装、改制的车辆属于中轻型商用客车征收范围。含驾驶员人数（额定载客）为区间值的（如 8～10 人，17～26 人）小汽车，按其区间值下限人数确定征收范围。电动汽车不属于本税目征收范围。

10. 高尔夫球及球具

高尔夫球及球具是指从事高尔夫球运动所需的各种专用装备，包括高尔夫球、高尔夫球杆及高尔夫球包（袋）等。

高尔夫球是指重量不超过 45.93 克、直径不超过 42.67 毫米的高尔夫球运动比赛、练习用球；高尔夫球杆是指被设计用来打高尔夫球的工具，由杆头、杆身和握把三部分组成；高尔夫球包（袋）是指专用于盛装高尔夫球及球杆的包（袋）。本税目征收范围包括高尔夫球、高尔夫球杆、高尔夫球包（袋）。高尔夫球杆的杆头、杆身和握把属于本税目的征收范围。

11. 高档手表

高档手表是指销售价格（不含增值税）每只在 1 万元（含）以上的各类手表。该税目征收范围包括符合以上标准的各类手表。

12. 游艇

游艇是指长度大于 8 米但小于 90 米，船体由玻璃钢、钢、铝合金、塑料等多种材料制作，可以在水上移动的水上浮载体。按照动力划分，游艇分为无动力艇、帆艇和机动艇。本税目征收范围包括艇身长度大于 8 米（含）小于 90 米（含），内置发动机，可以在水上移动，一般为私人或团体购置，主要用于水上运动和休闲娱乐等非营利性活动的各类机动艇。

13. 木制一次性筷子

木制一次性筷子又称卫生筷子，是指以木材为原料经过锯断、浸泡、旋切、刨切、烘干、筛选、打磨、倒角、包装等环节加工而成的各类一次性使用的筷子。本税目征收范围包括各种规格的木制一次性筷子。未经打磨、倒角的木制一次性筷子属于本税目征税范围。

14. 实木地板

实木地板是指以木材为原料，经锯割、干燥、刨光、截断、开榫、涂漆等工序加工而成的块状或条状的地面装饰材料。实木地板按生产工艺不同，可分为独板（块）实木地板、实木指接地板、实木复合地板三类；按表面处理状态不同，可分为未涂饰地板（白坯板、素板）和漆饰地板两类。

本税目征收范围包括各类规格的实木地板、实木指接地板、实木复合地板及用于装饰墙壁、天棚的侧端面为榫、槽的实木装饰板。未经涂饰的素板属于本税目征税范围。

（二）税率

中国消费税的税率有两种形式：一是比例税率；二是定额税率，即单位税额。

1. 烟

（1）卷烟

根据消费税暂行条例规定：甲类卷烟，每标准条（200 支，下同）调拨价在 50 元以上（含 50 元不包括增值税，下同）的卷烟，税率为 45%；乙类卷烟，即每标准条调拨价格在 50 元以下的卷烟，税率为 30%。此外甲、乙类卷烟每标准箱（5 万支）还要缴纳 150 元的定额消费税。现规定：甲类卷烟，即每标准条（200 支，下同）调拨价格在 70 元以上（含 70 元，不包括增值税，下同）的卷烟，税率为 56%；乙类卷烟，即每标准条调拨价格在 70 元以下的卷烟，税率为 36%。

（2）雪茄烟

根据消费税暂行条例规定，雪茄烟的比例税率为 25%，现规定为 36%。

（3）烟丝

烟丝的比例税率为 30%。

2. 酒及酒精

（1）粮食白酒、薯类白酒

粮食白酒、薯类白酒的比例税率统一为 20%，或者 0.50 元/500 毫升。

（2）黄酒

黄酒定额税率为 240 元/吨。

（3）啤酒

啤酒每吨出厂价格（含包装物及包装物押金）在 3 000 元/吨以下（不含增值税）的税额为 220 元/吨；每吨出厂价格（含包装物及包装物押金）在 3 000 元/吨以上（含 3 000 元，不含增值税）的税额为 250 元/吨。

（4）其他酒

其他酒的比例税率为 10%；酒精的比例税率为 5%。

3. 化妆品

化妆品的比例税率为 30%。

4. 贵重首饰和珠宝玉石

（1）金银首饰、铂金首饰和钻石及钻石饰品的比例税率为 5%。

（2）其他贵重首饰和珠宝玉石的比例税率为 10%。

5. 鞭炮、烟火

鞭炮、烟火的比例税率为 15%。

6. 成品油

（1）汽油

根据消费税暂行条例规定，无铅汽油适用税率为 0.20 元/升；含铅汽油适用税率 0.28 元/升。现规定，无铅汽油的税额标准为每升 1.0 元；含铅汽油的税额标准为每升 1.4 元。

（2）其他油

根据消费税暂行条例规定，柴油、航空煤油、燃料油的适用税率为0.10元/升。石脑油、溶剂油、润滑油的适用税率为0.20元/升。现规定，柴油、航空煤油、燃料油的税额标准为每升0.8元。航空煤油暂缓征税。石脑油、溶剂油、润滑油的税额标准为每升1.0元。

7. 汽车轮胎

适用税率为3%。

8. 摩托车

（1）汽缸容量（排气量，下同）在250毫升（含）以下的为3%。

（2）汽缸容量在250毫升以上的为10%。

9. 小汽车

（1）乘用车

根据消费税暂行条例规定：汽缸容量（排气量，下同）在1.0升（含）以下的，税率为1%；汽缸容量（排气量，下同）在1.5升（含）以下的，税率为3%；汽缸容量在1.5升以上至2.0升（含）的，税率为5%；汽缸容量在2.0升以上至2.5升（含）的税率为9%；汽缸容量在2.5升以上至3.0升（含）的税率为12%；汽缸容量在3.0升以上至4.0升（含）的税率为25%；汽缸容量在4.0升以上的税率为40%。

现规定汽缸容量（排气量，下同）在1.5升（含）以下的，税率为3%，汽缸容量在3.0升以上至4.0升（含）的税率为15%，汽缸容量在4.0升以上的税率为20%。

（2）中轻型商用客车

比例税率为5%。

10. 高尔夫球及球具

比例税率为10%。

11. 高档手表

比例税率为20%。

12. 游艇

比例税率为10%。

13. 木制一次性筷子

比例税率为5%。

14. 实木地板

比例税率为5%。

实行从量定额办法计算应纳税额的应税消费品，计量单位换算标准分别为：

黄酒1吨=962升；

啤酒1吨=988升；

汽油1吨=1 388升；

柴油1吨=1 176升；

石脑油1吨=1 385升；

溶剂油 1 吨 = 1 282 升；

润滑油 1 吨 = 1 126 升：

燃料油 1 吨 = 1 015 升；

航空煤油 1 吨 = 1 246 升。

四、计税依据和计算

消费税实行从价定率和从量定额，或者从价定率和从量定额复合计税的办法（卷烟、白酒）计算应纳税额。应纳税额计算公式：

实行从价定率办法计算的应纳税额 = 销售额 × 适用税率

实行从量定额办法计算的应纳税额 = 销售数量 × 单位税额

实行复合计税的办法计算的应纳税额 = 销售数量 × 定额税率 + 销售额 × 比例税率

纳税人销售的应税消费品，以人民币以外的货币结算销售额的，其销售额的人民币折合率可以选择销售额发生的当天或者当月 1 日的人民币汇率中间价。纳税人应在事先确定采用何种折合率，确定后一年内不得变更。

（一）销售数量的确定

销售数量是指应税消费品的数量。具体为：

1. 销售应税消费品的，为应税消费品的销售数量；

2. 自产自用应税消费品的，为应税消费品的移送使用数量；

3. 委托加工应税消费品的，为纳税人收回的应税消费品数量；

4. 进口应税消费品的，为海关核定的应税消费品进口征税数量。

（二）销售额的确定

消费税所说的销售额，为纳税人销售应税消费品向购买方收取的全部价款和价外费用，不包括应向购货方收取的增值税税款。如果纳税人应税消费品的销售额中未扣除增值税税款或者因不得开具增值税专用发票而发生价款和增值税税款合并收取的，在计算消费税时，应当换算为不含增值税税款的销售额。其换算公式为：

应税消费品的销售额 = 含增值税的销售额 ÷ （1 + 增值税税率或征收率）

（三）关于已纳税款的扣除

下列应税消费品准予从消费税应纳税额中扣除原料已纳的消费税税款：

1. 以外购或委托加工收回的已税烟丝为原料生产的卷烟；

2. 以外购或委托加工收回的已税化妆品为原料生产的化妆品；

3. 以外购或委托加工收回的已税珠宝玉石为原料生产的贵重首饰及珠宝玉石；

4. 以外购或委托加工收回的已税鞭炮、焰火为原料生产的鞭炮、焰火；

5. 以外购或委托加工收回的已税汽车轮胎（内胎或外胎）生产的汽车轮胎；

6. 以外购或委托加工收回的已税摩托车生产的摩托车；

7. 以外购或委托加工收回的已税杆头、杆身和握把为原料生产的高尔夫球杆；

8. 以外购或委托加工收回的已税木制一次性筷子为原料生产的木制一次性筷子；

9. 以外购或委托加工收回的已税实木地板为原料生产的实木地板；

10. 以外购或委托加工收回的已税石脑油为原料生产的应税消费品；

11. 以外购或委托加工收回的已税润滑油为原料生产的润滑油。

外购已税消费品的买价是指购货发票上注明的销售额（不包括增值税税款）。

对当期投入生产的原材料可抵扣的已纳消费税大于当期应纳消费税情形的，在目前消费税纳税申报表未增加上期留抵消费税填报栏目的情况下，采用按当期应纳消费税的数额申报抵扣，不足抵扣部分结转下一期申报抵扣的方式处理。

（四）组成计税价格的确定

1. 纳税人自产自用的应税消费品

纳税人自产自用的应税消费品可以分为用于连续生产的应税消费品和用于其他方面的应税消费品。前者是不用纳税的，而后者则要在移送使用时纳税。所谓"纳税人自产自用的应税消费品，用于连续生产应税消耗费品的"，是指作为生产最终应税消费品的直接材料，并构成最终产品实体的应税消费品。所谓"纳税人自产自用的应税消费品，用于其他方面的应税消费品"是指用于生产非应税消费品和在建工程，管理部门、非生产机构，提供劳务，以及用于馈赠、赞助、集资、广告、样品、职工福利、奖励等方面的应税消费品。

应当纳税的应税消耗费品，按照纳税人生产的同类消费品的销售价格计算纳税；没有同类消费品销售价格的，按照组成计税价格计算纳税。组成计税价格计算公式：

组成计税价格 =（成本 + 利润）÷（1 - 比例税率）

2. 委托加工的应税消费品

委托加工的应税消费品按照受托方的同类消费品的销售价格计算纳税；没有同类消费品销售价格的，按照组成计税价格计算纳税。组成计税价格计算公式：

组成计税价格 =（材料成本 + 加工费）÷（1 - 比例税率）

委托加工的应税消费品是指由委托方提供原料和主要材料，受托方只收取加工费和代垫部分辅助材料加工的应税消费品。对于由受托方提供原材料生产的应税消费品，或者受托方先将原材料卖给委托方，然后再接受加工的应税消费品，以及由受托方以委托方名义购进原材料生产的应税消费品，不论纳税人在财务上是否做销售处理，都不得作为委托加工应税消费品，而应当按照销售自制应税消费品缴纳消费税。

委托加工的应税消费品直接出售的，不再征收消费税。

3. 进口的应税消费品

进口的应税消费品按照组成计税价格计算纳税。实行从价定率办法计算纳税的组成计税价格计算公式：

组成计税价格 =（关税完税价格 + 关税）÷（1 - 消费比例税率）

实行复合计税办法计算纳税的组成计税价格计算公式：

组成计税价格 =（关税完税价格 + 关税 + 进口数量 × 消费税定额税率）÷（1 - 消费比例税率）

纳税人应税消费品的计税价格明显偏低又无正当理由的，由主管税务机关核定其计税价格。

4. 关于组成套装销售的计税依据

纳税人兼营不同税率的应税消费品，应当分别核算不同税率应税消费品的销售额、销售数量。未分别核算销售额、销售数量，或者将不同税率的应税消费品组成成套消费品销售的，从高适用税率。

纳税人将自产的应税消费品与外购或自产的非应税消费品组成套装销售的，以套装产品的销售额（不含增值税）为计税依据。

5. 关于石脑油的纳税问题

（1）生产企业将自产石脑油用于本企业连续生产汽油等应税消费品的，不缴纳消费税；用于连续生产乙烯等非应税消费品或其他方面的，于移送使用时缴纳消费税。

（2）自 2008 年 1 月 1 日起至 2010 年 12 月 31 日止，进口石脑油和国产的用作乙烯、芳烃类产品原料的石脑油免征消费税。生产企业直接对外销售的石脑油应按规定征收消费税。石脑油消费税的具体征、免税管理办法由财政部、国家税务总局另行制定。

（3）自 2000 年 1 月 1 日起以外购或委托加工收回的已税石脑油、润滑油、燃料油为原料生产的应税消费品，准予从消费税应纳税额中扣除原料已纳的消费税税款。抵扣税款的计算公式为：

当期准予扣除的外购应税消费品已纳税款 = 当期准予扣除外购应税消费品数量 × 外购应税消费品单位税额

6. 关于销货退回

纳税人销售的应税消费品如因质量等原因由购买者退回时，经机构所在地或者居住地主管税务机关审核批准，可退还已缴纳的消费税税款。

出口的应税消费品办理退税后，发生退关，或者国外退货，进口时予以免税的，报关出口者必须及时向其机构所在地或者居住地主管税务机关申报补缴已退的消费税税款。

纳税人直接出口的应税消费品办理免税后，发生退关，或者国外退货，进口时已予以免税的，经机构所在地或者居住地主管税务机关批准，可暂不办理补税，待其转为国内销售时，再申报补缴消费税。

五、纳税义务发生时间

纳税人生产的应税消费品，于纳税人销售时纳税（现规定，金银首饰、钻石和钻石饰品改在零售环节纳税）；进口消费品应当于应税消费品报关进口环节纳税。消费税纳税义务发生时间规定如下：

1. 纳税人销售应税消费品，其纳税义务的发生时间为：

（1）纳税人采取赊销和分期收款结算方式的，其纳税义务的发生时间，为销售合同规定的收款日期的当天。

（2）纳税人采取预收货款结算方式的，其纳税义务的发生时间，为发出应税消费品的当天。

（3）纳税人采取托收承付和委托银行收款方式销售的应税消费品，其纳税义务的发生时间，为发出应税消费品并办妥托收手续的当天。

（4）纳税人采取其他结算方式的，其纳税义务的发生时间，为收讫销售款或者取得索取销售款的凭据的当天。

2. 纳税人自产自用的应税消费品，其纳税义务的发生时间，为移送使用的当天。

3. 纳税人委托加工的应税消费品，其纳税义务的发生时间，为纳税人提货的当天。

4. 纳税人进口的应税消费品，其纳税义务的发生时间，为报关进口的当天。

纳税人自产自用的应税消费品，用于连续生产应税消费品的，不纳税。

委托加工的应税消费品，委托方用于连续生产应税消费品的，所纳税款准予按规定抵扣。

六、纳税地点

1. 纳税人销售的应税消费品，以及自产自用的应税消费品，除国家另有规定的外，应当向纳税人核算地主管税务机关申报纳税。

2. 委托加工的应税消费品，由受托方向所在地主管税务机关解缴消费税税款。

3. 进口的应税消费品，由进口人或者其代理人向报关地海关申报纳税。

4. 纳税人到外县（市）销售或委托外县（市）代销自产应税消费品的，于应税消费品销售后，回纳税人核算地或所在地缴纳消费税。

5. 纳税人的总机构与分支机构不在同一县（市）的，应在生产应税消费品的分支机构所在地缴纳消费税。经国家税务总局及所属税务分局批准，纳税人分支机构应纳消费税税款也可由总机构汇总向总机构所在地主管税务机关缴纳。

七、纳税期限

消费税的纳税期限分别为1日、3日、5日、10日、15日、1个月或者一个季度。纳税人的具体纳税期限，由主管税务机关根据纳税人应纳税额的大小分别核定。不能按照固定期限纳税的，可以按次纳税。

纳税人以1个月或者1个季度为1个纳税期的，自期满之日起15日内申报纳税；以1日、3日、5日、10日或者15日1个纳税期的，自期满之日起5日内预缴税款，于次月1日起15日内申报纳税并结清上月应纳税款。

纳税人进口应税消费品，应当自海关填发海关进口消费税专用缴款书之日起15日内缴纳税款。

八、消费税会计科目的设置

企业按规定应交的消费税，在"应交税费"科目下设置"应交消费税"明细科目核算。"应交消费税"明细科目的借方发生额，反映实际缴纳的消费税和待扣的消费税；贷方发生额，反映按规定应缴纳的消费税；期末贷方余额，反映尚未缴纳的消费税；期末借方余额，反映多交或待扣的消费税。

（一）企业将生产的产品直接销售的会计处理

企业将生产的产品直接销售，在销售时应当计算应交消费税税额，借记"营业税金及附加"科目，贷记"应交税费——应交消费税"科目；实际缴纳时，借记"应交税费——应交消费税"科目，贷记"银行存款"。发生销货退回及退税时做相反分录。

（二）视同销售的会计处理

企业将应税消费品对外投资，或用于在建工程、集体福利、个人消费等的行为，在税法上属于视同销售，按规定应该计算消费税。会计处理上，借记"长期股权投资——在建工程、营业外支出或相关成本"科目，贷记"应交税费——应交消费税"科目。

（三）委托加工应税消费品的会计处理

按照税法规定，企业委托加工的应税消费品，由受托方在向委托方交货时代收代缴税款。委托加工的应税消费品，委托方用于连续生产应税消费品，所纳消费税款准予按生产领用数量抵扣；委托加工的应税消费品直接出售的，不再征收消费税（同时，其委托加工环节已经缴纳的消费税也不能抵扣其他消费品应纳的消费税）。故委托加工应税消费品的业务中委托方支付的消费税应该区分两种情况分别处理，相关会计处理分录如下。

1. 发出材料委托他人加工时：

借：委托加工物资
　　贷：原材料

2. 支付加工费时：

借：委托加工物资
　　应交税费——应交增值税（进项税额）
　　贷：银行存款

3. 支付代扣代缴消费税时：

（1）如果可以确定为直接对外销售的业务时：

借：委托加工物资
　　贷：银行存款

（2）如果可以确定为继续用于生产加工应税消费品的业务时：

借：应交税费——应交消费税
　　贷：银行存款

4. 委托加工材料收回入库时：

借：原材料
　　贷：委托加工物资

5. 委托加工产品直接销售时：

借：应收账款
　　贷：应交税费——应交增值税（销项税额）

主营业务收入

委托加工应税消费品收回直接销售，不征收消费税，因此不必进行消费税会计处理。

6. 委托加工材料收回用于连续生产应税消费品，待该应税消费品实际销售时，做如下会计处理：

（1）销售时：

借：应收账款

贷：主营业务收入

应交税费——应交增值税（销项税额）

（2）计算应交消费税：

借：营业税金及附加

贷：应交税费——应交消费税

"应交税费——应交消费税"科目中3（2）和6（2）两笔分录借贷方发生额的差额，即为实际应该缴纳的消费税额。

（四）进口应税消费品的会计处理

进口应税消费品其向海关缴纳的消费税应记入该进口消费品的成本中，企业的账务处理如下：

借：固定资产（原材料，库存商品等科目）

贷：银行存款

（五）出口产品消费税的会计处理

免征消费税的出口应税消费品分别不同情况进行会计处理：属于生产企业直接出口应税消费品或通过外贸企业出口应税消费品，按规定直接予以免税的，可以不计算应交消费税；属于委托外贸企业代理出口应税消费品的生产企业，应在计算消费税时，按应交消费税额借记"应收账款"科目，贷记"应交税费——应交消费税"科目。

应收消费品出口收到外贸企业退回的税金时，借记"银行存款"，贷记"应收账款"。发生退关、退货而补交已退的消费税，做相反的会计分录。

出口企业在2006年3月31日前收购的出口应税消费品，并取得消费税税收（出口货物专用）缴款书的，在2006年4月1日以后出口的，仍可按原税目税率办理退税。

消费税计算示范：

例1 某化妆品生产企业为增值税一般纳税人，2008年1月销售其生产的成套化妆品（每套包括1支香水、1支口红、1支眉笔和1支护手霜）10 000套，每套售价200元（含增值税），每套成本120元。该产品的增值税税率为17%，产品已发出，符合收入确认条件，但款项尚未收到。计算应纳消费税税额并做会计处理。

不含税销售额 = 200 × 1 000 ÷ （1 + 17%） = 1 709 401.71（元）

应纳消费税税额 = 1 709 401.71 × 30% = 512 820.51（元）

应纳增值税税额 = 1 709 401.71 × 17% = 290 598.29（元）

会计分录：

借：应收账款	2 000 000
贷：主营业务收入	1 709 401.71
应交税费——应交增值税（销项税）	290 598.29
借：营业税金及附加	512 820.51
贷：应交税费——应交消费税	512 820.51
借：主营业务成本	1 200 000
贷：库存商品	1 200 000

例2　某化妆品生产企业将其生产的一批化妆品作为奖励发给本厂一线工人，由于新开发产品尚无同类产品市场价格，该批产品生产成本为300 000元，税务机关核定的成本利润率为10%。计算应纳消费税额并做会计处理。

组成计税价格=300 000×（1+10%）÷（1-30%）=471 428.57（元）

应纳消费税额=471 428.57×30%=141 428.57（元）

会计分录：

借：生产成本	612 857.14
贷：应付职工薪酬——非货币福利	612 857.14
借：应付职工薪酬——非货币福利	612 857.14
贷：主营业务收入	471 428.57
应交税费——应交消费税	141 428.57
借：主营业务成本	300 000
贷：库存商品	300 000

例3　甲企业委托乙企业加工一批烟丝，甲提供800 000元的原材料，并支付给乙企业加工费200 000元，乙企业该批烟丝市场销售价格为1 200 000元。甲企业收回该烟丝后用于继续生产卷烟200箱，每箱售价为10 000元，甲乙企业均为增值税一般纳税人。计算甲企业应纳消费税额并做会计处理。

烟丝的应纳消费税额=1 200 000×30%=360 000（元）

卷烟的应纳消费税额=10 000×200×30%+150×200=630 000（元）

（每箱售价10 000元，每箱有250条，每条40元，所以适用30%的税率）

会计处理：

借：委托加工物资	800 000
贷：原材料	800 000
借：委托加工物资	200 000
应交税费——应交增值税（进项税额）	34 000
应交税费——应交消费税	360 000
贷：银行存款	594 000
借：原材料	1 000 000
贷：委托加工物资	1 000 000
借：应收账款	2 340 000

　　贷：主营业务收入　　　　　　　　　　　　　　　　　　　　2 000 000
　　　　应交税费——应交增值税（销项税额）　　　　　　　　　340 000
借：营业税金及附加　　　　　　　　　　　　　　　　　　　　　630 000
　　贷：应交税费——应交消费税　　　　　　　　　　　　　　　630 000

　　例4　某公司从德国进口一批实木地板，经海关核定关税的完税价格是 600 000 元，进口关税税率为 5%，实木地板的消费税税率为 5%。计算应纳消费税税额并做会计处理。

　　应纳关税 = 600 000 × 5% = 30 000（元）
　　组成计税价格 =（关税完税价格 + 关税）÷（1 - 消费税税率）
　　　　　　　　 =（600 000 + 30 000）÷（1 - 5%）
　　　　　　　　 = 663 157.89（元）

　　应纳消费税额 = 663 157.89 × 5% = 33 157.89（元）
　　会计分录：
借：库存商品　　　　　　　　　　　　　　　　　　　　　663 157.89
　　贷：银行存款　　　　　　　　　　　　　　　　　　　　663 157.89

思考题

1. 消费税有何特点？
2. 中国消费税的税率有几种形式？为什么？
3. 准予从消费税应纳税额中扣除已纳的消费税税款的项目包括哪些？
4. 中国消费税由哪个部门负责征收？
5. 消费税的纳税义务发生时间如何确定？

第四节　营业税

　　营业税是对在我国境内提供应税劳务、转让无形资产或销售不动产的单位和个人，就其所取得的营业额征收的一种税。营业税属于货物劳务税税类中的一个主要税种，是世界各国普遍征收的一种税。随着中国市场经济的不断发展，营业税的收入正在逐年增长。营业税分别由国家税务局和地方税务局负责征收管理，是地方政府收入的主要来源。

一、营业税的概念和特点

（一）概念

　　营业税是对在中华人民共和国境内有偿提供应税劳务、转让无形资产或销售不动产的单位和个人，就其取得的营业额征收的一种税。

（二）特点

1. 征收范围广，税源普遍。

2. 税收负担轻、税负均衡，较好地体现了公平税负的原则。它涉及整个第三产业，税率一般为3%和5%。

3. 政策明了，适用性强。

4. 计算简单，操作方便，纳税人容易理解。

二、纳税义务人和扣缴义务人

（一）纳税人

在中华人民共和国境内提供应税劳务、转让无形资产或者销售不动产的单位和个人，为营业税的纳税义务人。

单位，是指国有企业、集体企业、私有企业、股份制企业、其他企业和行政单位、事业单位、军事单位、社会团体及其他单位。

个人，是指个体工商户及其他有经营行为的个人。

企业租赁或承包给他人经营的，以承租人或承包人为纳税人。

（二）扣缴义务人

1. 委托金融机构发放贷款，以受托发放贷款的金融机构为扣缴义务人。

2. 建筑安装业务实行分包或者转包的，以总承包人为扣缴义务人。

3. 境外单位或者个人在境内发生应税行为而在境内未设有经营机构的，其应纳税款以代理者为扣缴义务人；没有代理者的，以受让者或者购买者为扣缴义务人。

4. 单位或者个人进行演出由他人售票的，其应纳税款以售票者为扣缴义务人。

5. 演出经纪人为个人的，其办理演出业务的应纳税款以售票者为扣缴义务人。

6. 分保险业务，以初保人为扣缴义务人。

7. 个人转让除土地使用权外的其他无形资产的，其应纳税款以受让者为扣缴义务人。

8. 财政部规定的其他扣缴义务人。

9. 纳税人提供建筑业应税劳务，符合以下情形之一的，无论工程是否实行分包，税务机关可以要求建设单位和个人作为营业税的扣缴义务人：纳税人从事跨地区（包括省、市、县）工程提供建筑业应税劳务的；纳税人在劳务发生地没有办理税务登记或临时税务登记的。

三、征税范围

在中国境内提供营业税暂行条例规定的应税劳务、转让无形资产或者销售不动产的单位和个人，应当缴纳营业税。应税劳务包括交通运输业、建筑业、金融保险业、邮电通信业、文化体育业、娱乐业、服务业税目征收范围的劳务。

（一）交通运输业

交通运输业是指使用运输工具或人力、畜力将货物或旅客送达目的地，使其空间位置得到转移的业务活动，包括陆路运输、水路运输、航空运输、管道运输、装卸搬运。

（二）建筑业

建筑业是指建筑安装工程作业，包括建筑、安装、修缮、装饰、其他工程作业。

（三）金融保险业

金融保险业，是指经营金融、保险的业务，包括金融、保险。

1. 金融

金融业是指经营货币资金融通活动的业务，包括贷款、融资租赁、金融商品转让、金融经纪业务和其他金融业务。

典当业的抵押贷款业务，无论其资金来源如何，均按自有资金贷款征税。人民银行的贷款业务，不征税。

金融商品转让，是指转让外汇、有价证券或非货物期货的所有权的行为。非货物期货，是指商品期货、贵金属期货以外的期货，如外汇期货等。货物期货不征收营业税。

上述外汇、有价证券、期货买卖业务，是指金融机构（包括银行和非银行金融机构）从事的外汇、有价证券、期货买卖业务；非金融机构和个人买卖外汇、有价证券或期货，不征收营业税。

2. 保险

保险业是指将通过契约形式集中起来的资金，用以补偿被保险人的经济利益的业务。

（四）邮电通信业

邮电通信业，是指专门办理信息传递的业务，包括邮政、电信。

1. 邮政

邮政业是指传递实物信息的业务，包括传递函件或包件、邮汇、报刊发行、邮件物品销售、邮政储蓄及其他邮政业务。

2. 电信

电信业是指用各种电传设备传输信号来传递信息的业务，包括电报、电传、电话、电话机安装、电信物品销售及其他电信业务。

（五）文化体育业

文化体育业，是指经营文化、体育活动的业务，包括文化业、体育业。

1. 文化业

文化业是指经营文化活动的业务，包括表演、播映、其他文化业。

其他文化业是指如各种展览、培训活动，举办文学、艺术、科技讲座、演讲、报告会，图书馆的图书和资料借阅业务等。

经营游览场所的业务，比照文化业征税，是指公园、动（植）物园及其他各种游览场所销售门票的业务。

2. 体育业

体育业是指举办各种体育比赛和为体育比赛或体育活动提供的场所的业务。以租赁方式为文化活动、体育比赛提供场所，不按本税目征税。

（六）娱乐业

娱乐业，是指为娱乐活动提供场所和服务的业务，包括经营歌厅、舞厅、卡拉 OK 歌舞厅、音乐茶座、台（桌）球、高尔夫球、保龄球场、游艺场等娱乐场所，以及娱乐场所为顾客进行娱乐活动提供服务的业务。

（七）服务业

服务业是指利用设备、工具、场所、信息或技能为社会提供服务的业务，包括代理业、旅店业、饮食业、旅游业、仓储业、租赁业、广告业、其他服务业。

（八）转让无形资产

转让无形资产，是指转让无形资产的所有权或使用权的行为，包括转让土地使用权、转让商标权、转让专利权、转让非专利技术、转让著作权、转让商誉。自 2003 年 1 月 1 日起，以无形资产投资入股，参与接受投资方的利润分配，共同承担投资风险的行为，不征收营业税。在投资后转让其股权的也不征收营业税。

（九）销售不动产

销售不动产，是指有偿转让不动产所有权的行为，包括销售建筑物或构筑物、销售其他土地附着物。转让不动产有限产权或永久性使用权，以及单位将不动产无偿赠与他人，视同销售不动产。在销售不动产时连同不动产所占土地的使用权一并转让的行为，比照销售不动产征税。以不动产投资入股，参与接受投资方利润分配、共同承担投资风险的行为，不征营业税。但转让该项股权，应按本税目征税。不动产租赁，不按本税目征税。

单位将不动产无偿赠与他人，视同销售不动产征收营业税；对个人无偿赠送不动产的行为，不征营业税。

纳税人自建建筑物后销售给本单位职工，其自建行为视同提供应税劳务，应照章征收营业税。

（十）混合销售行为和兼营行为

一项销售行为如果既涉及应税劳务又涉及货物，为混合销售行为。从事货物的生产、批发或零售的企业、企业性单位及个体经营者的混合销售行为，视为销售货物，不征收营业税；其他单位和个人的混合销售行为，视为提供应税劳务，应当征收营业税。

纳税人兼营应税劳务与货物或非应税劳务的，应分别核算应税劳务的营业额和货物或者非应税劳务的销售额。不分别核算或者不能准确核算的，其应税劳务与货物或者非应税劳务一并征收增值税，不征收营业税。

四、税目税率

纳税人兼有不同税目应税行为的，应当分别核算不同税目的营业额、转让额、销售额（以下简称营业额）；未分别核算营业额的，从高适用税率。

1. 交通运输业。包括陆路运输、水路运输、航空运输、管道运输、装卸搬运适用税率为 3%。

2. 建筑业。包括建筑、安装、修缮、装饰及其他工程作业适用税率为 3%。

3. 金融保险业。包括贷款、融资租赁、金融商品转让、金融经济业务、其他金融业务和保险业，适用税率为 5%。

4. 邮电通信业。包括邮政、电信，适用税率为 3%。

5. 文化体育业。包括文化业、体育业，适用税率为 3%。

6. 娱乐业。包括歌厅、舞厅、卡拉 OK 厅、音乐茶座、台球、高尔夫球、保龄球、游艺，适用税率为 5% 至 20%。

7. 服务业。包括代理业、旅店业、饮食业、旅游业、仓储业、租赁业、广告业及其他服务业，适用税率为 5%。

8. 转让无形资产。包括转让土地使用权、专利权、非专利技术、商标权、著作权、商誉，适用税率为 5%。

9. 销售不动产。包括销售建筑物或构筑物及其他土地附着物，适用税率为 5%。

自 2009 年至 2011 年，农村信用社、村镇银行、农村资金互助社、由银行业机构全资发起设立的贷款公司、法人机构所在地在（市、区、旗）以下地区的农村合作银行和农村商业银行的金融保险业收入，按 3% 的税率征收营业税。

五、营业税的计算

纳税人提供应税劳务、转让无形资产或者销售不动产应当以其营业额为计税依据，按照适用税率计算应纳营业税税额。应纳税额的计算公式为：

应纳税额＝营业额×适用税率

（一）计算营业额时可以扣除的费用

营业额为纳税人提供应税劳务、转让无形资产或者销售不动产向对方收取的全部价款和价外费用。但是，下列情形除外：

1. 纳税人将承揽的运输业务分给其他单位或者个人的，以其取得的全部价款和价外费用扣除支付给其他单位或者个人的运输费用后的余额为营业额。

运输企业自中国境内运输旅客或者货物出境，在境外改由其他运输企业承运乘客或者货物出境，在境外改由其他运输企业承运乘客或者货物的，以全程运费减去付给该承运企业的运输费用后的余额为营业额。

2. 纳税人从事旅游业务的，以其取得的全部价款和价外费用扣除支付给其他单位或者个人的住宿费、餐费、交通费、旅游景点门票和支付给其他接团旅游企业的旅游费后的余额为营业额。

3. 纳税人将建筑工程分包给其他单位的，以其取得的全部价款和价外费用扣除支付给其他单位或者个人的分包款后的余额为营业额。

4. 金融企业买卖外汇、有价证券、期货等金融商品，以卖出价减去买入价后的余额为营业额。

5. 金融企业经营外汇转贷业务，以贷款利息扣除借款利息后的余额为营业额，一般贷款业务的营业额为贷款利息收入。

6. 保险业实行分保险的，初保业务以全部保费收入减去付给分保人的保费后的余额为营业额。

7. 单位或个人进行演出，以全部票价收入或者包场收入减去付给提供演出场所的单位、演出公司或者经纪人的费用后的余额为营业额。

8. 国务院财政、税务主管部门规定的其他情形。

（二）营业税计税内容的一些明确规定

1. 从事建筑、修缮、装饰工程作业，无论与对方如何结算，其营业额均应包括工程所用原材料及其他物资和动力的价款在内。

2. 从事安装工程作业，凡所安装的设备的价值作为安装工程产值的，其营业额应包括设备的价款在内。

3. 娱乐业的营业额为经营娱乐业收取的全部价款和价外费用，包括门票收费、台位费、点歌费、烟酒、饮料、茶水、鲜花、小吃等收费及经营娱乐业的其他各项收费。

（三）价外费用的内容

价外费用包括向购买方收取的手续费、补贴、基金、集资费、返还利润、奖励费、违约金、滞纳金、延期付款利息、赔偿金代收款项、代垫款项、包装费、包装物租金、储备费、优质费、运输装卸费以及其他各种性质的价外收费。凡价外费用，无论会计制度规定如何核算，均应并入营业额计算应纳税额。

（四）如何核定纳税人的营业额

纳税人提供应税劳务、转让无形资产或销售不动产价格明显偏低而无正当理由的，主管税务机关有权按下列顺序核定其营业额：

1. 按纳税人最近时期发生同类应税行为的平均价格核定。

2. 按其他纳税人最近时期发生同类应税行为的平均价格核定。

核定公式如下：

营业额 = 营业成本或工程成本 × (1 + 成本利润率) ÷ (1 - 营业税税率)

公式中的成本利润率，由省、自治区、直辖市税务局确定。

纳税人以人民币以外的货币结算营业额的，其营业额的人民币折合率可以选择营业额发生的当天或当月 1 日的人民币汇率中间价。但金融、保险企业营业额的人民币折合率为上年度决算报表确定的汇率。纳税人应在事先确定选择采用何种折合率，确定后 1 年内不得变更。

六、减税免税

（一）免税项目

下列项目免征营业税：

1. 托儿所、幼儿园、养老院、残疾人福利机构提供的育养服务，婚姻介绍，殡葬服务。

2. 残疾人员个人提供的劳务。

3. 医院、诊所和其他医疗机构提供的医疗服务。

4. 学校和其他教育机构提供的教育劳务，学生勤工俭学提供的劳务。

5. 农业机耕、排灌、病虫害防治、植保、农牧保险以及相关技术培训业务，家禽、牲畜、水生动物的配种和疾病防治。

6. 纪念馆、博物馆、文化馆、美术馆、展览馆、文物保护单位管理机构、书画院、图书馆举办文化活动的门票收入，宗教场所举办文化、宗教活动的门票收入。

7. 境内保险机构为出口货物提供的保险产品。

（二）起征点

纳税人营业额未达到国务院财政、税务主管部门规定的营业税起征点的，免征营业税。营业税起征点的适用范围限于个人。纳税人营业额达到起征点的，应按营业额全额计算应纳税额。

营业税起征点的幅度规定如下：

按期纳税的，为月营业额 1 000 元至 5 000 元；

按次纳税的，为每次（日）营业额 100 元。

（三）销售普通住房的规定

从 2006 年 6 月 1 日起，个人将购买不足 5 年的住房对外销售的，全额征收营业税；个人购买的普通住房超过 5 年（含 5 年）转手交易的，应持有关资料向地方税务部门申请办理免征营业税的手续，地方税务部门对纳税人申请免税的有关材料进行审核，凡符合规定条件的，销售时免征营业税。对个人购买非普通住房超过 5 年（含 5 年）转手交易的，销售时按其售房收入减去购买房屋的价款后的余额征收营业税。2006 年 6 月 1 日后，个人将购买超过 5 年（含 5 年）的住房对外销售不能提供普通住房证明材料或经审核不符合规定条件的，一律执行销售非普通住房政策，按其销售收入减去购买房屋价款后的余额征收营业税。

除前款规定外，营业税免税、减税项目由国务院规定，任何地区、部门均不得规定免税、减税项目。

纳税人兼营免税、减税项目的，应当单独核算免税、减税项目的营业额；未单独核算营业额的，不得免税、减税。

七、营业税的征收管理

（一）纳税义务发生时间

1. 营业税的纳税义务发生时间，为纳税人收讫营业收入款项或者取得索取营业收入款项凭据的当天。国务院财政、税务主管部门另有规定的，从其规定。

收讫营业收入款项，是指纳税人应税行为发生过程中或者完成后收取的款项。取得索取营业收入款项凭据的当天，为书面合同确定的付款日期的当天；未签订书面合同或者书面合同未付款日期的，为应税行为完成的当天。

2. 营业税扣缴义务发生时间为纳税人营业税业务发生的当天。

3. 纳税人转让土地使用权或者销售不动产，采用预收款方式的，其纳税义务发生时间为收到预收款的当天。

4. 纳税人发生自建行为的，其纳税义务发生时间为其销售自建建筑物并收讫营业额或者取得索取营业额的凭据的当天。

5. 纳税人将不动产或者土地使用权无偿赠送其他单位和个人，其纳税义务发生时间为不动产所有权转移的当天。

6. 纳税人提供建筑业或者租赁业劳务，采用预收款方式的，其纳税义务发生时间为收到预收款的当天。

（二）纳税地点

1. 纳税人提供应税劳务，应当向其机构所在地或者居住地的主管税务机关申报纳税。但是，纳税人提供的建筑业以及国务院财政、税务主管部门规定的其他应税劳务，应当向应税劳务发生地的主管税务机关申报纳税。

2. 纳税人转让无形资产，应当向其机构所在地或者居住地的主管税务机关申报纳税，但是，纳税人转让、出租土地使用权，应当向土地所在地的主管税务机关申报纳税。

3. 纳税人销售、出租不动产，应当向不动产所在地主管税务机关申报纳税。

4. 纳税人提供的应税劳务发生在外县（市），应向劳务发生地主管税务机关申报纳税而未申报纳税的，由其向机构所在地或者居住地主管税务机关补缴税款。

5. 纳税人承包的工程跨省、自治区、直辖市的，向其机构所在地主管税务机关申报纳税。

6. 纳税人在本省、自治区、直辖市范围内发生应税行为，其纳税地点需要调整的，由省、自治区、直辖市人民政府所属税务机关确定。

7. 扣缴义务人应当向其机构所在地或者居住地的主管税务机关申报缴纳其扣缴的税款。

（三）纳税期限

营业税的纳税期限，分别为 5 日、10 日、15 日、1 个月或者 1 个季度。纳税人的具体纳税期限，由主管税务机关根据纳税人应纳税额的大小分别核定；不能按照固定期限纳税的，可以按次纳税。

纳税人以1个月或者1个季度为一个纳税期的，自期满之日起15日内申报纳税；以5日、10日或者15日为一个纳税期的，自期满之日起5日内预缴税款，于次月1日起15日内申报纳税并结清上月应纳税款。

扣缴义务人解缴税款的期限，依照前两款的规定执行。

根据《中华人民共和国营业税暂行条例实施细则》的规定，金融业（不包括典当业）的纳税期限为一个季度。根据《国家税务总局关于印发〈金融保险业营业税申报管理办法〉的通知》的规定，银行、财务公司、信托投资公司、信用社以一个季度为纳税期限，上述金融机构每季度末最后一旬应得的贷款利息收入，可以在本季度缴纳营业税，也可以在下季度缴纳营业税，但确定后一年内不得变更。其他金融机构以一个月为纳税期限。

（四）营业税会计科目的设置

企业缴纳的营业税，在"应交税费"科目下设置"应交营业税"明细科目进行核算。"应交营业税"明细科目的借方发生额，反映企业已缴纳的营业税；贷方发生额，反映企业应交的营业税；期末借方余额，反映企业多交的营业税；期末贷方余额，反映企业尚未缴纳的营业税。企业按其营业额和规定的税率，计算应缴纳的营业税，借记"营业税金及附加"科目，贷记"应交税费——应交营业税"科目。上缴营业税时，借记"应交税费——应交营业税"科目，贷记"银行存款"等科目。

企业销售不动产，按销售额计算的营业税记入固定资产清理科目，借记"固定资产清理"科目，贷记"应交税费——应交营业税"科目。缴纳营业税时，借记"应交税费——应交营业税"科目，贷记"银行存款"科目。

企业出租无形资产应缴纳的营业税，借记"其他业务成本"科目，贷记"应交税费——应交营业税"科目；企业出售无形资产应缴纳的营业税，通过"营业外收入"或"营业外支出"科目核算。营业税计算示范：

例1　某娱乐公司2008年1月份取得如下收入：一是歌舞厅收入，其中门票收入8万元，点歌费收入2万元，烟酒饮料销售收入3万元；二是保龄球馆收入6万元；三是网吧收入4万元；四是餐厅收入20万元。计算当月应纳营业税额并做会计处理。

应纳营业税额 =（8 + 2 + 3 + 4）×20% + 6×5% + 20×5% = 4.7（万元）

会计分录：

借：营业税金及附加　　　　　　　　　　　　　　　　　　47 000
　　贷：应交税费——应交营业税　　　　　　　　　　　　　　47 000
借：应交税费——应交营业税　　　　　　　　　　　　　　47 000
　　贷：银行存款　　　　　　　　　　　　　　　　　　　　47 000

例2　某商业银行2008年第一季度吸收存款2 000万元，取得自有资金贷款利息收入200万元，办理结算业务取得手续费收入60万元，销售账单凭证、支票取得收入20万元，办理贴现取得收入40万元，转贴现业务取得收入20万元，代收水电煤气费800万元，支付给委托方价款760万元。计算应纳营业税并做会计处理。

应纳营业税额 = （200 + 60 + 20 + 40 + 20 + 800 − 760）×5% = 18（万元）

（转贴现收入属于金融机构往来收入，不征营业税）

会计分录：

借：营业税金及附加　　　　　　　　　　　　　　　　180 000

　　贷：应交税费——应交营业税　　　　　　　　　　　　　　180 000

借：应交税费——应交营业税　　　　　　　　　　　　180 000

　　贷：银行存款　　　　　　　　　　　　　　　　　　　　　180 000

例3　甲建筑公司承包一项工程，工期 10 个月，总承包收入 8 000 万元，其中装修工程 2 000 万元分包给乙公司承建。甲公司完成工程累计发生合同成本 5 500 万元，项目在当年 12 月份如期完工。计算甲公司应纳营业税额并做会计处理。

甲公司应纳营业税额 = （8 000 − 2 000）×3% = 180（万元）

甲公司应代扣代缴营业税额 = 2 000 ×3% = 60（万元）

会计处理如下：

（1）甲公司完成项目发生成本费用时：

借：工程施工——合同成本　　　　　　　　　　　　55 000 000

　　贷：原材料等　　　　　　　　　　　　　　　　　　　55 000 000

（2）收到一次性结算的总承包款时：

借：银行存款　　　　　　　　　　　　　　　　　　80 000 000

　　贷：工程结算　　　　　　　　　　　　　　　　　　　80 000 000

（3）计提营业税金及代扣营业税时：

借：营业税金及附加　　　　　　　　　　　　　　　　1 800 000

　　应付账款　　　　　　　　　　　　　　　　　　　　600 000

　　贷：应交税费——应交营业税　　　　　　　　　　　　2 400 000

（4）缴纳营业税时：

借：应交税费——应交营业税　　　　　　　　　　　2 400 000

　　贷：银行存款　　　　　　　　　　　　　　　　　　　2 400 000

（5）分包工程完工验工结算时：

借：工程施工——合同成本　　　　　　　　　　　　20 000 000

　　贷：应付账款　　　　　　　　　　　　　　　　　　　20 000 000

（6）支付工程款时：

借：应付账款　　　　　　　　　　　　　　　　　　19 400 000

　　贷：银行存款　　　　　　　　　　　　　　　　　　　19 400 000

（7）甲公司确认该项目收入与费用时：

借：主营业务成本　　　　　　　　　　　　　　　　75 000 000

　　工程施工——合同毛利　　　　　　　　　　　　　5 000 000

　　贷：主营业务收入　　　　　　　　　　　　　　　　　80 000 000

（8）工程结算与工程施工结转时：

借：工程结算　　　　　　　　　　　　　　　　　　　　80 000 000

　　贷：工程施工——合同成本　　　　　　　　　　　　　　75 000 000

　　　　　　　　——合同毛利　　　　　　　　　　　　　　5 000 000

例4　某综合服务公司发生以下业务：

一是销售给某客户一座别墅 3 500 万元，已预收款 3 000 万元，其余按协议于移交所有权时结清，税率 5%；二是各地运输业务收入 60 万元，税率 3%；三是从事广告业务代理，代理收入 3 200 万元，支付广告发布费 1 000 万元，税率 5%；四是组织跨国旅游，总收入 1 200 万元，支付给境外旅游团体接团支出 900 万元，支付境内交通费 100 万元，税率 5%；五是将自有的一栋办公楼底层出租给某超市，取得经营性租赁业务收入 800 万元，税率 5%。

计算该企业应纳营业税并做会计处理：

（1）销售不动产应纳营业税额 = 3 000 × 5% = 150（万元）

借：银行存款　　　　　　　　　　　　　　　　　　　　30 000 000

　　贷：预收账款　　　　　　　　　　　　　　　　　　　30 000 000

借：营业税金及附加　　　　　　　　　　　　　　　　　　1 500 000

　　贷：应交税费——应交营业税　　　　　　　　　　　　　1 500 000

（2）运输业务应纳营业税额 = 60 × 3% = 1.8（万元）

借：银行存款　　　　　　　　　　　　　　　　　　　　　600 000

　　贷：主营业务收入　　　　　　　　　　　　　　　　　　600 000

借：营业税金及附加　　　　　　　　　　　　　　　　　　　18 000

　　贷：应交税费——应交营业税　　　　　　　　　　　　　　18 000

（3）广告代理业务应纳营业税额 = （3 200 − 1 000）× 5% = 110（万元）

借：银行存款　　　　　　　　　　　　　　　　　　　　32 000 000

　　贷：主营业务收入　　　　　　　　　　　　　　　　　32 000 000

借：主营业务成本　　　　　　　　　　　　　　　　　　10 000 000

　　贷：银行存款　　　　　　　　　　　　　　　　　　　10 000 000

借：营业税金及附加　　　　　　　　　　　　　　　　　　1 100 000

　　贷：应交税费——应交营业税　　　　　　　　　　　　　1 100 000

（4）跨国旅游收入应纳营业税额 = （1 200 − 900 − 100）× 5% = 10（万元）

借：银行存款　　　　　　　　　　　　　　　　　　　　12 000 000

　　贷：主营业务收入　　　　　　　　　　　　　　　　　12 000 000

借：主营业务成本　　　　　　　　　　　　　　　　　　10 000 000

　　贷：银行存款　　　　　　　　　　　　　　　　　　　10 000 000

借：营业税金及附加　　　　　　　　　　　　　　　　　　　100 000

　　贷：应交税费——应交营业税　　　　　　　　　　　　　　100 000

（5）经营性租赁收入应纳营业税额 = 800 × 5% = 40（万元）

借：银行存款　　　　　　　　　　　　　　　　　　　　　8 000 000

贷：主营业务收入	8 000 000
借：营业税金及附加	400 000
贷：应交税费——应交营业税	400 000
缴纳营业税时：	
借：应交税费——应交营业税	3 118 000
贷：银行存款	3 118 000

思考题

1. 营业税的扣缴义务人具体包括哪些？

2. 营业税的征税范围包括哪些？

3. 营业税纳税义务发生时间如何规定？

4. 营业税纳税地点有何具体规定？

5. 营业税纳税期限分为哪几种？

6. 纳税人兼营免税、减税项目，或者同时从事减免项目与非减免项目的，是否可以享受免税、减税优惠？

第五节　关税

关税是一个历史悠久的税种，是对进出口关境的货物、物品征收的，是目前各国普遍征收的一种税收。中国现行的《中华人民共和国进出口关税条例》是国务院于2003年1月公布的，并从2004年1月1日起实施。我国关税由海关总署负责征收，所得收入归中央政府所有，是中央政府财政收入的主要来源之一。

一、关税的概念、特点、作用

（一）概念

关税是由海关根据国家制定的法律规定，以进出口关境的货物和物品为征税对象而征收的一种特殊的流转税。主要分为进口关税、出口关税和过境关税。

在目前世界各国已不使用过境关税、出口税也很少使用的情况下，人们通常所称的关税主要指进口关税，包括优惠关税、最惠国待遇关税、普惠制关税、保护关税、反倾销关税、反补贴关税、报复关税等。征收进口关税会增加进口货物的成本，提高进口货物的市场价格，影响外国货物进口数量。因此，各国都以征收进口关税作为限制外国货物进口的一种手段。适当的使用进口关税可以保护本国工农业生产，也可以作为一种经济杠杆调节本国的生产和经济的发展。使用过高的进口关税，会对进口货物形成壁垒，阻碍国际贸易的发展。进口关税会影响出口国的利益，因此，它成为国际间经济斗争与合作的一种手段，很多国际间的贸易互惠协定都以相互减让进口关税或给以优惠关税为主要内容。《关税及贸易总协定》就是为了促进国际贸易和经济发展为目的而签订的一个多边贸易协定，它倡导国际贸易自由化，逐步取消各种贸易壁垒，其中最主要的一项措施就是通过缔约方之间的相互协商、谈判，降低各国的进口关税水平，对缔约方的关税加以约束，不得任意提高。

出口关税在17、18世纪时曾是欧洲各国的重要财政来源。19世纪资本主义迅速发展后，各国认识到征收出口关税不利于本国的生产和经济。因为出口关税增加了出口货物的成本，会提高本国产品在国外的售价，从而降低了同外国产品的市场竞争能力，影响了本国产品的出口。因此，19世纪后期，各国相继取消了出口关税。但目前，仍有部分国家采用出口关税，其目的是为了防止本国某些有限的自然资源耗竭，或利用出口税控制和调节某种商品的出口流量，稳定国内外市场价格。中国目前为了限制重要的原材料大量输出，抵制跨国公司在中国低价收购初级产品，现在仍只对少数商品征收出口关税。

过境税最早产生并流行于欧洲各国，主要是为了增加国家财政收入而征收的。后由于各国的交通事业发展，竞争激烈，再征收过境税，不仅妨碍国际商品流通，而且还减少港口、运输、仓储等方面的收入，于是自19世纪后半期起，各国相继废止征收。1921年资本主义国家在巴塞罗那签订自由过境公约后，便废除了过境税的条款。

（二）特点

关税具有以下特点：

1. 以进出国境或关境的货物和物品为征税对象。属于贸易性进出口的商品称为货物；属于入境旅客携带的、个人邮递的、运输工具上的服务人员携带的，以及用其他方式进口的个人自用的非贸易性商品称为物品。

2. 纳税上的统一性和一次性。按照全国统一的进出口关税条例和税则征收关税，在征收一次性关税后，货物就可在整个关境内流通，不再另行征收关税。这与其他税种如增值税、营业税等流转税是不同的。

3. 实行复式税则。关税的税则是关税课税范围及其税率的法则。复式税则又称多栏税则，是指一个税目设有两个或两个以上的税率，根据进口货物原产国的不同，分别适用高低不同的税率。复式税则是一个国家对外贸易政策的体现。目前，在国际上除极个别国家外，各国关税普遍实行复式税则。

4. 对进出口贸易的调节性。许多国家通过制定和调整关税税率来调节进出口贸易。在出口方面，通过低税、免税和退税来鼓励商品出口；在进口方面，通过税率的高低、减免来调节商品的进口。

5. 关税由海关机构代表国家征收。关税由海关总署及所属机构具体管理和征收，征收关税是海关工作的一个重要组成部分。监督管理、征收关税和查缉走私是当前我国海关的三项基本任务。

（三）作用

1. 维护国家主权和经济利益。对进出口货物征收关税，表面上看似乎只是一个与对外贸易相联系的税收问题，其实一国采取什么样的关税政策直接关系到国与国之间的主权和经济利益。历史发展到今天，关税已成为各国政府维护本国政治、经济权益，乃至进行国际经济斗争的一个重要武器。我国根据平等互利和对等原则，通过关税复式税则的运用等方式，争取国际间的关税互惠并反对他国对我国进行关税歧视，促进对外经济技术交往，扩大对外经济合作。

2. 保护和促进本国工农业生产的发展。一个国家是实行自由贸易，还是采用保护关税政策，是由该国的经济发展水平、产业结构状况、国际贸易收支状况以及参与国际经济竞争的能力等多种因素决定的。中国作为发展中国家，一直十分重视利用关税保护本国的工业，促进进口替代工业发展，关税在保护和促进本国工农业生产的发展方面发挥了重要作用。

3. 调节国民经济和对外贸易。关税是国家的重要经济杠杆，通过税率的高低和关税的减免，可以影响进出口规模，调节国民经济活动。如调节出口产品和出口产品生产企业的利润水平，有意识地引导各类产品的生产，调节进出口商品数量和结构，可促进国内市场商品的供需平衡，保护国内市场的物价稳定，等等。

4. 筹集国家财政收入。从世界大多数国家尤其是发达国家的税制结构分析，关税收入在整个财政收入中的比重不大，并呈下降趋势。但是，一些发展中国家，其中主要是那些国内工业不发达、工商税源有限、国民经济主要依赖于某种或某几种初级资源产品出口，以及国内许多消费品主要依赖于进口的国家，征收进出口关税仍然是他们取得财政收入的重要渠道之一。我国关税收入是财政收入的重要组成部分，新中国成立以来，关税为经济建设提供了可观的财政资金。目前，发挥关税在筹集建设资金方面的作用，仍然是我国关税政策中一项重要内容。

二、关税的种类

依据不同的标准，关税可以划分为不同的种类。

(一) 按征收对象分类，有进口税、出口税和过境税

1. 进口税
它是指海关在外国货物进口时所课征的关税。进口税通常在外国货物进入关境或国境时征收，或在外国货物从保税仓库提出运往国内市场时征收。

2. 出口税
它是指海关在本国货物出口时所课征的关税。为了降低出口货物的成本，提高本国货物在国际市场上的竞争力，世界各国一般少征或不征出口税。

3. 过境税
过境税又称通过税。它是对外国货物通过本国国境或关境时征收的一种关税。

(二) 按征收目的分类，有财政关税和保护关税

1. 财政关税
财政关税又称收入关税。它以增加国家财政收入为主要目的而课征的关税。财政关税的税率比保护关税低，因为过高会阻碍进出口贸易的发展，达不到增加财政收入的目的。随着世界经济的发展，财政关税的意义逐渐减低，进一步为保护关税所代替。

2. 保护关税

它是以保护本国经济发展为主要目的而课征的关税。保护关税主要是进口税，税率较高，有的高达百分之几百。通过征收高额进口税，使进口商品成本较高，从而削弱它在进口国市场的竞争能力，甚至阻碍其进口，以达到保护本国经济发展的目的。保护关税是实现一个国家对外贸易政策的重要措施之一。

（三）按征收标准分类，有从价关税、从量关税、复合关税、选择关税和滑动关税

1. 从价关税

从价关税是以货物的价格为计征标准而计算征收的关税。我国的进、出口税分别以货物的到岸价格、离岸价格为完税价格计算征税。

2. 从量关税

它是以货物的计量单位（重量、数量、长度、体积等）为计征标准而计征的一种税。

3. 复合关税

它是对同一种货物同时采用从价与从量两种标准课征的一种税。课证时，或以从价税为主，加征从量税；或以从量税为主，加征从价税。这种关税，计征手续较繁，但在物价上下波动时，可以减少对税负和财政收入的影响。

4. 选择关税

它是对同一种进口货物，同时规定从价税和从量税两种税率，征税时选择其中的一种进行课征的关税。为避免因物价下跌，影响财政收入，或为了鼓励某种货物出口，有些国家如英国、日本、澳大利亚等国对某些货物就采取这种关税。

5. 滑动关税

它是对某种进口货物规定其价格的上下限，按国内货价涨落情况，分别采用几种高低不同税率的一种关税。当进口货物价格高于上限时，减低税率；低于下限时，提高税率；在幅度以内的，按原定税率征收。

（四）按税率制定分类，有自主关税和协定关税

1. 自主关税

自主关税又称国定关税。一个国家基于其主权，独立自主地制定的、并有权修订的关税，包括关税税率及各种法规、条例。国定税率一般高于协定税率，适用于没有签订关税贸易协定的国家。

2. 协定关税

两个或两个以上的国家，通过缔结关税贸易协定而制定的关税税率。协定关税有双边协定税率、多边协定税率和片面协定税率。双边协定税率是两个国家达成协议而相互减让的关税税率。多边协定税率，是两个以上的国家之间达成协议而相互减让的关税税率，如关税及贸易总协定中的相互减让税率的协议。片面协定税率是一国对他国输入的货物降低税率，为其输入提供方便，而他国并不以降低税率回报的税率制度。

（五）按差别待遇和特定的实施情况分类，有进口附加税（反补贴税、反倾销税）、差价税、特惠税和普遍优惠制

1. 进口附加税

它是指除了征收一般进口税以外，还根据某种目的再加征额外的关税。它主要有反补贴税和反倾销税。

2. 差价税

差价税又称差额税。当某种本国生产的产品国内价格高于同类的进口商品价格时，为了削弱进口商品的竞争能力，保护国内生产和国内市场，按国内价格与进口价格之间的差额征收关税，就叫差价税。

3. 特惠税

特惠税又称优惠税。它是指对某个国家或地区进口的全部商品或部分商品，给予特别优惠的低关税或免税待遇。但它不适用于从非优惠国家或地区进口的商品。特惠税有的是互惠的，有的是非互惠的。

4. 普遍优惠制

它又简称普惠制。它是发展中国家在联合国贸易与发展会议上经过长期斗争，在1968年通过建立普惠制决议后取得的。该决议规定，发达国家承诺对从发展中国家或地区输入的商品，特别是制成品和半成品，给予普遍的、非歧视性的和非互惠的优惠关税待遇。

三、纳税人和征税对象

（一）纳税人

关税的纳税人包括进口中国准许进口的货物的收货人、出口中国准许出口货物的发货人和中国准许进境物品的所有人，他们分别应当依法缴纳进口关税和出口关税。

从中国境外采购进口的原产于中国境内的货物，也应当缴纳进口关税。

进出口货物，除另有规定外，可以由进出口货物收发货人自行办理报关纳税手续，也可以由进出口货物收发货人委托海关准予注册登记的报关企业办理报关纳税手续。

进出口货物的收发货人是依法取得对外贸易经营权，并进口或者出口货物的法人或者其他社会团体。进出境物品的所有人包括该物品的所有人和推定为所有人的人。一般情况下，对于携带进境的物品，推定其携带人为所有人；对分离运输的行李，推定相应的进出境旅客为所有人；对以邮递方式进境的物品，推定其收件人为所有人；以邮递或其他运输方式出境的物品，推定其寄件人或托运人为所有人。

（二）征税对象

关税的征税对象是准许进出境的货物和物品。货物是指贸易性商品；物品是指入境旅客随身携带的行李物品、个人邮递物品、各种运输工具上的服务人员携带进口的自用物品、馈赠物品及其他方式进境的个人物品。

四、税率

关税的税率分为进口关税税率、出口关税税率两个部分。

（一）进口关税税率

1. 进口关税税率的种类

进口关税税率设置最惠国税率、协定税率、特惠税率、普通税率和关税配额税率等。对进口货物在一定期限内可以实行暂定税率。

（1）原产于共同适用最惠国待遇条款的世界贸易组织成员的进口货物，原产于与中华人民共和国签订含有相互给予最惠国待遇条款的双边贸易协定的国家或者地区的进口货物，以及原产于中华人民共和国境内的进口货物，适用最惠国税率。

（2）原产于与中国签订含有关税优惠条款的区域性贸易协定的国家或者地区的进口货物，适用协定税率。

（3）原产于与中国签订含有特殊关税优惠条款的贸易协定的国家或者地区的进口货物，适用特惠税率。

（4）原产于上述所列以外国家或者地区的进口货物，以及原产地不明的进口货物，适用普通税率。

（5）适用最惠国税率的进口货物有暂定税率的，应当适用暂定税率；适用协定税率、特惠税率的进口货物有暂定税率的，应当从低适用税率；适用普通税率的进口货物，不适用暂定税率。

（6）按照国家规定实行关税配额管理的进口货物，关税配额内的，适用关税配额税率。在关税配额以外的，其税率的适用按照上述最惠国税率、协定税率、特惠税率、普通税率和暂定税率的规定执行。

按照有关法律、行政法规的规定对进口货物采取反倾销、反补贴、保障措施的，其税率的适用按照《中华人民共和国反倾销条例》、《中华人民共和国反补贴条例》和《中华人民共和国保障措施条例》的有关规定执行。

（7）任何国家或者地区违反与中华人民共和国签订或者共同参加的贸易协定及相关协定，对中华人民共和国在贸易方面采取禁止、限制、加征关税或者其他影响正常贸易的措施的，对原产于该国家或者地区的进口货物可以征收报复性关税，适用报复性关税税率。征收报复性关税的货物、适用国别、税率、期限和征收办法，由国务院关税税则委员会决定并公布。

2. 中国现行实施的进口关税税率

伴随着中国加入世界贸易组织，中国的进口关税税率经过多次调整，有了大幅度的下降，算术平均关税已经由 1992 年的 43% 降至 1997 年的 17.0%，2008 年达到 9.8%。

目前中国的进口关税税率主要使用最惠国税率，并通过差别税率体现国家的经济、外贸政策。

中国在 2008 年对 620 个税号的进口货物实行暂定税率，税率从 0 至 40% 不等，如乙烯和炼焦煤的税率为 0，再造烟草的税率为 40%，也有极少数税号采用定额税率。

（二）出口关税税率

中国出口关税设置出口税率。对出口货物在一定期限内设置的暂定税率，在实际工作中按照暂定税率实施。

中国 2008 年出口税则规定的出口货物（主要为限制出口的不可再生的资源类产品和国内紧缺的原材料）税号共有 88 个，税率从 20% 到 50% 不等，共有 5 个差别税率。例如鳗鱼苗、山羊板皮、钨矿沙及其精矿的税率是 20%，硅铁的税率 25%，未精炼铜、未锻轧铝合金的税率 30%、苯铬铁的税率 40%、锡矿沙及其精矿的税率 50%。2008 年中国对 334 个税号的出口货物实行了暂定税率，税率从 0 至 35% 不等，与进口暂定税率一样，出口暂定税率优先适用于出口税则中规定的出口税率。

（三）税率的运用

1. 进出口货物，应当适用海关接受该货物申报进口或者出口之日实施的税率。

2. 进出口货物到达前，经海关核准先行申报的，应当适用装载该货物的运输工具申报进境之日实施的税率。

3. 进出口货物补税和退税的，适用该进出口货物原申报进口或者出口之日所实施的税率，但下列情况除外：一是按照特定减免税办法批准予以减免税的进口货物，后因情况改变经海关批准转让或出售或移做他用需补税的，应当适用海关接受申报办理纳税手续之日实施的税率征收。二是加工贸易进口料、件等属于保税性质的进口货物，如经批准转为内销，应按向海关申报转为内销之日实施的税率征收；如未经批准擅自转为内销的，则按海关查获日期所实施的税率征收。三是暂时进口货物转为正式进口需补税的，应按其申报正式进口之日实施的税率征税。四是分期支付租金的租赁进口货物，分期付税时，应按该项货物原进口之日实施的税率征税。

4. 因纳税义务人违反规定需要追征税款的，应当适用该行为发生之日实施的税率；行为发生之日不能确定的，适用海关发现该行为之日实施的税率。

五、计税方法

海关应当按照规定对进出口货物以从价征收、从量征收或者国家规定的其他方式对进出口货物征收关税，根据进出口货物的税则号列、完税价格、原产地、适用税率和汇率计算应纳税额。

（一）应纳税额的计算

关税以进出口货物的价格为计税依据，按照规定的适用税率计算应纳税额。应纳税额计算公式为：

从价计征的计算公式为：

应纳税额 = 完税价格 × 关税税率

从量计征的计算公式为：

应纳税额 = 货物数量 × 单位税额

复合计税的计算公式为：

应纳税额 = 完税价格 × 关税税率 + 货物数量 × 单位税额

（二）关税完税价格

进口货物的完税价格由海关以成交价格以及该货物运抵中华人民共和国境内输入地点起卸前的运输及其相关费用、保险费为基础审查确定。

成交价格是指卖方向中华人民共和国境内销售该货物时买方为进口该货物向卖方实付、应付的，并按规定调整后的价款总额，包括直接支付的价款和间接支付的价款。

1. 进口货物的成交价格应当符合下列条件

（1）对买方处置或者使用该货物不予限制，但法律、行政法规规定实施的限制、对货物转售地域的限制和对货物价格无实质性影响的限制除外。

（2）该货物的成交价格没有因搭售或者其他因素的影响而无法确定。

（3）卖方不得从买方直接或者间接获得因该货物进口后转售、处置或者使用而产生的任何收益，或者虽有收益但能够按照《完税价格办法》海关条例中相关规定进行调整。

（4）买卖双方没有特殊关系，或者虽有特殊关系但未对成交价格产生影响。

2. 进口货物的下列费用应当计入完税价格

（1）由买方负担的购货佣金以外的佣金和经纪费。

（2）由买方负担的在审查确定完税价格时与该货物视为一体的容器的费用。

（3）由买方负担的包装材料费用和包装劳务费用。

（4）与该货物的生产和向中华人民共和国境内销售有关的，由买方以免费或者以低于成本的方式提供并可以按适当比例分摊的料件、工具、模具、消耗材料及类似货物的价款，以及在境外开发、设计等相关服务的费用。

（5）作为该货物向中华人民共和国境内销售的条件，买方必须支付的、与该货物有关的特许权使用费。

（6）卖方直接或者间接从买方获得的该货物进口后转售、处置或者使用的收益。

3. 进口时可以不计入完税价格的费用

进口时在货物的价款中单独列明的下列税收、费用，不计入该货物的完税价格。

（1）厂房、机械、设备等货物进口后进行建设、安装、装配、维修和技术服务的费用，保修费用除外。

（2）进口货物运抵境内输入地点起卸后的运输及其相关费用、保险费。

（3）进口关税、进口环节海关代征税及其他国内税。

（4）为在境内复制进口货物而支付的费用。

（5）境内外技术培训及境外考察费用。

4. 进口货物的成交价格不符合规定的，该货物完税价格的估定

（1）与该货物同时或者大约同时向中华人民共和国境内销售的相同货物的成交价格。

（2）与该货物同时或者大约同时向中华人民共和国境内销售的类似货物的成交价格。

（3）与该货物进口的同时或者大约同时，将该进口货物、相同或者类似进口货物在第一级销售环节销售给无特殊关系买方最大销售总量的单位价格，扣除境内发生的有关费用后，审查确定进口货物完税价格的倒扣价格估价。

（4）按照下列各项总和计算的价格：生产该货物所使用的料件成本和加工费用，向中华人民共和国境内销售同等级或者同种类货物通常的利润和一般费用，该货物运抵境内输入地点起卸前的运输及其相关费用、保险费。

（5）以合理方法估定的价格。

5．特殊进口货物的完税价格

（1）以租赁方式进口的货物，以海关审查确定的该货物的租金作为完税价格。

（2）运往境外加工的货物，出境时已向海关报明并在海关规定的期限内复运进境的，应当以境外加工费和料件费以及复运进境的运输及其相关费用和保险费审查确定完税价格。

（3）运往境外修理的机械器具、运输工具或者其他货物，出境时已向海关报明并在海关规定的期限内复运进境的，应当以境外修理费和料件费审查确当完税价格。

（4）出口货物的完税价格由海关以该货物的成交价格以及该货物运至中华人民共和国境内输出地点装载前的运输及其相关费用、保险费为基础审查确定。

出口货物的成交价格，是指该货物出口时卖方为出口该货物应当向买方直接收取和间接收取的价款总额。出口关税不计入完税价格。

（5）暂时进境的货物，应当按照一般进口货物估价办法的规定，估定完税价格。

（6）留购的进口货样、展览品和广告陈列品，以海关设定的留购价格作为完税价格。

6．出口货物的成交价格不能确定的，该货物完税价格的估定

（1）与该货物同时或者大约同时向同一国家或者地区出口的相同货物的成交价格。

（2）与该货物同时或者大约同时向同一国家或者地区出口的类似货物的成交价格。

（3）按照下列各项总和计算的价格：境内生产相同或者类似货物的料件成本、加工费用，通常的利润和一般费用，境内发生的运输及其相关费用、保险费。

（4）以合理方法估定的价格。

六、税收优惠

（一）法定减免税

法定减免税是税法中明确列出的减税或免税，纳税人无须提出申请，海关可按规定直接予以减免税。海关对法定减免税货物一般不进行后续管理。下列进出口货物，免征关税：

1．关税税额在人民币 50 元以下的一票货物。

2．无商业价值的广告品和货样。

3．外国政府、国际组织无偿赠送的物资。

4．在海关放行前损失的货物。

5. 进出境运输工具装载的途中必需的燃料、物料和饮食用品。

6. 在海关放行前遭受损坏的货物，可以根据海关认定的受损程度减征关税。

7. 因品质或者规格原因，出口货物自出口之日起 1 年内原状复运进境的，不征收进口关税。

8. 因品质或者规格原因，进口货物自进口之日起 1 年内原状复运出境的，不征收出口关税。

（二）暂不缴纳关税的优惠

经海关批准暂时进境或者暂时出境的下列货物，在进境或者出境时纳税义务人向海关缴纳相当于应纳税款的保证金或者提供其他担保的，可以暂不缴纳关税，并应当自进境或者出境之日起 6 个月内复运出境或者复运进境；经纳税义务人申请，海关可以根据海关总署的规定延长复运出境或者复运进境的期限：

1. 在展览会、交易会、会议及类似活动中展示或者使用的货物。

2. 文化、体育交流活动中使用的表演、比赛用品。

3. 进行新闻报道或者摄制电影、电视节目使用的仪器、设备及用品。

4. 开展科研、教学、医疗活动使用的仪器、设备及用品。

5. 在第 1 项至第 4 项所列活动中使用的交通工具及特种车辆。

6. 货样。

7. 供安装、调试、检测设备时使用的仪器、工具。

8. 盛装货物的容器。

9. 其他用于非商业目的的货物。

以上所列暂准进境货物在规定的期限内未复运出境的，或者暂准出境货物在规定的期限内未复运进境的，海关应当依法征收关税。

以上所列可以暂时免征关税范围以外的其他暂准进境货物，应当按照该货物的完税价格和其在境内滞留时间与折旧时间的比例计算征收进口关税。具体办法由海关总署规定。

因残损、短少、品质不良或者规格不符原因，由进出口货物的发货人、承运人或者保险公司免费补偿或者更换的相同货物，进出口时不征收关税。被免费更换的原进口货物不退运出境或者原出口货物不退运进境的，海关应当对原进出口货物重新按照规定征收关税。

（三）退税

有下列情形之一的，纳税义务人自缴纳税款之日起 1 年内，可以申请退还关税，并应当以书面形式向海关说明理由，提供原缴款凭证及相关资料：

1. 已征进口关税的货物，因品质或者规格原因，原状退货复运出境的。

2. 已征出口关税的货物，因品质或者规格原因，原状退货复运进境，并已重新缴纳因出口而退还的国内环节有关税收的。

3. 已征出口关税的货物，因故未装运出口，申报退关的。

海关应当自受理退税申请之日起 30 日内查实并通知纳税义务人办理退还手续。纳税义务人应当自收到通知之日起3个月内办理有关退税手续。

按照其他有关法律、行政法规规定应当退还关税的，海关应当按照有关法律、行政法规的规定退税。

（四）特定减免税

特定减免税也称政策性减免税，特定减免税货物一般有地区、企业和用途的限制，海关需要进行后续管理，也需要减免税统计。

1. 科教用品。
2. 残疾人专用品。
3. 扶贫、慈善性捐赠物资。
4. 加工贸易产品。
5. 边境贸易进口物资。
6. 保税区进出口货物。
7. 出口加工区进出口货物。
8. 进口设备。
9. 特定行业或用途的减免税政策。
10. 特定地区的减免税政策。

七、关税的征收管理

（一）纳税期限

进口货物的纳税义务人应当自运输工具申报进境之日起14日内，出口货物的纳税义务人除海关特准的外，应当在货物运抵海关监管区后、装货的24小时以前，向货物的进出境地海关申报。进出口货物转关运输的，按照海关总署的规定执行。进口货物到达前，纳税义务人经海关核准可以先行申报。具体办法由海关总署另行规定。

纳税义务人应当自海关填发税款缴款书之日起15日内向指定银行缴纳税款。纳税义务人未按期缴纳税款的，从滞纳税款之日起，按日加收滞纳税款万分之五的滞纳金。

海关征收关税、滞纳金等，应当按人民币计征。进出口货物的成交价格以及有关费用以外币计价的，以中国人民银行公布的基准汇率折合为人民币计算完税价格；以基准汇率币种以外的外币计价的，按照国家有关规定套算为人民币计算完税价格。适用汇率的日期由海关总署规定。

纳税义务人因不可抗力或者在国家税收政策调整的情形下，不能按期缴纳税款的，经海关总署批准，可以延期缴纳税款，但是最长不得超过6个月。

纳税义务人自缴纳税款期限届满之日起3个月仍未缴纳税款的，海关可以按照《海关法》的规定采取税收保全等强制措施。

（二）补征和追征

由于纳税人违反海关规定造成短征关税的，称为追征；非因纳税人违反海关规定造成短征关税的，称为补征。

进出口货物放行后，海关发现少征或者漏征税款的，应当自缴纳税款或者货物放行之日起1年内，向纳税义务人补征税款。但因纳税义务人违反规定造成少征或者漏征税款的，海关可以自纳税人应缴纳税款之日起3年内追征税款，并从应缴纳税款之日起按日加收少征或者漏征税款万分之五的滞纳金。

（三）关税退还

海关发现多征税款的，应当立即通知纳税义务人办理退还手续。

纳税义务人发现多缴税款，可以自缴纳税款之日起1年内，以书面形式要求海关退还多缴的税款并加算银行同期活期存款利息；海关应当自受理退税申请之日起30日内查实并通知纳税义务人办理退还手续，纳税义务人应当自收到通知之日起3个月内办理有关退税手续。

（四）纳税争议

纳税义务人对海关确定原地，税则归类，适用税率或者汇率，完税价格的确定，关税减征、免征、补征、追征、退还等征税行为是否合法或适当，是否侵害了纳税人的合法权益，而对海关征收关税的行为表示异议。

纳税争议的诉讼过程：纳税义务人自海关填发税款缴款书之日起30日内，向原征税海关的上一级海关书面申请复议。逾期申请复议的，海关不予受理。海关应当自收到复议申请之日起60日内作出复议决定，并以复议决定书的形式正式答复纳税义务人。纳税义务人对海关复议决定仍然不服的，可以自收到复议决定书之日起15日内，向人民法院提起诉讼。

八、关税会计科目的设置

为了全面反映企业关税的缴纳、结余情况及进出口关税的计算，应在"应交税费"科目下分别设置"应交进口关税"、"应交出口关税"明细科目。

"应交税费——应交进口关税"的货方发生额反映应缴的进口关税，借方发生额反映实际上缴的进口关税，贷方余额反映尚未缴纳的进口关税，借方余额反映多缴的进口关税。

"应交税费——应交出口关税"的贷方发生额反映应缴的出口关税，借方发生额反映实际上缴的出口关税，贷方余额反映尚未缴纳的出口关税，借方余额反映多缴的出口关税。

当企业计算出应缴的进口关税时，借记有关科目，贷记"应交税费——应交进口关税"，实际缴纳时，借记"应交税费——应交进口关税"，贷记"银行存款"等科目。当企业计算出应缴的出口关税时，借记有关科目，贷记"应交税费——应交出口关税"，实际缴纳时，借记"应交税费——应交出口关税"科目，贷记"银行存款"等。关税计算示范：

例1 某进出口公司，2000年4月，从与中华人民共和国有关税互惠协定的某国家进口某批发物，某采购地正常批发价格为356 200元，国外已付出口税额为35 620元，运抵我国输入地点的包装费5 000元，运费25 180元，保险费4 400元，手续费

2 100 元。该进口货物的关税适用最低税率为 50% ，计算该公司 4 月份应纳关税。

完税价格 = 356 200 + 35 620 + 5 000 + 25 180 + 4 400 + 2 100 = 428 500 （元）

应纳关税 = 428 500 × 50% = 214 250 （元）

会计分录为：

借：应交税费——应交关税 214 250

　　贷：银行存款 214 250

例2 某外贸公司，2000 年 5 月，进口某国货物 5 000 件，到岸价格未能确定。其国内市场同类产品的批发价格为每件 1 800 元，该国与中华人民共和国未有贸易条约，其关税税率为 60% ，计算该公司 5 月份进口货物应纳税额。

完税价格 = 1 800 ÷ （1 + 60% + 20%） = 1 000 （元）

应纳关税 = 1 000 × 60% × 5 000 = 3 000 000 （元）

会计分录为：

借：应交税费——应交关税 3 000 000

　　贷：银行存款 3 000 000

思考题

1. 如何核定进口货物的成交价格？

2. 进口货物时在货物的价款中单独列明的哪些税收、费用可以不计入货物的完税价格？

3. 特殊进口货物的完税价格如何确定？

4. 关税的纳税期限。

第三章　所得税

所得税是世界各国（地区）的主体税种，发达国家的财政收入主要来源于所得税。从世界各国（地区）看，所得税主要包括企业所得税（也称公司所得税）、个人所得税和社会保险税（也称工薪税）。

第一节　企业所得税

中国的企业所得税是国家以企业和其他组织取得的收入为征税对象所征收的一种税。《中华人民共和国企业所得税法》于 2007 年 3 月 16 号第十届全国人民代表大会第五次会议通过，《中华人民共和国企业所得税法实施条例》于 2007 年 11 月 28 日国务院第 197 次常务会议通过，自 2008 年 1 月 1 日起施行。企业所得税分别由国家税务局和地方税务局负责征收，收入由中央政府和地方政府共享，是中央政府和地方政府税收收入的主要来源之一。

一、纳税人

在中华人民共和国境内，企业和其他取得收入的组织（以下统称企业）为企业所得税的纳税人。个人独资企业、合伙制企业不适用企业所得税法。

企业包括国有企业、集体企业、私营企业、股份制企业、中外合资经营企业、中外合作经营企业、外资企业和外国企业但不包括依照中国法律成立的个人独资企业、合伙企业。

取得其他收入的组织包括事业单位、社会团体、民办非企业单位、基金会、外国商会等。

企业分为居民企业和非居民企业。居民企业是指依法在中国境内成立，或者依照外国（地区）法律成立但实际管理机构在中国境内的企业。居民企业应当就其来源于中国境内、境外的所得缴纳企业所得税。非居民企业是指依照外国（地区）法律成立且实际管理机构不在中国境内，但在中国境内设立机构、场所的，或者在中国境内未设立场所，但有来源于中国境内所得的企业。非居民企业在中国境内设立机构、场所的，应当就其所设机构、场所取得的来源于中国境内的所得，以及发生在中国境外但与其所设机构、场所有实际联系的所得，缴纳企业所得税。非居民企业在中国境内未设立机构、场所的，或者虽设立机构、场所但取得的所得与其所设机构、场所没有实际联系的，应当就其来源于中国境内的所得缴纳企业所得税。

个人独资企业与合伙制企业的投资者承担无限责任或者无限连带责任，没有法人资格，为避免重复征税，只缴纳个人所得税。

居民企业就其来源于中国境内、境外的所得缴纳企业所得税。

非居民企业在中国境内设立机构、场所的，应当就其所设机构、场所取得的来源于中国境内的所得，以及发生在中国境外但与其所设机构、场所有实际联系的所得，缴纳企业所得税。

非居民企业没有在中国境内设立机构、场所的，或者虽设立机构、场所但取得的所得与其所设机构、场所没有实际联系的，应当就其来源于中国境内的所得缴纳企业所得税。

企业所得税法所称来源于中国境内、境外的所得，按照以下原则确定：

（1）销售货物所得，按照交易活动发生地确定。

（2）提供劳务所得，按照劳务发生地确定。

（3）转让财产所得：不动产转让所得按照不动产所在地确定；动产转让所得按照转让动产的企业或者机构处、场所所在地确定；权益性投资资产转让所得按照被投资企业所在地确定。

（4）股息、红利等权益性投资所得，按照分配所得的企业所在地确定。

（5）利息所得、租金所得、特许权使用费所得，按照负担、支付所得的企业或者机构、场所所在地确定，或者按照负担、支付所得的个人的住所地确定。

（6）其他所得，由国家财政、税务主管部门确定。

二、计税依据和税率

（一）税率

现行税率的规定是：第一，基本税率为25%。适用于居民企业和在中国境内设有机构、场所且所得与机构、场所有关联的非居民企业。第二，低税率为20%。适用于在中国境内未设立机构、场所的，或者虽设立机构、场所但取得所得与其所设机构、场所没有实际联系的非居民企业。目前，在实际征税时按10%执行。第三，优惠税率。国家为了重点扶持和鼓励发展特定产业和企业，还规定了两档优惠税率：一是符合条件的小型微利企业，减按20%的税率征收企业所得税。现规定：此项规定只适用具备建账核算应纳税所得额的居民企业，按规定采用核定征收办法缴纳企业所得税的企业，在具备准确核算应纳税所得额条件前暂不适用小型微利企业适用的企业所得税税率。2010年全年应纳税所得额不超过3万元的小型微利企业，其所得额减按50%计入应纳税所得额。二是国家需要重点扶持的高新技术企业，减按15%的税率征收企业所得税。

（二）计税依据

企业所得税的计税依据是应纳税所得额。根据《中华人民共和国企业所得税法》第五条及其实施条例第十条的规定，企业每一纳税年度的收入总额，减除不征税收入、免税收入、各项扣除以及允许弥补的以前年度亏损后的余额，为应纳税所得额。

企业应纳税所得税额的计算，以权责发生制为原则，属于当期的收入和费用，不论款项是否收付，均作为当期的收入和费用；不属于当期的收入和费用，即使款项已经在当期收付，均不作为当期的收入和费用，国务院财政、税务主管部门另有规定的除外。

1. 收入

收入总额：企业以货币形式和非货币形式从各种来源取得的收入为收入总额。

企业以货币形式取得收入的，包括现金、存款、应收账款、应收票据、准备持有至到期的债券投资以及债务的豁免等。企业以非货币形式取得的收入，包括固定资产、生物资产、无形资产、股权投资、存货、不准备持有至到期的债券投资、劳务以及有关权益等。非货币性收入应当按照公允价值确定收入额，公允价值指按照市场价格确定的价值。

（1）计入企业收入总额的收入

计入企业收入总额的收入包括：销售货物收入，提供劳务收入，转让财产收入，股息、红利等权益性投资收益，利息收入，租金收入，特许权使用费收入，接受捐赠收入和其他收入。

（2）企业收入确认的特殊规定

企业收入确认的特殊规定如下：

①以分期付款方式销售货物的，按照合同约定的收款日期确认收入的实现。

②企业受托加工制造大型机械设备、船舶、飞机，以及从事建筑、安装、装配工程业务等，持续时间超过12个月的，按照纳税年度内完工进度或者完成的工作量确认收入的实现。

③采取产品分成方式取得收入的，按照企业分得产品的日期确认收入实现，其收入额按照产品的公允价值确定。

④企业发生非货币性资产交换，以及将货物、财产、劳务用于捐赠、偿债、赞助、集资、广告、样品、职工福利或者利润分配等用途的，应当视同销售货物、转让财产或者提供劳务确认收入，但国务院财政、税务主管部门另有规定的除外。

（3）不征税收入

收入总额中的下列收入为不征税收入：

①财政拨款；

②依法收取并纳入财政管理的行政事业性收费、政府型基金；

③国务院规定的其他不征税收入。

注：国务院规定的其他不征税收入：现规定全国社会保障基金理事会、社会保障基金投资管理人管理的社会保障基金银行存款利息收入和社会保障基金从证券市场取得的收入；软件生产企业实行增值税即征即退政策退还的增值税税款，由企业用于研究开发软件产品和扩大再生产，不征收企业所得税。

（4）免税收入

下列收入为免税收入：

①国债利息收入。

②符合条件的居民企业之间的股息、红利等权益性投资收益。这里的符合条件是

指居民企业直接投资于其他居民企业取得的投资收益，但不包括连续持有居民企业公开发行并上市流通的股票不足 12 个月取得的投资收益。

③在中国境内设立机构、场所的非居民企业从居民企业取得与该机构、场所有实际联系的股息、红利等权益性投资收益。

④符合条件的非营利组织的收入。

2. 税前扣除

根据《中华人民共和国企业所得税法》第八条的规定，企业实际发生的与取得收入有关的、合理的支出，包括成本、费用、税金、损失和其他支出，准予在计算应纳税所得额时扣除。

企业实际发生的与取得收入有关的、合理的支出是指符合生产活动常规，应当计入当期损益或者有关资产成本的必要和正常的支出。成本包括企业在生产经营活动中发生的销售成本、销货成本、业务支出以及其他耗费。费用包括企业在生产经营活动中发生的销售费用、管理费用和财务费用。税金是指企业发生的除企业所得税和允许抵扣的增值税以外的各项税金及其附加。损失是指企业在生产经营活动中发生的固定资产和存货的盘亏、毁损、报废损失、转让财产损失、呆账损失、坏账损失、自然灾害等不可抗力因素造成的损失以及其他损失。其他支出，是指除成本、费用、税金、损失外，企业在生产经营活动中发生的与生产经营有关的合理的支出。

以下项目按照实际发生额或规定的标准扣除。

（1）工资薪金

《中华人民共和国企业所得税法实施条例》第三十四条规定企业发生的合理的工资、薪金支出，准予扣除。工资薪金是指企业每一纳税年度支付给在本企业任职或受雇的员工的所有现金形式或非现金形式的劳动报酬，包括基本工资、奖金、津贴、补贴、年终加薪、加班工资，以及与员工任职或者受雇有关的其他支出。

《中华人民共和国企业所得税法实施条例》第四十条规定：企业发生的职工福利费支出不超过工资薪金总额 14% 的部分，准予扣除。《中华人民共和国企业所得税法实施条例》第四十一条规定：企业拨缴的工会经费不超过工资薪金总额 2% 的部分，准予扣除。《中华人民共和国企业所得税法实施条例》第四十二条规定：企业拨缴的职工教育经费不超过工资薪金总额 2.5% 的部分，准予扣除。超过部分，准予在以后纳税年度结转扣除。

《中华人民共和国企业所得税法实施条例》第三十五条规定：企业按照国务院有关主管部门或者省级人民政府规定的范围和标准为职工缴纳的基本养老保险费、基本医疗保险费、失业保险费、工伤保险费、生育保险费等基本社会保险费和住房公积金，准予扣除。企业为投资者或职工支付的补充养老保险费、补充医疗保险费，在国务院财政、税务主管部门规定的范围和标准内，准予扣除。企业为投资者或职工支付的商业保险费，不得扣除。

（2）利息费用和借款费用

《中华人民共和国企业所得税法实施条例》第三十七条规定：企业在生产、经营活动中发生的合理的不需要资本化的借款费用，准予扣除。因使用周期过长，需要资本化的借款费用应作为资本性支出计入有关资产成本。

《中华人民共和国企业所得税法实施条例》第三十八条规定：企业在生产、经营活动中发生的下列利息支出，准予扣除：非金融企业向金融企业借款的利息支出、金融企业的各项存款利息支出和同业拆借利息支出、企业经批准发行债券的利息支出；非金融企业向非金融业借款的利息支出，不超过按照金融企业同期同类贷款利息计算的数额部分。

（3）汇兑损失

《中华人民共和国企业所得税法实施条例》第三十九条规定：企业在货币交易中，以及纳税年度终了时将人民币以外的货币性资产、负债按照期末即期人民币汇率中间价折算为人民币时产生的汇兑损失，除已经计入有关资产成本及与所有者进行利润分配相关的部分外，准予扣除。

（4）业务招待费

《中华人民共和国企业所得税法实施条例》第四十三条规定：企业发生的与生产经营活动有关的业务招待费支出，按照发生额的60%扣除，但最高不得超过当年销售（营业）收入的5‰。

（5）广告费和业务宣传费

《中华人民共和国企业所得税法实施条例》第四十四条规定：企业发生的符合条件的广告费和业务宣传费支出，除国务院财政、税务主管部门另有规定外，不超过当年销售（营业）收入15%的部分，准予扣除；超多部分，准予在以后纳税年度结转扣除。

（6）环境保护、生态恢复等方面的专项资金

《中华人民共和国企业所得税法实施条例》第四十五条规定：企业依照法律、行政法规有关规定提取的用于环境保护、生态恢复等方面的专项资金，准予扣除。上述专项资金提取后改变用途的，不得扣除。

（7）保险费

《中华人民共和国企业所得税法实施条例》第四十六条规定：企业参加财产保险，按照规定缴纳的保险费，准予扣除。

（8）租赁费

《中华人民共和国企业所得税法实施条例》第四十七条规定：企业根据生产经营活动的需要租入固定资产支付的租赁费，按照以下方法扣除：一是以经营租赁方式租入固定资产发生的租赁费支出，按照租赁期限均匀扣除；二是以融资租赁方式租入固定资产发生的租赁费支出，按照规定构成融资租入固定资产价值的部分应当提取折旧费用，分期扣除。

（9）劳动保护支出

《中华人民共和国企业所得税法实施条例》第四十七条规定：企业发生的合理的劳动保护支出，准予扣除。

（10）总机构费用

《中华人民共和国企业所得税法实施条例》第五十条规定：非居民企业在中国境内设立的机构、场所，就其中国境外总机构发生的与该机构、场所生产经营有关的费用，

能够提供总机构出具的费用汇集范围、定额、分配依据和方法等证明文件，并合理分摊的，准予扣除。

（11）公益性捐赠

《中华人民共和国企业所得税法》第九条规定：企业发生的公益性捐赠支出，在年度利润总额12%以内的部分，准予在计算应纳税所得额时扣除。根据《中华人民共和国企业所得税法实施条例》第五十三条规定：年度利润总额，是指企业依照国家统一会计制度的规定计算的年度会计利润。根据《中华人民共和国企业所得税法实施条例》第五十一、五十二条规定：公益性捐赠是指企业通过公益性社会团体或者县级以上人民政府及其部门，用于《中华人民共和国公益事业捐赠法》规定的公益事业的捐赠。

（12）企业转让各类固定资产发生的费用

企业转让各类固定资产发生的费用，允许扣除。企业按照规定计算的固定资产折旧费、无形资产和递延资产的摊销费，准予扣除。

（13）资产盘亏

企业当期发生的资产盘亏和毁损净损失，由其提供资料经税务机关审查后准予扣除；企业因存货盘亏、毁损、报废等原因不得从销项税金中抵扣的进项税额，视同企业损失，准予和存货损失一起税前扣除。

3. 在计算应纳税所得额时，不得税前扣除的项目

《中华人民共和国企业所得税法》第十条规定：在计算应纳税所得额时，下列支出不得扣除：

（1）向投资者支付的股息、红利等权益性投资收益款项。

（2）企业所得税税款。

（3）税收滞纳金。

（4）罚金、罚款和被没收财物的损失。

（5）《捐赠法》第九条规定以外的捐赠支出。

（6）赞助支出。

（7）未经核定的准备金支出。

（8）与取得收入无关的其他支出。

（9）企业之间支付的管理费、企业内营业机构之间支付的租金和特许权使用费，以及非银行企业内营业机构之间支付的利息，不得扣除。

赞助支出，是指企业发生的与生产经营活动无关的各种非广告性质支出。

未经核定的准备金支出，是指不符合国务院财政、税务主管部门规定的各项资产减值准备、风险准备等准备金支出。

4. 非居民企业应纳税所得额的规定

《中华人民共和国企业所得税法》第十九条规定：一是股息、红利等权益性投资收益和利息、租金、特许权使用费所得，以收入全额为应纳税所得额；二是转让财产所得，以收入全额减除财产净值后的余额为应纳税所得额；三是其他所得，参照前两项规定的方法计算应纳税所得额。

新企业所得税法规定的收入、扣除的具体范围、标准和资产的税务处理的具体办

法，由国务院财政、税务主管部门规定。在计算应纳税时，企业财务、会计处理办法与税收法律、行政法规的规定不一致的，应当依照税收法律、行政法规的规定计算。

5. 有关应纳税所得额的特殊规定

《中华人民共和国企业所得税法》第十四条规定：企业对外投资期间，投资资产的成本在计算应纳税所得额时不得扣除。《中华人民共和国企业所得税法》第十五条规定：企业使用或者销售存货，按照规定计算的存货成本，准予在计算应纳税所得额时扣除。《中华人民共和国企业所得税法》第十六条规定：企业转让资产，该项资产的净值，准予在计算应纳税所得额时扣除。《中华人民共和国企业所得税法》第十七条规定：企业在汇总计算缴纳企业所得税时，其境外营业机构的亏损不得抵减境内营业机构的赢利。《中华人民共和国企业所得税法》第十八条规定：企业纳税年度发生的亏损，准予向以后年度结转，用以后年度的所得弥补，但结转年限最长不得超过 5 年。

三、资产的税务处理

我国税法对企业资产的计税基础和折旧、摊销等提取办法作出相应的规定，目的是为了正确核算企业资产的成本和支出，以区别资本性支出和收益性支出，确定准予扣除的项目与不得扣除的项目，正确计算企业的应纳税所得额。

《中华人民共和国企业所得税法实施条例》第五十六条规定：企业的各项资产，包括固定资产、生物资产、无形资产、长期待摊费用、投资资产、存货等，以历史成本为计税基础。历史成本，是指企业取得该项资产时实际发生的支出。企业持有各项资产期间的资产增值或者减值，除国务院财政、税务主管部门规定可以确认损益外，不得调整该资产的计税基础。

（一）固定资产的税务处理

1. 计税基础

《中华人民共和国企业所得税法实施条例》第五十八条规定：固定资产按以下情况确认计税基础：

（1）外购的固定资产，以购买价款和支付的相关税费以及直接归属于使该资产达到预定用途发生的其他支出作为计税基础。

（2）自行建造的固定资产，以竣工结算发生前发生的支出为计税基础。

（3）融资租入的固定资产，以租赁合同约定的付款总额和承租人在签订租赁合同过程中发生的相关费用为计税基础；合同未约定支付总额的，以资产的公允价值和承租人在签订租赁合同过程中发生的相关费用为计税基础。

（4）盘盈的固定资产，以同类固定资产的重置完全价值为计税基础。

（5）通过捐赠、投资、非货币性资产交换、债务重组等方式取得固定资产，以该资产的公允价值和支付的相关税费为计税基础。

（6）改建的固定资产，除已足额提取折旧的固定资产和租入的固定资产以外的其他固定资产，以改建过程中发生的改建支出增加计税基础。

2. 折旧年限

《中华人民共和国企业所得税法实施条例》第五十九条规定：固定资产按照直线法

计算的折旧，准予扣除。企业应当自固定资产投入使用月份的次月起计算折旧；停止使用的固定资产，应当自停止使用月份的次月起停止折旧。企业应当根据固定资产的性质和使用情况，合理确定固定资产的预计净残值，且预计净残值一经确定不得变更。

从事开采石油、天然气等矿产资源的企业，在开始商业性生产前发生的费用和有关固定资产的折耗、折旧方法，由国务院财政、税务主管部门另行规定。

《中华人民共和国企业所得税法实施条例》第六十条规定：除国务院财政、税务主管部门另有规定外，固定资产计算折旧的最低年限如下：

（1）房屋、建筑物，为20年。

（2）飞机、火车、轮船、机器、机械和其他生产设备，为10年。

（3）与生产经营活动有关的器具、工具、家具等，为5年。

（4）飞机、火车、轮船以外的运输工具，为4年。

（5）电子设备，为3年。

现规定：企业、事业单位购进软件，符合固定资产、无形资产确认条件的，可按固定资产、无形资产核算。经税务机关核准，其折旧、摊销年限可适当缩短，最短为2年。

（二）生产性生物资产的税务处理

生产性生物资产，是指企业为生产农产品、提供劳务或者出租等而持有的生物资产，包括经济林、薪炭林、产畜和役畜等。

1. 计税基础

《中华人民共和国企业所得税法实施条例》第六十二条规定：生产性生物资产按照以下方法确定计税基础：

（1）外购的生产性生物资产，以购买价款和支付的相关税费为计税基础。

（2）通过捐赠、投资、非货币性资产交换、债务重组等方式取得的生产性生物资产，以该资产的公允价值和支付的相关税费为计税基础。

2. 折旧年限

《中华人民共和国企业所得税法实施条例》第六十三条规定：

生产性生物资产按照直线法计算的折旧，准予扣除。企业应当自生产性生物资产投入使用月份的次月起计算折旧；停止使用的生产性生物资产，应当自停止使用月份的次月停止计算折旧。企业应当根据生物资产的性质和使用情况，合理确定生物性资产的预计净残值。生产性生物资产的预计净残值一经确定，不得变更。

《中华人民共和国企业所得税法实施条例》第六十四条规定：生产性生物资产计算折旧的最低年限如下：

（1）林木类生产性生物资产，为10年。

（2）畜类生产性生物资产，为3年。

（三）无形资产的税务处理

无形资产，是指企业为生产产品、提供劳务、出租或者经营管理而持有的、没有实物形态的非货币性长期资产，包括专利权、商标权、著作权、土地使用权、非专利技术、商誉等。

1．计税基础

《中华人民共和国企业所得税法实施条例》第六十六条规定：无形资产按照以下方法确定计税基础：

（1）外购的无形资产，以购买价款和支付的相关税费以及直接归属于使该资产达到预定用途发生的其他支付为计税基础。

（2）自行开发的无形资产，以开发过程中该资产符合资本化条件后至达到预定用途前发生的支出为计税基础。

（3）通过捐赠、投资、非货币性资产交换、债务重组等方式取得的无形资产，以该资产的公允价值和支付的相关税费为计税基础。

《中华人民共和国企业所得税法实施条例》第六十七条规定：在计算应纳税所得额时，企业按照规定计算的无形资产摊销费用，准予扣除。作为投资或者受让的无形资产，有关法律规定或者合同约定了使用年限的，可以按照规定或者约定的使用年限分期摊销。外购商誉的支出，在企业整体转让或者清算时，准予扣除。

2．折旧年限

无形资产按照直线法计算的摊销费用，准予扣除。无形资产的摊销年限不得低于10年。

3．不得计算摊销费用从所得税税前扣除的项目

《中华人民共和国企业所得税法》第十二条规定：下列无形资产不得计算摊销费用扣除：

（1）自行开发的支出已在计算应纳税所得额时扣除的无形资产。

（2）自创商誉。

（3）与经营活动无关的无形资产。

（4）其他不得计算摊销费用扣除的无形资产。

（四）长期待摊费的税务处理

长期待摊费用，是指企业发生的应在一个年度以上或几个年度进行摊销的费用。《中华人民共和国企业所得税法》第十三条规定：企业发生的下列支出作为长期待摊费用，按照规定摊销，在计算应纳税所得额时准予扣除：

（1）已足额提取折旧的固定资产的改建支出。

（2）租入固定资产的改建支出。

（3）固定资产的大修理支出。

（4）其他应作为长期待摊费用的支出。

（五）已足额提取折旧的固定资产的改建支出

《中华人民共和国企业所得税法》第十三条规定：按照固定资产预计尚可使用年限分期摊销；租入固定资产的改建支出，按照合同约定的剩余租赁期限分期摊销。固定资产修理支出，可在发生当期直接扣除。其他应当作为长期待摊费用的支出，自支出发生月份的次月起，分期摊销，摊销年限不得低于3年。

（六）投资资产的税务处理

投资资产是指企业对外进行权益性投资和债权性投资形成的资产。根据《中华人民共和国企业所得税法》第十四条、《中华人民共和国企业所得实施条例》第七十一条规定：企业在对外投资期间，投资资产的成本在计算应纳税所得额时不得扣除。在转让或者处置投资资产时，投资资产的成本，准予扣除。按照以下方法确定投资资产的成本：

（1）通过支付现金取得的投资资产，以购买价款为成本。

（2）通过支付现金以外的方式取得的投资资产，以该资产的公允价值和支付的相关税费为成本。

四、存货的税务处理

《中华人民共和国企业所得实施条例》第七十二条规定：存货按照以下方法确定成本：

1. 通过支付现金方式取得的存货，以购买价款和支付的相关税费为成本。

2. 通过支付现金以外的方式取得存货，以存货的公允价值和支付的相关税费为成本。

3. 生产性生物资产收获的农产品，以产出或者采收过程中发生的材料费、人工费和分摊的间接费用等必要支出为成本。

《中华人民共和国企业所得实施条例》第七十三条规定：企业使用或者销售的存货的成本计算方法，可以在先进先出法、加权平均法、个别计价法中选用一种。计价方法一经选用，不得随意变更。

除国务院财政、税务主管部门另有规定的除外，企业在重组过程中，应当在交易发生时确认有关资产的转让所得或者损失，相关资产应当按照交易价格重新确定计税基础。

五、关联企业特别纳税调整

特别纳税调整是税务机关出于反避税目的而对纳税人特定纳税事项所作的税务调整，即税务机关认定关联企业之间的交易减少了关联方应纳税收入或者所得额的，税务机关可以按照合理方法调整。《中华人民共和国企业所得税法》第四十一条、第四十七条及《中华人民共和国企业所得实施条例》第一百二十条、第一百二十三条的规定：企业与其关联方之间的业务往来，不符合独立交易原则而减少企业或者关联方应纳税收入或者所得额的，税务机关有权在该业务发生的纳税年度起10年内，按照合理方法调整。

调整的"合理方法"包括：

1. 可比非受控价格法，是指按照没有关联关系的交易各方进行相同或者类似业务往来的价格进行定价的方法。

2. 再销售价格法，是指按照从关联方购进商品再销售给没有关联关系的交易方的价格，减去相同或者类似业务的销售毛利进行定价的方法。

3. 成本加成法，是指按照成本加合理的费用和利润进行定价的方法。

4. 交易净利润法，是指按照没有关联关系的交易各方进行相同或者类似业务往来取得的净利润水平确定利润的方法。

5. 利润分割法，是指将企业与其关联方的合并利润或者亏损在各方之间采用合理标准进行分配的方法。

6. 其他符合独立交易原则的方法。

企业与其关联方共同开发、受让无形资产，或者共同提供、接受劳务发生的成本，在计算应纳税所得额时应当按照独立交易原则进行分摊。

企业可以向税务机关提出与其关联方之间业务往来的定价原则和计算方法，税务机关与企业协商、确认后，达成预约定价安排。

企业向税务机关报送年度企业所得税纳税申报表时，应当就其与关联方之间业务往来，附送年度关联业务往来报告表。

税务机关在进行关联业务调查时，企业及其关联方，以及与关联业务调查有关的其他企业，应当按照规定提供相关资料。相关资料包括：一是与关联方业务往来有关的价格、费用的制定标准、计算方法和说明等同期资料。二是关联业务往来所涉及的财产、财产使用权、劳务等的再销售（转让）价格或者最终销售（转让）价格的相关资料。三是与关联业务调查有关的其他企业应当提供的与被调查企业可比的产品价格、定价方式以及利润水平等资料。四是其他与关联业务往来有关的资料。

与关联业务调查有关的其他企业，是指与被调查企业在生产经营内容和方式上相类似的企业。企业应当在税务机关规定的期限内提供与关联业务往来有关的价格、费用的制定标准、计算方法和说明等资料。关联方以及关联业务调查有关的其他企业应当在税务机关与其约定的期限内提供相关资料。

企业不提供与其关联方之间业务往来资料，或者提供虚假、不完整资料，未能真实反映其关联业务往来情况的，税务机关有权依法核定其应纳税所得额。

税务机关依照规定核定企业的应纳税所得额时，可以采用下列方法：一是参照同类或者类似企业的利润率水平核定。二是按照企业成本加合理费用和利润的方法核定。三是按照关联企业集团整体利润的合理比例核定。四是按照其他合理方法核定。

由居民企业或者居民企业和中国居民控制的设立在实际税负明显低于25%的国家（地区）的企业，并非由于合理的经营需要而对利润不做分配或者减少分配的，上述利润中属于该居民企业的部分，当计入该居民企业的当期收入。这里所谓控制，包括：

（1）居民企业或者中国居民直接或者间接单一持有外国企业10%以上有表决权股份，且由其共同持有该外国企业50%以上股份；

（2）居民企业或者非居民企业和中国居民持股比例没有达到上述标准，但在股份、资金、经营、购销等方面对该外国企业构成实质控制。

企业从其关联方接受的债权性投资与权益性投资的比例超过规定标准而发生的利息支出，不得在计算应纳税所得额时扣除。

债权性投资，是指企业直接或者间接从关联方获得的，需要偿还本金和支付利息或者需要以其他具有支付利息性质的方式予以补偿的融资。从关联方获得的债权性投资包括：关联方通过无关联第三方提供的债权性投资；无关联第三方提供的、由关联方担保且负有连带责任的债权性投资；其他间接从关联方获得的具有负债实质的债权性投资。

权益性投资，是指企业接受的不需要偿还本金和支付利息，投资人对企业净资产拥有所有权的投资。

企业实施其他不具有合理商业目的的安排而减少其应纳税收入或者所得额，税务机关有权按照合理方法调整。

税务机关根据税收法律、行政法规的规定，对企业做出特别纳税调整的，应当对补征的税款自税款所属纳税年度的次年6月1日起至补交税款之日止的期间按日加收利息。利息应当按照税款所属纳税年度中国人民银行公布的与补税期间同期的人民币贷款基准利率加5个百分点计算。

企业与其关联方之间的业务往来，不符合独立交易原则，或者企业实施其他不具有合理商业目的安排的，税务机关有权在该业务发生的纳税年度起10年内进行调整。

六、境外税收抵免

企业的应纳税所得额乘以适用税率，减去依照税法关于税收优惠的规定减免和抵免的税额后的余额，为应纳所得税额。

应纳税额＝应纳税所得额×适用税率－减免税额－抵免税额

企业取得的下列所得已在境外缴纳的所得税税额，可以从其当期应纳税额中抵免，抵免限额为该项所得依照所得税法规定计算的应纳税额；超过抵免限额的部分，可以在以后5个年度内，用每年度抵免限额抵免当年应抵税额后的余额进行抵补：

（1）居民企业来源于中国境外的应纳税所得。

（2）非居民企业在中国境内设立机构、场所，取得发生在中国境外但与该机构、场所有实际联系的应税所得。

前述5个年度，是指从企业取得的来源于中国境外的所得，已经在中国境外缴纳的企业所得税性质的税额超过抵免限额的当年的次年起连续5个纳税年度。

抵免限额，是指企业来源于中国境外的所得，依照企业所得税法的规定计算的应纳税额。除国务院财政、税务主管部门另有规定外，该抵免限额应当分国（地区）不分项计算。计算公式如下：

抵免限额＝中国境内、境外所得依照企业所得税法的规定计算的应纳税总额×来源于某国（地区）的应纳税所得额÷中国境内、境外应纳税所得总额

居民企业从其直接或间接控制的外国企业分得的来源于中国境外的股息、红利等权益性投资收益，外国企业在境外实际缴纳的所得税税额中属于该项所得负担的部分，可以作为该居民企业的可抵免境外所得税税额，在规定的抵免限额内抵免。

直接控制，是指居民企业直接持有外国企业20%以上股份。

间接控制，是指居民企业以间接持股方式持有外国企业20%以上股份，具体认定

办法由国务院财政、税务主管部门另行制定。

抵免企业所得税税额时，应当提供中国境外税务机关出具的税款所属年度的有关纳税凭证。

七、企业所得税税收优惠

国家对重点扶持和鼓励发展的产业和项目，给予企业所得税优惠，方式包括免税、减税、加计扣除、加速折旧、减免收入、税收抵免等。

（一）免税收入

《中华人民共和国企业所得税法》第二十六条规定企业的下列收入为免税收入：

（1）国债利息收入。

（2）符合条件的居民企业之间的股息、红利等权益性投资收益。

（3）在中国境内设立机构、场所的非居民企业从居民企业取得与上述机构、场所有实际联系的股息、红利等权益性投资收益。

（4）符合相关条件的非营利性组织的收入。

（二）免征收入

《中华人民共和国企业所得税实施条例》第九十一条规定企业的下列所得可以免征企业所得税：

（1）外国政府向中国政府提供贷款取得的利息所得。

（2）国际金融组织向中国政府和居民企业提供优惠贷款取得的利息所得。

（3）经国务院批准的其他所得。

（三）减征项目

《中华人民共和国企业所得税法》第二十七条规定企业的下列所得予以免征、减征企业所得税：

1. 从事农、林、牧、渔业项目的所得

一是蔬菜、谷物、薯类、油料、豆类、棉花、麻类、糖料、水果、坚果的种植；二是农作物新品种的选育；三是中药材的种植；四是林木的培育和种植；五是牲畜、家禽的饲养；六是林产品的采集；七是灌溉、农产品初加工、兽医、农技推广、农机作业和维修等农、林、牧、渔服务业项目；八是远洋捕捞。

企业从事下列项目的所得，减半征收企业所得税：

一是花卉、茶以及其他饮料作物和香料作物的种植；二是海水养殖、内陆养殖。

企业从事国家限制和禁止发展的项目，不得享受本条规定的企业所得税优惠。

2. 从事国家重点扶持的公共基础设施项目投资经营的所得

企业从事国家重点扶持的公共基础设施项目投资经营的所得，可以自项目取得第一笔生产、经营收入所属纳税年度起，第一年至第三年免征企业所得税，第四年至第六年减半征收企业所得税。企业承包经营、承包建设和内部自建自用上述规定的项目，不得享受本条规定的企业所得税优惠。

上述国家重点扶持的公共基础设施项目，是指《公共基础设施项目企业所得税优惠目录》规定的港口、码头、机场、铁路、公路、城市公共交通、电力、水利等项目。

3. 从事符合条件的环境保护、节能节水项目的所得

企业从事符合条件的环境保护、节能节水项目的所得可以从项目取得第一笔生产经营收入所属纳税年度起，第一年至第三年免征企业所得税，第四年至第六年减半征收企业所得税。

符合条件的环境保护、节能节水项目，包括公共污水处理、公共垃圾处理、沼气综合开发利用、节能减排技术改造、海水淡化等。项目具体条件和范围由国务院财政、税务主管部门制定，报国务院批准后公布施行。

依照以上规定享受减免税优惠的项目，在减免税期限内转让的，受让方自受让之日起，可以在剩余的期限内继续享受规定的减免税优惠；减免税期限届满后转让的，受让方不得就该项目重复享受减免税优惠。

4. 符合条件的技术转让所得

符合条件的技术转让所得免征、减征企业所得税，是指一个纳税年度内，居民企业技术转让所得不超过500万元的部分，免征企业所得税；超过500万元的部分，减半征收企业所得税。

（四）降低税率

下列企业可以降低税率征收企业所得税

1. 小型微利企业

从事国家非限制和禁止的行业，并符合以下条件的小型微利企业，可以减按20%的税率征收企业所得税：

（1）工业企业，年度应纳税所得额不超过30万元，从业人员不超过100人，资产总额不超过3 000万元。

（2）其他企业，年度应纳税所得额不超过30万元，从业人员不超过80人，资产总额不超过1 000万元。

2. 高新技术企业

（1）拥有核心自主知识产权，并同时符合下列条件的国家需要重点扶持的高新技术企业，可以减按15%的税率征收企业所得税。

①产品（服务）属于《国家重点支持的高新技术领域》规定的范围。

②研究开发费用占销售收入的比例不低于规定比例。

③高新技术产品（服务）收入占企业总收入的比例不低于规定比例。

④科技人员占企业职工总数的比例不低于规定比例。

⑤符合高新技术企业认定管理办法规定的其他条件。

《国家重点支持的高新技术领域》和高新技术企业认定管理办法由国务院科技、财政、税务主管部门制定，报国务院批准后公布施行。

（2）2008年1月1日（含）之后在深圳、珠海、汕头、厦门和海南经济特区及上海浦东新区登记的国家需要重点扶持的高新技术企业，可以从取得第一笔生产经营收

入所属纳税年度起，第一年至第二年免征企业所得税，第三年至第五年按照25%的法定税率减半征收企业所得税。

3. 非居民企业，没有在中国境内设立机构、场所，取得来源于中国境内的所得；或者虽设立机构、场所但取得的所得与其所设立机构、场所没有实际联系可以减按10%的税率征收企业所得税。中国与有关国家签订的税收协定有更优惠规定的，按照协定的规定执行。

（五）民族自治地方的优惠政策

民族自治地方的自治机关对本民族自治地方的企业应当缴纳的企业所得税属于地方分享的部分，可以决定减征或者免征。自治州、自治县决定减征或者免征的，须报省、自治区、直辖市人民政府批准。对民族自治地方内属于国家限制和禁止行业的大企业，不得减征或者免征企业所得税。

（六）企业所得税前加计扣除优惠

1. 开发新技术、新产品、新工艺发生的研究开发费用

根据《中华人民共和国企业所得税法》第三十条第一项，《中华人民共和国企业所得税法实施条例》第九十五条的规定：开发新技术、新产品、新工艺发生的研究开发费用未形成无形资产计入当期损益的，在按照规定据实扣除的基础上，按照研究开发费用的50%加计扣除；形成无形资产的，按照无形资产成本的150%摊销（研究开发费用是指企业为开发新技术、新产品、新工艺发生的研究开发费用）。

2. 企业安置残疾人员所支付的工资

根据《中华人民共和国企业所得税法》第三十条第二项，《中华人民共和国企业所得税法实施条例》第九十六条的规定：企业有安置残疾人员情况的，在按照支付给残疾职工工资据实扣除的基础上，按照支付给残疾职工工资的100%加计扣除。残疾人员的范围适用《中华人民共和国残疾人保障法》的有关规定。

企业安置国家鼓励安置的其他就业人员所支付的工资的加计扣除办法，由国务院另行规定。

（七）其他优惠规定

1. 创业投资企业的优惠规定

根据《中华人民共和国企业所得税法》第三十一条的规定，创业投资企业从事国家需要重点扶持和鼓励的创业投资，可以按投资额的一定比例抵扣应纳税所得额。根据《中华人民共和国企业所得税法实施条例》第九十七条的规定，创业投资企业采取股权投资方式投资于未上市的中小高新技术企业2年以上的，可以按照其投资额的70%在股权持有满2年的当年抵扣该创业投资企业的应纳税所得额；当年不足抵扣的，可以在以后纳税年度结转抵扣。

2. 固定资产加速折旧

根据《中华人民共和国企业所得税法》第三十二条和《中华人民共和国企业所得税法实施条例》第九十八条的规定：企业固定资产由于技术进步，产品更新换代较快；

由于常年处于强震动、高腐蚀状态的，确需加速折旧的，可以缩短折旧年限或者采取加速折旧的方法计提折旧。采取缩短折旧年限方法的，最低折旧年限不得低于税法规定各种类型固定资产最低折旧年限的60%；采取加速折旧方法的，可以采取双倍余额递减法或者年数总和法。

3．企业综合利用资源

根据《中华人民共和国企业所得税法》第三十三条的规定，企业综合利用资源，生产符合国家产业政策规定的产品所取得的收入，可以在计算应纳税所得额时减计收入。

根据《中华人民共和国企业所得税法实施条例》第九十九条和第一百零一条的规定，减计收入是指企业以《资源综合利用企业所得税优惠目录》规定的资源作为主要原材料，生产国家非限制和禁止并符合国家和行业相关标准的产品取得的收入，减按90%计入收入总额。

前款所称原材料占生产产品材料的比例不得低于《资源综合利用企业所得税优惠目录》规定的标准。

4．企业购置环保专用设备的税收优惠

根据《中华人民共和国企业所得税法》第三十四条的规定，企业购置用于环境保护、节能节水、安全生产等专用设备的投资额，可按一定比例实行税额抵免。

根据《中华人民共和国企业所得税法实施条例》第一百条的规定，税额抵免是指企业购置并实际使用《环境保护专用设备企业所得税优惠目录》、《节能节水专用设备企业所得税优惠目录》和《安全生产专用设备企业所得税优惠目录》规定的环境保护、节能节水、安全生产等专用设备的，该专用设备的投资额的10%可以从企业当年的应纳税额中抵免；当年不足抵免的，可以在以后5个纳税年度结转抵免。

享受前款规定的企业所得税优惠的企业，应当实际购置并自身实际投入使用前款规定的专用设备；企业购置上述专用设备在5年内转让、出租的，应当停止享受企业所得税优惠，并补缴已经抵免的企业所得税税款。

根据《中华人民共和国企业所得税法实施条例》第一百零二条的规定，企业同时从事使用不同企业所得税待遇的项目时，其优惠项目应当单独计算，并合理分摊企业的期间费用；没有单独计算的，不得享受企业所得税优惠。税法规定的税收优惠的具体办法，由国务院规定。

根据《中华人民共和国企业所得税法》第三十六条的规定，由于突发事件等原因对企业经营活动产生重大影响的，国务院可以制定企业所得税专项优惠政策，报全国人民代表大会常务委员会备案。

（八）新旧所得税法优惠过渡办法

从2008年起，原来享受企业所得税2年免税、3年减半征税和5年免税、5年减半征税等定期减免税优惠的企业，在企业所得税法施行以后，继续按照原来的税法规定的优惠办法和年限享受至期满为止。但是，由于没有获利而没有享受上述税收优惠的，其优惠期限从2008年计算。

八、征收管理

（一）纳税期限

1. 纳税年度

根据《中华人民共和国企业所得税法》第五十三条的规定，企业所得税按纳税年度计算。纳税年度自公历 1 月 1 日起至 12 月 31 日止。

企业在一个纳税年度中间开业，或者终止经营活动，是该纳税年度的实际经营期不足 12 个月的，应当以其实际经营期为一个纳税年度。企业依法清算时，应当以清算期间作为一个纳税年度。

2. 预缴

根据《中华人民共和国企业所得税法》第五十四条和《中华人民共和国企业所得税法实施条例》第一百二十八条的规定，企业所得税分月或者分季预缴。企业应当自月份或者季度终了之日起 15 日内，向税务机关报送预缴企业所得税纳税申报表，预缴税款。

分月或者分季预缴企业所得税时，应当按照月度或者季度的实际利润额预缴；按照月度或者季度的实际利润额预缴有困难的，可按上一纳税年度应纳税所得额的月度或者季度平均额预缴，或者按照经税务机关认可的其他办法预缴。预缴办法一经确定，该纳税年度内不得随意变更。

3. 汇算清缴

根据《中华人民共和国企业所得税法》第五十四条企业所得税汇算清缴应当自年度终了之日起 5 个月内，向税务机关报送年度企业所得税纳税申报表，并汇算清缴，结清应缴应退税款。

企业在纳税年度内无论赢利或者亏损，都应当依照企业所得税法规定的期限，向税务机关报送预缴企业所得税纳税申报表、年度企业所得税纳税申报表、财务会计报告和税务机关规定应当报送的其他有关资料。

企业在报送企业所得税纳税申报表时，应当按照规定附送财务会计报告和其他有关资料。

企业在年度中间终止经营活动的，应当自实际经营终止之日起 60 日内，向税务机关办理当期企业所得税汇算清缴。

企业应当在办理注销登记前，就其清算所得向税务机关申报并依法缴纳企业所得税。

依企业所得税法缴纳的企业所得税，以人民币计算。所得以人民币以外的货币计算的，应当折合成人民币计算并缴纳税款。经税务机关检查确认，企业少计或者多计前款规定的所得，应当按照检查确认补税或者退税时的上一个月最后一日的人民币汇率中间价，将少计或者多计的所得折合成人民币计算应纳税所得额，再计算应当补缴或者应退的税款。

企业所得以人民币以外的货币计算的，预缴企业所得税时，应当按照月度或者季度最后一日的人民币汇率中间价，折合成人民币计算应纳税所得额。年度终了汇算清缴时，对已经按照月度或者季度预缴税款的，不再重新折合计算，只就该纳税年度内未缴纳企业所得税的部分，按照纳税年度最后一日的人民币汇率中间价，折合成为人民币。

（二）纳税地点

1. 居民企业的纳税地点

根据《中华人民共和国企业所得税法》第五十条的规定，除税收法律、行政法规另有规定外，居民企业以企业登记注册地为纳税地点；但登记注册地在境外的，以实际管理机构所在地为纳税地点。

居民企业在中国境内设立不具有法人资格的营业机构的，应当汇总计算并缴纳企业所得税。

2. 非居民企业的纳税地点

根据《中华人民共和国企业所得税法》第五十一条的规定，非居民企业在中国境内设立机构、场所的，应当就其所设立机构、场所在中国境内取得的所得，以及发生在中国境外但与其所设机构、场所有实际联系的所得，以机构、场所所在地为纳税地点。非居民企业在中国境内未设立机构、场所的，或者虽设立机构、场所但取得的所得与其所设机构、场所没有实际联系的，以扣缴义务人所在地为纳税地点。

非居民企业在中国境内设立两个或者两个以上机构、场所的，经税务机关审核批准，可以选择由其主要机构、场所汇总缴纳企业所得税。非居民企业经批准汇总缴纳企业所得税后，需要增设、合并、迁移、关闭机构、场所或者停止机构、场所的，应当事先由负责汇总缴纳企业所得税的主要机构、场所向其所在地税务机关报告；需要变更汇总缴纳企业所得税的主要机构、场所的，依照前款规定办理。

根据《中华人民共和国企业所得税法》第五十二条的规定，除国务院另有规定外，企业之间不得合并缴纳企业所得税。

（三）源泉扣税

源泉扣税是指以所得支付者为扣缴义务人，在每次向纳税人支付有关所得税款项时，代为扣缴税款的做法。

根据《中华人民共和国企业所得税法》第三十七条的规定，非居民企业在中国境内未设立机构、场所的，或者虽设立机构、场所但取得的所得与其所设机构、场所没有实际联系的，应缴纳的所得税实行源泉扣缴，以支付人为扣缴义务人。税款由扣缴义务人在每次支付或者到期应支付时，从支付或者到期应支付的款项中扣缴。

1. 扣缴义务人

根据《中华人民共和国企业所得税法》第三十八条和《中华人民共和国企业所得税法实施条例》第一百零六条的规定，对非居民企业在中国取得工程作业和劳务所得应缴纳的所得税，税务机关可以指定工程价款或者劳务费的支付人为扣缴义务人。前款规定的扣缴义务人，由县级以上税务机关指定，并同时告知扣缴义务人所扣缴的计算依据、计算方法、扣缴期限和扣缴方式。可以指定扣缴义务人的情形包括：预计工程作业或者提供劳务期限不足一个纳税年度，且有证据表明不履行纳税义务的；没有办理税务登记或者临时税务登记，且未委托中国境内的代理人履行纳税义务的；未按照规定期限办理企业所得税纳税申报或者预缴申报的。

扣缴义务人未依法扣缴或者无法履行扣缴义务时，由纳税人在所得发生地缴纳。纳税人未依法缴纳的，税务机关可以从纳税人在中国境内其他收入项目的支付人应付的款项中，追缴该纳税人的应纳税款。在中国境内存在多处所得发生地的，由纳税人选择其中之一申报缴纳企业所得税。

2. 扣缴期限

扣缴义务人每次代扣的税款，应当自代扣之日起 7 日内缴入国库，并向所在地的税务机关报送扣缴企业所得税报告。纳税地点、期限与申报企业所得税的征收管理除依据企业所得税法的规定外，还需依照《中华人民共和国税收征收管理法》的规定执行。

九、企业所得税会计科目的设置

企业所得税法规定当财务处理与税法规定不一致时，企业的所得税申报要根据税法规定进行调整，现将有关概念介绍如下：

（一）财务处理与税法规定的区别

1. 暂时性差异

指资产或负债的账面价值与其计税基础之间的差额。按照暂时性差异对未来期间应纳税所得额的影响，分为可抵扣暂时性差异和应纳税暂时性差异。

（1）可抵扣暂时性差异，是指在确定未来收回资产或清偿负债期间的应纳税所得额时，将导致产生可抵扣金额的暂时性差异。产生于资产的账面价值小于其计税基础或负债的账面价值大于其计税基础。

（2）应纳税暂时性差异，是指在确定未来收回资产或清偿负债期间的应纳税所得额时，将导致产生应税金额的暂时性差异，产生于资产的账面价值大于其计税基础或负债的账面价值小于其计税基础。

2. 递延所得税资产和递延所得税负债

递延所得税资产产生于可抵扣暂时性差异。递延所得税负债产生于应纳税暂时性差异，但是并非所有的可抵扣暂时性差异和应纳税暂时性差异均能形成递延所得税资产和递延所得税负债，其确认需注意：

（1）递延所得税资产确认应注意的事项，主要有以下几方面：

①企业应当以未来期间很可能获得用来抵扣可抵扣暂时性差异的应纳税所得额为限，确认相应的递延所得税资产，同时具有下列特征的交易中因资产或负债的初始确认所产生的递延所得税资产不予确认：该项交易不是企业合并；交易发生时既不影响会计利润也不影响应纳税所得额（可抵扣亏损）。

②企业对与子公司、联营企业及合营企业投资相关的可抵扣暂时性差异，同时满足下列条件的，应当确认相应的递延所得税资产：暂时性差异在可预见的未来很可能

转回；未来很可能获得用来抵扣可抵扣暂时性差异的应纳税所得额。如果被投资单位发生亏损，投资企业按照持股比例确认应予承担的亏损部分在可预见的未来被投资单位不会发生相反方向的转回即赢利，那么投资企业不予确认该可抵扣暂时性差异形成的递延所得税资产。

③对于能够结转以后年度的可抵扣亏损和税款抵减，视同可抵扣暂时性差异，应当以未来期间很可能获得用来抵扣可抵扣亏损和税款抵减的应纳税所得额为限，确认相应的递延所得税资产。

④资产负债表日，企业应当对递延所得税资产的账面价值进行复核。如果未来期间很可能无法获得足够的应纳税所得额用以抵扣递延所得税资产的利益，应当减记递延所得税资产的账面价值。有确凿证据表明未来期间很可能获得足够的应纳税所得额用来抵扣可抵扣暂时性差异的，应当确认以前期间未予确认的递延所得税资产，即减记的递延所得税资产金额予以转回。

（2）递延所得税负债确认应注意的事项。基于谨慎性原则，除下列情况之外，企业对于所有的应纳税暂时性差异均应确认相关的递延所得税负债：

①商誉的初始确认其形成的递延所得税负债不予确认。原因之一是如果确认该递延所得税负债，则会进一步增加商誉的账面价值，产生新的应纳税暂时性差异，使得递延所得税负债和商誉账面价值的变化不断循环。原因之二是由此增加的账面价值影响会计信息的可靠性。

②除企业合并以外的其他交易或事项发生时既不影响会计利润也不影响应纳税所得额，不确认相应的递延所得税负债。因为如果确认就会增加有关资产的账面价值或降低所确认负债的账面价值，使得资产负债在初始确认时违背历史成本原则，影响会计信息的可靠性。

③企业对与子公司、联营企业及合营企业投资相关的应纳税暂时性差异。如果投资企业能够控制暂时性差异转回的时间，且该暂时性差异在可预见的未来很可能不会转回，不能确认相应的递延所得税负债。即当投资企业与其他投资者约定被投资单位实现的利润不予分配时，则不应确认该应纳税暂时性差异形成的递延所得税负债，但要在附注中披露。

3. 所得税费用

利润表中的所得税费用由两部分组成，即所得税费用＝当期所得税＋递延所得税。其中：当期所得税＝当期企业所得税纳税申报表中确定的应纳税所得额×适用税率。递延所得税是指按照所得税准则规定应予确认的递延所得税资产和递延所得税负债在期末应有的金额相对于原已确认金额的差额，即递延所得税资产及递延所得税负债当期发生额的综合结果。

递延所得税＝（期末递延所得税负债－期初递延所得税负债）－（期末递延所得税资产－期初递延所得税资产）

该公式余额若为正数，则产生递延所得税费用；若为负数，则产生递延所得税收益。

（二）会计科目设置

1. 所得税费用。反映当期应当计入利润表的所得税费用。该科目分"当期所得税费用"和"递延所得税费用"两个明细科目。

2. 应交税费——应交所得税。反映按照税法规定计算的应交所得税。

3. 递延所得税资产。借方登记"递延所得税资产"增加额，贷方登记"递延所得税资产"减少额。"递延所得税资产"借方余额为资产，表示将来可以少交的所得税金额。

4. 递延所得税负债。贷方登记"递延所得税负债"增加额，借方登记"递延所得税负债"减少额。"递延所得税负债"贷方余额为负债，表示将来应交所得税金额。

企业所得税计算示范：

例1 世华公司当年的销售收入为5 000万元，年末会计利润为100万元，经注册会计师审核，发现有以下项目需调整：

（1）企业当年发生的不应该资本化的借款利息80万元，其中向非金融机构借款500万元，利率为10%，同期的金融机构借款利率为8%；

（2）企业账面列支业务招待费50万元；

（3）企业全年发生广告费和业务宣传费共计100万元；

（4）全年发生公益性捐赠40万元；

（5）当年已经列入营业外支出的税务罚款为7万元。

根据以上资料，计算该公司的应纳税所得额和应交所得税。

（1）向非金融机构借款500万元准列支 = 500×8% = 40（万元），调增所得额 = 500×10% − 40 = 10（万元）

（2）支业务招待费50万元准列支 = 5 000×0.5% = 25（万元），且应小于50×60% = 30万元，调增所得额 = 50 − 25 = 25（万元）

（3）广告费和业务宣传费共计100万元准列支 = 5 000×15% = 750（万元）

（4）全年发生公益性捐赠40万元准列支 = 100×12% = 12（万元），调增所得额 = 40 − 12 = 28（万元）

（5）营业外支出的税务罚款为7万元，调增所得额 = 7（万元）

应纳税所得额 = 100 + 10 + 25 + 28 + 7 = 170（万元）

应纳所得税 = 170×25% = 42.5（万元）

例2 某白酒酿造公司，执行新会计准则，2008年度实现白酒销售收入7 400万元、投资收益110万元，应扣除的成本、费用及税金等共计7 300万元，营业外支出80万元，全年实现会计利润130万元，已按25%的企业所得税税率缴纳了企业所得税32.5万元。后经聘请的会计师事务所审核，发现以下问题，公司据此按税法规定予以补税：

（1）"投资收益"账户记载的110万元分别为：从国内其投资的某外商投资企业分回利润40万元（被投资方税率25%）；取得境外分支机构税后收益50万元，已在国外缴纳了20%的企业所得税；取得国债利息收入20万元。

（2）2008年4月20日购进一台机械设备，购入成本90万元，当月投入使用。按税法规定该设备按直线法折旧，期限为 10 年，残值率 5%，企业将设备购入成本一次性在税前作了扣除。

（3）12 月 10 日接受某单位捐赠小汽车一辆，取得增值税专用发票，注明价款 50 万元，增值税 8.5 万元，企业未列入会计核算。

（4）"营业外支出"账户中列支的通过非营利组织向农村义务教育捐款 50 万元和直接向南方雪灾捐款 30 万元，已全额扣除。

要求：根据上述资料，按下列序号计算有关纳税事项，计算每问的合计数：

（1）计算机械设备应调整的应纳税所得额；

（2）计算接受捐赠应调整的应纳税所得额；

（3）计算对外捐赠应调整的应纳税所得额；

（4）计算该公司 2008 年应纳税所得额；

（5）计算该公司 2008 年应补缴的企业所得税。

解析：

（1）外购设备应调增的应纳税所得额 $= 90 - 90 × (1 - 5\%) ÷ 10 ÷ 12 × 8 = 84.3$（万元）

（2）接受捐赠应调增应纳税所得额 $= 50 + 8.5 = 58.5$（万元）

（3）对外捐赠应调增的应纳税所得额：

公益捐赠税前扣除限额 $=$ 会计利润 $× 12\% = (130 + 58.5 + 84.3) × 12\% = 32.74$（万元）

实际公益捐赠额 $= 50$（万元）

实际公益捐赠超过税法规定的扣除限额，调增的应纳税所得额 $= 50 - 32.74 = 17.26$（万元）

直接捐赠不得扣除，因此对外捐赠应调增应纳税所得额 $= 17.26 + 30 = 47.26$（万元）

（4）该公司 2008 年境内生产经营所得应纳税所得额 $= 130 - 20 - 40 - 50 + 84.3 + 58.5 + 47.26 = 210.06$（万元）

（5）公司 2008 年应补缴企业所得税 $= 210.06 × 25\% + 50 ÷ (1 - 20\%) × (25\% - 20\%) - 32.5$（预缴）$= 23.14$（万元）

例3 2008 年 4 月 20 日购进一台机械设备，购入成本 90 万元，当月投入使用。按税法规定该设备按直线法折旧，期限为 10 年，残值率 5%，企业将设备购入成本一次性计入费用在税前作了扣除。企业当年会计利润为 170 万元。请计算企业此项业务应当调整的纳税所得额。

税法规定可扣除的折旧额 $= 90 × (1 - 5\%) ÷ 10 ÷ 12 × 8 = 5.7$（万元）

外购设备应调增的应纳税所得额 $= 90 - 5.7 = 84.3$（万元）

例4 某公司从境外分支机构取得税后净收益 32 万元，分支机构所在国企业所得税税率为 30%，该国与我国签订了避免双重征税协定，分支机构在境外实际只按 20% 的税率缴纳了企业所得税。计算应补税额。

（1）可抵免税额的限额 $= 32 ÷ (1 - 20\%) × 25\% = 10$（万元）

（2）在境外实际缴纳的税额 $= 32 ÷ (1 - 20\%) × 20\% = 8$（万元）

（3）境外收益应补税额 = 10 - 8 = 2（万元）

例5 甲公司 2008 年确定的应纳税所得额为 1 000 万元，所得税率为 25%，递延所得税负债年初数为 400 000 元，年末数为 500 000 元，递延所得税资产年初数为 250 000 元，年末数为 200 000 元。假定无其他纳税调整事项。甲公司的会计处理如下：

甲公司所得税费用的计算如下：

递延所得税费用 = (500 000 - 400 000) + (250 000 - 200 000) = 150 000（元）

所得税费用 = 当期所得税 + 递延所得税费用

$$= 2\ 500\ 000 + 150\ 000 = 2\ 650\ 000（元）$$

甲公司会计分录如下：

借：所得税费用	2 650 000
贷：应交税费——应交所得税	2 500 000
递延所得税负债	100 000
递延所得税资产	50 000

思考题

1. 所得税的特点是什么？
2. 企业所得税的纳税人包括哪些？
3. 企业所得税法所称来源于中国境内、境外的所得，按照什么原则确定？
4. 计算应纳税所得额时，哪些支出不得扣除？哪些项目可以在税前扣除？
5. 不征收企业所得税的财政收入包括哪些？
6. 公益性捐赠支出主要包括哪些？
7. 所有固定资产折旧是否都可以在计算应纳税所得额时扣除？
8. 非营利组织的收入是否可以全部免税？
9. 企业所得税包括哪些税收优惠政策？
10. 在什么情况下，税务机关有权对关联企业实施特别纳税调整？如何调整？
11. 企业所得税的纳税地点包括哪些内容？

第二节　个人所得税

个人所得税是对个人拥有的各项所得征收的一种税，它于 1799 年诞生于英国，迄今已经经历了两个世纪的发展和完善过程。由于个人所得税同时具有筹集财政收入、调节个人收入和调节贫富差距维持社会稳定等多重功能，因此备受各国政府青睐。目前个人所得税已经成为世界大多数国家，特别是发达国家税制结构中最重要的税种。1980 年中国公布了《中华人民共和国个人所得税法》，主要针对外籍人员征收。1993 年根据修改《中华人民共和国个人所得税法》的规定，对中国居民和外国人，一律按修订后的《中华人民共和国个人所得税法》征税。中国的个人所得税具有以下特点：

一是对工资所得和其他所得分类课税。工资、薪金所得实行超额累进税率，其他所得实行比例税率。

二是税率较低。对工资、薪金所得实行3%至45%的超额累进税率，按月征收；其他各项所得，实行20%的比例税率，按次征收。这个税率水平，比美国、法国、日本等发达国家要低，也比菲律宾等发展中国家要低。

三是采取定额、定率扣除。我国个人所得税对纳税人的工资、薪金所得每月扣除3 500元；对其他所得采取定额扣除800元或定率20%扣除费用的办法。

四是便于征收管理。我国个人所得税的税率制度和扣除方法等都较为简明，便于计算。征收方法基本上实行由支付单位扣缴税款的源泉征收方法，既方便纳税人，也便于征收管理。

一、纳税人

个人所得税以所得人为纳税人。根据税法规定，我国的个人所得税依据住所和居住时间两个标准，将纳税人分为居民纳税人和非居民纳税人。分别承担不同的纳税义务。居民纳税人其所取得的应纳税所得，无论来源于中国境内还是境外，都要向中国缴纳个人所得税。非居民纳税人仅就来源于中国境内的所得，向中国缴纳个人所得税。

（一）居民纳税人

《中华人民共和国个人所得税法》第一条规定：凡在中国境内有住所、或者无住所而在境内居住满1年的个人，为个人所得税的居民纳税人。其从中国境内和境外取得的所得，必须在中国缴纳个人所得税。

根据《中华人民共和国个人所得税法实施条例》第三条的规定，所谓在中国境内居住满1年，是指一个纳税年度内，在中国境内居住满365日。临时离境的，不扣除日数。临时离境是指在一个纳税年度中一次不超过30日或者多次累计不超过90日的离境，应视为临时离境。

《中华人民共和国个人所得税法实施条例》第六条还规定：在中国境内无住所，但是居住1年以上5年以下的个人，其来源于中国境外的所得，经主管税务机关批准，可以只就由中国境内公司、企业以及其他经济组织或者个人支付的部分缴纳个人所得税；居住超过5年的个人，从第六年起，应当就其来源于中国境内、境外取得的全部所得缴纳个人所得税。

《中华人民共和国个人所得税法实施条例》第七条还规定：在中国境内无住所，但是在一个纳税年度中连续或累计居住不超过90天的个人，其来源于中国境内的所得，由境外雇主支付并且不由该雇主在中国境内的机构、场所负担的部分，免于缴纳个人所得税。

（二）非居民纳税人

《中华人民共和国个人所得税法》第一条规定：凡在中国境内无住所又不居住或者无住所而在境内居住不满1年的个人，为个人所得税的非居民纳税人，只就从来源于中国境内的所得，缴纳个人所得税。

二、征收项目

个人所得税的课税对象是个人取得的各项所得，其中包括：

（一）工资薪金所得

工资薪金所得指纳税人因雇佣关系而从雇主那里取得的各项收入，包括以现金和实物形式支付的工资、薪金所得以及由雇主代为缴纳的税款。目前，在中国主要是指个人在机关、团体、学校、企业等单位从事工作取得的工资、薪金、奖金、年终加薪、劳动分红、津贴、补贴和其他所得。

（二）营业所得

营业所得主要指纳税人在每一纳税年度内从事工业、商业、服务业、建筑安装业、交通运输、等行业的生产、经营而取得的所得。包括：

1. 个体工商业户的生产、经营所得。
2. 对企事业单位的承包经营、承租经营所得。
3. 个人独资企业和合伙企业个人投资者的生产经营所得。

（三）劳务报酬所得、稿酬所得、特许权使用费所得和财产租赁所得

1. 劳务报酬所得指个人从事各种技艺、提供各项劳务服务取得的报酬。具体包括从事设计、安装、制图、医疗、法律、会计、咨询、讲学、新闻、广播、书画、雕刻、电影、戏剧、音乐、舞蹈、曲艺、杂技，体育、技术服务等项劳动的所得。
2. 稿酬所得，指个人投稿、翻译所取得的收入。
3. 特许权使用费所得指个人以专利权、版权、专有技术使用权等特许权供给他人使用或转让他人而取得的所得。
4. 财产租赁所得指个人出租房屋、机器设备、机动船舶及其他财产取得的资金。

（四）财产转让所得

财产转让所得是指个人出卖房屋、机器设备、机动船及其他财产取得的租金。

（五）利息、股息、红利所得、偶然所得和其他所得

1. 利息指个人取得的存款利息和各种债券利息。
2. 股息是指按照每股股票的一定比例分得的息金。
3. 红利是公司、企业按投资股份分配的利润。
4. 偶然所得，指个人不经常发生的、偶尔取得的各项所得。
5. 经国务院财政部门确定征税的其他所得，指除上述 10 项所得以外，经财政部确定征税的所得。

三、税率

（一）工资、薪金所得

根据《关于贯彻执行修改后的个人所得税法有关问题的公告》，国家税务总局公告

2011 年第 46 号的规定：工资、薪金所得，适用超额累进税率，税率为 3% ~45% 。

（二）营业所得

营业所得包括个体工商户、个人独资企业和合伙企业的投资者、对企事业单位的承包经营、承租经营所得。2011 年 9 月 1 日（含）以后的生产经营所得，适用税法修改后的 5% 至 35% 的五级超额累进税率。

（三）劳务报酬所得、稿酬所得、特许权使用费所得和财产租赁所得

按照纳税人每次取得的收入计算缴纳个人所得税。适用比例税率，税率为 20% 。

对劳务报酬所得一次收入畸高的，可以实行加成征收。劳务报酬所得一次收入畸高，是指个人一次取得劳务报酬，其应纳税所得额超过 2 万元。应纳税所得额超过 2 万元至 5 万元的部分，应依照税法规定计算应纳税所得额后再按照应纳税所得额加征五成；超过 5 万元的部分，加征十成，这等于对应纳税所得额超过 2 万元和超过 5 万元的部分分别适用 30% 和 40% 的税率。具体税率如表 3 -1 所示。

表 3 -1 税率表

级数	每次应纳税所得额（元）	税率（%）
1	不超过 20 000 的	20
2	超过 20 000 至 50 000 的部分	30
3	超过 50 000 的部分	40

（四）利息、股息、红利所得

财产租赁所得和偶然所得和其他所得，按照纳税人每次取得的收入计算缴纳个人所得税，适用比例税率，税率为 20% 。

目前，对个人出租房屋取得的所得，暂减按 10% 缴纳"财产租赁项目"个人所得税。为配合国家宏观调控和需要，经国务院批准，自 2008 年 10 月 9 日起，储蓄存款利息收入的现行税率为 5% ，目前暂免征收。具体税率如表 3 -2、表 3 -3 所示。

表 3 -2 税率表
（工资、薪金所得适用）

级数	全月应纳税所得额		税率（%）	速算扣除数
	含税级距	不含税级距		
1	不超过 1 500 元的	不超过 1 455 元的	3	0
2	超过 1 500 元至 4 500 元的部分	超过 1 455 元至 4 155 元的部分	10	105
3	超过 4 500 元至 9 000 元的部分	超过 4 155 元至 7 755 元的部分	20	555
4	超过 9 000 元至 35 000 元的部分	超过 7 755 元至 27 255 元的部分	25	1 005
5	超过 35 000 元至 55 000 元的部分	超过 27 255 元至 41 255 元的部分	30	2 755

表3-2(续)

级数	全月应纳税所得额		税率 (%)	速算 扣除数
	含税级距	不含税级距		
6	超过 55 000 元至 80 000 元的部分	超过 41 255 元至 57 505 元的部分	35	5 505
7	超过 80 000 元的部分	超过 57 505 元的部分	45	13 505

注:(1) 本表所列含税级距与不含税级距,均为按照税法规定减除有关费用后的所得额;(2) 含税级距适用于由纳税人负担税款的工资、薪金所得;不含税级距适用于由他人(单位)代付税款的工资、薪金所得。

表3-3 税率表

(个体工商户的生产、经营所得和对企事业单位的承包经营、承租经营所得适用)

级数	全年应纳税所得额		税率 (%)	速算 扣除数
	含税级距	不含税级距		
1	不超过 15 000 元的	不超过 14 250 元的	5	0
2	超过 15 000 元至 30 000 元的部分	超过 14 250 元至 27 750 元的部分	10	750
3	超过 30 000 元至 60 000 元的部分	超过 27 750 元至 51 750 元的部分	20	3 750
4	超过 60 000 元至 100 000 元的部分	超过 51 750 元至 79 750 元的部分	30	9 750
5	超过 100 000 元的部分	超过 79 750 元的部分	35	14 750

注:(1) 本表所列含税级距与不含税级距,均为按照税法规定以每一纳税年度的收入总额减除成本、费用以及损失后的所得额;(2) 含税级距适用于个体工商户的生产、经营所得和由纳税人负担税款的对企事业单位的承包经营、承租经营所得;不含税级距适用于由他人(单位)代付税款的对企事业单位的承包经营、承租经营所得。

四、费用扣除

(一) 工资薪金所得的税前扣除

工资薪金所得以纳税人当月取得的工资、薪金收入减除下列项目金额以后的余额为应纳税所得额,扣除项目主要包括:

1. 基本扣除额为 3 500 元。

2. 按照国家规定,单位为个人缴付和个人缴付的基本养老保险费、基本医疗保险费和失业保险费、住房公积金;规定标准以内的公务用车和通讯补贴。

3. 捐赠扣除。根据《中华人民共和国个人所得税法》第六条第二款和《中华人民共和国个人所得税法实施条例》第二十四条的规定:个人将所得通过中国境内的社会团体、国家机关向教育和其他公益事业以及遭受严重自然灾害地区、贫困地区的捐赠,捐赠额未超过纳税义务人申报的应纳税所得额30%的部分,可以从其应纳税所得额中扣除。

4. 附加减除费用。根据《中华人民共和国个人所得税法》第七条的规定,对在中国境内无住所而在中国境内取得工资、薪金所得的纳税人和在中国境内有住所而在中国境外取得工资、薪金所得的纳税人,可以根据其在计算工资、薪金所得的个人所得税应纳税所得额的时候,根据其平均收入水平、生活水平和汇率变化等因素确定附加减除费用,《中华人民共和国个人所得税法实施条例》第二十四条、二十九条的规定附加减除费用是指每月在减除费用 3 500 元费用的基础上，再减除附加减除费用 2 800 元。附加减除费用适用范围包括：

（1）在中国境内的外商投资企业和外国企业中取得工资、薪金的外籍人员。

（2）应聘在中国境内企业、事业单位、社会团体、国家机关中工作取得工资、薪金的外籍专家。

（3）在中国境内有住所而在中国境外任职或者受雇取得工资、薪金所得的个人。

（4）财政部确定的取得工资、薪金所得的其他人员（目前确定的只有远洋运输船员）。

（5）华侨和中国香港、中国澳门、中国台湾同胞参照上述附加减除费用标准执行。

（二）利息、股利、红利所得的税前扣除

利息、股息、红利所得属于投资所得，不需要支付任何费用，因此，对这类所得不扣除任何费用。

（三）劳务报酬所得、财产租赁所得、稿酬所得、特许权使用费等各项

对劳务报酬所得、财产租赁所得、稿酬所得、特许权使用费等各项，均实行定额和定率相结合的扣除方法，按照纳税人每次取得的收入征收个人所得税。每次收入不足 4 000 元的，定额扣除 800 元。超过 4 000 元的，定率扣除 20% 后得出其应纳税所得额。

（四）财产转让所得

财产转让所得按照一次转让财产的收入总额减除财产原值和合理费用和在财产转让过程中缴纳的有关税金后的余额计征收入。

（五）承包经营所得和承租经营所得

承包经营所得和承租经营所得是以每一纳税年度的收入总额，减除必要的费用后计算得出。

（六）对不在我国境内居住的个人，从我国境内取得的劳务报酬所得、特许权使用费所得，财产租赁、转让所得

这属于预提所得税性质，按预提所得税的征税原则，就其收入金额征税，不扣除任何费用。

对个人所得征税一般要扣除必要的费用，世界各国费用扣除的项目和方法很不一致，而且十分烦琐复杂。如日本个人所得税扣除项目有十多项，包括医疗费扣除、社会保险费扣除、生命保险费扣除、捐赠款扣除、伤残者扣除、老年人扣除、遗孀扣除、勤工俭学学生扣除、抚养扣除等。美国个人所得税扣除项目也有多项，包括经费扣除、损失扣除、资产折旧扣除、生活费用扣除等。对每个扣除项目又分别规定了扣除条件、扣除标准和计算方法。

五、应纳税所得额的计算

1. 工资、薪金所得，以每月收入额减除费用 3 500 元的余额，为应纳税所得额。其计算公式为：

应纳所得税额 = 应纳税所得额 × 适用税率 − 速算扣除数

2. 个体工商户的生产、经营所得，以每一纳税年度的收入总额，减除成本、费用以及损失后的余额，为应纳税所得额。其计算公式为：

应纳所得税额 = 应纳税所得额 × 适用税率 − 速算扣除数

3. 对企事业单位的承包经营、承租经营所得，以每一纳税年度的收入总额，减除必要费用的余额，为应纳税所得额。其计算公式为：

应纳所得税额 = 应纳税所得额 × 适用税率 − 速算扣除数

4. 劳务报酬所得、稿酬所得、特许权使用费所得、财产租赁所得，每次收入额超过 4 000 元的，减除 20% 的费用，每次收入不足 4 000 元的，减除费用 800 元，其余额为应纳税所得额。

5. 财产转让所得，以转让财产的收入额减除财产原值和合理费用后的余额，为应纳税所得额，再乘以税率即可求出应纳所得税额。其计算公式为：

应纳所得税额 = 应纳税所得额 × 20%

6. 利息、股息、红利所得、偶然所得和其他所得，以每次收入额为应纳税所得额，不扣除任何费用。其应纳所得税额的计算公式为：

应纳所得税额 = 应纳税所得额 × 20%

六、减免规定

1. 根据《中华人民共和国个人所得税法》第四条的规定，下列各项个人所得，免纳个人所得税：

（1）省级人民政府、国务院部委和中国人民解放军军以上单位，以及外国组织、国际组织颁发的科学、教育、技术、文化、卫生、体育、环境保护等方面的奖金。

（2）国债和国家发行的金融债券利息。

（3）按照国家统一规定发给的补贴、津贴。

（4）福利费、抚恤金、救济金。

（5）保险赔款。

（6）军人的转业费、复员费。

（7）按照国家统一规定发给干部、职工的安家费、退职费、退休工资、离休工资、离休生活补助费。

（8）依照我国有关法律规定应予免税的各国驻华使馆、领事馆的外交代表、领事官员和其他人员的所得。

（9）中国政府参加的国际公约，签订的协议中规定的免税所得。

（10）经国务院财政部门批准免税的所得。

2. 根据《中华人民共和国个人所得税法》第五条的规定，有下列情形之一的，经批准可以减征个人所得税：

（1）残疾、孤老人员和烈属的所得。

（2）因严重自然灾害造成重大损失的。

（3）其他经国务院财政部门批准减税的。

七、征收管理

《中华人民共和国个人所得税法》第八条规定：个人所得税，以所得人为纳税义务人，以支付所得的单位为扣缴义务人。个人所得超过国务院规定数额的，在两处以上取得工资、薪金所得或者没有扣缴义务人的，纳税义务人应当按照国家规定办理纳税申报，扣缴义务人应当按照国家规定办理全员全额扣缴申报。

扣缴义务人每月所扣的税款，自行申报纳税人每月应纳的税款，都应当在次月 15 日内缴入国库，并向税务机关报送纳税申报表。

1. 工资、薪金所得应纳的税款，按月计征，由扣缴义务人或者纳税义务人在次月 15 日内缴入国库，并向税务机关报送纳税申报表。特定行业的工资、薪金所得应纳的税款，可以实行按年计算，分月预缴的方式计征，具体办法由国务院规定。

2. 个体工商户的生产、经营所得应纳的税款，按年计算，分月预缴，由纳税义务人在次月 15 日内预缴，年度终了后 3 个月内汇算清缴，多退少补。

3. 对企事业单位的承包经营、承租经营所得应纳的税款，按年计算，由纳税义务人在年度终了后 30 日内缴入国库，并向税务机关报送纳税申报表。纳税义务人在一年内分次取得承包经营、承租经营所得的，应当在取得每次所得后的 7 日内预缴，年度终了后 3 个月内汇算清缴，多退少补。

4. 从中国境外取得所得纳税义务人，应当在年度终了后 30 日内，将应纳的税款缴入国库，并向税务机关报送纳税申报表。

根据《中华人民共和国个人所得税法》第十条和《中华人民共和国个人所得税法实施条例》第四十三条的规定，各项所得的计算，以人民币为单位。所得为国外货币的，应当按照填开完税凭证的上一月最后一日的人民币汇率中间价，折合成人民币计算应纳税所得额。依照税法规定，在年度终了后汇算清缴的，对已经按月或者按次预缴税款的外国货币所得，不再重新折算；对应当补交税款的所得部分，按照上一纳税年度最后一日人民币汇率中间价，折合成人民币计算应纳税所得额。

5. 根据《中华人民共和国个人所得税法实施条例》第三十六条的规定，纳税义务人有下列情形之一的，应当按照规定到主管税务机关自行办理纳税申报：

（1）年所得 12 万元以上的；

（2）从中国境内两处或两处以上取得工资、薪金所得的；

（3）从中国境外取得所得的；

（4）取得应纳税所得，没有扣缴义务人的；

（5）国务院规定的其他情形。

年所得 12 万元以上的纳税义务人，在年度终了后 3 个月内到主管税务机关办理纳税申报。根据《中华人民共和国个人所得税法实施条例》第三十八条的规定，自行申报的纳税义务人，在申报纳税时，其在中国境内已扣缴的税款，准予按照规定从应纳税额中扣除。

八、个人所得税会计科目的设置

按照《个人所得税代扣代缴暂行办法》的规定，扣缴义务人需设立专门会计科目对扣缴的个人所得税进行核算。支付工资、薪金，承包经营、承租经营所得，劳务报酬所得，稿酬所得，特许权使用费所得，利息、股息、红利所得，财产租赁所得，财产转让所得，偶然所得和其他所得到单位，应通过"其他应付款——代扣个人所得税"科目或"应缴税费——代扣个人所得税"科目核算。在支付上述各项所得的同时，提取应代扣代缴的个人所得税，借记"应付工资"科目，贷记"其他应付款——代扣个人所得税"科目或"应交税费——代扣个人所得税"科目；税款实际代缴入库时，借记"其他应付款——代扣个人所得税"或"应缴税费——代扣个人所得税"科目，贷记"银行存款"科目。由单位或他人代付税款即收入取得者收到的是已纳个人所得税后的净收入，在会计核算上应遵循"支付纳税人的净收入由某项目负担，则代付的税款也由该项目负担"的原则进行会计核算。

实行查账核算征收的个体工商户，其应缴纳的个人所得税，通过"所得税"和"应缴税费——应交个人所得税"科目核算。在计算应纳个人所得税时，借记"所得税"科目，贷记"应交税费——应缴个人所得税"科目；待上缴入库时，借记"应缴税费——应交个人所得税"科目，贷记"银行存款"科目，年终将所得税科目转入"本年利润"。

个人所得税计算示范：

例1 某企业聘请一外籍专家来华工作两年，该外籍专家2007年7月份来华，月薪20 000元，该企业每月发放工资时为其代扣代缴个人所得税。该外籍专家2007年两次回国过感恩节和圣诞节，分别离境7天和15天。计算该外籍专家2007年应缴纳的个人所得税。

累计离境不超过90天，无须扣除天数，应连续计算。

每月应纳个人所得税 = （20 000 - 4 800）×20% - 375 = 2 665（元）

例2 陈某于2008年4月份转让私有住房一套，取得转让收入800 000元。该住房购买时原价360 000元，转让时支付有关税费30 000元。计算陈某转让该私有住房应缴纳的个人所得税。

应纳税所得额 = 800 000 - 360 000 - 30 000 = 410 000（元）

应纳税额 = 410 000 × 20% = 82 000（元）

思考题

1. 符合什么条件的就属于个人所得税的居民纳税人？
2. 依据个人所得税法纳税人在什么种情形下需要自行申报纳税？
3. 工资薪金的个人所得税税率是多少？
4. 劳务报酬的个人所得税税率是多少？
5. 计算工资薪金的个人所得税时哪些费用可在税前扣除？
6. 简述附加减除费用的适用范围。

第四章 财产税、行为税和其他税

第一节 财产税、行为税概述

一、财产税概述

财产税是指以纳税人（包括法人、自然人）拥有或属其支配的财产为征收对象的一种税收。在我国，财产税主要分为房产税、城镇土地使用税、耕地占用税、车船税、资源税、船舶吨税和契税。

（一）财产税的划分

财产税可以分为以下几类：

1. 财产按其在社会再生产中的作用和地位划分，可分为生产性财产和消费性财产。生产性财产能够给财产所有人带来利益，属所得课税范围；消费性财产能给财产所有人提供使用价值，虽不能带来收益，但可以减少财产所有人的经济支出，属财产课税范围。

2. 财产按其相对运动形态划分，分为不动产和动产。不动产如房屋、土地等，这些财产不便于隐瞒、转移、藏匿，便于征收管理；动产如金银、货币、股票、债券、存款等，这些财产便于隐瞒、转移、藏匿，不便于控制税源，征管较为困难。

3. 财产按其存在的物质形态划分，分为有形财产和无形财产。有形财产包括不动产和有形动产，如股票、债券等；无形财产包括各种专利权、特许权等。无形财产一般都属于能够带来收益的财产，因此一般纳入所得税的征收范围。

（二）财产税的作用

1. 促进社会生产和限制奢侈性消费。
2. 弥补所得税和流转税的不足。
3. 增加国家财政收入，加强国家对财产的监督和管理。

（三）财产税的特点

1. 收入稳定可靠，便于征管管理。由于房屋等不动产不能随意移动，隐匿比较困难，作为课税对象具有收入上的稳定性，而且随着市场经济的不断发展，房屋等财产价值的不断升值，税源会不断充裕。同时，由于房产等财产具有不可隐匿的特点，减少了偷税的可能性，征收相对方便，从而可以降低管理成本。

2. 可以防止财产过于集中于社会少数人，调节财富的分配，体现社会分配的公正性。

二、行为税概述

行为税是指以纳税人的某种行为为课税对象而征收的一种税。

（一）行为税的特点

行为课税的最大特点是征纳行为的发生具有偶然性和一次性。因此，在按征税对象对税收分类时，凡不能归入流转额课税、所得额课税、财产额课税等种类的税种均属于行为税范畴。国家课征行为税，是为了达到特定的目的，对某些行为加以特别鼓励或特别限制。行为税具有以下特点：

1. 具有较强的灵活性。当某种行为的调节已达到预定的目的时即可取消。

2. 收入的不稳定性。往往具有临时性和偶然性，收入不稳定。

3. 征收管理难度大。由于征收面比较分散，征收标准也较难掌握，征收管理较复杂。

4. 具有特殊的目的性。行为税的课税目的，有时主要不是为了取得财政收入，而是为了限制某种行为，实行"寓禁于征"的政策，有利于引导人们的行为方向，针对性强，可弥补其他税种调节的不足。

行为税包括的税种较多，各个税种的具体课征对象差异很大，所以此类税收中各税种的课征制度也不大相同。由于行为税中很多税种是国家根据一定时期的客观需要，大部分是为了限制某种特定的行为而开征的，因此，除印花税等税负较轻之外，其余税种税负都较重，税源都不很稳定。加之征收范围有限，税源零星，征收管理难度较大，又多为地方税，在税制体系中此类税收一般作为辅助税种存在。

（二）行为税的功能

行为税具有以下主要功能：

1. 可以适当地组织财政收入。行为税虽不像主体税那样有充足的收入来源，但它同样能为国家提供一定量的财政收入。特别是对地方政府来说，它有可能成为重要的财政收入。

2. 能促使税制更为完善。行为税往往是国家税制体系中不可缺少的补充税种，它具有"拾遗补缺"的特殊功能，是配合主体税种完善总体税制结构，发挥税收整体作用的配套税种。

3. 有效地配合国家一定时期的社会经济政策，"寓禁于征"，限制、引导某些特定行为以达到预期的目的，从而促进社会经济的协调运转。这是行为税最重要的功能。

第二节 房产税

房产税是以房屋为征税对象，以房屋的计税余值或租金收入为计税依据，向房屋产权所有人征收的一种财产税。房产税由地方税务局负责征收管理，所得收入归地方政府所有，是地方政府税收收入的主要来源之一。房产税具有以下特点：一是房产税属于财产税中的个别财产税，其征税对象只是房屋；二是征收范围限于城镇的经营性房屋；三是区别房屋的经营使用方式规定征税办法，对于自用的按房产计税余值征收，对于出租、出典的房屋按租金收入征税。

一、纳税人

根据《中华人民共和国房产税暂行条例》的规定，房产税以产权所有人为纳税人。产权属于全民所有的，由经营管理的单位缴纳；产权出典的，由承典人缴纳；产权所有人、承典人不在房产所在地的，或者产权未确定及租典纠纷未解决的，由房产代管人或者使用人缴纳。根据《财政部、税务总局关于房产税若干具体问题的解释和暂行规定》的规定，纳税单位和个人无租使用房产管理部门、免税单位及纳税单位的房产，应由使用人代缴纳房产税。产权所有人、经营管理单位、承典人、房产代管人或者使用人，统称为纳税义务人。

自 2009 年 1 月 1 日起，外商投资企业、外国企业和组织及外籍个人也是房产税纳税人。

二、征税范围

根据《财政部、税务总局关于房产税若干具体问题的解释和暂行规定》的规定，房产税的征税范围为城市、县城、建制镇和工矿区征收，不包括农村。

城市是指经国务院批准设立的市。城市的征税范围为市区、郊区和市辖县县城，不包括农村。县城是指未设立建制镇的县人民政府所在地。建制镇是指经省、自治区、直辖市人民政府批准设立的建制镇。建制镇的征税范围为镇人民政府所在地，不包括所辖的行政村。工矿区是指工商业比较发达，人口比较集中，符合国务院规定的建制镇标准，但尚未设立镇建制的大中型工矿企业所在地。开征房产税的工矿区须经省、自治区、直辖市人民政府批准。

三、计税依据和税率

（一）计税依据

根据《中华人民共和国房产税暂行条例》的规定，房产税依照房产原值一次减除10%至30%后的余值计算缴纳，具体减除幅度，由省、自治区、直辖市人民政府确定。没有房产原值作为依据的，由房产所在地税务机关参考同类房产核定。

根据《财政部、税务总局关于房产税若干具体问题的解释和暂行规定》的规定，房产原值是指纳税人按照会计制度规定，在账簿"固定资产"科目中记载的房屋原价。对纳税人未按会计制度规定记载的，在计征房产税时，应按规定调整房产原值；对房产原值明显不合理的，应重新予以评估。

房产出租的，以房产租金收入为房产税的计税依据。个人出租的房产，不分用途，均应征收房产税，个人出租房屋，应按房屋租金收入征税。

对投资联营的房产，根据《国家税务总局关于安徽省若干房地产业务问题的批复》的规定，若投资者参与投资利润分红，共担风险的，由房屋产权人按房产的计税余值作为计税依据缴纳房产税；投资者不参与投资利润分红，不承担联营风险，只收取固定收入的，实际是以联营名义收取房产租金，出租方按租金收入作为计税依据缴纳房产税。

对融资租赁的房产，根据《国家税务总局关于安徽省若干房地产业务问题的批复》的规定，由于租赁费包括购进房屋的价款、手续费、借贷利息等，与一般出租房屋的租金不同，且租赁期满后，当承租方偿还最后一笔租赁费时，房屋产权一般都转移到承租方，实际上是一种变相的分期付款购买固定资产的形式，所以在计征房产税时应以房产余值为计税依据。

对居民住宅内业主共有的经营性房产，由实际经营（包括自营和出租）的代管人或使用人缴纳房产税。其中自营的依照房产原值减除 10% 至 30% 后的余值计征，没有房产原值或不能将共有住房划分开的，由房产所在地地方税务机关参照同类房产核定房产原值；出租的，依照租金计征。

（二）税率

根据《中华人民共和国房产税暂行条例》第四条的规定，房产税的税率，依照房产余值计算缴纳的，税率为 1.2%；依照房产租金收入计算缴纳的，税率为 12%。

从 2001 年 1 月 1 日起，对个人居住用房出租仍用于居住的，其应缴纳的房产税暂减按 4% 的税率征税。

四、应纳税额的计算

依照房产余值计算缴纳的应纳税额＝房产计税余值×1.2%

依照房产租金收入计算缴纳的应纳税额＝租金收入×12%

个人居住用房出租仍用于居住的应纳税额＝租金收入×4%

五、税收优惠

根据《中华人民共和国房产税暂行条例》第五条的规定，下列房产免纳房产税。

（一）国家机关、人民团体、军队自用的房产

上述单位自用的房产，是指这些单位本身的办公用房和公务用房。但上述单位的出租房产以及非自身业务使用的生产、营业用房，不属于免税范围。

（二）由国家财政部门拨付事业经费的单位自用的房产

上述单位自用的房产，是指这些单位本身的业务用房。根据《国家税务总局关于安徽省若干房地产业务问题的批复》的规定，实行差额预算管理的事业单位，虽然有一定的收入，但收入不够本身经费开支的部分，还要由国家财政部门拨付经费补助。因此，对实行差额预算管理的事业单位，也属于由国家财政部门拨付事业经费的单位，对其本身自用的房产免征房产税。由国家财政部门拨付事业经费的单位，其经费来源实行自收自支后，应征收房产税，但为了鼓励事业单位经济自立，由国家财政部门拨付事业经费的单位，其经费来源实行自收自支后，从事业单位经费实行自收自支的年度起，免征房产税3年。

（三）宗教寺庙、公园、名胜古迹自用的房产

宗教寺庙自用的房产，是指举行宗教仪式等的房屋和宗教人员使用的生活用房屋。公园、名胜古迹自用的房产，是指供公共参观游览的房屋及其管理单位的办公用房屋。

上述免税单位出租的房产以及非本身业务用的生产、营业用房产不属于免税范围，应征收房产税。公园、名胜古迹中附设的营业单位，如影剧院、饮食部、茶社、照相馆等所使用的房产及出租的房产，应征收房产税。

（四）个人所有非营业用的房产

根据房产税暂行条例规定，个人所有的非营业用的房产免征房产税。因此，对个人所有的居住用房，不分面积多少，均免征房产税。

（五）经财政部批准免税的其他房产

如企业办的各类学校、医院、托儿所、幼儿园自用的房产，可以比照由国家财政部门拨付事业经费的单位自用的房产，免征房产税。

六、税收征管

纳税人应根据税法的规定，将现有房屋的坐落地点、结构、面积、原值、出租收入等情况，据实向当地税务机关办理纳税申报，并按规定纳税。

（一）纳税义务发生时间

根据《国家税务总局关于房产税、城镇土地使用税有关政策规定的通知》的规定，纳税人购置新建商品房的，从房屋交付使用之次月起计征房产税；纳税人购置存量房，从办理房屋权属转移、变更登记手续，房地产权属登记机关签发房屋权属证书之次月起计征房产税；出租、出借房产，从交付出租、出借房产之次月起计征房产税。房地产开发企业自用、出租、出借本企业建造的商品房，自房屋使用或交付之次月起计征房产税；纳税人自建的房屋，自建成之次月起计征房产税；纳税人委托施工企业建设的房屋，从办理验收手续之次月起计征房产税。纳税人在办理验收手续前已使用或出租、出借的新建房屋，应从使用或出租、出借的当月起计征房产税。纳税人将原有房屋用于生产经营的，从生产经营之月起计征房产税。

自 2009 年 1 月 1 日起，纳税人因房产的实物或权利状态发生变化而依法终止房产税纳税义务的，其应纳税款的计算应截止到房产的实物或权利状态发生变化的当月末。

（二）纳税期限

根据《中华人民共和国房产税暂行条例》第七条的规定，房产税实行按年征收，分期缴纳。纳税期限一般规定按季或按半年征收一次，具体纳税期限由省、自治区、直辖市人民政府确定。

（三）纳税地点

根据《中华人民共和国房产税暂行条例》第九条的规定，房产税在房产所在地缴纳。房产不在同一地方的纳税人，应按房产的坐落地点分别向房产所在地的税务机关缴纳。

七、房产税会计科目的设置

企业按规定计算出应缴纳的房产税税额，借记"管理费用"科目，贷记"应交税费——应交房产税"科目。该科目贷方反映企业应缴纳的房产税，借方反映企业实际已经缴纳的房产税，贷方余额反映企业应交未交的房产税。企业按照规定的纳税期限缴纳房产税时，借记"应交税费——应交房产税"科目，贷记"银行存款"科目。

房产税计算示范

例1 某公司 2007 年 12 月 31 "固定资产——房屋建筑物"账面原值为 20 000 000 元。2008 年 2 月 1 日，企业将房产原值为 10 000 000 元的房屋租给其他单位使用，每年租金收入 1 200 000 元。当地政府规定，按房产原值一次扣除 30% 后作为房产余值，房产税按年计算，分季缴纳。计算该企业 1～3 月应纳房产税并进行会计处理。

（1）1 月份按房产余值计算全年应纳税额为：

年应纳税额 = 20 000 000 × （1 - 30%）×1.2% = 168 000（元）

月应纳税额 = 年应纳税额 ÷ 12 = 168 000 ÷ 12 = 14 000（元）

则 1 月份应纳税额为 14 000 元。

（2）2 月份起企业应按房产余值和租金收入分别计算应纳税额：

按房产余值计算的应纳税额：

年应纳税额 = （20 000 000 - 10 000 000）× （1 - 30%）×1.2% = 84 000（元）

月应纳税额 = 84 000 ÷ 12 = 7 000（元）

按租金收入计算的应纳税额为：

年应纳税额 = 1 200 000 × 12% = 144 000（元）

月应纳税额 = 144 000 ÷ 12 = 12 000（元）

则 2 月份、3 月份应纳房产税税额均为：

月应纳税额 = 7 000 + 12 000 = 19 000（元）

该企业 1～3 月份应纳房产税 = 14 000 + 19 000 + 19 000 = 52 000（元）

（3）1 月末应做如下会计分录：

借：管理费用　　　　　　　　　　　　　　　　　　　14 000
　　贷：应交税费——应交房产税　　　　　　　　　　　　　14 000

2月末、3月末企业应分别做如下会计分录：

借：管理费用　　　　　　　　　　　　　　　　　　　19 000
　　贷：应交税费——应交房产税　　　　　　　　　　　　　19 000

3月末企业缴纳一季度应纳税额52 000元，做如下会计分录：

借：应交税费——应交房产税　　　　　　　　　　　　52 000
　　贷：银行存款　　　　　　　　　　　　　　　　　　　52 000

例2 某工厂2008年1月1日拥有房产原值为8 000 000元，其中有一部分房产为企业所办幼儿园使用，原值为700 000元。当地政府规定，按原值一次减除20%后的余值计算应纳税额，按年计算，按半年缴纳一次。计算企业上半年应纳房产税并进行会计处理。

按规定，企业办的幼儿园自用的房产，免征房产税。则企业应纳房产税税额为：

年应纳税额 = (8 000 000 - 700 000) × (1 - 20%) × 1.2% = 70 080（元）

月应纳税额 = 70 080 ÷ 12 = 5 840（元）

上半年应纳税额 = 5 840 × 6 = 35 040（元）

则每月末企业做如下会计分录：

借：管理费用　　　　　　　　　　　　　　　　　　　5 840
　　贷：应交税费——应交房产税　　　　　　　　　　　　　5 840

2008年7月初企业实际缴纳税款时做如下会计分录：

借：应交税费——应交房产税　　　　　　　　　　　　35 040
　　贷：银行存款　　　　　　　　　　　　　　　　　　　35 040

思考题

1. 哪些单位是房产税的纳税人？
2. 简述房产税的纳税义务发生时间。
3. 哪些房屋可以减免房产税？

第三节　契税

　　中国的契税是指在土地、房屋权属转移时，向取得土地使用权、房屋所有权的单位和个人征收的一种税。1997年7月7日，国务院发布《中华人民共和国契税暂行条例》，从该年的10月1日起执行。契税由地方税务机关征收，所得收入归地方政府所有，是地方政府税收收入的主要来源之一。契税具有如下特点：一是契税属于财产转移税。土地、房屋产权未发生转移的不征契税。二是契税由财产承受人缴纳。一般税种都规定销售者为纳税人，即卖方纳税，契税则由承受人纳税，即买方纳税。

一、纳税人

在中华人民共和国境内转移土地、房屋权属，承受的单位和个人为契税的纳税人。包括城乡居民个人，私营组织和个体工商户，华侨、港澳台同胞，外商投资企业和外国企业，外国人以及国有经济单位。

转移的土地和房屋，具体指如下行为：一是国有土地使用权出让；二是土地使用权转让，包括出售、赠与和交换；三是房屋买卖；四是房屋赠与；五是房屋交换。土地使用权转让，不包括农村集体土地承包经营权的转移。

根据《中华人民共和国契税暂行条例细则》第八条的规定，土地房屋权属以下列方式转移的，视同土地使用权转让、买卖房屋或者房屋赠与征税：一是以土地、房屋权属作价投资入股；二是以土地、房屋权属抵债；三是以获奖方式承受土地、房屋权属。

二、计税依据、税率和计税方法

（一）计税依据

1. 一般规定

根据《中华人民共和国契税暂行条例》第四条的规定，契税的计税依据为：

（1）国有土地使用权出让、土地使用权出售、房屋买卖为成交价格；

（2）土地使用权赠与、房屋赠与由征收机关参照土地使用权出售、房屋买卖的市场价格核定；

（3）土地使用权交换、房屋交换为所交换的土地使用权、房屋的价格的差额。

前款成交价格明显低于市场价格且无正当理由的，或者所交换的土地使用权、房屋的价格差额明显不合理且无正当理由的，由征收机关参照市场价格核定。

2. 其他规定

（1）房屋附属设施的征税

根据《财政部、国家税务总局关于房屋附属设施有关契税政策的批复》的规定，对于承受与房屋相关的附属设施（包括停车位、汽车库、自行车库、顶层阁楼以及储藏室等）所有权或土地使用权的行为，按照契税法律、法规的规定征收契税；对于不涉及土地使用权和房屋所有权转移变动的，不征收契税。

承受的房屋附属设施权属单独计价的，按照当地确定的适用税率征收契税；与房屋统一计价的，适用与房屋相同的契税税率。

（2）分期付款方式购买房屋的征税

根据国家税务总局《关于抵押贷款购买商品房征收契税的批复》的规定，采用分期付款方式购买房屋附属设施土地使用权、房屋所有权的，当其从银行取得抵押凭证时，契税纳税义务已经发生，应按合同规定的总价款计征契税。

（3）出让国有土地使用权

根据《财政部、国家税务总局关于国有土地使用权出让等有关契税问题的通知》

的规定，出让国有土地使用权的，其契税计税价格为承受人为取得该国有土地使用权而支付的全部经济利益。

（二）税率

《中华人民共和国契税暂行条例》第三条规定，契税税率为3%至5%。

契税的适用税率，由省、自治区、直辖市人民政府在3%至5%规定的幅度内按照本地区的实际情况确定，并报财政部和国家税务总局备案。从1999年8月1日起，个人购买自用普通住宅，契税暂时减半征收。

（三）计税方法

应纳税额 = 计税依据 × 税率

应纳税额以人民币计算。转移土地、房屋权属以外汇结算的，按照纳税义务发生之日中国人民银行公布的人民币市场汇率中间价折合成人民币计算。

三、税收优惠

（一）一般规定

《中华人民共和国契税暂行条例》第六条、《中华人民共和国契税暂行条例细则》第十五条规定，有下列情形之一的，减征或者免征契税：

1. 国家机关、事业单位、社会团体、军事单位承受土地、房屋用于办公、教学、医疗、科研和军事设施的，免征。

2. 城镇职工按规定第一次购买公有住房的，免征。

3. 因不可抗力灭失住房而重新购买住房的，酌情准予减征或者免征。

4. 土地、房屋被县级以上人民政府征用、占用后，重新承受土地、房屋权属的，经省级人民政府决定是否给予减征或免征。

5. 纳税人承受荒山、荒沟、荒丘、荒滩土地使用权，用于农、林、牧、渔业生产的，免征契税。

6. 依照中国有关法律规定以及中国缔结或参加的双边和多边条约或协定的规定应当予以免税的外国驻华使馆、领事馆、联合国驻华机构及其外交人员承受土地、房屋权属的，经外交部确认，可以免征契税。

（二）特殊规定

1. 企业公司制改革

在公司改革中，对不改变投资主体和出资比例改建成的公司制企业承受原企业土地、房屋权属的，免征契税；对独家发起、募集设立股份有限公司承受发起人土地、房屋权属的，免征契税；对国有、集体企业经批准改建成全体职工持股的公司制企业承受原企业土地、房屋权属的，免征契税。

2. 企业股权重组

在股权转让中，单位、个人承受企业股权，企业土地、房屋权属不发生转移，不征收契税。但在增资扩股中，如果是以土地、房屋权属来认购股份，则承受方需缴契税。

3. 企业合并

两个或两个以上的企业,依据法律规定、合同约定,合并改建为一个企业,对其合并后的企业承受原合并各方的土地、房屋权属,合并前各方为相同投资主体的,免征契税,其余征收契税。

4. 企业分立

企业依照法律规定、合同约定分设为两个或两个以上投资主体相同的企业,对派生方、新设方承受原企业土地、房屋权属,不征收契税。

5. 企业破产

债权人(包括破产企业职工)承受破产企业土地、房屋权属以抵偿债务的,免征契税;对非债权人承受破产企业土地、房屋权属的,征收契税。

四、征收管理

(一)纳税义务发生时间

契税的纳税义务发生时间,为纳税人签订土地、房屋权属转移合同的当天,或者纳税人取得其他具有土地、房屋权属转移合同性质凭证的当天。

(二)纳税期限

纳税人应当自纳税义务发生之日起 10 日内,向土地、房屋所在地的契税征收机关办理纳税申报,并在契税征收机关核定的期限内缴纳税款。

(三)纳税地点

契税在土地、房屋所在地的地方税务局缴纳。

(四)征收管理

契税征收机关为财政机关或者地方税务机关。具体征收机关由省、自治区、直辖市人民政府确定。

纳税人办理纳税事宜后,契税征收机关应当向纳税人开具契税完税凭证。纳税人应当持契税完税凭证和其他规定的文件材料,依法向土地管理部门、房产管理部门办理有关土地、房屋的权属变更登记手续。纳税人未出具契税完税凭证的,土地管理部门、房产管理部门不予办理有关土地、房屋的权属变更登记手续。

经批准减征、免征契税的纳税人改变有关土地、房屋的用途,不再属于规定的减征、免征契税范围的,应当补缴已经减征、免征的税款。

五、契税会计科目的设置

对于企业取得的土地使用权,若是有偿取得的,一般应作为无形资产入账,相应地,为取得该项土地使用权而缴纳的契税,也应当计入无形资产价值;若该土地使用权为无偿取得,则一般不将该土地使用权作为无形资产入账,相应地,企业缴纳的契税,可作为当期费用入账;对于房地产开发企业,其取得土地使用权所发生的支出,包括其缴纳的契税，应当计入开发成本。实际缴纳契税时，借记"无形资产"、"开发成本"等科目，贷记"银行存款"科目。对于企业承受房屋权属所应缴纳的契税，不管是有偿取得还是无偿取得，按规定都应当计入固定资产价值。实际缴纳契税时，借记"固定资产"科目，贷记"银行存款"科目。

契税计算示范：

例1　某企业 2008 年 1 月从当地政府手中取得某块土地使用权，支付土地使用权出让金 12 000 000 元，省政府规定契税的税率为 3%，计算该企业应当缴纳的契税并做会计处理。

应纳契税税额 = 12 000 000 × 3% = 360 000（元）

应做如下会计分录：

借：无形资产——土地使用权　　　　　　　　　　　　　　　360 000
　　贷：银行存款　　　　　　　　　　　　　　　　　　　　　　360 000

例2　某福利工厂 2008 年 2 月取得当地政府无偿划入土地一块，该企业申报缴纳契税，契税征收机关参照同样土地市价，确定该土地使用权价格为 2 000 000 元，当地政府规定契税税率为 4%。计算该工厂应缴纳的契税并做会计处理。

应纳契税税额 = 2 000 000 × 4% = 80 000（元）

应做如下会计分录：

借：管理费用　　　　　　　　　　　　　　　　　　　　　　80 000
　　贷：银行存款　　　　　　　　　　　　　　　　　　　　　　80 000

例3　某房地产开发企业 2008 年 4 月 12 日购入国有土地一块，按规定缴纳土地出让金 24 000 000 元，用于房地产开发。企业按规定申报缴纳契税，当地政府规定契税税率为 5%，计算该企业应缴纳的契税并做会计处理。

应纳税额 = 24 000 000 × 5% = 1 200 000（元）

应做如下会计分录：

借：开发成本　　　　　　　　　　　　　　　　　　　　　1 200 000
　　贷：银行存款　　　　　　　　　　　　　　　　　　　　　1 200 000

例4　某企业 2008 年购入办公房一幢，价值 64 000 000 元，当地政府规定契税税率为 3%，企业按规定申报缴纳契税。计算该企业应缴纳的契税并做会计处理。

应纳税额 = 64 000 000 × 3% = 1 920 000（元）

应作如下会计分录：

借：固定资产　　　　　　　　　　　　　　　　　　　　　1 920 000
　　贷：银行存款　　　　　　　　　　　　　　　　　　　　　1 920 000

思考题

如何确定契税计税依据？

第四节 车船税

2006 年 12 月 29 日，国务院公布《中华人民共和国车船税暂行条例》，从 2007 年的 1 月 1 日起执行。该条例是在原车船使用税和车船使用牌照税的基础上合并修订而成的。该条例的出台对于统一税制、公平税负、拓宽税基、增加地方财政收入具有重要的意义。车船税由地方税务局负责征收管理，所得收入归地方政府所有，是地方政府税收收入的主要来源之一。

一、纳税人

车船税的纳税人为在中华人民共和国境内的车辆、船舶的所有人或者管理人。车辆、船舶的所有人或者管理人未缴纳车船税的，使用人应当缴纳车船税。

从事机动车交通事故责任强制保险业务的保险机构为机动车车船税的扣缴义务人。

上述车辆、船舶是指应当在公安、交通、农业、渔业和军事等依法具有车船管理职能部门登记的车辆、船舶。

二、税率和税额标准

在计征车船税的时候，载客汽车、摩托车的计税单位为辆，载货汽车、三轮车和低速货车的计税单位为自重吨位，船舶的计税单位为净吨位。

（一）税目、税率、税额

1. 载客汽车

每辆每年 60 元至 660 元，包括电车。其中：

大型客车每辆 480 元至 660 元，核定载客 20 人以上。

中型客车每辆 420 元至 660 元，核定载客人数大于 10 至 19 人。

小型客车每辆 360 元至 660 元，核定载客人数 9 人以下。

微型客车每辆 60 元至 480 元，排气量 1 升以下。

2. 载货汽车

按自重吨位，每吨每年 16 元 ~ 120 元。包括半挂牵引车、挂车和客货两用汽车。

3. 三轮汽车和低速货车

按自重吨位，每吨每年 24 元至 120 元。

4. 摩托车

每辆每年 36 元至 180 元。

5. 船舶

（1）净吨位 200 吨以下的，每吨每年 3 元。

（2）净吨位 201 吨 ~ 2 000 吨的，每吨每年 4 元。

（3）净吨位 2 001 吨 ~ 10 000 吨的，每吨每年 5 元。

（4）净吨位10 001吨及其以上的，每吨每年6元。

拖船、非机动驳船的税额标准按照船舶税额标准的50%计算。

车船税所涉及的核定载客人数、自重吨位、净吨位和马力等计税标准，以车辆、船舶管理部门核发的车船登记证书或者行驶证书相应项目所载数额为准。纳税人未按照规定到车船管理部门办理登记手续的，上述计税标准以车船出厂合格证明或者进口凭证相应项目所载数额为准；不能提供车船出厂合格证明或者进口凭证的，由主管地方税务机关根据车船自身状况并参照同类车船核定。

车辆自重尾数不超过0.5吨（含0.5吨）的，按照0.5吨计算；超过0.5吨的，按照1吨计算。船舶净吨位尾数不超过0.5吨（含0.5吨）的不予计算，超过0.5吨的按照1吨计算。1吨以下的小型车辆和船舶，一律按照1吨计算。拖船在计征车船税的时候按照发动机功率折合净吨位，2马力折合1吨。

（二）应纳税额的计算

车船税以应纳税车辆的数量或者自重吨位和应纳税船舶净吨位为计税依据，按照适用税额标准计算应纳税额。计算公式为：

应纳税额 = 应纳税车辆数量或者自重吨位 × 适用税额标准

应纳税额 = 应纳税船舶净吨位 × 适用税额标准

三、税收优惠

（一）法定减免

根据《中华人民共和国车船税暂行条例》第三条的规定，下列车船免征车船税：

1. 非机动车船。

2. 拖拉机。

3. 捕捞、养殖渔船。

4. 军队、武警专用的车船。

5. 警用车船。

6. 按照有关规定已经缴纳船舶吨税的船舶。

7. 依照中国有关法律和外国缔结或者参加的国际条约的规定应当予以免税的外国驻华使馆、领事馆和国际组织驻华机构及其有关人员的车船。

注释：根据《中华人民共和国车船税暂行条例实施细则》第五条的规定，非机动车船是指以人力或者畜力驱动的车辆，以及符合国家有关标准的残疾人机动轮椅车、电动自行车等车辆；非机动船是指自身没有动力装置，依靠外力驱动的船舶；非机动驳船是指在船舶管理部门登记为驳船的非机动船。

根据《中华人民共和国车船税暂行条例实施细则》第六条的规定，拖拉机是指在农业（农业机械）部门登记为拖拉机的车辆。

根据《中华人民共和国车船税暂行条例实施细则》第七条的规定，捕捞、养殖渔船是指在渔业船舶管理部门登记为捕捞船或者养殖船的渔业船舶，不包括在渔业船舶管理部门登记为捕捞船或者养殖船以外类型的渔业船舶。

根据《中华人民共和国车船税暂行条例实施细则》第八条的规定，军队、武警专用的车船是指按照规定在军队、武警车船管理部门登记，并领取军用牌照、武警牌照的车船。

根据《中华人民共和国车船税暂行条例实施细则》第九条的规定，警用车船是指公安机关、国家安全机关、监狱、劳动教养管理机关和人民法院、人民检察院领取警用牌照的车辆和执行警务的专用船舶。

根据《中华人民共和国车船税暂行条例实施细则》第十条、第十一条的规定，依照中国有关法律和外国缔结或者参加的国际条约的规定应当予以免税的外国驻华使馆、领事馆和国际组织驻华机构及其有关人员的车船。我国有关法律是指《中华人民共和国外交特权与豁免条例》、《中华人民共和国领事特权与豁免条例》。

外国驻华使馆、领事馆和国际组织驻华机构及其有关人员在办理上述第7项规定的免税事项时，应当向主管地方税务机关出具本机构或个人身份的证明文件和车船所有权证明文件，并申明免税的依据和理由。

（二）特定减免税

省级人民政府可以根据当地实际情况，对城市、农村公共交通车船给予定期减免税。

四、征收管理

（一）纳税义务发生时间

车船税的纳税义务发生时间是车辆、船舶管理部门核发的车船登记证书或者行驶证书所记载日期的当月。

纳税人未按照规定到车船管理部门办理应税车船登记手续的，以车船购置发票所载开具时间的当月作为车船税的纳税义务发生时间。对未办理车船登记手续且无法提供车船购置发票的，由主管地方税务机关核定纳税义务发生时间。

（二）纳税期限

车船税按年申报缴纳。纳税年度自公历1月1日至12月31日。具体申报纳税期限由省级人民政府确定。

（三）纳税地点

车船税由地方税务机关负责征收，纳税地点由省级人民政府根据当地实际情况确定。跨省、自治区、直辖市使用的车船，纳税地点为车船的登记地。

（四）申报管理

由扣缴义务人代收代缴机动车车船税的，纳税人应当在购买机动车交通事故责任强制保险的同时缴纳车船税。

纳税人应当向主管地方税务机关和扣缴义务人提供车船的相关信息。拒绝提供的，按照《中华人民共和国税收征收管理法》有关规定处理。

已完税或者按照规定减免车船税的车辆，纳税人在购买机动车交通事故责任强制保险时，应当向扣缴义务人提供地方税务机关出具的本年度车船税的完税凭证或者减免税证明。不能提供完税凭证或者减免税证明的，应当在购买保险时按照当地的车船税税额标准计算缴纳车船税。

纳税人对扣缴义务人代收代缴税款有异议的，可以向纳税所在地的主管地方税务机关提出。

纳税人在购买机动车交通事故责任强制保险时缴纳车船税的，不再向地方税务机关申报纳税。

扣缴义务人在代收车船税时，应当在机动车交通事故责任强制保险的保险单上注明已收税款的信息，作为纳税人完税的证明。除另有规定外，扣缴义务人不再给纳税人开具代扣代收税款凭证。纳税人如有需要，可以持注明已收税款信息的保险单，到主管地方税务机关开具完税凭证。

在一个纳税年度内，已完税的车船被盗抢、报废、灭失的，纳税人可以凭有关管理机关出具的证明和完税证明，向纳税所在地的主管地方税务机关申请退还自被盗抢、报废、灭失月份起至该纳税年度终了期间的税款。

已办理退税的被盗抢车船，失而复得的，纳税人应当从公安机关出具相关证明的当月起计算缴纳车船税。

五、车船税会计科目的设置

企业按规定计算出应缴纳的车船税，借记"管理费用"科目，贷记"应交税费——应交车船税"科目。实际上缴时，借记"应交税费——应交车船税"科目，贷记"银行存款"科目。车船税计算示范：

例如，某运输公司拥有载货汽车20辆（货车自重均为10吨）；大型客车8辆；中型客车15辆；船舶4艘（每艘净吨位8 000吨）（载货汽车按自重吨位年税额60元；大型客车每辆年税额480元；中型客车每辆年税额280元）。计算该公司应纳车船税并做会计处理。

载货汽车应纳税额 = 20 × 10 × 60 = 12 000（元）

大型客车应纳税额 = 8 × 480 = 3 840（元）

中型客车应纳税额 = 15 × 280 = 4 200（元）

船舶应纳税额 = 4 × 8 000 × 5 = 160 000（元）

应纳车船税总额 = 12 000 + 3 840 + 4 200 + 160 000 = 180 040（元）

应做会计分录如下：

借：管理费用　　　　　　　　　　　　　　　　　　　　　　180 040

　贷：应交税费——应交车船税　　　　　　　　　　　　　　　180 040

借：应交税费——应交车船税　　　　　　　　　　　　　　　180 040

　贷：银行存款　　　　　　　　　　　　　　　　　　　　　　180 040

思考题

1. 哪些车船需要缴纳车船税？
2. 车船税的扣缴义务人包括哪些？
3. 车船税的税目包括哪些？
4. 车船税应当在什么时候缴纳？
5. 车船税的优惠政策包括哪些？

第五节 印花税

印花税是对经济活动和经济交往中书立、领受、使用的应税经济凭证所征收的一种税。1988 年 8 月 6 日，国务院发布《中华人民共和国印花税暂行条例》，从当年的 10 月 1 日起执行。印花税分别由国家税务局、地方税务局负责征收管理，所得收入由中央政府与地方政府共享。

印花税具有如下特点：一是兼有凭证税和行为税性质。二是征税范围广泛。印花税的征税范围包括了经济活动和经济交往中的各种应税凭证，凡书立和领受这些凭证的单位和个人都要缴纳印花税，其征税范围十分广泛。三是税率低、税负轻。四是由纳税人自行完成纳税义务。纳税人通过自行计算、购买并粘贴印花税票的方法完成纳税义务，并在印花税票和凭证的骑缝处自行盖戳注销或划销。

一、纳税人

在中华人民共和国境内书立、领受《印花税法》所列举凭证的单位和个人，都是印花税的纳税义务人，包括国有企业、集体企业私营企业、其他企业、事业单位、国家机关、社会团体、部队以及中外合资企业、合作企业，外资企业，外国公司企业和其他经济组织及其在华机构等单位、个体工商户和个人。具体包括：

1. 立合同人。书立经济合同的，以立合同人为纳税人。立合同人是指合同的当事人，当事人在两方或两方以上的，各方均为纳税人。
2. 立账簿人。建立营业账簿的，以立账簿人为纳税人。
3. 立据人。订立各种财产转移书据的，以立据人为纳税人。如立据人未贴或者少贴印花，书据的持有人应负责补贴印花。所立书据以合同方式签订的，应由持有书据的各方分别按全额贴花。
4. 领受人。领取权利许可证照的，以领受人为纳税人。
5. 使用人。在国外书立或领受，在国内使用应税凭证的单位和个人。

二、税目和税率

（一）税目

根据《中华人民共和国印花税暂行条例》的规定，下列凭证为应纳税凭证：

1. 经济合同。包括购销、加工承揽、建筑工程承包（包括建设工程勘察设计、建筑安装工程承包）、财产租赁、货物运输、仓储保管、借款、财产保险、技术合同或者具有合同性质的凭证。

2. 产权转移书据。

3. 营业账簿。

4. 权利、许可证照。

5. 经财政部确定征税的其他凭证。

具有合同性质的凭证，是指具有合同效力的协议、契约、合约、单据、确认书及其他各种名称的凭证。

上述凭证无论在中国境内或者境外书立，均应依照条例规定贴花。

（二）税率

1. 购销合同：包括供应、预购、采购、购销结合及协作、调剂、补偿、易货等合同，按照购销金额的0.3‰贴花。纳税人为立合同人。

2. 加工承揽合同：包括加工、定做、修缮、修理、印刷、广告、测绘、测试等合同，按照加工或承揽收入的0.5‰贴花。纳税人为立合同人。

3. 建设工程勘察设计合同：包括勘察、设计合同，按收取费用的0.5‰贴花。纳税人为立合同人。

4. 建筑安装工程承包合同：包括建筑、安装工程承包合同，按承包金额的0.3‰贴花。纳税人为立合同人。

5. 财产租赁合同：包括租赁房屋、船舶、飞机、机动车辆、机械、器具、设备等租赁，按租赁金额的1‰贴花。纳税人为立合同人。

6. 货物运输合同：包括民用航空、铁路运输、海上运输、内河运输、公路运输和联运合同。按运输费用的0.5‰贴花。纳税人为立合同人，单据作为合同使用的，按合同贴花。

7. 仓储保管合同：包括仓储、保管合同。按仓储保管费用的1‰贴花。纳税人为立合同人仓单或栈单作为合同使用的，按合同贴花。

8. 借款合同：银行及其他金融组织和借款人（不包括银行同业拆借）所签订的借款合同，按借款金额的0.05‰贴花。纳税人为立合同人。单据作为合同使用的，按合同贴花。

9. 财产保险合同：包括财产、责任、保证、信用等保险合同，按投保金额的1‰贴花。纳税人为立合同人，单据作为合同使用的，按合同贴花。

10. 技术合同：包括技术开发、转让、咨询、服务等合同，按合同所载金额的0.3‰贴花。纳税人为立合同人。

11. 产权转移书据：包括财产所有权和版权、商标专用权、专利权、专有技术使用权等产权转移书据，土地使用权出让、转让合同和商品房销售合同，按书据所载金额的 0.5‰贴花。纳税人为立据人。

12. 营业账簿：生产经营用账簿。记载资金的账簿，按实收资本和资本公积的合计金额的 0.5‰贴花。其他账簿按件贴花，每件 5 元。纳税人为立账簿人。

13. 权利、许可证照：包括政府部门发给的房屋产权证、工商营业执照、商标注册证、专利证、土地使用证。按件贴花，每件 5 元纳税人为领受人。

同一凭证，因载有两个或两个以上经济事项而适用不同税目税率的，如分别记载金额的，应分别计算应纳税额，相加后按合计税额贴花；如未分别记载金额的，按税率高的计税贴花。

纳税人根据应纳税凭证的性质，分别按比例税率或者按件定额计算应纳税额。应纳税额不足 1 角的，免纳印花税。应纳税额在 1 角以上的，其税额尾数不满 5 分的不计，满 5 分的按 1 角计算缴纳，对财产租赁合同的应纳税额超过 1 角但不足 1 元的，按 1 元贴花。

此外，根据国家税务总局的规定，股份制企业向社会公开发行的股票，因购买、继承、赠与所书立的股权转让书据，均依照书立时证券市场当日实际成交价格计算的金额，从 2008 年 4 月 27 日起，由立据双方当事人分别按 1‰的税率缴纳印花税（包括 A 股和 B 股）。

三、计税方法

印花税以应纳税凭证所记载的金额、收入额和凭证的件数为计税依据，按照适用税率或者税额标准计算应纳税额。

应纳税额计算公式为：

应纳税额＝应纳税凭证所记载的金额或收入额×适用税率

应纳税额＝应纳税凭证的件数×适用税额标准

四、税收优惠

（一）一般规定

根据规定，下列凭证免纳印花税：

1. 已缴纳印花税的凭证副本或抄本。已缴纳印花税的凭证副本或者抄本对外不发生权利义务关系，属于备查性质，所以对其不再征税印花税。但副本或抄本作为正本使用的，应另行贴花。

2. 财产所有人将财产赠给政府、社会福利单位、学校所立的书据。其中，社会福利单位是指抚养孤寡伤残的社会福利单位。

3. 国家指定的收购部门与村民委员会、农民个人书立的农副产品收购合同。

4. 无息、贴息贷款合同。

5. 外国政府或者国际金融组织向中国政府及国家金融机构提供优惠贷款所书立的

合同。

（二）其他规定

1. 房地产管理部门与个人订立的租房合同，凡房屋用于生活居住的，暂免贴花。

2. 军事货物运输、抢险救灾物资运输以及新建铁路临管线运输等的特殊货运凭证。

3. 对国家邮政局及所属各级邮政企业，从1999年1月1日起独立运营新设立的资金账簿，凡属在邮电管理局分营前已贴花的资金免征印花税，从1999年1月1日以后增加的资金按规定贴花。

4. 自2004年7月1日起，对经国务院和省级人民政府决定或批准进行的国有（含国有控股）企业改组改制而发生的上市公司国有股权无偿转让行为，暂不征收证券（股票）交易印花税。对不属于上述情况的上市公司国有股权无偿转让行为，仍应征收证券（股票）交易印花税。

5. 企业改制前签订但尚未履行完的各类应税合同，改制后需要变更执行主体的，对仅改变执行主体，其余条款未作变动且制前已贴花的，不再贴花。

6. 企业因改制而签订的产权转移书据免予贴花。

7. 对投资者（包括个人和机构）买卖封闭式证券投资基金免征印花税。

8. 对国家石油储备基地第一期项目建设过程中涉及的印花税免予征税。

9. 自2006年1月1日至2008年12月31日，对与高校学生签订的学生公寓租赁合同免征印花税。

10. 证券投资者保护基金有限责任公司发生的下列凭证和产权转移书据享受印花税的优惠政策：一是新设立的资金账簿免征印花税。二是与中国人民银行签订的再贷款合同、与证券公司行政清算机构签订的借款合同免征印花税。三是接收被处置证券公司财产签订的产权转移书据免征印花税。四是以保护基金自有财产和接收的受偿资产与保险公司签订的财产保险合同免征印花税。

五、征收管理

（一）缴纳方法

印花税一般实行由纳税人根据税法规定自行计算应纳税额，自行购买并一次贴足印花税票和自行划销，自行完成纳税义务。为简化贴花手续，对那些应纳税额较大或者贴花次数频繁的，税法规定了三种简化的缴纳方法：

1. 以缴款书或完税凭证代替贴花的方法。如果一份凭证应纳税额超过500元的，可向当地税务机关申请填写缴款书或者完税证，将其中一联粘贴在凭证上或者由税务机关在凭证上加注完税标记代替贴花。

2. 按期汇总缴纳印花税的方法。同一种类应税凭证，需频繁贴花的，可向当地税务机关申请按期汇总缴纳印花税。税务机关对核准汇总缴纳印花税的单位，应发给汇缴许可证。汇总缴纳的限期限额由当地税务机关确定，但最长期限不得超过一个月。凡汇总缴纳印花税的凭证，应加注税务机关指定的汇缴戳记、编号并装订成册后，将已贴印花或者缴款书的一联粘贴于册后，盖章注销，保存备查。

3. 代扣税额汇总缴纳的方法。税务机关为了加强税源控制管理，可以委托某些代理填开应税凭证的单位（如代办运输、联运的单位）对凭证的当事人应纳的印花税予以代扣，并按期汇总缴纳。

（二）其他规定

1. 应纳税凭证粘贴印花税票后应立即注销。纳税人有印章的，加盖印章注销；纳税人没有印章的，可用钢笔（圆珠笔）划几条横线注销。注销标记应与骑缝处相交。骑缝处是指粘贴的印花税票与凭证及印花税票之间的交接处。

2. 凡多贴印花税票者，不得申请退税或者抵用。

3. 纳税人对纳税凭证应妥善保存。凭证的保存期限，凡国家已有明确规定的，按规定办；其余凭证均应在履行完毕后保存一年。

4. 纳税人对凭证不能确定是否应当纳税的，应及时携带凭证，到当地税务机关鉴别。

5. 纳税人同税务机关对凭证的性质发生争议的，应检附该凭证报请上一级税务机关核定。

发放或者办理应纳税凭证的单位即指发放权利、许可证照的单位和办理凭证的鉴证、公证及其他有关事项的单位负有监督纳税人依法纳税的义务，应对以下纳税事项监督：一是应纳税凭证是否已粘贴印花。二是粘贴的印花是否足额。三是粘贴的印花是否按规定注销。

对未完成以上纳税手续的，应督促纳税人当场贴花。

印花税票的票面金额以人民币为单位，分为壹角、贰角、伍角、壹元、贰元、伍元、拾元、伍拾元、一百元九种。

印花税票可以委托单位或者个人代售，并由税务机关付给代售金额5%的手续费。支付来源从实征印花税款中提取。印花税应当在书立或者领受时贴花。

印花税一般实行就地纳税。对于全国性商品物资订货会（包括展销会、交易会等）上所签订合同应纳的印花税，由纳税人回其所在地后及时办理贴花完税手续；对地方主办，不涉及省级关系的订货会、展销会上所签订的合同的印花税，其纳税地点由各省、自治区、直辖市人民政府自行确定。

（三）新规定

为适应经济形势发展变化的需要，完善税制，对印花税有关政策明确如下：

1. 对纳税人以电子形式签订的各类应税凭证按规定征收印花税。

2. 对发电厂与电网之间、电网与电网之间（国家电网公司系统、南方电网公司系统内部各级电网互供电量除外）签订的购售电合同按购销合同征收印花税。电网与用户之间签订的供用电合同不属于印花税列举征税的凭证，不征收印花税。

3. 对土地使用权出让合同、土地使用权转让合同按产权转移书据征收印花税。

4. 对商品房销售合同按照产权转移书据征收印花税。

六、印花税会计科目的设置

由于印花税是自行完税，企业缴纳的印花税不存在应付未付的情况，也不存在与税务机关结算或清算的问题，因此，企业缴纳的印花税不需要通过"应交税费"科目核算，直接借记"管理费用"科目，贷记"银行存款"科目。印花税计算示范：

例如，某企业年初开业，领受房屋产权证、工商营业执照、商标注册证、土地使用证各一件，与其他企业订立转移专用技术使用权书据一件，所载金额100万元，订立产品购销合同1件，所载金额为200万元；订立财产保险合同1份，保险费18万元。企业营业资金账中记载固定资产原值200万元，自有流动资金40万元，其他账簿5本。该企业到年底固定资产原值增为220万元，自有流动资金增为70万元。计算该企业应纳印花税税额和12月份应补纳印花税税额并做会计处理。

（1）企业领受权利、许可证照应纳税额 = 4 × 5 = 20（元）

（2）企业订立产权转移书据应纳税额 = 1 000 000 × 0.5‰ = 500（元）

（3）企业订立购销合同应纳税额 = 2 000 000 × 0.3‰ = 600（元）

（4）企业订立财产保险合同应纳税额 = 180 000 × 1‰ = 180（元）

（5）企业营业资金账中所载固定资产原值和自有流动资金应纳税额 = (2 000 000 + 400 000) × 0.5‰ = 1 200（元）

（6）企业其他营业账册应纳税额 = 5 × 5 = 25（元）

（7）企业年底应补纳印花税额 = [(2 200 000 − 2 000 000) + (700 000 − 400 000)] × 0.5‰ = 250（元）

应做会计分录如下：

借：管理费用   2 525

    贷：银行存款   2 525

年底补交印花税时：

借：管理费用   250

    贷：银行存款   250

思考题

1. 简述印花税的征税范围。

2. 印花税的优惠政策主要包括哪些？

第六节　车辆购置税

中国的车辆购置税是对购置的车辆征收的一种税收。2000年10月22日，国务院公布《中华人民共和国车辆购置税暂行条例》，并于2001年1月1日在我国实施。车辆购置税目前由国家税务局负责征收，所得收入归中央政府所有，专门用于交通事业建设。

车辆购置税具有如下特点：一是征收范围单一。车辆购置税以购置的特定车辆为课税对象，而不是对所有的财产或消费财产征税。二是征收环节单一。车辆购置税实行一次性课征。三是征税具有特定目的。车辆购置税为中央税，它取之于应税车辆，用之于交通建设。四是价外征收，不转嫁税负。征收车辆购置税的商品价格中不含车辆购置税税额，车辆购置税是附加在价格之外的，且税收的缴纳者即为最终的税收负担者，税负没有转嫁性。

一、纳税人

在中华人民共和国境内购置应税车辆的单位和个人，为车辆购置税的纳税人。单位包括国有企业、集体企业、私营企业、股份制企业、外商投资企业、外国企业以及其他企业和事业单位、社会团体、国家机关、部队以及其他单位。个人包括个体工商户以及其他个人。购置是指购买、进口、自产、受赠、获奖或者以其他方式取得并自用应税车辆的行为。

车辆购置税的征收范围包括汽车、摩托车、电车、挂车、农用运输车。

二、计税依据、税率和计税方法

车辆购置税实行从价定率的办法计算应纳税额。车辆购置税的税率为10%。

应纳税额的计算公式为：应纳税额 = 计税价格 × 税率

车辆购置税的计税价格根据不同情况，按照下列规定确定：

1. 纳税人购买自用的应税车辆的计税价格，为纳税人购买应税车辆而支付给销售者的全部价款和价外费用，不包括增值税税款。

2. 纳税人进口自用的应税车辆的计税价格的计算公式为：

计税价格 = 关税完税价格 + 关税 + 消费税

3. 纳税人自产、受赠、获奖或者以其他方式取得并自用的应税车辆的计税价格，由主管税务机关参照国家税务总局规定的相同类型应税车辆的最低计税价格核定。

国家税务总局参照应税车辆市场平均交易价格，规定不同类型应税车辆的最低计税价格。纳税人购买自用或者进口自用应税车辆，申报的计税价格低于同类型应税车辆的最低计税价格，又无正当理由的，按照最低计税价格征收车辆购置税。

三、税收优惠

车辆购置税的免税、减税，按照下列规定执行：

1. 外国驻华使馆、领事馆和国际组织驻华机构及其外交人员自用的车辆，免税。

2. 中国人民解放军和中国人民武装警察部队列入军队武器装备订货计划的车辆，免税。

3. 设有固定装置的非运输车辆，免税。

4. 有国务院规定予以免税或者减税的其他情形的，按照规定免税或者减税。

四、税收征管

车辆购置税实行一次征收制度。购置已征车辆购置税的车辆，不再征收车辆购置税。

纳税人以外汇结算应税车辆价款的，按照申报纳税之日中国人民银行公布的人民币基准汇价，折合成人民币计算应纳税额。纳税人所在地的主管税务机关申报纳税。

纳税人购买自用应税车辆的，应当自购买之日起60日内申报纳税；进口自用应税车辆的，应当自进口之日起60日内申报纳税；自产、受赠、获奖或者以其他方式取得并自用应税车辆的，应当自取得之日起60日内申报纳税。

纳税人应当在向公安机关车辆管理机构办理车辆登记注册前缴纳车辆购置税。

纳税人应当持主管税务机关出具的完税证明或者免税证明，向公安机关车辆管理机构办理车辆登记注册手续；没有完税证明或者免税证明的，公安机关车辆管理机构不得办理车辆登记注册手续。

免税、减税车辆因转让、改变用途等原因不再属于免税、减税范围的，应当在办理车辆过户手续前或者办理变更车辆登记注册手续前缴纳车辆购置税。

五、车辆购置税的会计科目设置

企业缴纳的车辆购置税应当作为所购置车辆的成本，由于车辆购置税是一次性缴纳，因此它可以不通过"应交税费"账户进行核算。在具体进行会计核算时，对于企业实际缴纳的车辆购置税，借记"固定资产"科目，贷记"银行存款"科目；企业购置的减税、免税车辆改制后用途发生变化的，按规定应补交的车辆购置税，借记"固定资产"科目，贷记"银行存款"科目。车辆购置税计算示范：

例如，长江公司2007年4月从某汽车市场购入小汽车一辆，价款175 500元（含增值税）。计算长江公司应纳的车辆购置税并做会计处理。

计税价格 = 1 755 000 ÷（1 + 17%）= 150 000（元）

应纳车辆购置税 = 150 000 × 10% = 15 000（元）

应做会计分录如下：

借：固定资产　　　　　　　　　　　　　　　　　　　　190 500

　　贷：银行存款　　　　　　　　　　　　　　　　　　190 500

思考题

1. 简述车辆购置税的征收范围。

2. 车辆购置税有哪些税收优惠？

第七节　城市维护建设税

为加强城市的维护建设，扩大和稳定城市维护建设资金的来源，1985年2月8日，国务院发布《中华人民共和国城市维护建设税暂行条例》，并从1985年1月1日起施行。城市维护建设税分别由国家税务局和地方税务局负责征收管理，所得收入由中央政府和地方政府共享，是地方政府税收收入的来源之一。

城市维护建设税与其他税种相比较具有以下特点：一是税款专款专用，具有受益税性质。城市维护建设税专款专用，用来保证城市的公共事业和公共设施的维护和建设，是一种具有受益税性质的税种。二是属于附加税。城市维护建设税与其他税种不同，没有独立的征税对象或税基，而是以增值税、消费税、营业税"三税"实际缴纳的税额之和为计税依据，随"三税"同时附征，本质上属于一种附加税。三是根据城建规模设计税率。一般来说，城镇规模越大，所需要的建设和维护资金越多，相应的，城市维护建设税的税率越高。纳税人所在地在城市市区的，税率为7%；纳税人所在地在县城、建制镇的，税率为5%；纳税人所在地不在城市市区、县城或建制镇的，税率为1%。四是征收范围广。原则上讲，只要缴纳增值税、消费税、营业税中任一种税的纳税人都要缴纳城市维护建设税，也就是说，除了减免税等特殊情况外，任何从事生产经营活动的单位和个人都要缴纳城市维护建设税，这个征税范围是比较广泛的。

一、纳税人

城市维护建设税的纳税人包括缴纳增值税、消费税、营业税的单位和个人（不包括进口货物者），即包括国有企业、集体企业、私营企业、股份制企业、其他企业、事业单位、国家机关、社会团体、部队、其他单位、个体工商户和其他个人。增值税、消费税、营业税的扣缴义务人也是城市维护建设税的扣缴义务人。外商投资企业、外国企业和外国人自2010年12月1日起，按照《中华人民共和国城市维护建设税暂行条例》缴纳城市维护建设税。

二、计税依据、税率和计税方法

（一）计税依据

城市维护建设税，以纳税人实际缴纳的增值税、消费税、营业税税额为计税依据，按照适用税率计算应纳税额，分别与增值税、消费税、营业税同时缴纳，但不包括"三税"缴纳时缴纳的滞纳金和罚款。生产企业出口货物经税务机关批准免征、抵扣的增值税，也应当计征城市维护建设税。

（二）税率

城市维护建设税实行地区差别比例税率。不同地区的纳税人适用不同档次的税率，具体规定如下：

纳税人所在地在城市市区的，税率为7%；纳税人所在地在县城、建制镇的，税率为5%；纳税人所在地不在城市市区、县城或建制镇的，税率为1%。

城市维护建设税的税率一般规定按纳税人所在地的适用税率执行，但对下列两种情况，可按纳税人缴纳"三税"所在地的规定税率就地缴纳城市维护建设税：一是由受托方代收、代扣"三税"的单位和个人。二是流动经营无固定纳税地点的单位和个人。

（三）计税方法

应纳税额的计算公式为：应纳税额＝计税依据×适用税率

计税依据＝实际缴纳的增值税税额＋实际缴纳的消费税税额＋实际缴纳的营业税税额

三、减免税优惠

城市维护建设税随同增值税、消费税、营业税征收、减免。对由于免征、减征增值税、消费税、营业税而发生的退税，同时退还已经征收的城市维护建设税。但是针对一些特殊情况，财政部和国家税务总局陆续做出了一些税收优惠规定：

1. 根据《关于贯彻执行〈中华人民共和国城市维护建设税暂行条例〉几个具体问题的规定》的规定，海关对进口产品代征增值税、消费税的，不征收城市维护建设税。

2. 对出口产品退还已经缴纳的增值税、消费税的时候，不退还已缴纳的城市维护建设税；根据《财政部、国家税务总局关于增值税、营业税、消费税实行先征后返等办法有关城市维护建设税和教育费附加政策的通知》的规定，对"三税"实行先征后返、先征后退、即征即返的，除另有规定外，对随"三税"附征的城市维护建设税一律不予退还。

3. 对金融业调增3%征收的营业税，不征收城市维护建设税。

4. 对国家石油储备基地第一期项目建设过程中涉及的营业税、城市维护建设税、教育费附加予以免征。

5. 对下岗失业人员从事个体经营（除建筑业、娱乐业以及广告业、桑拿、按摩、网吧、氧吧外）的，自领取税务登记证之日起，3年内免征城市维护建设税、教育费附加。

6. 为支持三峡工程建设，对三峡工程建设基金，在2004年1月1日至2009年12月31日期间，免征城市维护建设税。

四、征收管理

城市维护建设税分别与增值税、消费税、营业税同时缴纳。

城市维护建设税的征收管理、纳税环节、奖罚等事项，比照增值税、消费税、营业税的有关规定办理。

根据税法规定的原则，针对一些比较复杂且有特殊性的纳税地点，财政部和国家税务总局做了如下规定：

1. 纳税人直接缴纳"三税"的，在缴纳"三税"地缴纳城市维护建设税。

2. 代扣代缴的纳税地点。代征、代扣、代缴增值税、消费税、营业税的企业单位，同时也代征、代扣、代缴城市维护建设税。如果没有代征城市维护建设税的，应由纳税单位或个人回到其所在地申报纳税。

3. 银行的纳税地点。各银行缴纳的营业税，均由取得业务收入的核算单位在当地缴纳。县以上各级银行直接经营业务取得的收入，由各级银行分别在所在地纳税。县和设区的市，由县支行或区办事处在其所在地纳税，而不能分别按所属营业所的所在地计算纳税。

由于城市维护建设税是与增值税、消费税、营业税同时征收的，所以在一般情况下，城市维护建设税不单独加收滞纳金或罚款，但是，如果纳税人缴纳了"三税"之后，却不按规定缴纳城市维护建设税的，可以对其单独加收滞纳金，也可以单独进行罚款。

思考题

1. 简述城市维护建设税的纳税地点。
2. 简述城市维护建设税的计税依据。

第八节　教育费附加

为贯彻落实《中共中央关于教育体制改革的决定》，加快发展地方教育事业，扩大地方教育经费的资金来源。1986 年 4 月 28 日，国务院发布了《征收教育费附加的暂行规定》，从同年 7 月 1 日起执行。2005 年国务院对该办法进行了修改。教育费附加由国家税务局和地方税务局分别负责征收管理，其收入纳入财政预算管理，作为教育专项资金，由教育行政部门统筹管理，主要运用支持义务教育。

教育费附加是以单位和个人缴纳的增值税、消费税、营业税税额为计算依据征收的一种附加税。外商投资企业、外国企业、外国人自 2010 年 12 月 1 日起缴纳教育费附加。

一、纳税人

教育费附加的缴纳单位包括缴纳增值税、消费税、营业税的单位和个人。

二、计税依据和附加率

教育费附加的计税依据以纳税人实际缴纳的增值税、消费税、营业税税额为计税依据，分别与增值税、消费税、营业税同时缴纳。除国务院另有规定外，任何地区、部门不得擅自提高或减低教育费费附加率。

根据《征收教育费附加的暂行规定》的规定，教育费附加率为 3%。

根据国务院的要求，财政部于 2010 年 11 月 7 日发出《关于统一地方教育附加有关问题的通知》，规定全国统一开征地方教育附加，征收标准统一为单位和个人实际缴纳的增值税、营业税和消费税的 2%。

应纳教育费附加 ＝ 计税依据 × 3%

计税依据 ＝（实际缴纳的增值税税额 ＋ 实际缴纳的消费税税额 ＋ 实际缴纳的营业税税额）× 征收比率

三、减免规定

1. 海关对进口产品代征增值税、消费税的，不征收教育费附加。

2. 根据《财政部、国家税务总局关于增值税、营业税、消费税实行先征后返等办法有关城市维护建设税和教育费附加政策的通知》的规定，对"三税"实行先征后返、先征后退、即征即返的，除另有规定外，对随"三税"附征的教育费附加一律不予退还。

3. 对下岗失业人员从事个体经营（除建筑业、娱乐业以及广告业、桑拿、按摩、网吧、氧吧外）的，自领取税务登记证之日起，3年内免征教育费附加。

四、城市维护建设税和教育费附加会计科目的设置

（一）会计科目设置

企业按规定计算出的城市维护建设税借记"营业税金及附加"、"其他业务成本"等科目，贷记"应交税费——应交城市维护建设税"；实际上缴时；借记"应交税费——应交城市维护建设税"，贷记"银行存款"等科目。

（二）计算示范

例如，某公司设在县城，2008年2月份货物销售实际缴纳增值税200 000元，缴纳消费税100 000元。该公司应纳城市维护建设税和教育费附加的计算及会计处理如下：

应纳城市维护建设税 =（200 000 + 100 000）×5% = 15 000（元）

应纳教育费附加：（200 000 + 100 000）×3% = 9 000（元）

会计分录如下：

借：营业税金及附加	24 000
贷：应交税费——应交城市维护建设税	15 000
——应交教育费附加	9 000

实际缴纳城市维护建设税和教育费附加时：

借：应交税费——应交城市维护建设税	15 000
——应交教育费附加	9 000
贷：银行存款	24 000

思考题

1. 简述教育费附加的计税依据。

2. 教育费附加的优惠政策有哪些？

第九节　资源税

中国的资源税是为了调节资源级差收入并体现国有资源有偿使用而征收的一种税。中国从 1984 年 10 月 1 日起，对开采矿产品的单位和个人开征了资源税。当时只对原油、天然气、煤炭三种产品征收，其他矿产品暂缓征收。1994 年税制改革时，首次决定对矿产品全面征收资源税，并将盐产品纳入了资源税的征收范围。资源税分别由国家税务局和地方税务局负责征收管理，其收入由中央政府与地方政府共享。

资源税是以各种应税自然资源为征税对象的一种税。中国开征的资源税是对在中国境内开采应税矿产品及生产盐的企业单位和个人，就其应税产品销售数量或自用数量为计税依据而征收的。

资源税具有如下特点：一是具有特定的征收范围。考虑到中国资源开采的实际情况，现行资源税只对矿产品和盐征收。在征收过程中，主要采取列举品目的方法征收。二是具有受益税性质。在我国，国家既是自然资源的所有者，又是政治权力的行使者，资源税实质上是国家凭借其政治权力和对自然资源的所有权双重权力对开采者征收的一种税，是国家采用税收手段收取的自然资源所有权的经济报酬。它一方面体现了有偿开发利用国有资源，另一方面体现了税收强制性、固定性。所以说，中国的资源税具有受益税性质。三是具有级差收入税的特点。中国地域辽阔，各地资源及开发条件存在较大差异。由于各地资源储存状况、开采条件、选矿条件、地理位置的不同，可能造成同一种资源形成不同的级差收入，通过对同一资源实行高低不同的差别税率，可以达到促进资源合理开发利用的目的。四是实行从量定额征收。资源税税负是根据应税资源的不同品种以及同一品种的不同资源、开采条件，按其资源产地和等级分别确定的，并根据各种资源的计量单位确定其单位税额，实行从量定额征收。采用定额税率计算简便、便于征管。

一、纳税人

在中华人民共和国境内开采应税矿产品或者生产盐的单位和个人，为资源税的纳税义务人。单位是指国有企业、集体企业、私有企业、股份制企业、外商投资企业、外国企业、其他企业和行政单位、事业单位、军事单位、社会团体及其他单位。个人是指个体经营者及其他个人。

收购未税矿产品的单位为资源税的扣缴义务人。现规定符合规定条件的个体工商户也是资源税的扣缴义务人。

目前，中国资源税收入主要来自从事原油、煤炭、铁矿石、石灰石等矿产资源开采和生产盐的国有企业、集体企业、私营企业、股份制企业。

二、税目和征税范围

(一) 资源税征税范围

1. 原油，是指开采的天然原油，不包括人造石油。

2. 天然气，是指专门开采或与原油同时开采的天然气，暂不包括煤矿生产的天然气。

3. 煤炭，是指原煤，不包括洗煤、选煤及其他煤炭制品。

4. 其他非金属矿原矿，是指上列产品和井矿盐以外的非金属矿原矿。

5. 黑色金属矿原矿，包括铁矿石、锰矿石和铬矿石。

6. 有色金属矿原矿，包括铜矿石、铅锌矿石、铝土矿石、钨矿石、锡矿石、钼矿石、镍矿石和黄金矿石等。

7. 固体盐，包括海盐原盐、湖盐原盐和井矿盐。

8. 液体盐、卤水。

(二) 资源税税目税额

1. 原油。每吨 8 元至 30 元。

2. 天然气。每千立方米 2 元至 15 元。

3. 煤炭。每吨 0.3 元至 8 元。

4. 其他非金属矿原矿。每吨或立方米 0.5 元至 20 元。

5. 黑色金属矿原矿。每吨 2 元至 30 元。

6. 有色金属矿原矿。每吨 0.4 元至 30 元。

7. 盐。固体盐每吨 10 元至 60 元；液体盐每吨 2 元至 10 元。

现规定，北方海盐的税额标准暂减为每吨 15 元，南方海盐、井矿盐、湖矿盐的税额标准暂减为每吨 10 元，液体盐的税额标准暂减为每吨 2 元。

三、资源税的计算

(一) 应纳税额的计算

资源税以应税产品的课税数量为计税依据，按照适用税额标准计算应纳税额。

应纳税额计算公式：

应纳税额 = 课税数量 × 适用税额标准

(二) 资源税的课税数量规定

1. 纳税人开采或者生产应税产品销售的，以销售数量为课税数量。

2. 纳税人开采或者生产应税产品自用的，以自用数量为课税数量。

原油中的稠油、高凝油与稀油划分不清或不易划分的，一律按原油的数量课税。

纳税人开采或者生产不同税目应税产品的，应当分别核算不同税目应税产品的课税数量；未分别核算或者不能准确提供不同税目应税产品的课税数量的，税务机关在征收资源税的时候适用税额标准从高。

纳税人不能准确提供应税产品销售数量或移送使用数量的，以应税产品的产量或主管税务机关确定的折算比换算成的数量为课税数量，据以征收资源税。

四、税收优惠

有下列情形之一的，减征或者免征资源税：

1. 开采原油过程中用于加热、修井的原油，免税。

2. 纳税人开采或者生产应税产品过程中，因意外事故或者自然灾害等原因遭受重大损失的，由省、自治区、直辖市人民政府酌情决定减税或者免税。

3. 国务院规定的其他减税、免税项目。

纳税人的减税、免税项目，应当单独核算课税数量；未单独核算或者不能准确提供课税数量的，不予减税或者免税。

五、征收管理

（一）纳税义务发生时间

1. 纳税人销售应税产品，其纳税义务发生时间根据其结算方式的不同分为以下情况处理：

（1）纳税人采取分期收款结算方式的，其纳税义务发生时间，为销售合同规定的收款日期的当天。

（2）纳税人采取预收货款结算方式的，其纳税义务发生时间，为发出应税产品的当天。

（3）纳税人采取其他结算方式的，其纳税义务发生时间，为收讫销售款或者取得索取销售款凭据的当天。

2. 纳税人自产自用应税产品的纳税义务发生时间，为移送使用应税产品的当天。

3. 扣缴义务人代扣代缴税款的纳税义务发生时间，为支付首笔货款或者首次开具应支付货款凭据的当天。

（二）纳税地点

纳税人应纳的资源税，应当向应税产品的开采或者生产所在地主管税务机关缴纳。纳税人在本省、自治区、直辖市范围内开采或者生产应税产品，其纳税地点需要调整的，由省、自治区、直辖市税务机关决定。

跨省开采资源税应税产品的单位，其下属生产单位与核算单位不在同一省、自治区、直辖市的，对其开采的矿产品，一律在开采地纳税，其应纳税款由独立核算、自负盈亏的单位，按照开采地的实际销售量（或者自用量）及适用的单位税额计算划拨。

扣缴义务人代扣代缴的资源税，应当向收购地主管税务机关缴纳。

（三）纳税期限

纳税人的纳税期限由主管税务机关根据实际情况分别核定为1日、3日、5日、10日、15日或者1个月。纳税人不能按固定期限计算纳税的，可以按次计算纳税。

纳税人以 1 个月为一期纳税的，自期满之日起 10 日内申报纳税；以 1 日、3 日、5 日、10 日或者 15 日为一期纳税的，自期满之日起 5 日内预缴税款，于次月 1 日起 10 日内申报纳税并结清上月税款。

扣缴义务人的解缴税款期限，比照前两款的规定执行。

（四）资源税代扣代缴管理办法

收购资源税未税矿产品的独立矿山、联合企业以及其他单位为资源税代扣代缴义务人（以下简称扣缴义务人）。扣缴义务人应当主动向主管税务机关申请办理代扣代缴义务人的有关手续。主管税务机关经审核批准后，发给扣缴义务人代扣代缴税款凭证及报告表。

1. 扣缴义务人履行代扣代缴的适用范围是：收购的除原油、天然气、煤炭以外的资源税未税矿产品。"未税矿产品"是指资源税纳税人在销售其矿产品时不能向扣缴义务人提供"资源税管理证明"的矿产品。

2. 扣缴义务人代扣代缴资源税适用的单位税额按如下规定执行：

（1）独立矿山、联合企业收购与本单位矿种相同的未税矿产品，按照本单位相同矿种应税产品的单位税额，依据收购数量代扣代缴资源税。

（2）独立矿山、联合企业收购与本单位矿种不同的未税矿产品，以及其他收购单位收购的未税矿产品，按照收购地相应矿种规定的单位税额，依据收购数量代扣代缴资源税。

（3）收购地没有相同品种矿产品的，按收购地主管税务机关核定的单位税额，依据收购数量代扣代缴资源税。

3. 扣缴义务人代扣代缴资源税的计算公式为：

代扣代缴的资源税额 = 收购未税矿产品数量 × 适用单位税额

4. 扣缴义务人代扣代缴资源税义务发生时间为扣缴义务人支付货款的当天。

5. 扣缴义务人代扣代缴资源税的地点为应税未税矿产品的收购地。

6. 扣缴义务人代扣资源税税款的解缴期限为 1 日、3 日、5 日、10 日、15 日或者 1 个月。具体解缴期限由主管税务机关根据实际情况核定。

7. 扣缴义务人依法履行代扣税款义务时，纳税人不得拒绝。

纳税人拒绝的，扣缴义务人应当及时报告主管税务机关处理。否则，纳税人应缴纳的税款由扣缴义务人负担。

8. 扣缴义务人发生下列行为之一者，按《税收征管法》及其实施细则处理：

（1）应代扣而未代扣或少代扣资源税款。

（2）不缴或少缴已扣税款。

（3）未按规定期限解缴税款。

（4）未按规定设置、保管有关资源税代扣代缴账簿、凭证、报表及有关资料。

（5）转借、涂改、损毁、造假、不按照规定使用"资源税管理证明"的行为。

（6）其他违反税收规定的行为。

（五）自产自用资源税的规定

1. 自产自用产品的课税数量。资源税纳税人自产自用应税产品，因无法准确提供移送使用量而采取折算比换算课税数量办法的，具体规定如下：

（1）煤炭，对于连续加工前无法正确计算原煤移送使用量的，可按加工产品的综合回收率，将加工产品实际销量和自用量折算成原煤数量作为课税数量。

（2）金属和非金属矿产品原矿，因无法准确掌握纳税人移送使用原矿数量的，可将其精矿按选矿比折算成原矿数量作为课税数量。

2. 自产自用产品的范围。资源税暂行条例和实施细则中所说的自产自用产品，包括用于生产和非生产两部分。

六、资源税会计科目的设置

1. 企业按规定应交的资源税，通过"应交税费——应交资源税"科目核算。"应交资源税"明细科目的借方发生额，反映企业已交的或按规定允许抵扣的资源税；贷方发生额，反映应交的资源税；期末借方余额，反映多交或尚未抵扣的资源税；期末贷方余额，反映尚未缴纳的资源税。

2. 企业销售产品应缴纳的资源税，借记"营业税金及附加"科目，贷记"应交税费——应交资源税"科目；上缴资源税时，借记"应交税费——应交资源税"科目，贷记"银行存款"科目。

3. 企业自产自用应税产品应缴纳的资源税，借记"生产成本"、"制造费用"等科目，贷记"应交税费——应交资源税"科目；上缴资源税时，借记"应交税费——应交资源税"科目，贷记"银行存款"科目。

4. 企业收购未税矿产品，按实际支付的收购款借记"材料采购"、"原材料"等科目，贷记"银行存款"等科目，代扣代缴的资源税计入收购矿产品的成本，借记"材料采购"、"原材料"等科目，贷记"应交税费——应交资源税"科目；上缴资源税时，借记"应交税费——应交资源税"科目，贷记"银行存款"科目。

5. 企业外购液体盐加工固体盐，在购入液体盐时，按所允许抵扣的资源税，借记"应交税费——应交资源税"科目，按外购价款扣除允许抵扣资源税后的数额，借记"材料采购"、"原材料"等科目，按应支付的全部价款，贷记"银行存款"、"应付账款"等科目；企业加工成固体盐后，在销售时，按计算出的销售固体盐应交的资源税，借记"营业税金及附加"科目，贷记"应交税费——应交资源税"科目；将销售固体盐应纳资源税扣抵液体盐已纳资源税后的差额上缴时，借记"应交税费——应交资源税"科目，贷记"银行存款"科目。资源税计算示范：

例如，某油田 2008 年 3 月份生产原油 1 200 000 吨，其中向外销售原油 840 000吨，企业自办炼油厂消耗原油 260 000 吨，企业与原油同时生产天然气 400 000 千立方米，向外销售 340 000 千立方米，企业自办炼油厂使用 50 000 千立方米，用于取暖方面使用 10 000 千立方米。该油田原油的单位税额为 12 元/吨，天然气单位税额为 8 元/千立方米。计算该油田应缴纳的资源税并做会计处理。

1. 原油应纳税额

（1）对外销售原油应以实际销售数量为课税数量。

应纳税额 = 840 000 × 12 = 10 080 000（元）

应做如下会计分录：

借：营业税金及附加	10 080 000
贷：应交税费——应交资源税	10 080 000

（2）自产自用原油，应以实际自用数量为课税数量。

应纳税额 = 260 000 × 12 = 3 120 000（元）

应做如下会计分录：

借：生产成本	3 120 000
贷：应交税费——应交资源税	3 120 000

2. 天然气应纳税额

（1）对外销售天然气应纳税额 = 340 000 × 8 = 2 720 000（元）。

应做如下会计分录：

借：营业税金及附加	2 720 000
贷：应交税费——应交资源税	2 720 000

（2）自产自用天然气应纳税额 = 50 000 × 8 = 400 000（元）。

用于取暖方面使用天然气应纳税额 = 10 000 × 8 = 80 000（元）

应做如下会计分录：

借：生产成本	400 000
制造费用	80 000
贷：应交税费——应交资源税	480 000

思考题

1. 资源税代扣代缴管理办法是如何规定的？
2. 为什么要开征资源税？

第十节 土地增值税

为规范土地、房地产市场交易秩序，合理调节土地增值收益，维护国家利益，国务院于1993年12月13日，发布了《中华人民共和国税土地增值税暂行条例》，并从1994年1月1日起开征土地增值税。土地增值税由地方税务局负责征收管理，所得收入归地方政府，是地方政府税收收入的来源之一。

土地增值税有如下特点：一是以转让房地产取得的增值额为征税对象。二是征税面较广。凡在中国境内转让房地产并取得增值收入的单位和个人，税法规定免税的除外，均应依照税法规定缴纳土地增值税。三是采用扣除法和评估法计算增值额。以纳税人转让房地产取得的收入减除法定扣除项目金额后的余额为计税依据，四是实行超率累进税率。五是实行按次征收，其纳税时间、缴纳方法根据房地产转让情况而定。

一、纳税人

土地增值税的纳税人是转让国有土地使用权及地上的一切建筑物和其附着物产权，并取得收入的单位和个人。

单位包括国有企业、集体企业、私营企业机关、外商投资企业、外国企业、股份制企业、其他企业、事业单位、社会团体、国家机关、个体工商户和其他个人，如华侨、港澳台同胞及外国公民等。

转让国有土地使用权及地上的一切建筑物和其附着物并取得收入是指以出售或者其他方式有偿转让房地产的行为。不包括以继承、赠与方式无偿转让房地产的行为。房地产继承赠与行为包括以下两种情形：一是房产所有人、土地使用权所有人将房屋产权、土地使用权赠与直系亲属或承担直接赡养义务人的。二是房产所有人、土地使用权所有人通过中国境内非营利的社会团体、国家机关将房屋产权、土地使用权赠与教育、民政和其他社会福利、公益事业的。

上述社会团体是指中国青少年发展基金会、希望工程基金会、宋庆龄基金会、减灾委员会、中国红十字会、中国残疾人联合会、全国老年基金会、老区促进会以及经民政部门批准成立的其他非营利的公益性组织。

转让房地产的收入包括转让房地产的全部价款及有关的经济利益。国有土地是指按照国家法律规定属于国家所有的土地。

转让国有土地使用权及地上的一切建筑物和其附着物并取得收入是指土地增值税既对转让房地产课税，也对转让地上建筑物和其他附着物的产权征税。地上的一切建筑物，包括地上、地下的各种附属设施，如厂房、仓库、商店、医院、地下室、围墙、电梯、中央空调、管道等。附着物是指附着于土地上的不能移动，一经移动即遭损坏的物品，如种植物、养植物等。

二、计税依据、税率和计税方法

（一）计税依据

纳税人转让房地产所取得的增值额为土地增值税的计税依据。增值额为纳税人转让房地产所取得的收入减去法定项目金额后的余额。

（1）纳税人转让房地产所取得的收入，包括货币收入、实物收入和其他收入。

（2）计算增值额的扣除项目：

①取得土地使用权所支付的金额；

②开发土地的成本费用；

③新建房及配套设施的成本、费用，或者旧房及建筑物的评估价格；

④与转让房地产有关的税金；

⑤财政部规定的其他扣除项目。

取得土地使用权所支付的金额是指纳税人为取得土地使用权所支付的地价款和按国家统一规定缴纳的有关费用。

开发土地和新建房及配套设施的成本是指纳税人房地产开发项目实际发生的成本，包括土地征用及拆迁补偿费、前期工程费、建筑安装工程费、基础设施费、公共配套设施费、开发间接费用。其中土地征用及拆迁补偿费，包括土地征用费、耕地占用税、劳动力安置费及有关地上、地下附着物拆迁补偿的净支出、安置动迁用房支出等；前期工程费，包括规划、设计、项目可行性研究和水文、地质、勘察、测绘、"三通一平"等支出；建筑安装工程费，是指以出包方式支付给承包单位的建筑安装工程费，以自营方式发生的建筑安装工程费；基础设施费，包括开发小区内道路、供水、供电、供气、排污、排洪、通信、照明、环卫、绿化等工程发生的支出；公共配套设施费，包括不能有偿转让的开发小区内公共配套设施发生的支出；开发间接费用，是指直接组织、管理开发项目发生的费用，包括工资、职工福利费、折旧费、修理费、办公费、水电费、劳动保护费、周转房摊销等。

开发土地和新建房及配套设施的费用：是指与房地产开发项目有关的销售费用、管理费用、财务费用。其中：财务费用中的利息支出，凡能够按转让房地产项目计算分摊并提供金融机构证明的，允许据实扣除，但最高不能超过按商业银行同类同期贷款利率计算的金额；凡不能按转让房地产项目计算分摊利息支出或不能提供金融机构证明的，房地产开发费用按上述①、②项规定计算的金额之和的10%以内计算扣除。上述计算扣除的具体比例，由各省、自治区、直辖市人民政府规定；其他房地产开发费用，按上述①、②项规定计算的金额之和的5%以内计算扣除。

旧房及建筑物的评估价格：是指在转让已使用的房屋及建筑物时，由政府批准设立的房地产评估机构评定的重置成本价乘以新折扣率后的价格。评估价格须经当地税务机关确认。

与转让房地产有关的税金，是指在转让房地产时缴纳的营业税、城市维护建设税、印花税。因转让房地产缴纳的教育费附加，可以视同税金予以扣除。

对从事房地产开发的纳税人可按上述①、②项规定计算的金额之和，加计20%扣除。

（3）根据《中华人民共和国土地增值税暂行条例》第九条的规定，纳税人有下列情形之一的，按照房地产评估价格计算征收。

①隐瞒、虚报房地产成交价格的。

②提供扣除项目金额不实的。

③转让房地产的成交价格低于房地产评估价格，又无正当理由的。

《中华人民共和国土地增值税暂行条例实施细则》第十三条指出，房地产的评估价格，是指由政府批准设立的房地产评估机构根据相同地段、同类房地产进行综合评定的价格。评估价格须经当地税务机关确认。

《中华人民共和国土地增值税暂行条例实施细则》第十四条指出：上述所讲的隐瞒、虚报房地产成交价格是指纳税人不报或有意低报转让土地使用权、地上建筑物及其附着物价款的行为；提供扣除项目金额不实是指纳税人在纳税申报时不据实提供扣除项目金额的行为；转让房地产的成交价格低于房地产评估价格、又无正当理由，是指纳税人申报的转让房地产的实际成交价低于房地产评估机构评定的交易价，纳税人又不能提供凭据或无正当理由的行为。

《中华人民共和国土地增值税暂行条例实施细则》第十四条还指出，隐瞒、虚报房地产成交价格的，应由评估机构参照同类房地产的市场交易价格进行评估。税务机关根据评估价格确定转让房地产的收入；提供扣除项目金额不实的，应由评估机构按照房屋重置成本价乘以成新度折旧率计算的房屋成本价和取得土地使用权时的基准地价进行评估。税务机关根据评估价格确定扣除项目金额。转让房地产的成交价格低于房地产评估价格，又无正当理由的，由税务机关参照房地产评估价格确定转让房地产的收入。

纳税人成片受让土地使用权后，分期分批开发、转让房地产的，对允许扣除项目的金额可按转让土地使用权的面积占总面积的比例计算分摊；或按照税务机关确认的其他方式计算分摊。

纳税人采用预售方式出售房地产的，可以预征土地增值税。可以按买卖双方签订销售合同所载金额计算出应纳土地增值税额，再根据每笔预收款占总售价款的比例，计算分摊每次所需缴纳的土地增值税，在每次预收款时计征。

现规定：纳税人转让旧房和建筑物，不能取得评估价格，但能提供购房发票，经当地税务机关确认，其为取得房屋所支付的金额和购房及配套设施的成本、费用的扣除，可按发票所记载金额，从购买年度起至转让年度止，每年加计5%。纳税人购房时的契税可扣除，但不能作为加计5%的基数。

（4）土地增值税的核定征收。

房地产开发企业有下列情形之一的，税务机关可以参照与其开发规模和收入水平相近的当地企业的土地增值税税负情况，按不低于预征率的征收率核定征收土地增值税：

①依照法律、行政法规的规定应当设置但未设置账簿的。

②擅自销毁账簿或者拒不提供纳税资料的。

③虽设置账簿，但账目混乱或者成本资料、收入凭证、费用凭证残缺不全，难以确定转让收入或扣除项目金额的。

④符合土地增值税清算条件，未按照规定的期限办理清算手续，经税务机关责令限期清算，逾期仍不清算的。

⑤申报的计税依据明显偏低，又无正当理由的。

（二）税率

土地增值税实行四级超率累进税率：

（1）增值额未超过扣除项目金额50%的部分，税率为30%。

（2）增值额超过扣除项目金额50%、未超过扣除项目金额100%的部分，税率为40%。

（3）增值额超过扣除项目金额100%、未超过扣除项目金额200%的部分，税率为50%。

（4）增值额超过扣除项目金额200%的部分，税率为60%。

（三）计税方法

计算土地增值税税额，可按转让房地产的增值额乘以适用的税率减去扣除项目金额乘以速算扣除系数的简便方法计算。具体公式如下：

1. 增值额未超过扣除项目金额50%的：

土地增值税税额＝增值额×30%

2. 增值额超过扣除项目金额50%，未超过100%的：

土地增值税税额＝增值额×40%－扣除项目金额×5%

3. 增值额超过扣除项目金额100%，未超过200%的：

土地增值税税额＝增值额×50%－扣除项目金额×15%

4. 增值额超过扣除项目金额200%的：

土地增值税税额＝增值额×60%－扣除项目金额×35%

公式中的5%、15%、35%为速算扣除系数。

三、税收优惠

（一）税法规定

根据《中华人民共和国土地增值税暂行条例》第八条的规定，有下列情形之一的，免征土地增值税：

1. 纳税人建造普通标准住宅出售，增值额未超过扣除项目金额20%的。

2. 因国家建设需要依法征用、收回的房地产。

3. 个人因工作调动或改善居住条件而转让原自用住房（非普通住宅），经向税务机关申报核准，凡居住满5年或5年以上的，免予征收土地增值税；居住满3年未满5年的，减半征收土地增值税；居住未满3年的，按规定计征土地增值税。

现规定个人销售住房，在其转让时暂免征收土地增值税。

（二）其他若干规定

下列项目暂免征税：

1. 以房地产进行投资、联营。投资、联营的一方以土地（房地产）作价入股进行投资或作为联营条件，将房地产转让到所投资、联营的企业中的，暂免征收土地增值税。但所投资、联营的企业从事房地产开发的和房地产开发企业以其建造的商品房投资、联营的除外。

2. 合作建房。一方出地，一方出资金，双方合作建房，建成后按比例分房自用的，暂免征收土地增值税；建成后转让的，应征收土地增值税。

3. 企业兼并中，被兼并企业将房地产转让到兼并企业中的。

4. 个人之间互换自有居住用房地产，经当地税务机关核实的。

四、其他问题

1. 房地产抵押的。在抵押期间不征收土地增值税。待抵押期满后，视该房地产是否转移产权来确定是否征收土地增值税。以房地产抵押而发生房地产产权转让的，属于征收土地增值税的范围。

2. 房地产出租的征免税问题。房地产出租，出租人取得了收入，但没有发生房地产产权的转让，不属于征收土地增值税的范围。

3. 房地产评估增值的征免税问题。房地产评估增值，没有发生房地产权属的转让，不属于征收土地增值税的范围。

4. 国家收回土地使用权、征用地上建筑物及附着物的征免税问题。国家收回或征用，虽然发生了权属的变更，原房地产所有人也取得了收入，但可以免征土地增值税。

五、征收管理

（一）纳税期限

1. 纳税人应在转让房地产合同签订后的 7 日内，到房地产所在地主管税务机关办理纳税申报，并向税务机关提交房屋及建筑物产权、土地使用权证书，土地转让、房产买卖合同，房地产评估报告及其他与转让房地产有关的资料。

2. 纳税人因经常发生房地产转让而难以在每次转让后申报的，经税务机关审核同意后，可以按月或定期进行纳税申报，具体期限由税务机关根据情况确定。

（二）纳税地点

土地增值税由房地产所在地的税务机关负责征收。房地产所在地，是指房地产的坐落地。纳税人转让房地产坐落在两个或两个以上地区的，应按房地产所在地分别申报纳税。

六、其他缴纳土地增值税的规定

1. 一次交割、付清价款方式转让房地产的。主管税务机关可以在纳税人办理纳税申报后，根据其应纳税额的大小及向有关部门办理过户、登记手续的期限等，规定其在办理过户、登记手续前数日内一次性缴纳全部土地增值税。

2. 以分期收款方式转让房地产的。主管税务机关可以根据合同规定的收款日期来确定具体的纳税期限。即先计算出应缴纳的全部土地增值税税额，再按总税额除以转让房地产的总收入，求得应纳税额占总收入的比例。然后，在每次收到价款时，按收到价款的数额乘以这个比例来确定每次应纳的税额，并规定其应在每次收款后数日内缴纳土地增值税。

3. 项目全部竣工结算前转让房地产的。可以预征土地增值税，待该项目全部竣工、办理结算后再进行清算，多退少补。主要涉及两种情况：①纳税人进行小区开发建设的，其中一部分房地产项目因先行开发并已转让出去，但小区内的部分配套设施往往在转让后才建成。在这种情况下，税务机关可以对先行转让的项目，在取得收入时预征土地增值税。②纳税人以预售方式转让房地产的，对在办理结算和转交手续前就取得的收入，税务机关也可以预征土地增值税。具体办法由省级地方税务局根据当地情况制定。凡采用预征方法征收土地增值税的，在该项目全部竣工办理结算时，都需要对土地增值税进行清算，根据应征税额和已征税额进行清算，多退少补。

4. 非直接销售和自用房地产的收入确定。根据《国家税务总局关于房地产开发企业土地增值税清算管理有关问题的通知》的规定，房地产开发企业将开发产品用于职工福利、奖励、对外投资、分配给股东或投资人、抵偿债务、换取其他单位和个人的非货币性资产等，发生所有权转移时应视同销售房地产，其收入按下列方法和顺序确认：

（1）按本企业在同一地区、同一年度销售的同类房地产的平均价格确定。

（2）由主管税务机关参照当地当年、同类房地产的市场价格或评估价值确定。

房地产开发企业将开发的部分房地产转为企业自用或用于出租等商业用途时，如果产权未发生转移，不征收土地增值税，在税款清算时不列收入，不扣除相应的成本和费用。

5. 房地产开发企业土地增值税清算管理。为进一步加强房地产开发企业土地增值税清算管理工作，国家税务总局根据《国家税务总局关于房地产开发企业土地增值税清算管理有关问题的通知》对房地产开发企业土地增值税清算管理做了专门规定：

（1）土地增值税以国家有关部门审批的房地产开发项目为单位进行清算，对于分期开发的项目，以分期项目为单位清算。开发项目中同时包含普通住宅和非普通住宅的，应分别计算增值额。

（2）土地增值税的清算条件符合下列情形之一的，纳税人应进行土地增值税的清算：

①房地产开发项目全部竣工、完成销售的。

②整体转让未竣工决算房地产开发项目的。

③直接转让土地使用权的。

（3）符合下列情形之一的，主管税务机关可要求纳税人进行土地增值税清算：

①已竣工验收的房地产开发项目，已转让的房地产建筑面积占整个项目可售建筑面积的比例在85%以上，或该比例虽未超过85%，但剩余的可售建筑面积已经出租或自用的。

②取得销售（预售）许可证满三年仍未销售完毕的。

③纳税人申请注销税务登记但未办理土地增值税清算手续的。

④省税务机关规定的其他情况。

（4）土地增值税清算时的扣除项目：

①房地产开发企业办理土地增值税清算时计算与清算项目有关的扣除项目金额，应根据土地增值税暂行条例第六条及其实施细则第七条的规定执行。除另有规定外，扣除取得土地使用权所支付的金额、房地产开发成本、费用及与转让房地产有关税金，须提供合法有效凭证；不能提供合法有效凭证的，不予扣除。

②房地产开发企业办理土地增值税清算所附送的前期工程费、建筑安装工程费、

基础设施费、开发间接费用的凭证或资料不符合清算要求或不实的，地方税务机关可参照当地建设工程造价管理部门公布的建安造价定额资料，结合房屋结构、用途、区位等因素，核定上述四项开发成本的单位面积金额标准，并据以计算扣除。具体核定方法由省税务机关确定。

③房地产开发企业开发建造的与清算项目配套的居委会和派出所用房、会所、停车场（库）、物业管理场所、变电站、热力站、水厂、文体场馆、学校、幼儿园、托儿所、医院、邮电通信等公共设施，按以下原则处理：建成后产权属于全体业主所有的，其成本、费用可以扣除；建成后无偿移交给政府、公用事业单位用于非营利性社会公共事业的，其成本、费用可以扣除；建成后有偿转让的，应计算收入，并准予扣除成本、费用。

（5）房地产开发企业销售已装修的房屋，其装修费用可以计入房地产开发成本。房地产开发企业的预提费用，除另有规定外，不得扣除。

（6）属于多个房地产项目共同的成本费用，应按清算项目可售建筑面积占多个项目可售总建筑面积的比例或其他合理的方法，计算确定清算项目的扣除金额。

6. 土地增值税清算应报送的资料。符合本通知第二条第（一）项规定的纳税人，须在满足清算条件之日起90日内到主管税务机关办理清算手续；符合本通知第二条第（二）项规定的纳税人，须在主管税务机关限定的期限内办理清算手续。纳税人办理土地增值税清算应报送以下资料：

（1）房地产开发企业清算土地增值税书面申请、土地增值税纳税申报表。

（2）项目竣工决算报表、取得土地使用权所支付的地价款凭证、国有土地使用权出让合同、银行贷款利息结算通知单、项目工程合同结算单、商品房购销合同统计表等与转让房地产的收入、成本和费用有关的证明资料。

（3）主管税务机关要求报送的其他与土地增值税清算有关的证明资料等。纳税人委托税务中介机构审核鉴证的清算项目，还应报送中介机构出具的《土地增值税清算税款鉴证报告》。

7. 土地增值税清算项目的审核鉴证。税务中介机构受托对清算项目审核鉴证时，应按税务机关规定的格式对审核鉴证情况出具鉴证报告。对符合要求的鉴证报告，税务机关可以采信。

税务机关要对从事土地增值税清算鉴证工作的税务中介机构在准入条件、工作程序、鉴证内容、法律责任等方面提出明确要求，并做好必要的指导和管理工作。

8. 土地增值税的核定征收。房地产开发企业有下列情形之一的，税务机关可以参照与其开发规模和收入水平相近的当地企业的土地增值税税负情况，按不低于预征率的征收率核定征收土地增值税：

（1）依照法律、行政法规的规定应当设置但未设置账簿的。

（2）擅自销毁账簿或者拒不提供纳税资料的。

（3）虽设置账簿，但账目混乱或者成本资料、收入凭证、费用凭证残缺不全，难以确定转让收入或扣除项目金额的。

（4）符合土地增值税清算条件，未按照规定的期限办理清算手续，经税务机关责令限期清算，逾期仍不清算的。

（5）申报的计税依据明显偏低，又无正当理由的。

9. 清算后再转让房地产的处理。在土地增值税清算时未转让的房地产，清算后销售或有偿转让的，纳税人应按规定进行土地增值税的纳税申报，扣除项目金额按清算时的单位建筑面积成本费用乘以销售或转让面积计算。

单位建筑面积成本费用＝清算时的扣除项目总金额÷清算的总建筑面积

土地增值税以人民币为计算单位。转让房地产所取得的收入为外国货币的，以取得收入当天或当月1日国家公布的市场汇价折合成人民币，据以计算应纳土地增值税税额。对于以分期收款形式取得的外币收入，也应按实际收款日或收款当月1日国家公布的市场汇价折合人民币。

七、土地增值税会计科目的设置

（一）会计科目的设置

为了核算土地增值税的应交及实交等情况，企业应在"应交税费"科目下设置"应交土地增值税"明细科目，贷方登记企业应缴纳的土地增值税，借方登记企业上交和预交的土地增值税，贷方余额为尚未缴纳的土地增值税，预交土地增值税的企业，该科目的借方余额包括预交的土地增值税。

1. 对于主营房地产业务的企业，如房地产开发企业，应根据计算的应纳土地增值税额，做会计分录：

借：营业税金及附加

　　贷：应交税费——应交土地增值税

当实际缴纳时，做分录

借：应交税费——应交土地增值税

　　贷：银行存款

2. 对于非主营房地产业务的企业，在转让房地产时，则应分别情况进行会计处理。

（1）兼营房地产业务的企业，房地产完工后未转入固定资产的，转让时计算应纳土地增值税时应做会计分录：

借：其他业务成本

　　贷：应交税费——应交土地增值税

（2）转让以支付土地出让金等方式取得国有土地使用权，原已纳入"无形资产"核算的、其转让时计算应缴纳的土地增值税做会计分录：

借：其他业务成本

　　贷：应交税费——应交土地增值税

（3）转让的国有土地使用权已连同地上建筑物及其他附着物一并在"固定资产"科目核算的，其转让房地产（包括地上建筑物及其他附着物），计算应缴纳的土地增值税做会计分录：

借：固定资产清理

贷：应交税费——应交土地增值税

（4）转让的以行政划拨方式取得的国有土地使用权，如仅转让国有土地使用权，转让时计算应缴纳的土地增值税，做会计分录：

借：其他业务成本

贷：应交税费——应交土地增值税

如国有土地使用权连同地上建筑物及其他附着物一并转让，转让时计算应缴纳的土地增值税，做会计分录：

借：固定资产清理

贷：应交税费——应交土地增值税

（5）上述缴纳土地增值税时，做会计分录：

借：应交税费——应交土地增值税

贷：银行存款

（二）土地增值税计算示范

例1 某工业企业兼营房地产开发业务，转让一块已开发的土地使用权，取得转让收入1 400万元，为取得土地使用权所支付金额320万元，开发土地成本65万元，开发土地费用21万元，应纳有关税费77.70万元。该企业不能按转让房地产项目计算分摊利息支出。计算该企业应纳土地增值税并做会计处理。

扣除项目金额 = (320 + 65) × (1 + 20%) + 21 + 77.70 = 560.70（万元）

增值额 = 1 400 - 560.70 = 839.30（万元）

增值率 = 839.30 ÷ 560.70 = 149.69%（适用税率为50%，速算扣除系数为15%）

应纳税额 = 839.30 × 50% - 560.70 × 15% = 335.54（万元）

应做会计分录如下：

借：其他业务成本 3 355 400

贷：应交税费——应交土地增值税 3 355 400

借：应交税费——应交土地增值税 3 355 400

贷：银行存款 3 355 400

例2 某房地产开发企业将其开发的写字楼一幢出售，共取得收入6 800万元。企业为开发该项目支付土地出让金1 200万元，房地产开发本为3 000万元，专门为开发该项目支付的贷款利息120万元。为转让该项目应当缴纳营业税、城市维护建设税、教育费附加及印花税共计210.9万元。当地政府规定，企业可以按土地使用权出让费、房地产开发成本之和的5%计算扣除其他房地产开发费用。另外，税法规定，从事房地产开发的企业可以按土地出让费和房地产开发成本之和的20%加计扣除。计算该房地产企业应缴纳的土地增值税并做会计处理。

扣除项目金额 = 1 200 + 3 000 + 120 + 210.9 + (1 200 + 3 000) × 5% + (1 200 + 3 000) × 20% = 5 580.90（万元）

增值额 = 6 800 - 5 580.90 = 1 219.10（万元）

增值率 = 1 219.10 ÷ 5 580.90 = 21.84%

应纳税额 = 1 219. 10 × 30% = 365. 73（万元）

应做如下会计分录：

借：营业税金及附加　　　　　　　　　　　　　　　　3 657 300

　贷：应交税费——应交土地增值税　　　　　　　　　3 657 300

实际向税务机关缴纳土地增值税时做如下会计分录：

借：应交税费——应交土地增值税　　　　　　　　　　3 657 300

　贷：银行存款　　　　　　　　　　　　　　　　　　3 657 300

第十一节　耕地占用税

为了合理利用土地资源，加强土地管理，保护耕地，中国于 1987 年 4 月 1 日以国务院文件发布了《中华人民共和国耕地占用税暂行条例》，并于 2007 年 12 月 1 日以国务院令修改并公布，自 2008 年 1 月 1 日起实施。耕地占用税由地方税务局负责征收管理，其收入归地方政府所有。

一、纳税人

占用耕地建房或者从事非农业建设的单位或者个人，为耕地占用税的纳税人。单位包括国有企业、集体企业、私营企业、股份制企业、外商投资企业、外国企业以及其他企业和事业单位、社会团体、国家机关、部队以及其他单位；个人包括个体工商户以及其他个人。

二、计税依据、税额标准和计税方法

耕地，是指用于种植农作物的土地。

耕地占用税以纳税人实际占用的耕地面积为计税依据，按照规定的适用税额一次性征收。耕地占用税的税额规定如下：

1. 人均耕地不超过 1 亩（1 亩 ≈ 666. 67 平方米，全书同）的地区（以县级行政区域为单位，下同），每平方米为 10 元至 50 元。

2. 人均耕地超过 1 亩但不超过 2 亩的地区，每平方米为 8 元至 40 元。

3. 人均耕地超过 2 亩但不超过 3 亩的地区，每平方米为 6 元至 30 元。

4. 人均耕地超过 3 亩的地区，每平方米为 5 元至 25 元。

国务院财政、税务主管部门根据人均耕地面积和经济发展情况确定各省、自治区、直辖市的平均税额。经济特区、经济技术开发区和经济发达且人均耕地特别少的地区，适用税额可以适当提高，但是提高的部分最高不得超过上述第 3 条规定的当地适用税额的 50%。

占用基本农田的，适用税额应当在上述第 3 条和有关经济特区、经济技术开发区、经济发达且人均耕地特别少的地区所规定的当地适用税额的基础上提高 50%。

应纳税额计算公式 = 纳税人实际占用的耕地面积 × 适用税额标准

三、税收优惠

（一）下列情形免征耕地占用税

1. 军事设施占用耕地。
2. 学校、幼儿园、养老院、医院占用耕地。

（二）下列情形减征耕地占用税

1. 铁路线路、公路线路、飞机场跑道、停机坪、港口、航道占用耕地，减按每平方米 2 元的税额征收耕地占用税。

2. 农村居民占用耕地新建住宅，按照当地适用税额减半征收耕地占用税。

3. 农村烈士家属、残疾军人、鳏寡孤独以及革命老根据地、少数民族聚居区和边远贫困山区生活困难的农村居民，在规定用地标准以内新建住宅缴纳耕地占用税确有困难的，经所在地乡（镇）人民政府审核，报经县级人民政府批准后，可以免征或者减征耕地占用税。

依照上述第 1 条、第 2 条规定免征或者减征耕地占用税后，纳税人改变原占地用途，不再属于免征或者减征耕地占用税情形的，应当按照当地适用税额补缴耕地占用税。

四、纳税期限和纳税地点

耕地占用税由地方税务机关负责征收。土地管理部门在通知单位或者个人办理占用耕地手续时，应当同时通知耕地所在地同级地方税务机关。

耕地占用税的纳税义务发生时间为获准占用耕地的单位或者个人在收到土地管理部门的通知之日起 30 日内缴纳耕地占用税。土地管理部门凭耕地占用税完税凭证或者免税凭证和其他有关文件发放建设用地批准书。

纳税人临时占用耕地，应当依照《耕地占用税务暂行条例》的规定缴纳耕地占用税。纳税人在批准临时占用耕地的期限内恢复所占用耕地原状的，全额退还已经缴纳的耕地占用税。

占用林地、牧草地、农田水利用地、养殖水面以及渔业水域滩涂等其他农用地建房或者从事非农业建设的，比照本条例的规定征收耕地占用税。

建设直接为农业生产服务的生产设施占用前款规定的农用地的，不征收耕地占用税。

五、耕地占用税会计科目的设置

对于耕地占用税，由于是按照实际占用耕地面积计算，并一次性缴纳，因此可以不通过"应交税费"科目进行核算。企业按规定缴纳耕地占用税时，借记"在建工程"科目，贷记"银行存款"科目。

（一）耕地占用税计算示范

例如，某工厂 2008 年 1 月份经批准征用耕地 10 000 平方米用于建设厂房，当地政府规定的耕地占用税税额为 8 元/平方米，计算该工厂应缴纳的耕地占用税并做会计处理。

应纳耕地占用税 = 8 × 10 000 = 80 000（元）

（二）会计分录示范

会计分录如下：

借：在建工程　　　　　　　　　　　　　　　　　　80 000
　贷：银行存款　　　　　　　　　　　　　　　　　　80 000

思考题

1. 耕地占用税的纳税范围如何确定？
2. 耕地占用税的税额如何确定？

第十二节　城镇土地使用税

为了合理使用城镇土地，加强土地管理，调节土地级差收入，提高土地使用效益，加强土地管理，中国于 1988 年 9 月 27 日以国务院令发布了《中华人民共和国税城镇土地使用税暂行条例》，并于 2006 年 12 月 31 日以国务院令修改并公布，自 2007 年 1 月 1 日起实施。城镇土地使用税由地方税务局负责征收管理，其收入归地方政府所有。

城镇土地使用税是以征收范围内的土地为征税对象，以实际占用的土地面积为计税依据，按规定税额对拥有土地使用权的单位和个人征收的一种税。

城镇土地使用税具有以下特点：一是对占用或使用土地的行为征税；二是征税对象是国有土地；三是征收范围比较广；四是实行差别幅度税额。

一、纳税人

城镇土地使用税的纳税义务人是在城市、县城、建制镇、工矿区范围内使用土地的单位和个人，包括国有企业、集体企业、私营企业、股份制企业、外商投资企业、外国企业以及其他企业和事业单位、社会团体、国家机关、军队以及其他单位和个体工商户、其他个人。

2007 年 1 月 1 日起在城市、县城、建制镇、工矿区范围内使用土地的外商投资企业、外国企业和外籍个人也被确定为城镇土地使用税的纳税人，应当依据《城镇土地使用税暂行条例》的规定缴纳土地使用税。

具体规定如下：

1. 城镇土地使用税由拥有土地使用权的单位或个人缴纳。
2. 拥有土地使用权的纳税人不在土地所在地的，由代管人或实际使用人纳税。
3. 土地使用权未确定或权属纠纷未解决的，由实际使用人纳税。

4. 土地使用权共有的，由共有各方分别纳税。

房管部门经租的公房用地，凡土地使用权属于房管部门的，由房管部门缴纳土地使用税。

二、征税范围

城镇土地使用税的征收范围包括城市、县城、建制镇、工矿区内的国家所有和集体所有的土地。

城市的征税范围包括市区和郊区。城市是指经国务院批准设立的市。

县城的征税范围为县人民政府所在地的城镇。

建制镇的征税范围为由省、自治区和直辖市地方税务局提出方案，报经当地省级人民政府批准以后执行，并报国家税务局备案。

建制镇是指经省、自治区、直辖市人民政府批准设立的建制镇。

工矿区是指工商业比较发达，人口比较集中，符合国务院规定的建制镇标准，但尚未设立镇建制的大中型工矿企业所在地。工矿区须经省、自治区、直辖市人民政府批准。

三、计税依据、税额标准和和计税方法

（一）计税依据

土地使用税以纳税人实际占用的土地面积为计税依据，依照规定税额计算征收。纳税人实际占用的土地面积，是指由省、自治区、直辖市人民政府确定的单位组织测定的土地面积。尚未组织测量，但纳税人持有政府部门核发的土地使用证书的，以证书确认的土地面积为准；尚未核发土地使用证书的，应由纳税人据实申报土地面积。

（二）税额标准

城镇土地使用税实行分级幅度税额。每平方米土地年税额如下：

1. 大城市为 1.5 元至 30 元。
2. 中等城市为 1.2 元至 24 元。
3. 小城市为 0.9 元至 18 元。
4. 县城、建制镇、工矿区为 0.6 元至 12 元。

根据《关于土地使用税若干具体问题的解释和暂行规定》的规定，大、中、小城市以公安部门登记在册的非农业正式户口人数为依据，按照国务院颁布的《城市规划条例》中规定的标准划分。现行的划分标准是：市区及郊区非农业人口总计在 50 万以上的，为大城市；市区及郊区非农业人口总计在 20 万至 50 万的，为中等城市；市区及郊区非农业人口总计在 20 万以下的，为小城市。

《中华人民共和国税城镇土地使用税暂行条例》第五条指出，各省、自治区、直辖市人民政府，应当在所列税额幅度内，根据市政建设状况、经济繁荣程度等条件确定所辖地区的适用税额幅度。

市、县人民政府应当根据实际情况，将本地区土地划分为若干等级，在省、自治

区、直辖市人民政府确定的税额幅度内，制定相应的适用税额标准，报省、自治区、直辖市人民政府批准执行。

经省、自治区、直辖市人民政府批准，经济落后地区土地使用税的适用税额标准可以适当降低，但降低额不得超过《城镇土地使用税暂行条例》第四条规定最低税额的30%。经济发达地区土地使用税的适用税额标准可以适当提高，但须报经财政部批准。

（三）计税方法

应纳税额＝纳税人实际占用的土地面积（平方米）×适用税额标准

土地使用权几方共有的，由共有的各方按其实际使用的土地面积占总面积的比例，分别计算缴纳土地使用税。

四、税收优惠

（一）一般规定

根据《中华人民共和国税城镇土地使用税暂行条例》第六条的规定，具有下列情形的土地免缴土地使用税：

1. 国家机关、人民团体、军队自用的土地。
2. 由国家财政部门拨付事业经费的单位自用的土地。
3. 宗教寺庙、公园、名胜古迹自用的土地。
4. 市政街道、广场、绿化地带等公共用地。
5. 直接用于农、林、牧、渔业的生产用地。
6. 经批准开山填海整治的土地和改造的废弃土地，从使用的月份起免缴土地使用税5至10年。
7. 由财政部另行规定免税的能源、交通、水利设施用地和其他用地。

根据《关于土地使用税若干具体问题的解释和暂行规定》的规定，免税单位自用的土地，是指这些单位本身的办公用地和公务用地。一是国家机关、人民团体、军队自用的土地，是指这些单位本身的办公用地和公务用地。二是人民团体是指经国务院授权的政府部门批准设立或登记备案并由国家拨付行政事业费的各种社会团体。现规定，企业办的学校、医院、托儿所、幼儿园的自用的土地，其用地能与企业其他用地明确区分的，可以比照由国家财政部门拨付事业经费的单位自用的土地，免征土地使用税。以上单位的生产、营业用地和其他用地，不属于免税范围，应按规定缴纳土地使用税。三是事业单位自用的土地，是指这些单位本身的业务用地（由国家财政部门拨付事业经费的单位，是指由国家财政部门拨付经费、实行全额预算管理或差额预算管理的事业单位。不包括实行自收自支、自负盈亏的事业单位）。事业单位的生产、营业用地和其他用地，不属于免税范围，应按规定缴纳土地使用税。四是宗教寺庙自用的土地，是指举行宗教仪式等的用地和寺庙内的宗教人员生活用地。五是公园、名胜古迹自用的土地，是指供公共参观游览的用地及其管理单位的办公用地。

以上单位的生产、营业用地和其他用地，不属于免税范围，应按规定缴纳土地使用税。公园、名胜古迹中附设的营业单位，如影剧院、饮食部、茶社、照相馆等使用的土地，应征收土地使用税。直接用于农、林、牧、渔业的生产用地，是指直接从事种植、养殖、饲养的专业用地，不包括农副产品加工场地和生活、办公用地。

（二）由省、自治区、直辖市税务局确定的免税项目

根据《关于土地使用税若干具体问题的解释和暂行规定》第十八条的规定，下列土地的征免税由省、自治区、直辖市税务局确定：

1. 个人所有的居住房屋及院落用地。

2. 房产管理部门在房租调整改革前经租的居民住房用地。

3. 免税单位职工家属的宿舍用地。

4. 民政部门举办的安置残疾人占一定比例的福利工厂用地。

注： 此规定已经废止。新规定是在一个纳税年度内，月平均实际安置残疾人就业人数占本单位在职职工总数的比例达到 25% 以上且安置残疾人 10 人以上的单位，可减征或免征该纳税年度的城镇土地使用税，具体减免税比例和管理办法由省级财税主管部门确定。

5. 集体和个人办的各类学校、医院、托儿所、幼儿园用地。

（三）由国地税规定的免税土地

根据《国家税务总局关于印发〈关于城镇土地使用税若干具体问题的补充规定〉的通知》的规定，下列土地的征免税由省、自治区、直辖市税务局确定：

1. 对有些基建项目，特别是国家产业政策扶持发展的大型基建项目占地面积大，建设周期长，在建期间又没有经营收入，为照顾其实际情况，对纳税人纳税确有困难的，可由各省、自治区、直辖市税务局根据具体情况予以免征或减征土地使用税；对已经完工或已经使用的建设项目，其用地应照章征收土地使用税。

2. 对城镇内的集贸市场（农贸市场）用地，按规定应征收土地使用税。为了促进集贸市场的发展及照顾各地的不同情况，各省、自治区、直辖市税务局可根据具体情况自行确定对集贸市场用地征收或者免征土地使用税。

3. 对于各类危险品仓库，厂房所需的防火、防爆、防毒等安全防范用地，可由各省、自治区、直辖市税务局确定，暂免征收土地使用税；对仓库库区、厂房本身用地，应照章征收土地使用税。

4. 企业搬迁后，原有场地不使用的，经各省、自治区、直辖市税务局审批，可暂免征收土地使用税。

5. 对企业范围内的荒山、林地、湖泊等占地，尚未利用的，经各省、自治区、直辖市税务局审批，可暂免征收土地使用税。

根据《国家税务局关于对交通部门的港口用地征免土地使用税问题的规定》的规定：对港口的码头（即泊位，包括岸边码头、伸入水中的浮码头、堤岸、堤坝、栈桥等）用地，免征土地使用税。

五、征收管理

（一）纳税期限

城镇土地使用税按年计算，分期缴纳。缴纳期限由省、自治区、直辖市人民政府确定。

（二）纳税地点

城镇土地使用税由土地所在地的税务机关征收。土地管理机关应当向土地所在地的税务机关提供土地使用权属资料。

根据《国家税务总局关于检发〈关于城镇土地使用税若干具体问题的解释和暂行规定〉的通知》的规定，纳税人使用的土地不属于同一省、自治区、直辖市管辖范围的，应由纳税人分别向土地所在地的税务机关缴纳土地使用税。在同一省、自治区、直辖市管辖范围内，纳税人跨地区使用的土地，由各省、自治区、直辖市税务局确定

（三）纳税义务发生时间

根据《关于城镇土地使用税有关政策规定的通知》的规定：

购置新建商品房，自房屋交付使用之次月起计征城镇土地使用税。

购置存量房，在办理房屋权属转移、变更登记手续，房地产权属登记机关签发房屋权属证书之次月起计征城镇土地使用税。

出租、出借房产，自交付出租、出借房产之次月起计征城镇土地使用税。

房地产开发企业自用、出租、出借本企业建造的商品房，自房屋使用或交付之次月起计征城镇土地使用税。

纳税人新征用的耕地，自批准征用之日起满一年时开始缴纳城镇土地使用税。

纳税人新征用的非耕地，自批准征用次月起缴纳城镇土地使用税。

自 2009 年 1 月 1 日起，纳税人因土地的权利状态发生变化而依法终止城镇土地使用税纳税义务的，其应纳税款的计算应截止到土地权利状态发生变化的月末。

六、城镇土地使用税会计科目的设置

企业按规定计算出应缴纳的城镇土地使用税，借记"管理费用"科目，贷记"应交税费——应交城镇土地使用税"科目。实际缴纳时，借记"应交税费——应交城镇土地使用税"科目，贷记"银行存款"科目。

城镇土地使用税计算示范

例如，某企业地处城郊，土地使用证记载企业实际占用土地 5 000 平方米，该公司所在地人民政府规定土地使用税单位税额为每年每平方米 9 元。2007 年 7 月经批准占用耕地 1 000 平方米，用于建立一个仓库，已经按规定缴纳了耕地占用税。当地政府规定城镇土地使用税按年计算，每半年缴纳一次。计算该企业 2008 年应缴纳的城镇土地使用税并做会计处理。

第一，该企业 1~6 月份城镇土地使用税计算如下：

年应纳税额 = 5 000 × 9 = 45 000 （元）

月应纳税额 = 45 000 ÷ 12 = 3 750 （元）

1~6 月份应纳税额 = 3 750 × 6 = 22 500 （元）

1 月末至 6 月末分别做如下会计分录：

借：管理费用 3 750

　贷：应交税费——应交城镇土地使用税 3 750

2007 年 7 月初实际缴纳城镇土地使用税时做如下会计分录：

借：应交税费——应交城镇土地使用税 22 500

　贷：银行存款 22 500

第二，按规定，新征用的耕地已经缴纳了耕地占用税的，从批准占用之日起满一年征收城镇土地使用税，在此以前不征收城镇土地使用税。则从 2008 年 7 月份起，企业应征收城镇土地使用税的土地面积为 6 000 平方米。该企业 7~12 月份其应纳税额为：

年应纳税额 = 6 000 × 9 = 54 000 （元）

月应纳税额 = 54 000 ÷ 12 = 4 500 （元）

7~12 月份应纳税额 = 4 500 × 6 = 27 000 （元）

7 月末至 12 月末企业应分别做如下会计分录：

借：管理费用 4 500

　贷：应交税费——应交城镇土地使用税 4 500

2009 年 1 月初实际缴纳城镇土地使用税时做如下会计分录：

借：应交税费——应交城镇土地使用税 27 000

　贷：银行存款 27 000

思考题

略。

第十三节　烟叶税

我国于 2006 年 4 月 28 日颁布并实施《烟叶税暂行条例》。国务院法制办、财政部、国家税务总局明确指出，开征烟叶税不会增加农民的负担。这主要是因为原烟叶特产农业税是在烟叶收购环节由烟草收购公司缴纳的，这次改征烟叶税以后，纳税人、纳税环节、计税依据等都保持了原烟叶特产农业税的规定不变。烟叶税是对在中华人民共和国境内收购烟叶征收的一种税。烟叶税由地方税务局负责征收，所得收入归中央政府所有。

在中华人民共和国境内收购烟叶的单位为烟叶税的纳税人。

烟叶税实行比例税率，税率为 20%。烟叶税税率的调整，由国务院决定。

烟叶，是指晾晒烟叶、烤烟叶。上述单位包括中国烟草专卖法规定的有权收购烟叶的烟草公司和受其委托收购烟叶的单位。

烟叶税的应纳税额按照纳税人收购烟叶的收购金额和规定的税率计算。

应纳税额的计算公式为：

应纳税额 = 烟叶收购金额 × 税率

应纳税额以人民币计算。

烟叶税由地方税务机关征收。纳税人收购烟叶，应当向烟叶收购地的主管税务机关申报纳税。

烟叶税的纳税义务发生时间为纳税人收购烟叶的当天。

纳税人应当自纳税义务发生之日起 30 日内申报纳税。具体纳税期限由主管税务机关核定。

思考题

略。

第五章 税收征管制度

第一节 税收征管概论

税收征管是指税务机关依据国家法律、法规和税收征管法的规定，对税款征收过程进行组织、管理、检查等一系列工作的总称。税收征管是整个税收管理活动的中心环节，是实现税收管理目标，将潜在的税源变为现实的税收收入的实现手段，也是贯彻国家产业政策，指导、监督纳税人正确履行纳税义务，发挥税收作用的重要措施的基础性工作。税收征收管理的内容主要包括税务管理、税款征收、税务检查和征管法律责任等，而税务管理又可细分为税务登记、账簿、凭证管理、纳税申报等。

一、税收执法依据和税务机关

（一）税收执法依据

新征管法是税收征收管理的基本法律，凡依法由税务机关征收的各种税收的征收管理均适用本法。耕地占用税、契税、农业税、牧业税征收管理的具体办法，由国务院另行制定。关税及海关代征税收的征收管理，依照法律、行政法规的有关规定执行。中华人民共和国同外国缔结的有关税收的条约、协定同征管法有不同规定的，依照条约、协定的规定办理。

1. 税收的开征、停征以及减税、免税、退税、补税，依照法律的规定执行；法律授权国务院规定的，依照国务院制定的行政法规的规定执行。

2. 任何机关、单位和个人不得违反法律、行政法规的规定，擅自作出税收开征、停征以及减税、免税、退税、补税和其他同税收法律、行政法规相抵触的决定。任何部门、单位和个人作出的与税收法律、行政法规相抵触的决定一律无效，税务机关不得执行，并应当向上级税务机关报告。

3. 国务院税务主管部门主管全国税收征收管理工作。各地国家税务局和地方税务局应当按照国务院规定的税收征收管理范围分别进行征收管理。上级税务机关发现下级税务机关的税收违法行为，应当及时予以纠正；下级税务机关应当按照上级税务机关的规定及时改正。下级税务机关发现上级税务机关的税收违法行为，应当向上级税务机关或有关部门报告。

4. 地方各级人民政府应当依法加强对本行政区域内税收征收管理工作的领导或者协调，支持税务机关依法执行职务，依照法定税率计算税额，依法征收税款。

5. 税务机关依法执行职务，任何单位和个人不得阻挠。各有关部门和单位应当支持、协助税务机关依法执行职务。

6. 税务机关应当广泛宣传税收法律、行政法规，普及纳税知识，无偿为纳税人提供纳税咨询服务。

7. 税务机关应当加强队伍建设，提高税务人员的政治业务素质。税务机关、税务人员必须秉公执法、忠于职守、清正廉洁、礼貌待人、文明服务，尊重和保护纳税人、扣缴义务人的权利，依法接受监督。税务人员不得索贿受贿、徇私舞弊、玩忽职守、不征或者少征应征税款；不得滥用职权多征税款或者故意刁难纳税人和扣缴义务人。

8. 各级税务机关应当建立、健全内部制约和监督管理制度。上级税务机关应当对下级税务机关的执法活动依法进行监督。各级税务机关应当对其工作人员执行法律、行政法规和廉洁自律准则的情况进行监督检查。

9. 税务机关负责征收、管理、稽查、行政复议的人员的职责应当明确，并相互分离、相互制约。

10. 税务人员征收税款和查处税收违法案件，与纳税人、扣缴义务人或者税收违法案件有利害关系的，应当回避。

（二）税务机关

税务机关是国家为了实现税收职能而设立的专门从事税收管理工作的机构，它是国家的重要职能部门。

目前，我国税务机关设置的层次和结构是：国家税务总局是中央税务机关，负责组织全国税务工作，为国务院直属正部级单位。各省、自治区、直辖市国家税务局等国税系统的单位归国家税务总局垂直管理，各省、自治区、直辖市地方税务局是税收管理的地方组织机构，国家税务总局协同省级人民政府对省级地方税务局实行双重领导，对省级地方税务局局长任免提出意见。地方税务局在国家税务总局的业务指导下，在同级政府的领导下，负责本地区的地方税税收收入的组织工作，国地税的机构设置基本上与国家税务局对口，局下设处。地（市）和县（市）税务局的机构设置有两种情况：一是由上级税务局垂直管理；另一种是受上级和同级政府双重领导，其机构设置也大都与上一级税务机构对口。县以下税务所的设置：农村税务所，一般按经济区划设置，也有的按行政区划设置；城镇税务所，有的按纳税人的经济性质设置，有的按行业设置，有的按经济规模设置，也有的按税种设置。

二、纳税人、扣缴义务人

纳税人是指依照法律、行政法规的规定负有纳税义务的单位和个人，亦称纳税义务人。代扣代缴义务人亦称扣缴义务人，即有义务从持有的纳税人收入中扣除应纳税款并代为缴纳的企业或单位。

（一）纳税人的权利

根据《国家税务总局关于纳税人权利与义务的公告》的规定，纳税人在履行纳税义务过程中，依法享有下列权利：

1．知情权

有权向税务机关了解国家税收法律、行政法规的规定以及与纳税程序有关的情况。

2．保密权

有权要求税务机关为纳税人（包括单位和个人）的情况保密。包括依法保护商业秘密和个人隐私保密。

3．税收监督权

有权对税务机关违反税收法律、行政法规的行为进行检举和控告。同时对其他纳税人的税收违法行为也有权进行检举。

4．纳税申报方式选择权

纳税人可以直接到办税服务厅办理纳税申报或者报送代扣代缴、代收代缴税款报告表，也可以按照规定采取邮寄、数据电文或者其他方式办理上述申报、报送事项。

5．申请延期申报权

纳税人如不能按期办理纳税申报或者报送代扣代缴、代收代缴税款报告表，可以在规定的期限内向税务机关提出书面延期申请，经核准，可在核准的期限内办理。

6．申请延期缴纳税款权

纳税人因有特殊困难，不能按期缴纳税款的，经省、自治区、直辖市国家税务局、地方税务局批准，可以延期缴纳税款，但是最长不得超过三个月。

7．申请退还多缴税款权

对纳税人超过应纳税额缴纳的税款，税务机关发现后，将自发现之日起 10 日内办理退还手续；如纳税人自结算缴纳税款之日起三年内发现的，可以向税务机关要求退还多缴的税款并加算银行同期存款利息。

8．依法享受税收优惠权

纳税人可以依照法律、行政法规的规定书面申请减税、免税。

9．委托税务代理权

纳税人有权就办理、变更或者注销税务登记、纳税申报或扣缴税款报告、税款缴纳和申请退税、制作涉税文书——提起税务行政诉讼以及国家税务总局规定的其他业务委托税务代理。

10．陈述与申辩权

对税务机关作出的决定，纳税人享有陈述权、申辩权。

11．拒绝检查权对未出示税务检查证和税务检查通知书的税务机关通知的税务检查可以拒绝。

12．税收法律救济权

对税务机关作出的决定，依法享有申请行政复议、提起行政诉讼、请求国家赔偿等权利。

13．依法要求听证的权利

对税务机关作出行政处罚之前，送达的《税务行政处罚事项告知书》，纳税人有权要求举行听证。

14. 索取有关税收凭证的权利

税务机关征收税款时，必须开具完税凭证。扣缴义务人代扣、代收税款时，纳税人要求扣缴义务人开具代扣、代收税款凭证时，扣缴义务人应当开具。

税务机关扣押商品、货物或者其他财产时，必须开付收据；查封商品、货物或者其他财产时，必须开付清单。

（二）纳税人的义务

依照宪法、税收法律和行政法规的规定，纳税人在纳税过程中负有以下义务：

1. 依法进行税务登记的义务

纳税人应当自领取营业执照之日起30日内，持有关证件，向税务机关申报办理税务登记；并根据税务机关的规定提交相关资料，按照税务机关的规定使用税务登记证件。

2. 依法设置账簿、保管账簿和有关资料以及依法开具、使用、取得和保管发票的义务

纳税人应按照有关法律、行政法规和有关部门的规定设置账簿，根据合法、有效凭证记账，进行核算；从事生产、经营的，必须按照国务院、税务主管部门规定的保管期限保管账簿、记账凭证、完税凭证及其他有关资料；账簿、凭证及其他有关资料不得伪造、变造或者擅自损毁。

3. 财务会计制度和会计核算软件备案的义务

纳税人的财务、会计制度或者财务、会计处理办法和会计核算软件，应当报送税务机关备案。

4. 按照规定安装、使用税控装置的义务

纳税人应当按照规定安装、使用税控装置，不得损毁或者擅自改动税控装置。

5. 按时、如实申报的义务

纳税人应当依照法律、行政法规的规定确定的申报期限、申报内容如实办理纳税申报，以及税务机关要求报送的其他纳税资料。扣缴义务人，必须依照规定确定的申报期限、申报内容如实报送代扣代缴、代收代缴税款报告表以及税务机关要求报送的其他有关资料。

6. 按时缴纳税款的义务

纳税人应当按照法律、行政法规确定的期限，缴纳或者解缴税款。代扣代缴、代收代缴义务人应按照法律、行政法规的规定履行代扣、代收税款的义务。

7. 接受依法检查的义务

纳税人应主动配合税务机关按法定程序进行的税务检查，如实反映情况，并按有关规定提供报表和资料。

8. 及时提供信息的义务

纳税人有歇业、经营情况变化、遭受各种灾害等特殊情况的，应及时向税务机关说明，以便税务机关依法妥善处理。

9. 报告其他涉税信息的义务

（1）有义务就本公司与关联企业之间的业务往来，向当地税务机关提供有关的价

格、费用标准等资料。

（2）有合并、分立情形的，应当向税务机关报告，并依法缴清税款。分立后的纳税人对未履行的纳税义务应当承担连带责任。

（3）报告全部账号的义务。

（4）处分大额财产报告的义务。如欠缴税款数额在 5 万元以上，在处分不动产或者大额资产之前，应当向税务机关报告。

思考题

1. 纳税人的权利和义务包括哪些？
2. 税务机关征税的法律依据是什么？

第二节　税务管理

一、税务登记

税务登记是整个税收征管工作的首要环节。《中华人民共和国税收征收管理法》中系统地规定了税务登记的范围、内容和要求。2003 年 12 月 17 日，国家税务总局公布了《税务登记管理办法》，进一步规范税务登记管理。

税务登记又称纳税登记，是税务机关根据税收法规对纳税人的设立、变更、歇业以及生产经营范围等与纳税有关的事项进行法定登记的一项管理制度，是纳税人履行纳税义务的法定手续，也是税务机关了解纳税人的基本情况，掌握经济税源，加强税收征管的前提，对增强纳税人依法纳税的观念具有重要作用。

根据《中华人民共和国税收征收管理法》及其有关规定，企业、企业在外地设立的分支机构和从事生产、经营的场所，个体工商户和从事生产、经营的事业单位，均应当依法办理税务登记。

根据税收法律、行政法规的规定负有扣缴税款义务的扣缴义务人（国家机关除外），应当按照《中华人民共和国税收征收管理法》及《中华人民共和国税收征收管理法实施细则》和本办法的规定办理扣缴税款登记。

县以上（含本级，下同）国家税务局（分局）、地方税务局（分局）是税务登记的主管税务机关，负责税务登记的设立登记、变更登记、注销登记和税务登记证验证、换证以及非正常户处理、报验登记等有关事项。

国家税务局（分局）、地方税务局（分局）按照国务院规定的税收征收管理范围，实施属地管理，采取联合登记或分别登记的方式办理税务登记。有条件的城市，国家税务局（分局）、地方税务局（分局）可以按照"各区分散受理、全市集中处理"的原则办理税务登记。国家税务局（分局）、地方税务局（分局）联合办理税务登记的，应当对同一纳税人核发同一份加盖国家税务局（分局）、地方税务局（分局）印章的税务登记证。

（一）设立登记

企业在外地设立的分支机构和从事生产、经营的场所，个体工商户和从事生产、经营的事业单位（以下统称从事生产、经营的纳税人），向生产、经营所在地税务机关申报办理税务登记：

1. 登记的主要规定

（1）从事生产、经营的纳税人领取工商营业执照（含临时工商营业执照）的，应当自领取工商营业执照之日起30日内申报办理税务登记，税务机关核发税务登记证及副本（纳税人领取临时工商营业执照的，税务机关核发临时税务登记证及副本）。

（2）从事生产、经营的纳税人未办理工商营业执照但经有关部门批准设立的，应当自有关部门批准设立之日起30日内申报办理税务登记，税务机关核发税务登记证及副本。

（3）从事生产、经营的纳税人未办理工商营业执照也未经有关部门批准设立的，应当自纳税义务发生之日起30日内申报办理税务登记，税务机关核发临时税务登记证及副本。

（4）有独立的生产经营权、在财务上独立核算并定期向发包人或者出租人上交承包费或租金的承包承租人，应当自承包承租合同签订之日起30日内，向其承包承租业务发生地税务机关申报办理税务登记，税务机关核发临时税务登记证及副本。

（5）从事生产、经营的纳税人外出经营，自其在同一县（市）实际经营或提供劳务之日起，在连续的12个月内累计超过180天的，应当自期满之日起30日内，向生产、经营所在地税务机关申报办理税务登记，税务机关核发临时税务登记证及副本。

（6）境外企业在中国境内承包建筑、安装、装配、勘探工程和提供劳务的，应当自项目合同或协议签订之日起30日内，向项目所在地税务机关申报办理税务登记，税务机关核发临时税务登记证及副本。其他纳税人，除国家机关、个人和无固定生产、经营场所的流动性农村小商贩外，均应当自纳税义务发生之日起30日内，向纳税义务发生地税务机关申报办理税务登记，税务机关核发税务登记证及副本。

已办理税务登记的扣缴义务人应当自扣缴义务发生之日起30日内，向税务登记地税务机关申报办理扣缴税款登记。税务机关在其税务登记证件上登记扣缴税款事项，税务机关不再发给扣缴税款登记证件。根据税收法律、行政法规的规定可不办理税务登记的扣缴义务人，应当自扣缴义务发生之日起30日内，向机构所在地税务机关申报办理扣缴税款登记。税务机关核发扣缴税款登记证件、税务登记的内容和基本要求。

2. 登记时的注意事项

（1）应向税务机关提供的资料

纳税人在申报办理税务登记时，应当根据不同情况向税务机关如实提供以下证件和资料：①工商营业执照或其他核准执业证件；②有关合同、章程、协议书；③组织机构统一代码证书；④法定代表人或负责人或业主的居民身份证、护照或者其他合法证件。其他需要提供的有关证件、资料，由省、自治区、直辖市税务机关确定。

（2）税务登记表的主要内容

办理税务登记应当填写税务登记表，税务登记表的主要内容包括：单位名称、法定代表人或者业主姓名及其居民身份证、护照或者其他合法证件的号码；住所、经营地点；登记类型；核算方式；生产经营方式；生产经营范围；注册资金（资本）、投资总额；生产经营期限；财务负责人、联系电话；国家税务总局确定的其他有关事项。纳税人提交的证件和资料齐全且税务登记表的填写内容符合规定的，税务机关应及时发放税务登记证件。纳税人提交的证件和资料不齐全或税务登记表的填写内容不符合规定的，税务机关应当场通知其补正或重新填报。纳税人提交的证件和资料明显有疑点的，税务机关应进行实地调查，核实后予以发放税务登记证件。

税务登记证件的主要内容包括：纳税人名称、税务登记代码、法定代表人或负责人、生产经营地址、登记类型、核算方式、生产经营范围（主营、兼营）、发证日期、证件有效期等。

办理税务登记的基本要求是：应由纳税人亲自办理，并如实填写税务登记表和提供有关证件。在填写税务登记表时，要做到字迹工整、清晰、不遗漏项目、不隐匿谎报。税务机关对纳税人填报税务登记表，做到事前有辅导，事后有检查，如发现遗漏等，立即退回原填报单位，重新进行填报。

（二）变更登记

纳税人税务登记内容发生变化的，应当向原税务登记机关申报办理变更税务登记。

内容发生变化是指纳税人在办理税务登记后，如果发生变更企业名称、法定代表人、改变经营地点、改变生产经营范围或经营方式、转业、改组、分设、合并、联营、增减注册资本、改变开户银行或账号、改变工商证照等。

1. 纳税人已在工商行政管理机关办理变更登记的，应当自工商行政管理机关变更登记之日起 30 日内，向原税务登记机关如实提供工商登记变更表及工商营业执照、纳税人变更登记内容的有关证明文件、税务机关发放的原税务登记证件（登记证正、副本）和登记表等申报办理变更税务登记。

2. 纳税人按照规定不需要在工商行政管理机关办理变更登记，或者其变更登记的内容与工商登记内容无关的，应当自税务登记内容实际发生变化之日起 30 日内，或者自有关机关批准或者宣布变更之日起 30 日内，持纳税人变更登记内容的有关证明文件、税务机关发放的原税务登记证件（登记证正、副本和税务登记表等）到原税务登记机关申报办理变更税务登记；纳税人提交的有关变更登记的证件、资料齐全的，应如实填写税务登记变更表，经税务机关审核，符合规定的，税务机关应予以受理；不符合规定的，税务机关应通知其补正。税务机关应当自受理之日起 30 日内，审核办理变更税务登记。纳税人税务登记表和税务登记证中的内容都发生变更的，税务机关按变更后的内容重新核发税务登记证件；纳税人税务登记表的内容发生变更而税务登记证中的内容未发生变更的，税务机关不重新核发税务登记证件。

（三）停业、复业登记

实行定期定额征收方式的个体工商户需要停业的，应当在停业前向税务机关申报办理停业登记。纳税人的停业期限不得超过一年。纳税人在申报办理停业登记时，应如实填写停业申请登记表，说明停业理由、停业期限、停业前的纳税情况和发票的领、用、存情况，并结清应纳税款、滞纳金、罚款。税务机关应收存其税务登记证件及副本、发票领购簿、未使用完的发票和其他税务证件。纳税人在停业期间发生纳税义务的，应当按照税收法律、行政法规的规定申报缴纳税款。纳税人应当于恢复生产经营之前，向税务机关申报办理复业登记，如实填写《停、复业报告书》，领回并启用税务登记证件、发票领购簿及其停业前领购的发票。纳税人停业期满不能及时恢复生产经营的，应当在停业期满前向税务机关提出延长停业登记申请，并如实填写《停、复业报告书》。

（四）注销登记

纳税人发生解散、破产、撤销以及其他情形，依法终止纳税义务的，应当在向工商行政管理机关或者其他机关办理注销登记前，持有关证件和资料向原税务登记机关申报办理注销税务登记；按规定不需要在工商行政管理机关或者其他机关办理注册登记的，应当自有关机关批准或者宣告终止之日起15日内，持有关证件和资料向原税务登记机关申报办理注销税务登记。纳税人被工商行政管理机关吊销营业执照或者被其他机关予以撤销登记的，应当自营业执照被吊销或者被撤销登记之日起15日内，向原税务登记机关申报办理注销税务登记。纳税人因住所、经营地点变动，涉及改变税务登记机关的，应当在向工商行政管理机关或者其他机关申请办理变更、注销登记前，或者住所、经营地点变动前，持有关证件和资料，向原税务登记机关申报办理注销税务登记，并自注销税务登记之日起30日内向迁达地税务机关申报办理税务登记。境外企业在中国境内承包建筑、安装、装配、勘探工程和提供劳务的，应当在项目完工、离开中国前15日内，持有关证件和资料，向原税务登记机关申报办理注销税务登记。纳税人办理注销税务登记前，应当向税务机关提交相关证明文件和资料，结清应纳税款、多退（免）税款、滞纳金和罚款，缴销发票、税务登记证件和其他税务证件，经税务机关核准后，办理注销税务登记手续。

（五）外出经营报验登记

纳税人到外县（市）临时从事生产经营活动的，应当在外出生产经营以前，持税务登记证向主管税务机关申请开具《外出经营活动税收管理证明》（以下简称《外管证》）。税务机关按照一地一证的原则，核发《外管证》，《外管证》的有效期限一般为30日，最长不得超过180天。

（六）非正常户处理

已办理税务登记的纳税人未按照规定的期限申报纳税，在税务机关责令其限期改正后，逾期不改正的，税务机关应当派员实地检查，查无下落并且无法强制其履行纳税义务的，由检查人员制作非正常户认定书，存入纳税人档案，税务机关暂停其税务登记证件、发票领购簿和发票的使用。纳税人被列入非正常户超过三个月的，税务机关可以宣布其税务登记证件失效，其应纳税款的追征仍按《税收征管法》及其《实施细则》的规定执行。

（七）税务登记证的使用与管理

税务登记证是纳税人履行了纳税登记义务的书面证明，应当正确使用和管理。

1. 税务登记证的使用

纳税人应当按照有关规定使用税务登记证件，不得出借（只限于纳税人自己使用）、转让、涂改、损毁、买卖或者伪造。纳税人应将税务登记证正本在其生产经营场所或者办公场所公开悬挂，接受税务机关检查。

除按照规定不需要核发税务登记证的外，纳税人办理下列税务事项时，必须携带税务登记证：开立银行账户，申报办理减税、免税、退税，申请办理延期申报、延期纳税，领购发票，申请办理外出经营税收管理证明，申请办理停业、歇业等税务机关规定的有关事项。

2. 管理

（1）验证和换证。税务机关对税务登记证实行定期验证和换证制度，具体验证和换证时间，由国家税务总局规定。验证时间一般一年一次，此外，税务机关定期更换税务登记证，一般3年至5年进行一次。

（2）遗失税务登记证的处理。纳税人、扣缴义务人遗失税务登记证件的，应当自遗失税务登记证件之日起15日内，书面报告主管税务机关。

（八）税务登记的法律责任

纳税人未按照规定期限申报办理税务登记、变更或者注销登记的，税务机关应当自发现之日起3日内责令其限期改正，逾期不改正的，可以处二千元以下的罚款；情节严重的，处二千元以上一万元以下的罚款。纳税人不办理税务登记的，税务机关应当自发现之日起3日内责令其限期改正；逾期不改正的，可以处二千元以下的罚款；情节严重的，处二千元以上一万元以下的罚款。

纳税人未按照规定使用税务登记证件，或者转借、涂改、损毁、买卖、伪造税务登记证件的，可以二千元以下的罚款；情节严重的，处二千元以上一万元以下的罚款。纳税人通过提供虚假的证明资料等手段，骗取税务登记证的，处二千元以下的罚款；情节严重的，处二千元以上一万元以下的罚款。纳税人涉嫌其他违法行为的，按有关法律、行政法规的规定处理。扣缴义务人未按照规定办理扣缴税款登记的，税务机关应当自发现之日起3日内责令其限期改正，并可处以二千元以下的罚款。纳税人、扣缴义务人违反本办法规定，拒不接受税务机关处理的，税务机关可以收缴其发票或者停止向其发售发票。税务人员徇私舞弊或者玩忽职守，违反本办法规定为纳税人办理税务登记相关手续，或者滥用职权，故意刁难纳税人、扣缴义务人的，调离工作岗位，并依法给予行政处分。

二、纳税申报

纳税申报是纳税人在发生纳税义务后按照税法规定的期限和内容向主管税务机关提交有关纳税书面报告的法律行为，是界定纳税人法律责任的主要依据，是税务机关税收管理信息的主要来源，也是税务机关核定应征税额和填开纳税凭证的主要依据。它是税收征管的一项基本制度，是整个纳税程序的关键环节。纳税人及时、全面、准确地进行纳税申报，对于纳税人依法纳税和税务机关依法征税都具有十分重要的作用。

（一）一般规定

1. 纳税人必须依照法律、行政法规规定或者税务机关依照法律、行政法规的规定确定的申报期限、申报内容如实办理纳税申报，报送纳税申报表、财务会计报表及其说明材料（例如与纳税有关的合同、协议书及凭证、税控装置的电子报税资料、外出经营活动税收管理证明和异地完税凭证、境内或者境外公证机构出具的有关证明文件）以及税务机关根据实际需要要求纳税人报送的其他纳税资料。

2. 扣缴义务人必须依照法律、行政法规规定或者税务机关依照法律、行政法规的规定确定的申报期限、申报内容如实报送代扣代缴、代收代缴税款报告表以及税务机关根据实际需要要求扣缴义务人报送的其他有关资料。

3. 纳税人、扣缴义务人可以直接到税务机关办理纳税申报或者报送代扣代缴、代收代缴税款报告表，也可以按照规定采取邮寄、数据电文或者其他方式办理上述申报、报送事项。纳税人采取邮寄方式办理纳税申报的，应当使用统一的纳税申报专用信封，并以邮政部门收据作为申报凭据。邮寄申报以寄出的邮戳日期为实际申报日期。纳税人采取电子方式办理纳税申报的（数据电文方式，是指税务机关确定的电话语音、电子数据交换和网络传输等电子方式），应当按照税务机关规定的期限和要求保存有关资料，并定期书面报送主管税务机关。

4. 实行定期定额缴纳税款的纳税人，可以实行简易申报、简并征期等申报纳税方式。

5. 纳税人、扣缴义务人不能按期办理纳税申报或者报送代扣代缴、代收代缴税款报告表的，经税务机关核准，可以延期申报。纳税人、扣缴义务人因不可抗力，不能按期办理纳税申报或者报送代扣代缴、代收代缴税款报告表的，可以延期办理；但是，应当在不可抗力情形消除后立即向税务机关报告。税务机关应当查明事实，予以核准。

6. 纳税人在纳税期内没有应纳税款的，也应当按照规定办理纳税申报。纳税人享受减税、免税待遇的，在减税、免税期间应当按照规定办理纳税申报。

7. 纳税人、扣缴义务人的纳税申报或者代扣代缴、代收代缴税款报告表的主要内容包括：税种、税目，应纳税项目或者应代扣代缴、代收代缴税款项目，计税依据，扣除项目及标准，适用税率或者单位税额，应退税项目及税额、应减免税项目及税额，应纳税额或者应代扣代缴、代收代缴税额，税款所属期限、延期缴纳税款、欠税、滞纳金等。

（二）申报违章的法律责任

纳税人未按照规定的期限办理纳税申报的，或者扣缴义务人未按照规定的期限向税务机关报送代扣代缴、代收代缴税款报告表的，由税务机关责令限期改正，可以处以二千元以下的罚款；逾期不改正的，税务机关有权核定其应纳税额，并可以处以二千元以上一万元以下的罚款。

三、账簿、凭证管理

纳税人、扣缴义务人应当按照有关法律、行政法规和国务院财政、税务主管部门的规定设置账簿，根据合法、有效凭证记账，进行核算。

1. 从事生产、经营的纳税人应当自领取营业执照或者发生纳税义务之日起15日内，按照国家有关规定设置账簿；并将其财务、会计制度或者财务、会计处理办法报送主管税务机关备案。

2. 扣缴义务人应当自税收法律、行政法规规定的扣缴义务发生之日起10日内，按照所代扣、代收的税种，分别设置代扣代缴、代收代缴税款账簿。

3. 纳税人、扣缴义务人会计制度健全，能够通过计算机正确、完整计算其收入和所得或者代扣代缴、代收代缴税款情况的，其计算机输出的完整的书面会计记录，可视同会计账簿。纳税人、扣缴义务人会计制度不健全，不能通过计算机正确、完整计算其收入和所得或者代扣代缴、代收代缴税款情况的，应当建立总账及与纳税或者代扣代缴、代收代缴税款有关的其他账簿。

4. 纳税人、扣缴义务人的财务、会计制度或者财务、会计处理办法与国务院或者国务院财政、税务主管部门有关税收的规定抵触的，依照国务院或者国务院财政、税务主管部门有关税收的规定计算应纳税款、代扣代缴和代收代缴税款。

5. 从事生产、经营的纳税人、扣缴义务人必须按照国务院财政、税务主管部门规定的保管期限保管账簿、记账凭证、完税凭证及其他有关资料。账簿、记账凭证、报表、完税凭证、发票、出口凭证以及其他有关涉税资料应当保存10年；但是，法律、行政法规另有规定的除外。

6. 账簿、记账凭证、报表、完税凭证、发票、出口凭证以及其他有关涉税资料应当合法、真实、完整。不得伪造、变造或者擅自损毁。

7. 账簿、会计凭证和报表，应当使用中文。民族自治地方可以同时使用当地通用的一种民族文字。外商投资企业和外国企业可以同时使用一种外国文字。

四、发票的管理

为了加强发票管理和财务监督，保障国家税收收入，维护经济秩序，1993年12月12日经国务院批准，1993年12月23日以财政部令发布了《中华人民共和国发票管理办法》，2010年12月20日根据《国务院关于修改〈中华人民共和国发票管理办法〉的决定》对该管理办法进行了修订。2011年1月27日，国家税务总局以国家税务总局令公布了《中华人民共和国发票管理办法实施细则》，并决定从2011年2月1日起施行。

发票，是指在购销商品，提供或者接受服务以及从事其他经营活动中，开具、收取的收付款凭证。国家税务总局统一负责全国发票管理工作。在全国范围内统一式样的发票，由国家税务总局确定。在省、自治区、直辖市范围内统一式样的发票，由省、自治区、直辖市国家税务局、地方税务局（以下简称省税务机关）确定。税务机关是发票的主管机关，负责发票印制、领购、开具、取得、保管、缴销的管理和监督。

国有金融、邮电、铁路、民用航空、公路和水上运输等单位使用的专业发票，经国家税务总局或者总局所辖省、自治区、直辖市分局批准，可以由国务院有关主管部门或者省、自治区、直辖市人民政府有关主管部门自行管理。

财政、审计、工商行政管理、公安等有关部门在各自职责范围内，配合税务机关做好发票管理工作。

单位、个人在购销商品、提供或者接受经营服务以及从事其他经营活动中，应当按照规定开具、使用、取得发票。

（一）发票的基本联次

发票的基本联次包括存根联、发票联、记账联。存根联由收款方或开票方留存备查；发票联由付款方或受票方作为付款原始凭证；记账联由收款方或开票方作为记账原始凭证。

省以上税务机关可根据发票管理情况以及纳税人经营业务需要，增减除发票联以外的其他联次，并确定其用途。

（二）发票的基本内容

发票的基本内容包括发票的名称、发票代码和号码、联次及用途、客户名称、开户银行及账号、商品名称或经营项目、计量单位、数量、单价、大小写金额、开票人、开票日期、开票单位（个人）名称（章）等。

增值税专用发票还应包括购货人地址、购货人增值税登记号、增值税税率、税额、供货方名称、地址及增值税登记号。

省以上税务机关可根据经济活动以及发票管理需要，确定发票的具体内容。

有固定生产经营场所、财务和发票管理制度健全的纳税人，发票使用量较大或统一发票式样不能满足经营活动需要的，可以向省以上税务机关申请印有本单位名称的发票。

（三）发票的印制

1. 增值税专用发票由国家税务总局统一印制，其他发票由省、自治区、直辖市国家税务局、地方税务局指定企业印制。未经上述税务机关指定，不得印制发票。

2. 全国统一的发票防伪措施由国家税务总局确定，增值税专用发票防伪专用品由国家税务总局指定的企业生产。省税务机关可以根据需要增加本地区的发票防伪措施，并向国家税务总局备案。禁止非法制造发票防伪专用品。发票防伪专用品应当按照规定专库保管，不得丢失。次品、废品应当在税务机关监督下集中销毁。

3. 税务机关对发票印制实行统一管理的原则，严格审查印制发票企业的资格，对指定为印制发票的企业发给发票准印证。发票准印证由国家税务总局统一监制，省税务机关核发。

4. 全国统一发票监制章是税务机关管理发票的法定标志，其形状、规格、内容、印色由国家税务总局规定。发票应当套印全国统一发票监制章。发票监制章由省、自治区、直辖市税务机关制作。禁止伪造发票监制章。

5. 发票实行不定期换版制度。全国范围内发票换版由国家税务总局确定；省、自治区、直辖市范围内发票换版由省税务机关确定。

发票换版时，应当进行公告。发票监制章和发票防伪专用品的使用和管理实行专人负责制度。

（四）发票的领购

依法办理税务登记的单位和个人，在领取税务登记证件后，向主管税务机关申请领购发票。申请领购发票的单位和个人应当提出购票申请，提供经办人身份证明、税务登记证件或者其他有关证明，以及财务印章或者发票专用章的印模，经主管税务机关审核后，发给发票领购簿。身份证明是指经办人的居民身份证、护照或者其他能证明经办人身份的证件。

领购发票的单位和个人应当凭发票领购簿核准的种类、数量以及购票方式，向主管税务机关领购发票。税务机关在发售发票时，应当按照核准的收费标准收取工本管理费，并向购票单位和个人开具收据。发票工本费征缴办法按照国家有关规定执行。

需要临时使用发票的单位和个人，可以直接向税务机关申请办理。

临时到本省、自治区、直辖市行政区域以外从事经营活动的单位或者个人，应当凭所在地税务机关的证明，向经营地税务机关申请领购经营地的发票。临时在本省、自治区、直辖市以内跨市、县从事经营活动领购发票的办法，由省、自治区、直辖市税务机关规定。

税务机关对外省、自治区、直辖市来本辖区从事临时经营活动的单位和个人申请领购发票的，可以要求其提供保证人或者根据所领购发票的票面限额及数量缴纳不超过1万元的保证金，并限期缴销发票。按期缴销发票的，解除保证人的担保义务或者退还保证金；未按期缴销发票的，由保证人或者以保证金承担法律责任。

税务机关收取保证金应当开具收据。

（五）发票的开具

销售商品、提供服务以及从事其他经营活动的单位和个人，对外发生经营业务收取款项，收款方应向付款方开具发票；特殊情况下由付款方向收款方开具发票。

填开发票的单位和个人必须在发生经营业务确认营业收入时开具发票。未发生经营业务一律不准开具发票。向消费者个人零售小额商品或者提供零星服务的，是否可免予逐笔开具发票，由省税务机关确定。

开具发票后，如发生销货退回需开红字发票的，必须收回原发票并注明"作废"字样或取得对方有效证明。开具发票后，如发生销售折让的，必须在收回原发票并注明"作废"字样后重新开具销售发票或取得对方有效证明后开具红字发票。

纳税人在开具发票时，必须做到按照号码顺序填开，填写项目齐全，内容真实，字迹清楚，全部联次一次打印，内容完全一致，并在发票联和抵扣联加盖发票专用章。

所有单位和从事生产、经营活动的个人在购买商品、接受服务以及从事其他经营活动支付款项时，应当向收款方取得发票。取得发票时，不得要求变更品名和金额。

开具发票应当按照规定的时限、顺序，逐栏、全部联次一次性如实开具，并加盖单位财务印章或者发票专用章。

纳税人使用电子计算机开具发票，须经主管税务机关批准，并使用税务机关统一监制的机外发票，开具后的存根联应当按照顺序号装订成册。

任何单位和个人不得转借、转让、代开发票；未经税务机关批准，不得拆本使用发票；不得自行扩大专业发票使用范围。不符合规定的发票，不得作为财务报销凭证，任何单位和个人有权拒收。

禁止倒买倒卖发票、发票监制章和发票防伪专用品。

发票限于领购单位和个人在本省、自治区、直辖市内开具。省、自治区、直辖市税务机关可以规定跨市、县开具发票的办法。任何单位和个人未经批准，不得跨规定的使用区域携带、邮寄、运输空白发票。禁止携带、邮寄或者运输空白发票出入境。

（六）发票的保管

开具发票的单位和个人应当建立发票使用登记制度，设置发票登记簿，并定期向主管税务机关报告发票使用情况。

开具发票的单位和个人应当按照税务机关的规定存放和保管发票，发生发票丢失情形时，应当于发现丢失当日书面报告税务机关，并登报声明作废。已开具的发票存根联和发票登记簿，不得擅自损毁，应当保存五年。保存期满，报经税务机关查验后销毁。开具发票的单位和个人应当在办理变更或者注销税务登记的同时，办理发票和发票领购簿的变更、缴销手续。

（七）发票的检查

税务机关在发票管理中有权进行下列检查：一是检查印制、领购、开具、取得和保管发票的情况；二是调出发票查验；三是查阅、复制与发票有关的凭证、资料；四是向当事各方询问与发票有关的问题和情况；五是在查处发票案件时，对与案件有关的情况和资料，可以记录、录音、录像、照相和复制。税务人员进行检查时，应当出示税务检查证。

印制、使用发票的单位和个人，必须接受税务机关依法检查，如实反映情况，提供有关资料，不得拒绝、隐瞒。用票单位和个人有权申请税务机关对发票的真伪进行鉴别。收到申请的税务机关应当受理并负责鉴别发票的真伪；鉴别有困难的，可以提请发票监制税务机关协助鉴别。在伪造、变造现场以及买卖地、存放地查获的发票，由当地税务机关鉴别。

税务机关需要将已开具的发票调出查验时，应当向被查验的单位和个人开具发票换票证。发票换票证与所调出查验的发票有同等的效力。被调出查验发票的单位和个人不得拒绝接受。税务机关需要将空白发票调出查验时，应当开具收据；经查无问题的，应当及时发还。

单位和个人从中国境外取得的与纳税有关的发票或者凭证，税务机关在纳税审查时有疑义的，可以要求其提供境外公证机构或者注册会计师的确认证明，经税务机关审核认可后，方可作为计账核算的凭证。

税务机关在发票检查中需要核对发票存根联与发票联填写情况时，可以向持有发票或者发票存根联的单位发出发票填写情况核对卡，有关单位应当如实填写，按期报回。

税务机关对违反发票管理法规的行为进行处罚，应当将行政处罚决定书面通知当事人；对违反发票管理法规的案件，应当立案查处。对违反发票管理法规情节严重构成犯罪的，税务机关应当依法移送司法机关处理。

对违反发票管理法规的行政处罚，由县以上税务机关决定；罚款额在二千元以下的，可由税务所决定。

违反发票管理法规的行为包括：未按照规定印制发票或者生产发票防伪专用品的；未按照规定领购发票的；未按照规定开具发票的；未按照规定取得发票的；未按照规定保管发票的；未按照规定接受税务机关检查的。

对有上述所列行为之一的单位和个人，由税务机关责令限期改正，没收非法所得，可以并处一万元以下的罚款。有上述所列两种或者两种以上行为的，可以分别处罚。

对非法携带、邮寄、运输或者存放空白发票的，由税务机关收缴发票，没收非法所得，可以并处一万元以下的罚款。

对私自印制、伪造变造、倒买倒卖发票，私自制作发票监制章、发票防伪专用品的，由税务机关依法予以查封、扣押或者销毁，没收非法所得和作案工具，可以并处一万元以上五万元以下的罚款；构成犯罪的，依法追究刑事责任。

对违反发票管理法规，导致其他单位或者个人未缴、少缴或者骗取税款的，由税务机关没收非法所得，可以并处未缴、少缴或者骗取的税款一倍以下的罚款。

当事人对税务机关的处罚决定不服的，可以依法向上一级税务机关申请复议或者向人民法院起诉；逾期不申请复议，也不向人民法院起诉，又不履行的，作出处罚决定的税务机关可以申请人民法院强制执行。

税务人员利用职权之便，故意刁难印制、使用发票的单位和个人，或者有违反发票管理法规行为的，依照国家有关规定给予行政处分；构成犯罪的，依法追究刑事责任。

对违反发票管理法规的行为，任何单位和个人可以举报。税务机关应当为检举人保密，并酌情给予奖励。

思考题

1. 简述税务管理的内容。
2. 企业不办理税务登记或伪造税务登记证件应如何处理？
3. 什么行为违反发票管理法规？对违法行为如何处理？
4. 税务机关对账簿管理有何规定？
5. 纳税人在哪种情况下应办理变更税务登记？
6. 办理税务登记时应当提供哪些内容？

第三节　税款征收

税款征收是税务机关按照税法规定，通过一定的征收方式，将纳税人应纳的税款及时足额入库的活动。

一、税务机关在征收管理中的责任

（一）税款征收

税务机关依照法律、行政法规的规定征收税款，不得违反法律、行政法规的规定开征、停征、多征、少征、提前征收、延缓征收或者摊派税款。

税务机关针对不同的纳税人，采取不同的征收方式包括查账征收、定期定额征收、核定征收、代扣代缴和代收代缴等方式征收税款。

税务机关征收税款时，必须给纳税人开具完税凭证。纳税人通过银行缴纳税款的，税务机关可以委托银行开具完税凭证。税务机关按照规定付给扣缴义务人代扣、代收手续费。

（二）批准延期纳税

纳税人、扣缴义务人按照法律、行政法规规定或者税务机关依照法律、行政法规的规定确定的期限，缴纳或者解缴税款。纳税人因有特殊困难，不能按期缴纳税款的，经省、自治区、直辖市国家税务局、地方税务局批准，可以延期缴纳税款，但是最长不得超过三个月。

（三）税款核定

纳税人有下列情形之一的，税务机关有权核定其应纳税额：一是依照法律、行政法规的规定可以不设置账簿的；二是依照法律、行政法规的规定应当设置但未设置账簿的；三是擅自销毁账簿或者拒不提供纳税资料的；四是虽设置账簿，但账目混乱或者成本资料、收入凭证、费用凭证残缺不全，难以查账的；五是发生纳税义务，未按照规定的期限办理纳税申报，经税务机关责令限期申报，逾期仍不申报的；六是纳税人申报的计税依据明显偏低，又无正当理由的。税务机关核定应纳税额的具体程序和方法由国务院税务主管部门规定。

税务机关有权核定纳税人应纳税额时可以按照以下规定执行：一是参照当地同类行业或者类似行业中经营规模和收入水平相近的纳税人的税负水平核定；二是按照营业收入或者成本加合理的费用和利润的方法核定；三是按照耗用的原材料、燃料、动力等推算或者测算核定；四是按照其他合理方法核定。采用前款所列一种方法不足以正确核定应纳税额时，可以同时采用两种以上的方法核定。

纳税人对税务机关采取本条规定的方法核定的应纳税额有异议的，应当提供相关证据，经税务机关认定后，调整应纳税额。

（四）关联企业纳税调整

企业或者外国企业在中国境内设立的从事生产、经营的机构、场所与其关联企业之间的业务往来，应当按照独立企业之间的业务往来收取或者支付价款、费用；不按照独立企业之间的业务往来收取或者支付价款、费用，而减少其应纳税的收入或者所得额的，税务机关有权进行合理调整。

纳税人与其关联企业之间的业务往来有下列情形之一的，税务机关可以调整其应纳税额：

1. 购销业务未按照独立企业之间的业务往来作价。

2. 融通资金所支付或者收取的利息超过或者低于没有关联关系的企业之间所能同意的数额，或者利率超过或者低于同类业务的正常利率。

3. 提供劳务，未按照独立企业之间业务往来收取或者支付劳务费用。

4. 转让财产、提供财产使用权等业务往来，未按照独立企业之间业务往来作价或者收取、支付费用。

5. 未按照独立企业之间业务往来作价的其他情形。

纳税人上述所列情形之一的，税务机关可以按照下列方法调整计税收入额或者所得额：

1. 按照独立企业之间进行的相同或者类似业务活动的价格。

2. 按照再销售给无关联关系的第三者的价格所应取得的收入和利润水平。

3. 按照成本加合理的费用和利润。

4. 按照其他合理的方法。

纳税人与其关联企业未按照独立企业之间的业务往来支付价款、费用的，税务机关自该业务往来发生的纳税年度起 3 年内进行调整；有特殊情况的，可以自该业务往来发生的纳税年度起 10 年内进行调整。

税收征管法所称关联企业，是指有下列关系之一的公司、企业和其他经济组织：

1. 在资金、经营、购销等方面，存在直接或者间接的拥有或者控制关系。

2. 直接或者间接地同为第三者所拥有或者控制。

3. 在利益上具有相关联的其他关系。

《税收征管法》第三十六条所称独立企业之间的业务往来，是指没有关联关系的企业之间按照公平成交价格和营业常规所进行的业务往来。

（五）税收保全

税务机关有根据认为从事生产、经营的纳税人有逃避纳税义务行为的，可以在规定的纳税期之前，责令限期缴纳应纳税款；在限期内发现纳税人有明显的转移、隐匿其应纳税的商品、货物以及其他财产或者应纳税的收入的迹象的，税务机关可以责成纳税人提供纳税担保。如果纳税人不能提供纳税担保，经县以上税务局（分局）局长批准，税务机关可以采取下列税收保全措施：

1. 书面通知纳税人开户银行或者其他金融机构冻结纳税人的金额相当于应纳税款的存款。

2. 扣押、查封纳税人的价值相当于应纳税款的商品、货物或者其他财产。其他财产包括纳税人的房地产、现金、有价证券等不动产和动产。

税务机关在执行扣押、查封商品、货物或者其他财产时，应当由两名以上税务人员执行，并通知被执行人。税务机关采取税收保全措施的期限一般不得超过 6 个月；重大案件需要延长的，应当报国家税务总局批准。纳税人在税务机关采取税收保全措施以后按照规定的限期内缴纳税款的，税务机关应当在收到税款或者银行转回的完税凭证之日起 1 日之内立即解除税收保全措施；限期期满仍未缴纳税款的，经县以上税务局（分局）局长批准，税务机关可以书面通知纳税人开户银行或者其他金融机构从其冻结的存款中扣缴税款，或者依法拍卖或者变卖所扣押、查封的商品、货物或者其他财产，以拍卖或者变卖所得抵缴税款。

税务机关采取的税收保全措施，不得由法定的税务机关以外的单位和个人行使。

（六）税收强制执行

根据《中华人民共和国税收征管法》第四十条至四十三条的规定，从事生产、经营的纳税人、扣缴义务人未按照规定的期限缴纳或者解缴税款，纳税担保人未按照规定的期限缴纳所担保的税款，由税务机关责令限期缴纳，逾期仍未缴纳的，经县以上税务局（分局）局长批准，税务机关可以采取下列强制执行措施：

1. 书面通知其开户银行或者其他金融机构从其存款中扣缴税款。

2. 扣押、查封、依法拍卖或者变卖其价值相当于应纳税款的商品、货物或者其他财产，以拍卖或者变卖所得抵缴税款。

税务机关采取强制执行措施时，对前款所列纳税人、扣缴义务人、纳税担保人未缴纳的滞纳金同时强制执行。

个人及其所扶养家属维持生活必需的住房和用品，不在强制执行措施的范围之内。

税收保全措施、强制执行措施的权力，不得由法定的税务机关以外的单位和个人行使。

税务机关采取税收保全措施和强制执行措施必须依照法定权限和法定程序，不得查封、扣押纳税人个人及其所扶养家属维持生活必需的住房和用品。

税务机关滥用职权违法采取税收保全措施、强制执行措施，或者采取税收保全措施、强制执行措施不当，使纳税人、扣缴义务人或者纳税担保人的合法权益遭受损失的，应当依法承担赔偿责任。

（七）欠税清理、阻止出境

根据《中华人民共和国税收征管法》第四十四条的规定，欠缴税款的纳税人或其法定代表人需要出境的，应当在出境前向税务机关结清应纳税款、滞纳金或提供担保。未结清税款、滞纳金，又不提供担保的，税务机关可以通知出境管理机关阻止出境。

（八）税款退还

根据《中华人民共和国税收征管法》第五十一条的规定，纳税人超过应纳税额缴纳的税款，税务机关发现后应当立即退还；纳税人自结算缴纳税款之日起三年内发现的，可以向税务机关要求退还多缴的税款并加算银行同期存款利息，税务机关及时查实后应当立即退还；涉及从国库中退库的，依照法律、行政法规有关国库管理的规定退还。

（九）税款追征

根据《中华人民共和国税收征管法》第五十二条的规定，因税务机关的责任，致使纳税人、扣缴义务人未缴或者少缴税款的，税务机关在三年内可以要求纳税人、扣缴义务人补缴税款，但是不得加收滞纳金。

因纳税人、扣缴义务人计算错误等失误，未缴或者少缴税款的，税务机关在三年内可以追征税款、滞纳金；有特殊情况的，追征期可以延长到五年。

对偷税、抗税、骗税的，税务机关追征其未缴或者少缴的税款、滞纳金或者所骗取的税款，不受前款规定期限的限制。

（十）税款缴入国库

根据《中华人民共和国税收征管法》第五十三条的规定，国家税务局和地方税务局应当按照国家规定的税收征收管理范围和税款入库预算级次，将征收的税款缴入国库。

对审计机关、财政机关依法查出的税收违法行为，税务机关应当根据有关机关的决定、意见书，依法将应收的税款、滞纳金按照税款入库预算级次缴入国库，并将结果及时回复有关机关。

二、纳税人的责任

纳税人、扣缴义务人应当按照法律、行政法规规定或者税务机关依照法律、行政法规的规定确定的期限，缴纳或者解缴税款。

纳税人有解散、撤销、破产情形的，在清算前应当向其主管税务机关报告；未结清税款的，由其主管税务机关参加清算。

纳税人因有特殊困难，不能按期缴纳税款的，应当在缴纳税款期限以内，向税务机关申请延期纳税，并提供相关资料证明。经过当地税务机关批准，可以延期缴纳税款并免缴滞纳金，但是最长不得超过 3 个月（特殊困难是指因不可抗力，导致纳税人发生较大损失，正常生产经营活动受到较大影响的；当期货币资金在扣除应付职工工资、社会保险费后，不足以缴纳税款的）。

纳税人需要延期缴纳税款的，应当在缴纳税款期限届满前提出申请，并报送申请延期缴纳税款报告，当期货币资金余额情况及所有银行存款账户的对账单，资产负债表，应付职工工资和社会保险费等税务机关要求提供的支出预算。

三、扣缴义务人的责任

1. 扣缴义务人应当依照法律、行政法规的规定履行代扣、代收税款的义务。对法律、行政法规没有规定负有代扣、代收税款义务的单位和个人，税务机关不得要求其履行代扣、代收税款义务。

2. 扣缴义务人依法履行代扣、代收税款义务时，纳税人不得拒绝。纳税人拒绝的，扣缴义务人应当及时报告税务机关处理。受托单位和人员按照代征证书的要求，以税务机关的名义依法征收税款，纳税人不得拒绝；纳税人拒绝的，受托代征单位和人员应当及时报告税务机关。

3. 扣缴义务人代扣、代收税款时，纳税人要求扣缴义务人开具代扣、代收税款凭证的，扣缴义务人应当开具。

四、纳税争议的处理意见

纳税争议，是指纳税人、扣缴义务人、纳税担保人对税务机关确定纳税主体、征税对象、征税范围、减税、免税及退税、适用税率、计税依据、纳税环节、纳税期限、纳税地点以及税款征收方式等具体行政行为有异议而发生的争议。纳税人、扣缴义务人、纳税担保人同税务机关在纳税上发生争议时，必须先依照税务机关的纳税决定缴纳或者解缴税款及滞纳金或者提供相应的担保，然后可以依法申请行政复议；对行政复议决定不服的，可以依法向人民法院起诉。当事人对税务机关的处罚决定、强制执行措施或者税收保全措施不服的，可以依法申请行政复议，也可以依法向人民法院起诉。

具体程序是：一是纳税人、扣缴义务人或其他当事人必须按照税务机关的决定先缴纳税款和滞纳金；二是纳税人、扣缴义务人或其他当事人在缴足税款和滞纳金后，可以在税务机关填发缴款凭证之日起60天内向上一级税务机关申请复议；三是上一级税务机关应在接到申诉人的申请之日起60天内作出答复；四是申诉人对上一级税务机关的答复不服的，可在接到答复之日起15日内向人民法院起诉。

纳税人、代征人或其他当事人如果在规定的复议期限内未申请复议，视为纳税人、代征人或其他当事人放弃起诉权利，税务机关按原处理决定执行。

思考题

1. 在税收征管中纳税人、扣缴义务人要履行的责任是什么？
2. 纳税人多缴纳了税款可以退还吗？
3. 什么是离境清税制度？
4. 税收强制执行措施包括哪些？
5. 税务机关对关联企业业务往来有什么规定？
6. 税务机关在什么情况下可以核定纳税人的应纳税额？
7. 纳税人在什么情形下可申请延期纳税？
8. 在税收征管中纳税人、扣缴义务人与税务机关发生了争议应如何处理？

第四节　税务检查

税务检查，是国家税务机关根据税法规定，依法对纳税人、扣缴义务人的税务事项实施的检查，是税收征收管理的一个重要环节。

税务机关有权进行下列税务检查：

一是检查纳税人的账簿、记账凭证、报表和有关资料，检查扣缴义务人代扣代缴、代收代缴税款账簿、记账凭证和有关资料。

二是到纳税人的生产、经营场所和货物存放地检查纳税人应纳税的商品、货物或者其他财产，检查扣缴义务人与代扣代缴、代收代缴税款有关的经营情况。

三是责成纳税人、扣缴义务人提供与纳税或者代扣代缴、代收代缴税款有关的文件、证明材料和有关资料。

四是询问纳税人、扣缴义务人与纳税或者代扣代缴、代收代缴税款有关的问题和情况。

五是到车站、码头、机场、邮政企业及其分支机构检查纳税人托运、邮寄应纳税商品、货物或者其他财产的有关单据、凭证和有关资料。

六是经县以上税务局（分局）局长批准，凭全国统一格式的检查存款账户许可证明，查询从事生产、经营的纳税人、扣缴义务人在银行或者其他金融机构的存款账户。税务机关在调查税收违法案件时，经设区的市、自治州以上税务局（分局）局长批准，可以查询案件涉嫌人员的储蓄存款。税务机关查询所获得的资料，不得用于税收以外的用途。

税务机关对从事生产、经营的纳税人以前纳税期的纳税情况依法进行税务检查时，发现纳税人有逃避纳税义务行为，并有明显的转移、隐匿其应纳税的商品、货物以及其他财产或者应纳税的收入的迹象的，可以按照税法规定的批准权限采取税收保全措施或者强制执行措施。

税务机关依法进行税务检查时，有权向有关单位和个人调查纳税人、扣缴义务人和其他当事人与纳税或者代扣代缴、代收代缴税款有关的情况，有关单位和个人有义务向税务机关如实提供有关资料及证明材料。

税务机关调查税务违法案件时，对与案件有关的情况和资料，可以记录、录音、录像、照相和复制。

税务机关派出的人员进行税务检查时，应当出示税务检查证和税务检查通知书，并有责任为被检查人保守秘密；未出示税务检查证和税务检查通知书的，被检查人有权拒绝检查。

纳税人、扣缴义务人必须接受税务机关依法进行的税务检查，如实反映情况，提供有关资料，不得拒绝、隐瞒。

思考题

1. 什么是税务检查？税务检查的对象有哪些？
2. 税务机关在税务检查时有何权利？

第五节　违规、违规处罚及法律责任

一、常见的违规手法

（一）偷税

《最高人民法院、最高人民检察院关于办理偷税、抗税刑事案件具体应用法律的若干问题的解释》中明确的偷税手段有：伪造、涂改、隐匿、销毁账册、票据、凭证；转移资金、财产、账户；不报或者谎报应税项目、数量、所得额、收入额；虚增成本、多报费用、减少利润；虚构事实骗取减税、免税等。《中华人民共和国税收征管法》规定：纳税人伪造、变造、隐匿、擅自销毁账簿、记账凭证，或者在账簿上多列支出或者不列、少列收入，或者经税务机关通知申报而拒不申报或者进行虚假的纳税申报，不缴或者少缴应纳税款的，是偷税。归纳起来有下列几种类型。

1. 少报收入偷税

一是隐瞒或者少记销售收入。二是设置"账外账"或"两套账"。三是减少营业外收入，私设"小金库"。四是隐瞒投资收入，将投资收入长期挂在往来账户。五是隐瞒其他业务收入。将出租固定资产、房屋或转让专利技术等所取得的收入，不按规定计入"其他业务收入"，而是挂在"其他应付款"等往来账户中。六是将残次品、等外品、废品、下脚料及联产品、副产品销售收入，不做销售处理。七是自制产品或半成品自用。八是将降价处理产品不做销售处理。九是将企业辅营、兼营收入不报税。

2. 利用税率进行偷税

一是混淆一般纳税人和小规模纳税人界限；二是兼营不同税率商品，按低税率纳税。

3. 利用税收优惠进行偷税

一是虚报残疾人、下岗职工人数 ；二是设立假合资企业；三是以咨询服务为名，行销售产品之实。

4. 多列成本支出偷税

一是多结转成本或收入未实现时提前结转成本；二是将自制设备用料、固定资产购置运费等资产项目计入生产成本；三是多列福利费支出；四是通过提高折旧率、改变折旧方法、提前计提折旧、提前报废或已经变卖的固定资产仍提折旧等方法多提固定资产折旧；五是虚列预提费用；六是违规摊销，通过改变低值易耗品核算办法、在建工程支出，计入待摊费用、缩短待摊费用摊销期限等方法多计支出；七是扩大产品材料成本，通过变更原材料计价方法，人为提高材料成本差异率，增加材料成本的差异，材料假出库，基本建设领用材料，计入产品生产成本等方法偷逃税款；八是通过虚报职工人数等方式扩大产品工资成本。

5. 利用发票偷税

一是销售商品时不按规定开具发票；二是利用虚开红字发票。

6. 利用关联企业偷税

一是在办企业的同时，专门创办一个能够享受税收优惠政策的企业，让享受优惠政策的企业利润多，而正常纳税的企业利润少。在正常纳税企业创建企业品牌，培植企业客户群的同时，享受"关联企业"的减免税税收优惠政策，而一旦"关联企业"享受税收优惠政策期结束，便换个企业名称继续注册，重新享受税收优惠政策。二是关联企业之间的商品交易采取抬高定价的手段，正常纳税企业将商品或产品低价销售给享受税收优惠政策关联企业，享受税收优惠政策关联企业再高价出货，以转移利润，实现逃税。三是套用发票。正常纳税企业从享受税收优惠政策的关联企业套用发票，盖上自己企业的公章使用。

7. 其他形式的逃税

一是乱设往来账户。将应作收入的款项挂往来账户，将应在经营费用中列支的费用在往来账户中列支。二是多计提费用。不按规定的标准和范围计提，如借款利息、预提费用等。三是通过非货币性交易的方式偷税。如以物易物、以物抵债等方式不确认收入从而减少缴纳税款。

（二）骗税

骗税是指采取弄虚作假和欺骗等手段，将本来没有发生的应税行为，虚构成发生的应税行为，将小额的应税行为伪造成大额的应税行为，从而从国家骗取出口退税款的一种少缴税款的行为。

我国现行的出口退税率主要有17%、13%、11%、9%、5%五档。实行出口退税政策本意是为扩大出口，促进经济发展，但被一些不法分手利用来骗取国家税收。骗取出口退税的主要手段如下：

1. 利用虚假业务假报关。有些企业以子虚乌有的业务为名报关出口骗取退税，实际上既没有报关出口的商品，也没有国外购买商，根本不存在相关出口业务，以其虚构的业务骗取退税，甚至骗取银行信用。

2. 低值高报，以少报多，以次充好。有的企业采取多报出口货物数量的方式骗取超额退税款。

3. 以低税率商品冒充高税率商品。例如有的企业将出口退税率为5%的化学制品冒充为出口退税率9%的化学制品报关出口，从而多得出口退税。

（三）欠税

是指纳税人超过税务机关核定的纳税期限而发生的拖欠税款的行为。现在，中国把主观欠税列入违法犯罪行为，要求客观欠税的企业应当主动向主管税务机关申请缓交，但缓缴期限最长不得超过3个月。

（四）抗税

抗税是指以暴力、威胁方法拒不缴纳税款的行为。这里所说的暴力，指对税务人员实施身体强制，包括捆绑、殴打、伤害等手段，使其不能或不敢要求行为人纳税的情况；这里所说的威胁，指以暴力相威胁，对被害人实行精神强制，使其产生恐惧，不敢向行为人收缴税款的情况。

二、税收违法行为的法律责任

（一）偷税的法律责任

1. 行政处罚

纳税人有下列情形之一的，由税务机关追缴其不缴或者少缴的税款、滞纳金，并处不缴或者少缴的税款 50% 以上 5 倍以下的罚款。

（1）纳税人偷税数额不满 1 万元的。

（2）纳税人偷税数额占应纳税额不到 10% 的。

（3）扣缴义务人采取纳税人偷税手段，不缴或少缴已扣、已收税款，数额不满 1 万元的或占应纳税额不到 10% 的。

2. 刑事处罚

（1）偷税数额占应纳税额的 10% 以上不满 30%，并且偷税数额在 1 万元以上不满 10 万元的；或者因偷税被税务机关给予二次行政处罚又偷税的，处 3 年以下有期徒刑或者拘役，并处偷税数额 1 倍以上 5 倍以下罚款。

（2）偷税数额占应纳税额的 30% 以上并且偷税数额在 10 万元以上的，处 3 年以上 7 年以下有期徒刑，并处偷税数额 1 倍以上 5 倍以下罚款。

（3）扣缴义务人采取上述手段偷税的，依照以上规定处罚。

（4）对多次犯有偷税行为，未经处理的，按照累计数额计算。

（二）骗税的法律责任

《中华人民共和国税收征管法》规定：以假报出口或者其他欺骗手段，骗取国家出口退税款，由税务机关追缴其骗取的退税款，并处骗取税款 1 倍以上 5 倍以下的罚款；构成犯罪的，依法追究刑事责任。对骗取国家出口退税款的，税务机关可以在规定期间内停止为其办理出口退税。

1. 行政处罚

企业事业单位采取对所生产或者经营的商品假报出口等欺骗手段，骗取国家出口退税款数额不满 1 万元的，由税务机关追缴其骗取的退税款，处以骗取税款 1 倍以上 5 倍以下的罚款。

企业事业单位以外的单位或者个人骗取国家出口退税款数额较小，未构成犯罪的，由税务机关追缴其骗取的退税款，处以骗取税款 5 倍以下的罚款。

企业事业单位从事或者参与骗税逃税活动的，包括虚开专用发票和以少充多、虚抬价格、假冒或虚报出口，以及在进口中以多报少、假捐赠等逃税行为的，一经查实，对直接责任人一律开除公职，对有关负责人予以撤职。

企业骗取出口退税，情节严重的，经国家税务总局批准停止其半年以上的出口退税权。在停止退税期间出口和代理出口的货物，一律不予退税。对骗取退税数额较大或情节特别严重的企业，由对外贸易经济合作部撤销其出口经营权。

2．刑事处罚

（1）以假报出口或者其他欺骗手段，骗取国家出口退税款数额在1万元以上的，除由税务机关追缴其骗取的退税款以外，处5年以下有期徒刑，并处骗取税款1倍以上5倍以下罚金。

（2）数额巨大或者有其他严重情节的，处5年以上10年以下有期徒刑，并处骗取税款1倍以上5倍以下罚金。

（3）数额特别巨大或者有其他特别严重情节的，处10年以上有期徒刑或者无期徒刑，并处骗取税款1倍以上5倍以下罚金或者没收财产。纳税人缴纳税款后，采取以假报出口或者其他欺骗手段，骗取所缴纳的税款的，依照偷税的规定处罚；骗取税款超过所缴纳的税款部分，依照骗税的规定处罚。

3．其他处理规定

2008年4月，国家税务总局发出通知，对企业骗取出口退税行为停止办理出口退税，具体惩罚规定为：

（1）骗取国家出口退税款不满5万元的，税务机关可以停止为其办理出口退税半年以上1年以下。

（2）骗取税款5万元以上不满50万元的，可以停止1年以上一年半以下。

（3）对于骗取退税款50万元以上不满250万元，或因骗取出口退税行为受过行政处罚、两年内又骗取国家出口退税款数额在30万元以上不满150万元的，可以停止为其办理出口退税1年半以上两年以下。

（4）骗取250万元以上，或因骗取出口退税行为受过行政处罚、两年内又骗取国家出口退税款数额在150万元以上的，停止为其办理出口退税两年以上3年以下。出口企业自税务机关停止为其办理出口退税期限届满之日起，可以按现行规定到税务机关办理出口退税业务。

（三）逃税的法律责任

1．行政处罚

纳税人欠缴应纳税款，采取转移或者隐匿财产的手段，致使税务机关无法追缴欠缴的税款，数额不满1万元的，由税务机关追缴欠缴的税款，处以欠缴税款5倍以下的罚款。

2．刑事处罚

（1）逃税数额在1万元以上不满10万元的，除由税务机关追缴欠缴的税款外，对逃税行为人处3年以下有期徒刑或者拘役，并处或者单处欠缴税款1倍以上5倍以下的罚金。

（2）逃税数额在10万元以上的，处3年以上7年以下有期徒刑，并处欠缴税款1

倍以上 5 倍以下的罚金。

（3）纳税人向税务人员行贿，不缴或少缴应纳税款的，依照行贿罪追究刑事责任，并处不缴或少缴税款 5 倍以下的罚金。单位犯逃税罪的，对单位判处罚金，对直接负责的主管人员及其直接责任人依上述规定处罚。

（四）欠税的法律责任

《中华人民共和国税收征管法》规定：纳税人欠缴应纳税款，采取转移或者隐匿财产的手段，妨碍税务机关追缴欠缴的税款的，由税务机关追缴欠缴的税款、滞纳金，并处欠缴税款 50% 以上 5 倍以下的罚款；构成犯罪的，依法追究刑事责任。

1. 数额在 1 万元以上不满 10 万元的处 3 年以下有期徒刑或者拘役，并处欠缴税款 5 倍以下的罚金。

2. 数额在 10 万元以上的，处 3 年以上 7 年以下有期徒刑，并处欠缴税款 5 倍以下的罚金。

（五）抗税的法律责任

以暴力、威胁方法拒不缴纳税款的，是抗税，除由税务机关追缴其拒缴的税款、滞纳金外，依法追究刑事责任。情节轻微，未构成犯罪的，由税务机关追缴其拒缴的税款、滞纳金，并处拒缴税款 1 倍以上 5 倍以下的罚款。

对抗税行为的刑事处罚，主要包括：

1. 犯抗税罪的，除由税务机关追缴拒缴的税款外，处 3 年以下有期徒刑或者拘役，并处拒缴税款 1 倍以上 5 倍以下的罚金。

2. 情节严重的，处 3 年以上 7 年以下有期徒刑，并处拒缴税款 1 倍以上 5 倍以下罚金。

3. 以暴力方法抗税，致人重伤或者死亡的，分别以伤害罪、杀人罪处罚。

4. 拒绝、阻碍税务人员依法执行职务并使用暴力威胁方法的，由公安机关依照治安管理处罚条例的规定处罚。

（六）其他违法行为的行政处罚及法律责任

1. 纳税人、扣缴义务人逃避、拒绝或者以其他方式阻挠税务机关检查的，由税务机关责令改正，可以处一万元以下的罚款；情节严重的，处一万元以上五万元以下的罚款。

2. 非法印制发票的，由税务机关销毁非法印制的发票，没收违法所得和作案工具，并处一万元以上五万元以下的罚款；构成犯罪的，依法追究刑事责任。非法印制、转借、倒卖、变造或者伪造完税凭证的，由税务机关责令改正，处二千元以上一万元以下的罚款；情节严重的，处一万元以上五万元以下的罚款；构成犯罪的，依法追究刑事责任。

3. 银行和其他金融机构未依照税收征管法的规定在从事生产、经营的纳税人的账户中登录税务登记证件号码，或者未按规定在税务登记证件中登录从事生产、经营的纳税人的账户账号的，由税务机关责令其限期改正，处二千元以上二万元以下的罚款；

情节严重的，处二万元以上五万元以下的罚款。

4. 纳税人、扣缴义务人的开户银行或者其他金融机构拒绝接受税务机关依法检查纳税人、扣缴义务人存款账户，或者拒绝执行税务机关作出的冻结存款或者扣缴税款的决定，或者在接到税务机关的书面通知后帮助纳税人、扣缴义务人转移存款，造成税款流失的，由税务机关处十万元以上五十万元以下的罚款，对直接负责的主管人员和其他直接责任人员处一千元以上一万元以下的罚款。

5. 纳税人、扣缴义务人的行为涉嫌犯罪的，税务机关应当依法移交司法机关追究刑事责任。税务人员徇私舞弊，对依法应当移交司法机关追究刑事责任的不移交，情节严重的，依法追究刑事责任。

6. 未经税务机关依法委托征收税款的，责令退还收取的财物，依法给予行政处分或者行政处罚；致使他人合法权益受到损失的，依法承担赔偿责任；构成犯罪的，依法追究刑事责任。

三、检举纳税人税收违法行为奖励办法

我国《检举纳税人税收违法行为奖励暂行办法》已经国家税务总局、财政部审议通过，自 2007 年 3 月 1 日起施行。

（一）一般税收违法行为

检举的税收违法行为经税务机关立案查实处理并依法将税款收缴入库后，根据本案检举时效、检举材料中提供的线索和证据翔实程度、检举内容与查实内容相符程度以及收缴入库的税款数额，按照以下标准对本案检举人计发奖金：

1. 收缴入库税款数额在 1 亿元以上的，给予 10 万元以下的奖金。

2. 收缴入库税款数额在 5 000 万元以上不足 1 亿元的，给予 6 万元以下的奖金。

3. 收缴入库税款数额在 1 000 万元以上不足 5 000 万元的，给予 4 万元以下的奖金。

4. 收缴入库税款数额在 500 万元以上不足 1 000 万元的，给予 2 万元以下的奖金。

5. 收缴入库税款数额在 100 万元以上不足 500 万元的，给予 1 万元以下的奖金。

6. 收缴入库税款数额在 100 万元以下的，给予 5 000 元以下的奖金。

（二）增值税专用发票

检举虚开增值税专用发票以及其他可用于骗取出口退税、抵扣税款发票行为的，根据立案查实虚开发票填开的税额按照上述规定的标准计发奖金。检举伪造、编造、倒卖、盗窃、骗取增值税专用发票以及可用于骗取出口退税、抵扣税款的其他发票行为的，按照以下标准对检举人计发奖金：

1. 查获伪造、编造、倒卖、盗窃、骗取上述发票 10 000 份以上的，给予 10 万元以下的奖金。

2. 查获伪造、编造、倒卖、盗窃、骗取上述发票 6 000 份以上不足 10 000 份的，给予 6 万元以下的奖金。

3. 查获伪造、编造、倒卖、盗窃、骗取上述发票 3 000 份以上不足 6 000 份的，给

予 4 万元以下的奖金。

4. 查获伪造、编造、倒卖、盗窃、骗取上述发票 1 000 份以上不足 3 000 份的，给予 2 万元以下的奖金。

5. 查获伪造、编造、倒卖、盗窃、骗取上述发票 100 份以上不足 1 000 份的，给予 1 万元以下的奖金。

6. 查获伪造、编造、倒卖、盗窃、骗取上述发票不足 100 份的，给予 5 000 元以下的奖金。查获伪造、编造、倒卖、盗窃、骗取前款所述以外其他发票的，最高给予 5 万元以下的奖金；检举奖金具体数额标准及批准权限，由各省、自治区、直辖市和计划单列市国家税务局根据本办法规定并结合本地实际情况确定。

四、有下列情形之一的，不予奖励

1. 匿名检举税收违法行为，或者检举人无法证实其真实身份的。

2. 检举人不能提供税收违法行为线索，或者采取盗窃、欺诈或者法律、行政法规禁止的其他手段获取税收违法行为证据的。

3. 检举内容含糊不清、缺乏事实根据的。

4. 检举人提供的线索与税务机关查处的税收违法行为无关的。

5. 检举的税收违法行为税务机关已经发现或者正在查处的。

6. 有税收违法行为的单位和个人在被检举前已经向税务机关报告其税收违法行为的。

7. 国家机关工作人员利用工作便利获取信息用以检举税收违法行为的。

8. 检举人从国家机关或者国家机关工作人员处获取税收违法行为信息检举的。

9. 国家税务总局规定不予奖励的其他情形。

思考题

1. 简述偷税的主要手法及处罚措施。

2. 在哪些情况下偷税要负法律责任？

3. 纳税人骗取出口退税如何处理？

4. 什么是抗税？税务机关对抗税行为如何处理？

5. 银行等金融机构出于自身利益，不配合税务机关依法执行公务，造成国家税款损失，应如何处理？

第六节　税务代理

税务代理是指税务代理人接受纳税人、扣缴义务人的委托，以被代理人的名义依法办理税务事宜的行为。税务代理具有代理的一般共性，属于委托代理的一种。

一、我国实行税务代理的必要性与可行性

（一）必要性

1. 是我国社会主义市场经济迅猛发展的客观需要。随着我国经济体制改革的深入，我国呈现了以公有制经济为主体，多种经济成分并存和多种经营方式多种经营渠道相互交错的复杂局面。这必然给税收征管工作带来复杂性和一定的难度。因此把纳税人必须履行的纳税事宜，委托给通晓各种税法并具有足够业务知识的税务代理人去办理，既便利了纳税人，又可减少征税机关的许多事务性工作，从而使税收政策得到顺利贯彻实施。

2. 是规范征纳双方的权利和义务，维护纳税人合法权益的客观需要。税务代理为纳税人主动申报纳税和办理涉税事宜提供了条件，使我国征管工作还责于纳税人，规范征纳关系有了客观基础。税务代理人能帮助纳税人依法纳税，缓解了征纳双方的矛盾，又维护了纳税人的合法权益。

3. 是深化征管改革的客观需要。近年来的征管改革解决了税务部门内部的相互制约问题，征纳之间的制约问题即社会对税务机关的监督和对纳税人的制约问题并没有得到根本解决。这就要求在全社会范围内建立健全监控制约机制，既形成对征方的有效监控，又构成对纳方的必要管理。

4. 是降低征收成本，增加税收收入的客观需要。国家每增加一名税务人员，相应地也就提高了征收成本。而税务代理人及其事务所则是社会法人，不是政府机关，一切费用均从自己的劳动所得中支付，降低税收成本显而易见。

（二）可行性

1. 社会主义市场经济新体制的建立，为深化税制改革，建立有中国特色的税务代理制创造了良好的社会环境。

2. 纳税人已经有了委托代理的要求，有些纳税人认为委托代理人代办纳税事宜，不仅可以做到依法纳税，还省时省力，有利于企业集中精力搞生产，开展公平竞争，因而委托代理的纳税人逐步增多。

3. 经过近十年来税务咨询业务的开展，税务代理行业已经积聚和培养了一大批人才，并在实践中摸索到一些行之有效的经验，为实行税务代理制打下了良好的基础。

4. 有世界发达国家日本等行之多年的"税理士制度"和其他国家的成功经验可以借鉴，结合我国实际情况，可以洋为中用。

二、实行税务代理制应当遵循的基本原则

开展税务代理工作应当遵循以下原则：

1. 依法代理。依法代理是指开展税务代理业务必须依照税收法律和法规进行，不能违反税法规定。这是一切代理活动的前提。

2. 客观公正。客观公正是服务的态度和坚持的立场，这是由中介机构的性质决定的。坚持这一点就可以得到纳税人的信赖和税务机关的支持。

3. 双方自愿。双方自愿是指在开展代理业务中必须坚持自愿的原则，不能靠行政命令，更不能强加于人。纳税人可以委托，也可以不委托，可以全部委托，也可以单项委托。另外，税务代理人根据委托事项和内容的本身实力，可以接受委托，也可以不接受委托。

4. 有偿服务。有偿服务是指税务（咨询）事务所在开展税务代理业务中要实行有偿服务、合理收费。税务代理人付出了知识、技能和劳务支出，按照商品经济的原则应该取得报酬。

三、税务代理的业务项目或范围

从总体上说，凡是纳税人、扣缴义务人依照税法规定应履行的义务，应享受的权利以及应办理的具体纳税事宜都可以办理。一般包括以下项目：

1. 受托担任常年税务顾问。向委托单位提供税收政策和税务财务咨询，帮助委托单位贯彻执行好现行税收政策，维护征纳双方的合法权益。
2. 受托代理申请减免和退补税。
3. 受托代理纳税申报审核、申报纳税、计算应纳税款。
4. 受托代理企业财务初审、出具审计报告。
5. 受托担任税务、财务会计辅导和经济咨询。
6. 受托代理税务登记。
7. 受托代理申请税务案件复议及应诉。
8. 受托代理税务发票印制、保管。
9. 受托代理设计会计、财务制度。
10. 受托代理资产评估、资金验证、财务清算。
11. 受理代理有关税务、财务纠纷。

思考题

1. 税务代理应遵循什么原则？
2. 简述税务代理存在的必要性。

第七节 税收征管体制改革展望

税收涉及千家万户，与纳税人利益密切相关。加强税收管理，不断改进和优化对纳税人的服务和管理工作，对筹集财政收入、维护社会和谐稳定，将起到重要的作用。

一、中国税收征管体制改革的发展历程

新中国的最早的税收征管模式是实行管理员专责模式，即"一员进厂，各税统管，集征、管、查于一身"。这是与计划经济条件下经济成分单一、纳税人规模不大、税制

结构简单等相适应的。这种征管模式直到 1988 年才开始转变，税务机关开始按照征收、管理、稽查三个系列设置相应机构，分别承担相关职能。这种模式基本划清了各环节的职责分工，有利于加强监督制约，但仍未解决征纳双方权利义务不清等问题。在加强征收管理的同时，中国也在开始重视税收征管的法律体系建设。1993 年 1 月 1 日实施的《中华人民共和国税收征收管理法》，初步建立了中国税收征管的法律体系。1994 年，中国开始税制改革。与税制改革相适应，在税收征管制度方面，开始普遍建立纳税申报制度，加速税收征管信息化进程，探索建立严格的税务稽查制度，积极推行税务代理。这次税收征管制度改革强调合理划分税收征纳双方职责，是我国税收征管发展史上一次具有重要意义的实践。1995 年 2 月 28 日八届全国人大常委会第十二次会议对税收征收管理法个别条款作了修改。为配合征收管理法的实施，国务院、财政部、国家税务总局又陆续颁布了《税收征收管理法实施细则》、《税务登记管理办法》、《发票管理办法》、《税务稽查工作规程》等税收征管的法规和制度。上述法规和规章的制定、颁布与实施，使税收征管的各个方面和环节都有法可依。

1997 年，税务机关提出了建立以申报纳税和优化服务为基础，以计算机网络为依托，集中征收，重点稽查的税收征管模式。要求建立健全纳税人自行申报制度、税务机关和社会中介相结合的服务体系、以计算机网络为依托的管理监控体系、人工与计算机结合的稽查体系、以征管功能为主的机构设置体系。这次改革基本形成征收、管理、稽查既相互分离又相互制约的征管格局。2004 年，在税收征管中重点强调了两点：一是实施科技加管理，积极利用现代信息技术手段促进税收征管。二是实施科学化、精细化管理，切实提高税收征管水平。通过逐一梳理税收征管的薄弱环节，实施纳税评估等一系列针对性强、行之有效的管理措施，进一步改变了粗放式管理状况。党的十七大以来，面对我国经济社会发展的新形势和税收征管工作的新要求，税务部门提出大力推行专业化、信息化管理，最大限度地提高征管资源的利用效率。同时按照建设服务型政府的要求，顺应经济社会发展的新要求和纳税人的新期待，国家税务总局把税收征收管理的重点放在了以下几个方面：一是国家税务总局专门成立纳税服务司，把纳税服务提到前所未有的高度。2010 年国家税务总局委托第三方机构对部分税务机关在税法宣传、纳税咨询辅导、涉税审批、税收执法、税收政策落实、税收法律救济等方面工作情况开展了纳税人满意度调查。调查结果显示，税务机关的工作得到了 80% 纳税人的满意。二是借鉴国际上针对性地为纳税人提供差异化管理服务将纳税人分类管理的经验，专门设立大企业管理司，积极探索对大企业实施专业化税收管理与服务。三是在加强国内税收管理的同时，大力推进国际税收管理和反避税工作，切实维护我国税收主权和跨境纳税人合法权益。四是在税收征管中引入风险管理、分类管理、专业化管理的理念，根据税收管理工作风险程度，对不同类别纳税人采取分类管理和专业化税收管理，包括对中小企业实行查账和核定征收管理，对个体工商户加强户籍管理和定额管理。五是完善税源管理，通过建立税收分析、纳税评估、税务稽查等环节的互动机制，提高征管质量和效率。

二、税收征管体制改革目标与主要内容

(一) 进一步完善现行税收征管法律制度

现行的《税收征收管理法》是在我国刚刚提出建立社会主义市场经济的 1993 年开始实施的，距今已 19 年了。随着改革的深化、开放的扩大和社会主义市场经济体制的逐步建立与发展，经济和社会各方面都发生了许多变化，迫切需要进一步完善税收征管法律体系，提高法律效力。一是在税收立法进一步明确税收征纳双方的法律责任，包括用法律规定纳税人必须遵守的涉税信息报告制度，逐步扩大纳税人涉税信息报告的范围。逐步解决征纳双方信息不对称问题，提高税收征管水平、降低税收流失率。二是强调纳税人对自己申报纳税行为负法律责任，税务机关在为纳税人实现申报纳税提供方便的同时，强调对纳税人自我申报缴纳税款。三是完善法律援助制度，包括行政复议、法律诉讼、法律救济等。确保纳税人合法权益得到有效保护。四是提高立法层次，将现行暂行条例、规章或地方性法规提高到法律层次，保证税收征管在每一个环节都有法可依，有章可循。五是注重保护纳税人权益的法律制度建设。要完善现有纳税人权益保护法律制度，建立税制改革和重大税收政策调整措施出台前的专家论证、公开听证等制度，切实保障纳税人的知情权、参与权、表达权、监督权，纳税人遵从。

(二) 坚持依法行政，规范税收执法行为，努力营造良好税收法治环境

一是全面推进政务公开和行政监督，严格按照税收法定权限和程序行使权力、严格约束税收执法中的自由裁量权，履行职责，提高税法遵从度。二是进一步强化税收执法监督，推行税收执法责任制，加大执法考核和过错追究力度。通过加强对税收管理权的监督，防止税收管理执法中的权力滥用。

(三) 积极推进税源专业化管理，提高税收监管和服务水平

大力推进税源专业化管理，提高征管质量。以实行分类分级管理为基础，以加强税收风险管理为导向，以实施信息管税为依托，以完善运行机制为保障，不断提高税收征管的质量和效率。

(四) 按照建设服务型政府的要求，不断提高纳税服务水平，优化纳税服务，构建和谐的税收征纳关系

一是做好税收工作的定位，实现税收管理和纳税服务理念的转变。坚持征纳双方法律地位平等，切实尊重纳税人的平等主体地位，维护纳税人应有的尊严。要从理念上树立纳税人不仅是依法纳税的义务主体，也是政府部门提供公共服务的对象。二是为纳税人提供优质服务。包括注重以纳税人为导向优化征管流程和资源配置，从纳税人的实际状况和合理需求出发，积极运用现代技术手段，简化办税环节，缩短办税时间，提高办税效率；加强税务机关内部各部门之间、国税局和地税局之间以及税务部门与外部门之间的协调配合，切实减轻纳税人办税负担，增强服务合力；继续探索按纳税人类别设立机构和配置人员，为纳税人提供专业化、个性化服务保护纳税人的合法权益。三是加强税法宣传，保证纳税人了解税法的渠道畅通。包括建立税法公布制度，

除了国家公布税收法律、法规外，要以国家税务主管部门公报的权威形式，及时公布依法制定的各项税收规章、制度以及其他规范性文件；税务机关要优化自身的服务功能，结合管理为纳税人提供税法信息咨询。

（五）强化国际税收管理和反避税工作

完善反避税工作机制、非居民税收管理机制、"走出去"税收服务与管理机制、国际税收征管协作机制，切实维护我国税收主权和跨境纳税人合法权益。

思考题

1. 中国税收征管体制改革的方向？
2. 1994年以后中国税收征管体制改革的发展进程？

第六章　国际税收

第一节　国际税收的形成与研究对象

税收是国家或政府为满足社会公共需要,凭借政治权力按照法定标准强制、无偿参与国民收入分配,取得财政收入的一种形式。税收总是与国家紧密相连,是一个国家的主权,一个国家可以在本国疆域内决定对什么征税,对什么不征税,并适时调整税收制度,这就是国家税收。在很长一段时间内,世界上大多数国家也是根据本国的实际情况来决定和实施本国的税收制度和政策,而不考虑其他国家的情况,但是,随着国际经济交往的出现,各国自行其是的税收制度在一定程度上必然对进一步交往产生障碍,迫切需要消除这些障碍,需要国家之间的税收协调,这些就催生了国际税收。

一、国际税收的定义与研究对象

（一）国际税收的定义

国际税收是指两个或两个以上的主权国家或地区,依据各自的税收管辖权对跨国纳税人的课税,以及由此形成的各国政府与跨国纳税人之间的税收征纳关系和国家（地区）与国家（地区）之间的税收分配关系。这一概念可以从以下五个层次理解。

一是国际税收首先是作为税收存在的,是以国家（地区）税收为基础发展起来的,具有税收的一般特征。

二是国际税收涉及两个或两个以上的主权国家或地区的税收利益。

三是国际税收以国际间的经济交往为存在前提,是对跨国纳税人征税而引起的。如果不存在跨国纳税人,国际税收也就无从谈起。

四是涉及主权国家或地区之间的税收分配关系构成国际税收的本质。与国家税收不同的是国际税收体现了对同一纳税人或者同一笔所得同时进行征税而形成的主权国家或地区之间的税收分配关系,国家税收则体现的是主权国家或地区内部国家与纳税人的分配关系。

五是国际税收涉及一系列税收活动,通过税收协定来加以协调。与国家税收不同的是国际税收包括一系列税收活动,双重征税的避免和消除,国际避税到情报交换等,这些活动一般都是通过国际税收协定来加以规范协调。而国家税收靠制定法律来确定国家与纳税人之间的征纳关系。

（二）国际税收的研究对象

国际税收是研究两个或两个以上国家对跨国纳税人的课征，以及由此而来形成的国家与纳税人和国家与国家之间的分配关系。主要包括税收管辖权及其协调、国际重复课税的缓解和消除、协调国家与国家之间的税收关系、消除对非居民的税收歧视、国际避税与反避税、国际税收协定、鼓励国际投资的税收优惠、国际逃税港、国际税收合作、各国国内税法中有关涉外税收的规定以及各国法院与国际法院在国际税收方面的司法判例等。

例如，假设一个人他是 A 国的公民，居住在 B 国，从 C 国获取经济收益，如何对其征税呢？A 国政府认为他有权对本国公民来自于全球的所得征税，B 国认为本国居民应在本国纳税，C 国认为本国是收入来源国理应对该纳税人征税，同一笔收入要有 3 个国家征税显然对纳税人是不公平的，由此产生了以下两组矛盾：

第一，各国政府同跨国纳税人的矛盾。这首先涉及国家或地区内部的税收管理主权问题，各国政府有权在自己政权管辖的范围内对纳税人征税，但由于纳税人成为跨国纳税人，政府与纳税人的关系就比较复杂了。是否征税，征多少税，关系到有关国家的财政收入和纳税人的负担。

第二，有关国家之间的税收利益关系。这属于国家或地区之间在处理国际税收方面所发生的税收利益调整或利益的分配。如果 A 国向跨国纳税人多征了税，就可能影响 B 国、C 国的税收收入；如果 B 国向跨国纳税人多征了税，A 国和 C 国的税收就可能少。

在上述两组关系中，第一种是国家与纳税人之间的关系，基本上是国家税收的内容，但由于纳税人不是普通的纳税人，而是跨国纳税人，因而，有关国家同跨国纳税人的征纳关系，成为国际税收关系中的基础。另一种关系反映了有关国家（地区）之间的税收分配权益，它超出了国家（地区）税收的范围，不是任何一个国家（地区）能独立解决的，这是国际税收研究的重点内容。

根据以上分析，概括起来说，国际税收的研究对象是各国政府为协调对跨国纳税人的稽征管理和解决有关国家间的税收权益而采取的措施，以及这些措施所依据的准则和规范。

二、国际税收的产生

国际税收是在国家税收的基础上产生的，是国际经济交往发展到一定历史阶段的产物。从历史上看，大体上从国家产生到第二次世界大战之前，只有国内税收。在这个时期内，还不具备或者说基本上还不具备产生国际税收的历史条件。那么，在国家税收产生和发展的历史长河中，国际税收到底产生于那个阶段？它是如何形成和逐步发展？只有追溯税收的发展历程才能找到答案。

（一）原始关税是国际税收的起源

19 世纪末 20 世纪初，随着商品经济的发展，出现了国与国之间的商品交流。外国商品入境后，不可避免地要成为征税的对象，一些国家开始对对进出本国国境或者关境的货物征收关税，因为进出本国国境或他国国境而被征收了关税的外国商人也自然成为纳税人。乍看起来，税收似乎已经带有国际性，其实不然，因为，只有在甲国的商人将货物运入乙国时，乙国才能对之征税；反之亦然。这说明各国只能在各自的国境内对外商征税，税收管辖权既没有超出国境，也就不可能出现国家与国家之间分享税收的问题，从而也就不能认为税收已经带有国际性。

（二）从 19 世纪末至第二次世界大战前

从 19 世纪末至第二次世界大战前，资本输出盛行，按理应当出现资本输出国与资本输入国对同一投资收益同时征税的现象，即产生国与国之间分享税收的问题，从而使税收具有国际性。但是，事实上这种国际性的税收基本上并不存在，或者确切地说，虽然已经开始存在，而问题是尚未达到必须立即由各国一起来协商解决的程度。原因有三：一是在第二次世界大战前，资本被输入国主要是殖民地或半殖民地。当时在许多殖民地和半殖民地里，这些地区没有独立的国家政权，自然也就不可能有独立的征税权。因而，在帝国主义各国和殖民地之间，一般就不可能提出分享国际税收的问题。二是资本主义各国之间的相互投资，在第二次世界大战前虽然已经存在，但为数甚少。由于资本主义各国间相互投资额不大，所以，虽有分享国际税收的问题，但不尖锐。三是多数资本主义国家都是在 20 世纪后才建立所得税制度，且税率大多不高。如美国 1913 年、法国 1917 年、德国 1920 年、意大利 1925 年才实行所得税。美国的所得税仅是 1% ~6% 。正是由于这些原因，国与国之间在对资本收益征税方面的矛盾就不那么严重。

在国际商品交流方面，随着各国所得税制度的建立，矛盾已比上一历史阶段明显。由于国与国之间在投资收益方面分享税收的问题开始出现，因而税收国际化问题日益突出，就逐渐为人们所重视，有些人开始试图着手解决这一问题。但是，由于问题本身还不具有迫切性，也由于 20 世纪 30 年代国际形势日益紧张，所以在这个历史阶段内，国际税收问题没能引起人们普遍重视。这种为了发展国际贸易而涉及的关税征收和互让以及其他税收调节活动不属于国际税收的范畴，只是初步具备了而后形成的国际税收的一些特征。

（三）第二次世界大战后，国际税收建立

第一，随着广大殖民地纷纷独立，独立后的国家有了独立的征税权。过去那种对外来投资无权征税的现象一去不复返了。第二，世界经济格局也发生了重大变化。一是资本的国际流动呈现了多样化的趋势。与战前资本输出主要流入殖民地和半殖民地不同的是，战后，发达的资本主义国家之间的相互投资大大增加，并且其投资额已大大超过了对发展中国家的投资额。这也导致它们在对投资收益的征税关系上尖锐的矛盾。二是跨国经营空前发展，收入国际化趋势日趋明显。跨国公司由于所属的分支机构和子公司遍布世界各地。就形成了同一纳税人从不同国家获得收入，不同的国家对同一纳税人的同一收入征税的情况。收入的国际化要求税收国际化，各国之间的税收关系遂因跨国公司的到处经营而出现了极其错综复杂的局面。由于跨国公司的下属机构遍布全世界，它们能够利用各国税制的不同，钻空子、找漏洞，对这种现象，单纯依靠各国的税法已无法杜绝，需要在国际税收方面制定适当的准则来加以节制和管理。三是第二次世界大战后各国的所得税制度日益完善，税收国际化问题逐步被各国政府加以重视。不仅发达的资本主义国家都确立了以所得税为主的征税制度，许多发展中国家都引进了所得税。而且大都大幅度地提高了所得税率，甚至高达50%左右。税率如此之高，如不解决国际间重复课税问题，国际贸易往来势必要遇到严重的障碍。正是在上述种种情况的推动下，国际税收终于正式作为一个新的范畴出现在税收这个领域内，并与国内税收并立，成为国际上的一个新兴学科。

思考题

1. 为什么会有国际税收？其产生过程与政治风云变化的关系。
2. 国际税收学的研究对象是什么？
3. 国际税收与国内税收的区别？

第二节　税收管辖权

一、税收管辖权的概念

税收管辖权就是税收征税权，是一个主权国家在税收管理方面所行使的在一定范围内的征税权利，它是国家的主权在税收上的具体体现。也就是说，任何一个主权国家，在不违背国际法和国际公约的前提下，都有权选择最优（或对本国最有利）的税收制度。这一制度包括三项内容：纳税主体、纳税客体、纳税数量。

税收管辖权并不是在国际税收形成后才出现的，而是在税收产生的同时就存在了，只不过在国际税收形成之前，税收只对国内课征。税收管辖权是一个国家对本国内的人和物来行使的，由于局限在本国领土之内，没有在国际上引起广泛注意。在国际税收形成之后，出现了两个或两个以上的国家对同一征税对象征税，这样税收管辖权问题在国际上变得日益突出和复杂了。

二、税收管辖权的主体和客体

税收管辖权的主体和客体是税收制度中不可缺少的要素。在国际税收中，由于涉及两个或两个以上的国家对跨国纳税人的征税，税收管辖权的主体和客体就变得复杂了，可以说税收管辖权的主体和客体也是国际税收学研究中的一个基本问题。主体是拥有征税权的国家（地区），客体则是负有纳税义务的跨国纳税人及其国际所得。

（一）税收管辖权的主体——国家

税收管辖权的主体是拥有征税权的国家（地区）。

在国家税收里，作为税收管辖权主体的国家只有一个，税收的征纳关系比较单纯。在国际税收中，税收管辖权主体则是两个或两个以上国家（地区），而且这些国家（地区）无论在政治、经济、文化等方面差异较大。尤其是发达国家与发展中国家的经济发展水平不同，因此在国际税收关系中很可能处于不平等的地位。由于发达国家积极参与国际经济的时间比发展中国家早，参与的规模与范围也大，所以，发达国家较早地出现跨国征税问题，并较早地投入对国际税收问题的研究。现在有关国际税收的原则、条约等，大多是发达国家在国际税收方面理论与实践的产物。由于发达国家一般处于资本输出国的地位，因而它们处理国际税收关系的立场、原则和政策当然是有利于发达国家利益的。发展中国家经济水平较低，在国际经济关系中往往处于不利地位，在国际税收关系中很难维护自己的利益。各国在行使税收管辖权时奉行的原则不同，不同国家实行的经济政策不同都会给国际税收关系带来影响。

总之，在国际税收中，各个征税主体的存在，伴随着不同的征税主体所奉行的不同原则、政策的出现，使国际税收关系复杂化了。

（二）税收管辖权的客体——纳税人、国际所得

1. 纳税人

在国际税收关系中的纳税人与大多数国家税法中规定的纳税人相同，包括自然人和法人，但又有其本身的特点。

第一，国际税收中的纳税人是跨国纳税人。若一国规定的纳税人，只是在本国管辖范围内从事经济活动，那他只与本国政府发生单一的征税关系，不是国际税收涉及的纳税人。只有当纳税人的活动跨出国界，同时成为两个或两个以上国家的纳税义务人时，他才成为国际税收中的纳税人。

例如，某自然人，他居住在 A 国，到 B 国从事劳务服务并取得收入，他同时对 A、B 两国负有纳税义务，就成为国际税收涉及的纳税人了。

第二，国际税收涉及的纳税人不单纯以国籍为判断依据。国籍是分析判断纳税人的一个因素，但这不是唯一因素。

2. 国际所得

国际税收涉及的征收对象主要是所得额，即跨国纳税人的跨国所得。

由于国际经济交往、社会经济活动以及人们从事的业务是多方面的，不论是自然人，还是法人，所得范围很广，种类很多，一般来说，国际所得大致分为四类：

（1）跨国经营所得。跨国经营所得是指跨国纳税人从事跨国的工业、商业、服务业等生产经营活动取得的所得。

（2）跨国劳务所得。跨国劳务所得是指跨国纳税人跨越国界从事设计、讲学、咨询、演出等项劳务的所得。

（3）跨国投资所得。跨国投资所得是指跨国纳税人通过跨国投资入股、放贷、转让特许权等活动取得的所得，如股息、利息、特许权使用费等。

（4）其他跨国所得。其他跨国所得是指上述三种跨国所得以外的跨国所得，如财产所得、遗产继承所得等。

三、税收管辖权的分类

目前，来源地管辖权、公民管辖权和居民管辖权是国际税收中三种最基本的税收

管辖权。一般说来，奉行"属地原则"的国家在行使税收管辖权时采用"来源地税收管辖权"，奉行"属人原则"的国家则采用"居民管辖权"或"公民税收管辖权"。

（一）来源地税收管辖权

来源地管辖权又称收入来源地方管辖权或地域管辖权，它是指一个主权国家对发生其领土范围里的一切应税活动和来源于或被认为来源于其境内全部所得行使的征税权力。行使地域管辖权的国家有权对发生在本国疆界范围内的所得征税，而不管纳税人是何国公民或居民。相反，它对纳税人来自国外的收益、所得不征税，即使纳税人是本国的公民或居民。按来源地税收管辖权征税，收入来源发生在哪个国家（地区），就在哪个国家（地区）征税，体现了国际经济利益分配的合理性，方便了税收的征管工作，为世界各国所普遍接受。但单一行使地域税收管辖权的国家和地区不多，主要有文莱、沙特阿拉伯、马耳他、危地马拉、厄瓜多尔、巴西、玻利维亚、委内瑞拉、巴拿马、乌拉圭、尼加拉瓜、多米尼亚、海地、哥斯达黎加、埃塞俄比亚、加纳、塞舍尔、中国香港等18个国家和地区。

（二）居民税收管辖权

居民税收管辖权是指一个国家对居住在本国境内的全体居民取得的来自世界各国的全部所得行使的征税权力。

（三）公民税收管辖权

它是国家对有本国国籍的公民来自世界范围的全部所得行使的征税权，是按属人原则建立起来的。公民税收管辖权，以国籍来判断其纳税义务，不论其居住于国内或国外。对于住在外国者，也不论其居住期限的长短，都应按其世界范围内的收入纳税。按公民身份行使税收管辖权给国际税收带来了更多的困难。因为，甲国公民如在另一国居住，而在第三国取得收入，则甲国要按公民身份对其征税，居住国要按居民身份对其征税，而收入来源国则要从源征税，这就使国际税收关系更加复杂化。

特别是对一个很少，甚至从来也不在所属国籍国居住，而经常在他国居住和从事经营活动的跨国人员行使该权，对其来源于世界范围内的所得征税，往往是不现实的。所以除了美国和罗马尼亚等少数国家外，绝大多数国家放弃了公民税收管辖权，转而采用了居民税收管辖权。

"居民"指居住在一国境内并受该国法律管辖的一切人，在各国税法中，居民的概念包括自然人和法人。在自然人方面，各国都按居住地确立纳税人的居民身份，并对之行使税收管辖权。多数国家，居住期限都规定为连续半年，但也有规定连续一年的，如中国、日本和巴西。

在法人方面，各国对居民身份的确立也不一样，但一般都依照下列两条原则：第一，按公司的组成地，即公司按何国法律在何国注册成立，便视为何国居民的公司；第二，按公司的实际管理机构所在地，即实际管理机构设在何国，便视为何国公民的公司。公司董事会的所在地或经常开会的地点，是判断实际管理机构所在地的标志。凡按上述原则之一，确立为是有某国居民身份的公司，该国就可以对其行使居民税收管辖权，按其世界范围内的收入征所得税。

目前世界各国较普遍地行使居民税收管辖权。

四、税收管辖权的选择

在国际税收实践中，单一行使某种税收管辖权的国家很少，绝大多数国家都在同时行使地域税收管辖权和居民税收管辖权。之所以出现这种情况，是各国行使其主权来维护本国利益的结果。一个国家如果只是单一地行使地域税收管辖权，对来源于本国领土范围内的收益和所得征税，但是对本国居民或公民来源于其他国家的收益和所得不予征税，这样，就丧失了本国的一部分财权利益。一个国家如果只是单一地行使居民（公民）征收管辖权，它可以对本国的居民或公民来自全世界范围的收益和所得征税，而对于其他国家的居民或公民来源于本国领土范围内的收入和所得，不予征税。对来源于本国领土范围内的收入和所得征税，本来是国际公认的国家权力，而单一行使居民（公民）征收管辖权，却因未行使地域征收管辖权而丧失了本国应得的一部分财权利益。因此，为了维护各自国家的财权利益，避免不应有的损失，世界上绝大多数国家在行使某种征收管辖权的同时，也行使另一种征收管辖权，出现了"两权并用"或"三权并用"的现象。

目前，大多数国家同时行使居民征收管辖权和来源地征收管辖权，这些国家有阿富汗、澳大利亚、日本、韩国、马来西亚、新加坡、德国、意大利、英国、法国等五十多个国家。同时行使公民征收管辖权和来源地征收管辖权的国家是罗马尼亚。同时行使公民税收管辖、居民税收管辖权和来源地税收管辖权"三权并用"的国家是美国。

既然单一地行使某种征收管辖权会给国家带来财权利益上损失，为什么还有少数国家单一地行使地域税收管辖权呢？这些国家这样做的目的，是为了给外国投资者提供一种对境外收益不征税的诱人条件，来吸引国际资本和先进技术流入本国，实际上是用本国的一部分财权利益去换取吸引外资的经济利益。有的国家和地区采取这种做法获得了一定的成功。

思考题

1. 税收管辖权的含义是什么？
2. 税收管辖权主要分为几类？
3. 国际上大多数国家采用哪种税收管辖权？为什么？

第三节 国际重复征税

世界上各个国家（地区）由于政治、文化、经济和传统习惯等方面的差异，行使的税收管辖权是不同的。当不同的税收管辖权，相互交错，对同一跨国纳税人的同一所得征税时，这个纳税人的所得就可能被两个或两个以上的国家同时进行两次或两次以上的课征，出现重复征税的现象。由于国际间的重复征税大多是两个国家对同一纳税所得的重复课征，故习惯上将国际重复课税称为国际双重征税。

一、重复征税的概念和类型

重复征税是多次对同一征税对象进行征税，导致税收负担加重或者过重。

重复征税分别由法律、税制和经济制度方面的差异引起，因此重复征税可划分税制性重复征税、法律性重复征税和经济性重复征税。

（一）税制性重复征税，是指由于实行复合税制而引起的重复征税。目前，世界各国基本上都在实行复合税制，既然所有国家都实行复合税制，那么双重征税不可避免。例如，对同一纳税人的同一税源，即征收流转税，又征收所得税，实际上形成该税源的重复征税。

（二）法律性重复征税，是指在税收法律上规定对同一纳税人和征税对象采取不同的征税原则，而引起的重复征税。其典型的情况是不同税收管辖权所造成的重复征税。例如，A国采取居民管辖权，B国采取来源地税收管辖权，那么对在B国居住的A国居民而言，将承担向两国纳税的义务，所以法律性重复征税即是不同税收管辖权相互交错地对某纳税人征税出现的重复征税。

（三）经济性重复征税，是指对同一经济关系中不同纳税人的重复征税。这种课税在对公司征收的公司所得税及其员工的个人所得税中表现尤为明显。例如，股份公司是由比较普遍的经济组织形成，在对股份公司和股东个人的征税中，一方面，对公司的所得征收公司所得税；另一方面，又对从股东公司分得的股息征收个人所得税，而这部分股息是从公司已纳税的利润中分配来的，于是出现了重复征税。因此对它们都予以课税，实际上是不合理的。

上述三种性质不同的重复征税，是普遍存在于各国税收实践中的，但并非都是国际重复征税的内容。税制性的重复征税是由复合税制引起的，而复合税制是由某一国家自己制定的。这样，税制性的重复征税是一个征税权主体行使征税权产生的，一般不涉及其他国家，不属于国际重复课税的范围。法律性重复征税是由不同征税权主体行使不同税收管辖权，对同一纳税人的同一征税对象征税所引起的。由于征税权主体的范围不同，有两种情况：一种是同属于一个国家的两个征税权主体引起的，如中央政府与地方政府对同一纳税所得的征收，这不属于国际重复课税的范围；另一种情况是，征税权主体是两个或两个以上的国家，对同一纳税人所得征税产生的，由于涉及了国家与国家之间的关系，是属于国际重复征税范围。

经济性的重复征税，由于同一税源的不同纳税人所处的地域不同，与国际重复征税的关系也是不同的。如同一税源的不同纳税人（如公司与股东）同处于一个国家，这种情况下产生的经济性重复征税只是属于一个国家的范围。如果同一税源的不同纳税人是分处在两个或两个以上的不同国家，由此引起的经济性重复征税就成为国际重复征税的内容。可见，具有国际性质的重复征税只是重复征税的一部分，并不是所有的重复征税都是国际重复征税。

二、国际重复征税的特征

根据上述特点，国际重复征税一般具有三个特征：一是征税权主体是多元的，即是两个或两个以上的国家；二是纳税人是跨越国界的，同时对两个或两个以上的国家负有纳税义务；三是征税对象或税源是单一的。同时具备这三个特征的重复征税才是国际重复征税。国际重复征税是指两个或两个以上的国家，在同一时期对同一跨国纳税人的同一征税对象或税源征收同类税收所造成的重复征税。

三、国际重复征税的产生

（一）不同税收管辖权产生的国际重复征税

目前，世界各国行使的税收管辖权有来源地税收管辖权、居民税收管辖权和公民税收管辖权，这三种税收管辖权中的任何两种，若同时对同一跨国纳税人的同一所得征税，都会发生国际重复课税。由于两种税收管辖权相互重叠而产生国际重复征税的情形有以下三种。

1. 来源地税收管辖权与居民税收管辖权的重叠。某人作为 A 国的居民到 B 国从事经营活动，在 B 国获得了所得 100 万美元，B 国行使来源地税收管辖权，对来源于本国的所得课征所得税，所得税率为 40%，应征所得税 40 万美元；而 A 国则行使居民税收管辖权，对本国的居民征税，所得税率为 35%，应征所得税 35 万元。这样，这个跨国纳税人在 B 国的所得受到两国的双重课征。即两国同时对该居民的同一所得征收所得税 75 万美元。

2. 来源地税收管辖权与公民税收管辖权的相互重叠。由于现在行使公民税收管辖权的国家很少，所以出现来源地税收管辖权与公民税收管辖权重叠的现象很少。如果出现，也同来源地税收管辖权与居民税收管辖权一样，会出现国际双重征税。

3. 居民税收管辖权与公民税收管辖权的重叠。公民与居民的概念是不同的，公民一般是指具有本国国籍，并享有法定权利和承担义务的个人；而居民则指居住在本国境内并受本国法律管辖的一切人，包括本国公民和外国人。由于公民与居民的概念不同，在行使居民税收管辖权的国家与行使公民税收管辖权的国家同时对同一跨国纳税人征税时，就可能出现国际重复征税。

例如，某人是 A 国的公民，但因其长期居住在 B 国而被 B 国认定为 B 国的居民，全年总所得 100 万美元，A 国行使公民税收管辖权，税率为 40%，对该人来自全世界范围的所得课征所得税 40 万美元；而 B 国则行使居民税收管辖权，税率为 35%，对该纳税人来源于全世界的所得征所得税 35 万美元。A 国的公民税收管辖与 B 国的居民税收管辖权在这个跨国纳税人身上重叠，出现重复征税，共计 75 万美元。

（二）同种税收管辖权重叠产生的国际重复征税

从理论上讲，两个或多个国家都实行同一种税收管辖权征税是不会产生双重征税的。假如 A 国和 B 国全行使来源地税收管辖权，各自对本国领土内的所得征税，不会造成国际双重征税。但在国际税收实践中，由于许多国家对一些概念的理解和判定标准不同，因而在行使同一种税收管辖权时，也会发生国际双重征税。

1. 双重居民税收管辖权产生的国际双重征税。各个行使居民税收管辖权的国家，在其税法中规定的居民判定标准是不尽相同的，有的国家按是否拥有永久性住所来判定。个人是否为居民，有的国家则用纳税人在该国停留时间的长短作判定标准。于是，虽然有关国家都是行使居民税收管辖权，但由于对居民的判定标准有差异，也有可能出现两种居民税收管辖权相互重叠的现象。

2. 双重来源地税收管辖权产生的国际双重征税。一般说来，一个国家所管辖的地域界线是清楚的，不大可能出现两个或多个国家同时行使来源地税收管辖权征税而产生国际重复课税问题。但也的确存在着由于各国对纳税人的来源地确定标准不同而产生的国际重复征税。

四、国际重复征税的影响

（一）加重了跨国纳税人的税收负担

由于有关国家税收管辖权的重叠交叉，跨国纳税人要依法向两个甚至两个以上的国家纳税，税收负担大大加重了，甚至是成倍加重。

（二）违反税收的公平原则

众所周知，税收公平原则是税收原则中的一个重要原则，它意味着相同纳税能力的人应承担相同的特征税的重复本身就说明了纳税人承受了比所应承受的税负更多的负担。所以说国际重复征税加重了跨国所得的税收负担，破坏了税收的公平原则。

（三）阻碍国际经济的发展

国际经济、技术、文化的相互交流合作，是世界经济发展的大趋势。这个趋势是社会生产力发展的必然要求，它能使各种资源要素在世界范围内得到更合理的利用，促进国际专业化分工，加速各国经济的发展。但是，国际重复征税却加重了跨国所得的税收负担，打击了跨国投资、经营、技术合作的积极性，从而阻碍了国际经济的发展。

（四）影响有关国家之间的财权利益关系

由于国际重复征税是两个或两个以上国家对同一纳税所得征税造成的，面对同一征税对象，一国多征了税，就有可能影响其他国家要少征税，国际重复征税已成为国际经济关系中的一个重要问题。

五、国际重复征税的免除原则方式和方法

（一）国际重复征税的免除原则

1. 来源地税收管辖权优先原则的确立

各国按照属人原则行使居民税收管辖权或公民税收管辖权，按照属地原则行使来源地税收管辖权，如果说这种现象不可避免的话，那么要避免由此而引起的国际重复征税，至少应该在它们之间承认某一种税收管辖权是居于优先地位的。撇开属地原则

与属人原则对不同国家的税收意义这一点不论，根据来源地税收管辖权原则，课税对象发生或存在于哪一个国家境内，就应当由哪一个国家课税，这样做更为合理。该原则不仅体现了国际税收权益分配的客观性和税务管理的方便性，而且从国际经济关系的现实情况来看，如果一个从事跨国经济活动的企业或个人不承认有关国家的来源地税收管辖权，不向非居住国政府缴纳税收，绝不可能取得在该国境内从事经济活动的权利。当然一国的居民（公民）不能获准在其他国家从事经济活动，就根本谈不上该国政府对其境外所得的课税问题。因此，"属地优先原则"必然成为世界各国处理国际重复征税问题共同遵循的一个基本原则。

在贯彻属地优先原则的条件下，不仅居民（公民）税收管辖权与来源地税收管辖权的冲突引起的国际重复征税，而且因居民（公民）税收管辖权与居民税收管辖权引起的国际重复征税，都可以得到避免或消除。因为贯彻属地优先原则实质上意味着将对居民（公民）纳税人的课征范围限制在本国的地域税收管辖权实施范围内。即使两国分别对同一纳税人按照属人原则行使居民税收辖权，或分别行使居民税收管辖权和公民税收管辖权，只要双方国家均限制了本国对纳税人在对方国家所得课税权，国际重复征税现象仍可得到避免或消除。

2. 来源地管辖权优先征税范围和内容的确定

贯彻属地优先原则虽然得到了有关国家的优先承认，但这不意味着凡非居住国所征收的款项都应由居住国给予承认。一些国家相继制定了来源地管辖权优先征税的范围和内容，主要包括以下几个方面：

（1）承认来源地优先征收的所得或资产必须是按照本国税法确定的境外来源所得或境外财产。判定纳税人的一项所得或财产是否属于境外所得或境外财产，应以本国税法中规定的判定标准为依据。如果纳税人的一项所得或财产，根据本国税法已划为境内所得或境内财产，即使同时被有关国家划为其境内课税对象并已征税，也不能享受本国提供的免除国际重复征税待遇。这一限制性条件的实质问题是维护本国的地域税收管辖权，防止其他国家实施地域税收管辖权范围的扩大而造成对本国税收权益的损害。

（2）承认来源地优先征收的必须是税收而不是费。各国政府征收的税收种类较多，但有些名义上是税，实际上是费。判断两者的区别，关键在于无偿与否。凡是纳税人为获得某种利益向有关外国政府缴纳的款项，只能作为费用扣除，而不能要求在本国获得税收抵免，例如注册费、社会保险费等。

（3）承认来源地优先征收的必须是实际已纳税的境外所得或境外财产。大多数国家规定，可在本国享受免除重复征税待遇的必须是已向外国政府实际缴纳税收的境外所得或境外财产。本国纳税人申请享受免征待遇时，必须申报有关外国所得或财产总额及已税情况，同时提交有关外国政府的纳税证明和其他有关材料。如果外国政府在课税的同时，又通过各种形式给予纳税人一定的补贴，即使是间接补贴，纳税人已纳的外国税收也不能在本国要求抵免，可以抵免的只能是已纳外国税收减除补贴后的余额。由此可见，贯彻"属地优先原则"并不意味着居住国（国籍国）完全放弃对本国居民（公民）纳税人的境外所得或境外财产应行使的税收管辖权，而只是承认所得来源国或财产所在国对此行使地域税收管辖权的优先地位，且这种承认也是以不能损害本国的地域税收管辖权为前提的。

（二）避税国际重复征税的方式

1. 单式方式

单边方式是指一国政府单方面采取措施，在税法中做出有些规定，以避免本国居民纳税人的国外所得承受国际重复征收税的方式。这种单边方式一般不要求对方国家给予同等的让步或者规定，而只做单方面的处理。目前大多数实行居民管辖权的国家为了鼓励本国居民参与国际经济活动，一般都有承认来源地税收管辖权优先的情况下，单方面作出规定在本国的居民税收管辖权作适度约束的同时采取不同方法尽量避免在本国居民国外来源所得的重复征税。但是实践证明，这种单边方式解决国际重复征税问题上的作用还是不彻底的。

2. 双边方式

所谓双边方式是指两个国家政府通过谈判签订双边税收协定来协调相互之间的税收分配关系以此避免对所涉及的跨国纳税人双重征税的方式。双边方式签订的税收协定主要包括以下三个方面：

一是明确缔约国之间居民税收管辖权的范围。通常的做法是，首先依据缔约国国内税法的有关规定，列举一个或若干个居民纳税人判定标准，然后以特别条款规定对同时成为缔约国双方居民的人，根据这些标准，经缔约国主管部门审议，确定其仅为缔约国一方的居民。各国在协定中采用的居民个人认定标准主要是住所和居所标准，对公司居民则主采用实际管理机构标准以及总机构和注册地标准。

由于一个公司的实际管理机构以及总机构或注册地较易判定，即使因有关国家签订的协定中采用了两个或两个以上判定标准，经协商把一个公司确定为缔约国一方的居民在技术上并不困难。对于居民个人，由于各国国内法律关于住所或居所确定标准的内涵不同，在确定一个同时成为缔约国各方居民的个人仅为缔约国一方居民的问题上仍是相当困难的。一般需要结合纳税人的主要经济利益所在地以及国籍等因素来加以判定。其判定顺序如下：

①应以永久性住所所在国为准。如果一个人在两个国家同时有永久性住所，应视其为与个人经济利益更密切所在国的居民。

②如果其重要利益中心所在国无法确定，或者在其中一国都没有永久性住所，应视其为有习惯性住所所在国的居民。如果其在两个国家都有或者都没有习惯性住处，应视其为国民所在国的居民。

③如果其同时是两个国家的国民，或者不是其中任何国的国民，应由缔约国双方主管部门协商解决。

二是明确缔约国来源地税收管辖权实施范围。在对缔约国之间行使的居民税收管辖权加以规范的基础上，缔约国各方对缔约国另一方的居民来源于本国境内的所得或财产，拥有优先行使地域税收管辖权的权力。对于地域税收管辖权的规范，是按照不同类型所得或财产对缔约国规定限制性条件来实现的。例如，为防止常设机构外延的扩大,可采取列举的办法加以明确:管理场所、分支机构、办事处、工厂、车间、矿场、油井或气井、采石场或者任何开采其他自然资源的场所;建筑工地,建筑、装配或安装工程,但不包括专为储存或陈列本企业货物或商品的场所,专为本企业采购商品货物或搜集情报而设有的固定营业场所。再如,为限制缔约国以汇出所得税或股息预提税等形式对常设机构向总机构汇出利润征税,可规定在一个国家的居民公司从缔约国另一方取得利润的情况下,另一方不得对该公司的未分配利润和对该公司支付的股息征任何税收。

三是明确适用的税种范围。为了防止因缔约国税制不同,在免除国际重复征税方法适用的税种范围上发生矛盾和冲突,这就需要对适用的税种范围做出明确规定。鉴于缔约国之间在征收的税种、征收范围、征收方法和计税标准等方面往往存在着这样或那样的差别,难求统一,通常以专门条款分别列举税种,在规定的税种范围内,缔约国一方应对另一方征收的税种承担税收抵免的义务。

应该指出,双边及多边方式虽然是避免和消除国际重复征税现象的有效途径,但是并不意味着国际重复征税现象可因此而消失。因此,在国际税收领域,如何更好地消除国际重复征税现象,以减少避税行为的发生,仍是今后较长时期内很繁重的任务。

(三)免除国际重复征税的方法

1. 免税法

免税法,又称豁免法,是免除国际双重征税的方法之一。这种方法实质上是居住国政府,对其居民来自国外的所得,在一定条件下,免予征税。这种方法实际上是以居住国政府承认收入来源国政府(非居住国地域)税收管辖权优先的原则为前提,有条件地放弃行使居民(公民)税收管辖权,来避免对跨国纳税人的国际重复征税。由于免税法不能很好地维护居住国的利益,故采用此法的国家较少。采用免税法的国家在对本国居民来自国外的所得给予免税的具体做法上有所不同,可以分为全额免税法和累进免税法。

(1)全额免税法,是指居住国(国籍国)政府在计算本国居民(公民)的应纳税所得额时,仅以本国居民的国内所得直接按照适用税率计算征税,完全不考虑其来源于境外的所得的一种方法。

居住国应征所得税额=居民的国内所得×适用税率

(2)累进免税法,是指居住国(国籍国)政府在计算本国居民的应纳税所得额的税率时,把其国内外的所得汇总起来,以总所得为依据来确定的方法。累进免税法和全额免税法相比较,不同之处在于对居民国内所得税所选择的税率不同。全额免税法在选择税率时,完全不考虑居民在国外的所得,只按居民的国内所得确定税率。累进免税法在确定税率时,按包括国外所得在内的总所得来确定。这意味着按累进免税法确定的税率,会高于全额免税法确定的税率。居住国应征所得税额=居民的总所得×适用税率×(国内所得/总所得)。

例如:A居民取得了收入共20 000元,其中在居住国所得为16 000元,在国外来源国所得4 000元;居住国实行累进税率,按规定所得20 000元的税率为40%,16 000

元为30%；来源国实行的是比例税率为20%。如果居住国与来源国之间没有签订避免国际双重征税协定，那么A居民纳税额将是8 800元（20 000×40% + 4 000×20%）。

如果采用豁免法时，纳税情况如下：第一，全部豁免时，居住国对国外的4 000元所得不予考虑，对国内的16 000元所得按30%征税。即居住国税收16 000×30% = 4 800（元），来源国税收4 000×20% = 800（元），那么A居民纳税总额5 600（元）；居住国放弃税收8 000 - 4 800 = 3 200（元）。第二，累进豁免时，居住国将国外的4 000元所得与国内的16 000元所得合计为20 000元，找出其适用税率为40%，然后用40%的税率乘以国内所得16 000元，求得该居民应在国内缴纳的税款，即居住国税收16 000×40% = 6 400（元），来源国税收4 000×20% = 800（元），那么A居民纳税总额7 200（元），居住国放弃税收8 000 - 6 400 = 1 600（元）。

累进免税法虽然比全额免税法多征了一些所得税，但国际双重征税还是被免除掉了，因为居住国并未对某公司在来源国已纳税所得征税。无论是全额免税法还是累进免税法，由于放弃了对纳税人国外所得的征税权，免除了国际双重征税，方便简单。但是由于免税法存在着一些缺陷，不是较完善的国际双重征税的免除方法。因此，世界上采用免税法的国家不多，有波兰、丹麦、法国、瑞士、罗马尼亚、澳大利亚、新西兰、委内瑞拉等。

2. 扣除法

扣除法指居住国（国籍国）政府在实行居民（公民）税收管辖权时，允许跨国纳税人将其向外国政府缴纳的所得税额，作为扣除项目从应税所得中扣除，就扣除后的余额计征所得税，以免除国际双重征税的一种方法。

居住国应征所得税额 =（居民的总所得 - 国外已纳所得税）×适用税率

居住国（国籍国）实行扣除法，不能完全免除由于税收管辖权重叠交叉造成的国际重复征税，其给予跨国纳税人扣除的一部分税额，只能对国际双重征税起一定缓解作用。究其原因，是居住国（国籍国）没有完全承认收入来源国行使地域税收管辖权的优先地位，而只是承认了一部分，致使跨国纳税人的重复征税问题不可能得到完全的解决，所以采用该法的国家很少。

3. 抵免法

抵免法指居住国（国籍国）政府对其居民来自境内外的所得一律汇总征税，但允许在本国应纳税额中抵扣本国居民就其境外所得在境外已经缴纳的税款。

居住国应征所得税额 = 居民总所得×适用税率 - 允许抵免的已缴来源国税额

抵免法是居住国政府承认了收入来源国行使地域税收管辖权的优先地位，但并不承认其独占。也就是说居住国政府还要行使居民税收管辖权对其居民的境外所得征税。但允许将在境外实际缴纳的税额从应向居住国缴纳的税额中抵扣。抵免法按照抵免数额的不同可以分为全额抵免法和限额抵免法。按照抵免数额的不同可以分为全额抵免法和限额抵免法。

（1）直接抵免法，是指居住国（国籍国）允许本国居民（公民）用已向来源国直接缴纳的所得税，来充抵其应缴纳本国政府所得税一部分税额的做法。

不是任何情况下都可以使用直接抵免法的，它有其特定的使用范围。一般来说，直接抵免法适用于同一经济实体的纳税人向来源国已纳所得税的抵免，包括跨国自然人和分支机构。

跨国自然人举例：一个跨国自然人 A，既要向收入来源国纳税，又要承担其居住国（国籍国）的纳税义务，那么这个跨国自然人 A 在收入来源已经缴纳的税额就可以在其居住国（国籍国）缴纳税收时从应纳税额中抵免。这就是同一经济实体，适用直接抵免法。

分支机构举例：居住国（国籍国）的公司在国外设立的分支机构，向收入来源国缴纳所得税时适用直接抵免法，可以从总机构缴纳的所得税中抵免。分支机构不是独立的经济实体，其赢利不属于其本身，而是属于整个经济实体，分支机构赢利的多少，也往往受总机构的控制和制约。其赢利和整个经济实体的赢利一起，由总机构进行统一分配。究其原因，也是资金所有权的同一。

直接抵免的计算方法：

居住国应征所得税额 = 居民总所得 × 适用税率 − 允许抵免已缴来源国税额

由于对"允许抵免的已缴来源国税额"处理的不同，直接抵免法分为全额抵免和限额抵免。全额抵免：居住国政府在对跨国纳税人征税时，允许纳税人将其在收入来源国缴纳的所得税，在应向本国缴纳的税款中，全部给予抵免的做法。限额抵免：又称普通抵免。这种做法要求居住国（国籍国）政府在对跨国纳税人的国内外所得计算征税时，允许纳税人抵免的税额，最高不得超过其国外所得乘以本国法定税率所计算出的应纳税额。

由于全额抵免对纳税人在国外的已纳税款全部予以抵免，在一定条件下会影响居住国的利益。而限额抵免把予以抵免的税额限制在居住国的税率范围之内，从而维护了居住国的利益。所以，世界上绝大多数国家实行限额抵免的做法。

限额抵免比全额抵免的计算要复杂一些，其复杂点主要集中在对"允许抵免的已缴来源国税款"的确立上。在收入来源国的税率低于居住国税率时，抵免限额就大于纳税人已向收入来源国缴纳的税额；当收入来源国的税率等于居住国的税率时，抵免限额就与纳税人已缴收入来源国的税额相等；而收入来源国的税率高于居住国税率时，抵免税额则小于纳税人已向收入来源国缴纳的所得税税额。

例如，一居民取得总收入为 20 000 元，其中居住国所得为 16 000 元，在国外来源国所得为 4 000 元；居住国家的税率为 30%；来源国家的税率为 20%（低于居住国税率）或者为 40%（高于居住国税率）。

如果在国际重复征税的情况下，该居民税收负担应是 6 800 元（20 000 × 30% + 4 000 × 20%），或者是 7 600 元（20 000 × 30% + 4 000 × 40%）。

当采用全额抵免时，居住国允许居民将在国外缴纳的税款在本国税额中予以全部抵免。居住国实行全额抵免，不管来源国税率高低，均放弃对纳税人国外收入的征税权利。那么纳税可抵免税款为 800 元或者 1600 元。当普通（限额）抵免时，居住国允许居民抵免的税额最高不得超过外国所得额乘以本国税法规定的税率计算的应纳税额。

那么来源国的税率为 40% 时，居民有 400 元的税款不能抵免。

（2）间接抵免法，指居住国政府，对视同本国居民公司间接缴纳的外国所得税所给予的抵免。间接抵免是适用于跨国母子公司之间的税收抵免。也就是母公司所在的居住国政府对母公司来自外国子公司股息所承担的外国所得税，允许从母公司应纳税款中扣除。在这个概念中，包括三个基本的内容：

其一，间接抵免法适用的范围是具有跨国母子公司关系的纳税人，是由两个居住国对两个纳税人征税产生的国际双重征税。其二，间接抵免法之所以称为间接，是因为母公司所在的居住国政府允许母公司抵免的税额，并不是由母公司直接向子公司所在国政府缴纳的，而是通过子公司间接缴纳的。其三，间接抵免法所允许抵免的税额，不是子公司已缴其居住国的全部税额，而是母公司所分股息应承担的那部分税额。这个税额，只能通过母公司收到的股利间接地计算出来。

消除这种国际双重征税，不能用子公司在其居住国已缴税额来直接抵免母公司的应纳税款。这就需要采用间接抵免法。间接抵免法与直接抵免法的计算基本相同，只是更复杂一些。由于母子公司可以通过母公司—子公司—孙公司—曾孙公司等，层层参股投资，因此会出现一层、两层以至数层重叠的情况，计算时也有一层间接抵免与多层间接抵免之分。

4. 税收饶让

所谓税收饶让，就是居住国政府对其居民纳税人在非居住国得到减免的那部分所得税，视同已纳税额而给予抵免，不再按本国税法规定补征。税收饶让是在国际重复征税采用抵免法给予免除的条件下产生的，但它免除的不是国际重复征税，而是并未向非居住国缴纳的税收，它实际上是对跨国纳税人的一种税收优惠，是居住国政府对外国政府税收优惠措施的积极配合。

例如，甲国某公司年获所得 20 万元，甲国税率为 40%，该公司在乙国的分公司同年获所得 10 万元，乙国税率为 30%，享受减半征收的税收优惠，向乙国缴纳所得税额 1.5 万元。当甲国允许对乙国的税收惠给予税收饶让时，抵免限额为 4 万元（10 × 40%），允许抵免的税额 3 万元（实缴乙国税额 1.5 万元 + 视同已缴乙国的减免税额 1.5 万元），甲国在税收饶让条件下，对该公司征税 9 万元 [（20 + 10）×40% − 3]。

本例说明，乙国给予分公司的税收减免额 1.5 万元和实际征收的 1.5 万元，都在甲国得到了减免。如果没有税收饶让，该公司应对甲、乙两国共缴纳税款 12 万元，由于税收饶让，该公司只缴纳了 10.5 万元，乙国减免税优惠 1.5 万元落实到了该公司。

税收饶让这种特殊的抵免，主要用于发达国家和发展中国家间。假如没有税收饶让，居住国政府虽然允许跨国纳税人将已缴外国政府的税额，在抵免限额内给予抵免，比较有效地免除了国际双重税收，但是，对一些国家为了吸引外资和引进先进技术，对外国企业给予的税收减免优惠，一样会被居住国的纳税抵免给抵消了。因为居住国政府给予本国纳税人的抵免一般是按本国的税率计算出的纳税额进行抵免，在非居住国因为税收优惠政策而得到的税收减免，在居住国依然要求补缴，非居住国给予的税收优惠并没有使纳税人本人受惠，该部分税款只是由居住国政府征收，从而使非居住国的优惠措施失去作用。为了使税收优惠落实在纳税人的身上，一些国家要求居住国政府予以配合，将给予纳税人优惠减免的税收视同于已缴给外国政府的税额进行抵免。税收饶让一般都是通过有关国家之签订双边税收协定的方式予以确定。目前国际上实行的税收饶让方式有两种，一是差额饶让抵免，二是定率饶让抵免。

对税收饶让，世界各国所持的态度不同，有些国家赞成，有些国家反对。在赞成的国家中，各国出于各自国家利益的考虑，在准予饶让的范围上也是不尽相同的，外国政府实行税收优惠政策，对来自国外的投资减免税收，短期内在税收利益方面是有损失的。但其税收优惠政策是为了经济发展服务的，牺牲一部分税收利益，以吸引更多的外资和技术，换来经济发展的更大利益。从长远来看，经济发展了，税收利益也会增加的。因此，凡是希望用税收优惠措施吸引外资的国家，都积极推行税收饶让。

税收饶让准予抵免的优惠减免税款，本来就是外国政府应该征得的税款，只是出于政策的需要，才优惠减免给纳税人的，而不是优惠给其居住国政府的。所以，纳税人的居住国政府对其予以饶让，根本不会在税收利益上受到损失。如果居住国的过剩资本较多，实行税收饶让还能够鼓励资本和技术输出。因此，相当多的发达国家都实行了税收饶让。

（四）抵免法、免税法和扣除法三者的比较

1. 抵免法、免税法的比较

（1）都承认地域税收管辖权的优先地位。就承认收入来源国行使地域税收管辖权的优先地位，以及免除国际双重征税来说，抵免法和免税法这两种方法的效果基本相同。

（2）行使居民税收管辖权上有所不同。抵免法不像免税法那样，对本国居民来源于境外的所得完全给予免税，完全放弃居民税收管辖权，而是充分行使居民税收管辖权，对居民来源于国内外的所得一并征税，只是允许纳税人将在境外实际缴纳的税额从应向居住国缴纳的税额中抵扣。

2. 抵免法和扣除法的比较

（1）在充分行使居民税收管辖权方面来说，这两种方法是比较一致的。

（2）在免除双重征税上效果不同。扣除法对收入来源国已征收本国居民的所得税，只给予扣除一部分的照顾，没有完全免除跨国纳税人的双重国际税负。抵免法是在本国税法规定的限度内，对收入来源国已征收本国居民的所得税予以抵免，基本上免除了跨国纳税人的双重国际税负。

因为免税法和扣除法都有一些缺陷，只有抵免法既承认了地域税收管辖权的优先地位，又行使了居民税收管辖权，起到了免除国际双重征税的作用。不仅较好地处理了国际税收关系，还维护了居住国的正当权益，所以被世界上绝大多数国家采用。

思考题

1. 怎样理解国际重复征税的含义？
2. 简述国际重复征税的产生及其影响。
3. 避免国际重复征税的方法有哪些？应如何评价？
4. 试比较避免国际重复征税的几种方法中哪种在中国适用。

第四节　税收协定

跨国从事经济、贸易、服务的法人和自然人，由于其经济活动涉及两个或两个以上国家，受两个或两个以上国家税收管辖权的约束，因而很有可能负有双重纳税义务，即不仅要向其母国纳税，而且还要向其收入来源国政府纳税。双重课税必然使跨国纳税人或有关各国政府的经济利益受到不同程度的损害。鉴于这种情况，各国纷纷采取避免对跨国纳税人的双重征税的措施。但是各国政府不能采取强制措施，需要缔结国际税收协定来加以协调。

一、国际税收协定的概念和主要形式

（一）概念

国际税收协定是指两个或两个以上的主权国家，为了协调相互之间在处理跨国纳税人征税事务和其他有关方面的税收分配关系，本着对等的原则，在有关税收事务方面经由政府间谈判，所签订的一种书面协议。

国际税收协定是调整国家之间税收分配关系的法律规范，是国际公法的重要组成部分。国际税收协定经批准及换文生效后，对缔约国各方均有法律约束力，缔约国各方都必须对协定中一切条款承担义务，任何一方的国内税法规定，如与协定相抵触，必须按照协定的条款执行，即国际税收协定具有高于国内税法的法律效力。在协定期满后，只要在原缔约国中，有任何一方由外交途径发出终止通知书，该协定即自动停止生效。

（二）主要形式

国际税收协定的分类方法多种多样。按照涉及的主体划分，可以分为由两个国家签订的双边税收协定和由三个以上国家所签订的多边税收协定；按照税收协定所涉及的内容划分，可以分为仅涉及缔约国之间某一单项业务的特定税收问题的单项协定（如避免海运和空运双重税收协定，有关避免特许权使用费双重征税协定、有关避免遗产双重税收协定以及有关公司税制度的协定等）和涉及缔约国之间多方面税收问题的综合税收协定；按照国际税收协定涉及的内容范围大小可以分为一般税收协定和特定税收协定。

双边税收协定是当今国际税收协定的主要形式。双边税收协定是指两个主权国家所签订的协调相互间税收分配关系的税收协定。由于各国政治、经济和文化背景的不同，尤其是税制方面存在很大差异，出于维护各自财权利益的需要，多个国家谈判就有关税收事务达成一致的协议是十分困难的，而两个国家之间就相对容易一些。现阶段国际上所签订的税收协定绝大多数是双边协定。我国对外签订的税收协定都属双边税收协定。

国际税收协定发展到今天，已由最初的偶然性、多样化、发展成为经常性、规范化。目前，虽然各国签订的税收协定内容各异，但通常都是以《经济合作与发展组织关于避免对所得和财产双重征税的协定范本》，或《联合国关于发达国家与发展中国家间避免双重征税的协定范本》为样本制定的。《经济合作与发展组织关于避免对所得和财产双重征税的协定范本》，是由经济合作与发展组织（简称 OECD）制定，并于 1977 年公布的签订国际税收协定的示范文本，《联合国关于发达国家与发展中国家间避免双重征税的协定范本》，是由联合国专家小组制定并于 1977 年公布的签订国际税收协定的示范文本，简称联合国范本。

二、经合组织范本和联合国范本的区别

经合组织范本和联合国范本是目前世界上通用的两个国际税收协定范本，其总体架构基本相同，对协定的适用范围基本一致（主要包括纳税人的适用范围规定和税种的适用范围规定），但在具体的结构与条款上仍略有区别，各有侧重。

（一）结构上的差别

两个范本在结构形式上的差别是经合组织范本多了"协助征收税款"和"区域的扩大"两条。"协助征收税款"要求缔约双方在税款的追缴方面相互提供协助，而"区域的扩大"强调协定适用的地理范围不应绝对固定，根据实际情况的变化可以经各方同意后相应地扩大。

（二）内容上的差别

从具体内容上看两个范本存在的根本性差别是联合国范本强调要兼顾发达国家和发展中国家的利益，而经合组织范本则主要考虑发达国家的利益。具体区别为：一是协定总名称不同。经合组织范本写明是所得和财产征税协定范本，联合国范本则在总协定名称中没有明确，而是在具体的条款上出现对所得和财产的字样，是否对财产避免双重征税，由缔约国双方自主决定。2001 年的联合国范本则明确了对所得和财产征税。二是协定中具体各条标题略有不同。联合国范本对船运、内河运输、空运以及退休金和社会保险金有选择的 A 和 B 两个方面，经合组织范本没有此内容。相比之下，联合国范本的标题更加规范和全面。

（三）征税权的划分与协定的适用范围不同

两个范本在指导思想上都承认优先考虑收入来源管辖权原则，即从源课税原则，由纳税人的居住国采取免税或抵免的方法来避免国际双重征税。但两个范本也存在重

要区别：联合国范本比较强调收入来源地征税原则，分别反映发达国家和发展中国家的利益；经合组织范本较多地要求限制收入来源地原则。

（四）对常设机构的规定不同

两个范本都对常设机构的含义作了约定。明确常设机构含义的，是为了确定缔约国一方对另一方所得的征税权。常设机构范围确定的宽窄，直接关系居住国与收入来源国之间税收分配的多寡。经合组织范本倾向于把常设机构的范围划得窄些，对建筑工地、建筑装配或安装工程，对连续 12 个月以上的才可视为常设机构，有利于发达国家征税；联合国范本则倾向于把常设机构的范围划得宽些，规定连续 6 个月以上的就可视为常设机构。这对发展中国家有利。

（五）对预提税的规定不同

对股息、利息、特许权使用费等投资所得征收预提税的通常做法是限定收入来源国的税率，使缔约国双方都能征到税，排除任何一方的税收独占权。税率的限定幅度，两个范本有明显的区别。经合组织范本要求税率限定很低，如规定母公司拥有子公司股份不少于 25% 的，对子公司支付股息的预提税税率不应超过 5%，对支付的特许权使用费非居住国不能征税，这样收入来源国征收的预提税就较少，居住国给予抵免后，还可以征收到较多的税收。联合国范本没有沿用这一规定，预提税限定税率要由缔约国双方谈判确定。对支付的特许权使用费确认可以由非居住国征税。

（六）对独立个人劳务的税收管辖范围不同

2000 年以前，经合组织范本规定只有在非居住国设有固定基地从事活动取得的所得，非居住国才可以征税。而联合国范本规定非居住国除可以对在非居住国设有固定基地从事活动取得的所得征税外，对在一个年度中停留累计等于或超过 183 天的，或某人取得的所得是由非居住国支付的或者是由设在该国的常设机构或固定基地负担，并且在一个年度内超过一定金额限度的，也可以征税。

（七）关于交换情报条款的区别

在情报交换范围上，两个范本有所不同。联合国范本强调缔约国双方应交换防止欺诈和偷漏税的情报，并指出双方主管部门应通过协商确定有关情报交换事宜的适当条件、方法和技术，包括适当交换有关逃税的情报。经合组织范本则没有强调这一点。

三、国际税收协定的作用

从目前大多数国家的规定来看，当国际税收协定与国内税法不一致时，国际税收协定处于优先执行的地位。我国是主张税收协定应优先于国内税法的国家。

1. 避免或消除国际重复征税，即国际税收协定通过协调国家之间税收管辖权冲突，从而能够避免或消除两个或两个以上的国家，在同一纳税期内对同一纳税主体和同一纳税客体征收同样或类似的税。

2. 防止国际性的偷、逃税和避税，以消除潜在的不公平税收，维护各国的财政利益。

3. 有利于国家间划分税源。通过一定的法律规范，明确划清什么应由来源国征收，什么应由居住国征收。税源的划分完全取决于缔约国各自的经济结构。就一般而言，居住国都希望国际税收条约在较大的程度上采用居住管辖权的原则；反之，来源国则希望国际税收条约在较大程度上采取来源管辖权的原则。国际税收条约可以通过一定的法律规范，在缔约国之间划分出能普遍接受的税源，从而达到避免重征税的目的。

4. 避免税收歧视，保证外国国民与本国国民享受同等税收待遇，不至于因纳税人的国籍或居民地位的不同而在税收上受到差别待遇。

5. 进行国际间的税收情报交换，加强相互在税收事务方面的行政和法律协助。此外，通过国际税收协定还可以鼓励发达国家向发展中国家投资，改善发展中国家的投资环境，从而促进发展中国家的经济发展。

四、中国与其他国家签订避免双重征税协定的原则和主要内容

(一) 原则

我国对外签订税收协定的基本原则是：既有利于维护国家主权和经济利益，又有利于吸收外资，引进技术，有利于本国企业走向世界。在此基础上，中国目前对外签订的综合性双边税收协定中，一般坚持下列原则：

1. 坚持平等互利的原则。协定中所有条款规定都要体现对等，对缔约国双方具有同等约束力。

2. 坚持所得来源国优先征税的原则。从我国对外交往多处于资本输入国地位出发，坚持和维护所得来源地优先课税权。在合理合法的基础上充分保障我国的税收权益。

3. 遵从国际税收惯例的原则。我国对外谈签税收协定，参考了国际上通行的范本，起草的税收协定文本更多地吸取了联合国税收协定范本中的规定，兼顾了双方的税收利益。

4. 坚持税收饶让的原则。坚持对方国家对我国的减免税优惠要视同已征税额给予抵免，以便使我国的税收优惠措施切实有效。

(二) 主要内容

1. 居民、非居民的判定

税收协定中居民的概念：在协定中中国居民是指按照中国税收法律，由于住所、居所、总机构所在地在中国境内的"人"为中国居民。协定条款中的"人"包括个人、公司和在税收上视同一个实体的其他团体，公司是指法人团体或者在税收上视同法人团体的实体。

具体讲个人作为中国居民的判定标准是：在中国境内有住所，或者无住所而在中国境内居住满1年的个人为中国居民；在中国境内无住所又不居住或者无住所而在中国境内居住不满1年的个人为非居民。中国居民应就来源于中国境内和境外所得缴纳所得税。非中国居民，仅就来源于中国境内的所得缴纳所得税。

具体讲企业作为中国居民企业的判定标准是总机构所在地是否在中国，企业的总机构设在中国境内，该企业即为中国居民企业，应就来源于中国境内和境外的所得缴

纳所得税。非中国居民企业，仅就来源于中国境内的所得缴纳所得税。

2. 协定适用的税种

在中国境内协定适用的现行税种是：个人所得税、企业所得税。消除对所得双重征税的主要内容包括：

（1）营业利润

对企业直接投资取得的利润即营业利润，在没有签订协定的情况下企业的法人居民所在国和收入来源国都有权利征税。避免双重征税的征税原则是：缔约国一方企业的利润，缔约国另一方不得征税。除非该企业在缔约国另一方设有常设机。也就是说缔约国一方居民企业跨境经营，只要不按照缔约国另一国的法律组成法人企业，其在缔约国另一国的征免税待遇，应以其是否构成常设机构为准。如中国企业在缔约国另一方从事经营活动取得的利润，倘若在缔约国另一方没有设常设机构，其营业利润可以不在另一国缴税，反之，缔约国另一方的企业在中国取得营业利润，假如不构成中国居民企业，没有常设机构，那么在中国取得的营业利润也可以不在中国缴税。

所谓常设机构是指企业进行全部或部分营业的固定营业场所，包括管理场所、分支机构、办事处、工厂、作业场所、矿场、油井或气井、采石场或者其他开采自然资源的场所。对于建筑工地，建筑、装配或安装工程，或者与其有关的监督管理活动以及为工程项目提供的劳务期限一般定为 6 个月、12 个月、24 个月不等。对构成常设机构企业的征税原则，协定一般规定仅以其归属于常设机构本身的营业利润为限。为合理计算常设机构的营业利润，应把常设机构作为一个独立的实体看待，按照独立企业原则进行盈亏核算，允许其扣除进行营业发生的各项费用，并合理分摊总分机构之间的费用、利润等。

（2）投资所得

对投资所得各国普遍采取源泉控制征收预提税的做法。只有来源地优先征税的原则才可避免双重征税。

对于跨国投资所得，缔约国双方都有征税权，一般实行居住地税收管辖权和来源地税收管辖权相结合的原则。税收协定对投资所得的协调征税原则是，通过对来源地国家实行限制税率来兼顾缔约国双方的税收管辖权。中国为吸引外资、引进技术，在对外签订的税收协定中都坚持了来源地征税权，同时对投资所得按限制税率征税的做法。为此，在协定中除对投资所得的判定、征收预提税范围等做出明确规定外，对股息、利息、特许权使用费等按协定规定的、优于国内法规定的税率征税。根据不同国家的不同情况，分别规定了相应的限制税率，一般为10%，个别达到5%、7%、15%。

除对投资所得实行限制税率外，在我国对外签订的税收协定中，大多数列有对缔约国政府、中央银行或者完全为政府拥有的金融机构取得的利息在来源国免于征税的规定。具体分为两种：一是做出原则性规定；二是具体列举免税范围。

（3）不动产所得

对于不动产所得，中国实行的是以不动产所在地的国家征税的原则。不动产的定义是根据财产所在地的国家法律所规定的含义，包括附属于不动产的财产。不动产出租或者任何其他形式使用不动产取得的所得都要征税。

（4）个人劳务所得

①独立个人劳务所得

缔约国一方居民从事独立个人劳务的所得，应仅在该国征税，但在下列情况下，也可在缔约国另一方征税。一是在缔约国另一方（来源国）从事其活动，设有经常使用的固定基地；二是如在缔约国另一方（来源国）有关会计年度中累计停留等于或超过183天；三是如在缔约国另一方（来源国）进行活动的报酬，是由该缔约国居民支付或由该缔约国的常设机构或固定基地负担，其金额在会计年度中超过一定金额（具体金额参照不同国家的协定）。

根据税收协定关于独立个人劳务的定义规定，所谓"独立个人劳务"是指以独立的个人身份从事科学、文学、艺术、教育或教学活动以及医师、律师、工程师、建筑师、牙医师和会计师等专业性劳务人员，没有固定的雇主，可以多方面提供服务。因此，对在缔约国对方应聘来华从事劳务的人员是否适用税收协定独立个人劳务条款规定的，中国主管税务机关应检查其是否能提供如下证明：一是职业证件，包括登记注册证件和能证明其身份的证件，或者由其为居民的缔约国税务当局在出具居民证明中注明其现时从事专业性劳务的职业；二是提供其与有关公司签订的劳务合同，表明其与该公司的关系是劳务服务关系，不是雇主与雇员关系。审核合同时，应着重以下几点：医疗保险、社会保险、假期工资、海外津贴等方面不享受公司雇员待遇；其从事劳务服务所取得的劳务报酬，是按相对的小时、周、月或一次性计算支付；其劳务服务的范围是固定的或有限的，并对其完成的工作负有质量责任；其为提供合同规定的劳务所相应发生的各项费用，由其个人负担。对于不能提供上述证明，或在劳务合同中未载明有关事项或难于区别的，仍应视其所从事的劳务为非独立个人劳务。

②非独立个人劳务所得

非独立个人劳务所得是指个人由于受雇从事劳务活动而取得的薪金、工资和其他类似报酬。一般实行来源地征收，由非居住国征收。但是税收协定还规定：缔约国一方个人在缔约国另一方受雇从事劳务活动而取得的所得满足下列条件之一的，可以在其缔约国一方纳税：一是缔约国一方个人在有关历年中在缔约国另一方停留连续或累计不超过183天；二是该项报酬是由缔约国一方雇主支付的；三是该项报酬不由缔约国一方设在缔约国另一方境内的常设机构或固定基地所负担。以中国为例，通常情况下，境外个人从中国取得的非独立个人劳务所得应当在中国缴税。但是当境外个人满足下列条件之一，即可在其居住国缴税：一是境外居民在有关历年中在中国停留连续或累计不超过183天；二是该项报酬由境外雇主支付的；三是该项报酬不由境外雇主设在中国境内的常设机构或固定基地所负担。

③特殊个人劳务所得

董事费和高级管理人员报酬。境外居民作为中国居民公司的董事会成员取得的董事费和其他类似款项，应当在中国缴税，而不问其停留期限和实际劳务地点。

境外非居民，作为表演家（如戏剧、电影、广播或电视艺术家、音乐家）、运动员，在中国从事其个人活动取得的所得，在中国纳税，而不受固定基地、停留时间或支付金额的限制。但是表演家或运动员从事其个人活动取得的所得，并非归属表演家或者运动员本人，而是归属于其他组织，该项所得可以在该表演家或运动员从事活动居民国征税。

3. 消除双重征税

（1）消除双重征税的两种方法中，中国明确用抵扣法消除双重征税

国际上消除双重征税方法有两种：一是免税法，二是抵扣法。属于属地原则税收管辖权的国家，多采用免税法。对其居民的境外所得，如营业利润、个人劳务所得免于征税，由所得来源地国家独占税收。实行属地和属人原则相结合税收管辖权的国家，通常采用扣除法。对其居民境外所得所缴纳的外国税收，准许从本国应缴纳税款中扣除。在我国已经对外缔结的税收协定中，中国明确对中国居民境外所得所缴纳的税收，用抵扣法消除双重征税。

一些国家对本国公司就来自于中国境内的所得在中国缴纳所得税后，在本国纳税时明确给予以免税法来消除双重征税。这些国家是法国、比利时、荷兰、德国、挪威、瑞士、波兰、保加利亚、西班牙、匈牙利、奥地利、卢森堡等。对其居民在中国取得的所得，按照税收协定的规定在中国缴纳的所得税，该国将不再对其居民征税。但具体每个国家在税收协定中免税限定的范围不同。缔约国明确用抵扣法消除双重征税的国家有日本、美国、英国、马来西亚、丹麦、新加坡、加拿大、芬兰、新西兰、泰国、意大利、澳大利亚、巴基斯坦、科威特、巴西、蒙古、马耳他、阿联酋、韩国等。

（2）饶让抵免

税收饶让是一些国家在计算该国居民应纳所得税额时，对其境外所得由来源国国家给予的减免税优惠，视同已经征税予以扣除的一种特殊税收抵免方法，又称虚拟抵免、饶让抵免。在税收协定谈判中，发展中国家通常要求实行抵扣法的发达国家，对其为鼓励投资二采区的减免税措施承担饶让抵免的义务，同时发展中国家之间为有利于经济合作，也有相互实行饶让抵免的做法。

中国同日本、英国、马来西亚、丹麦、新加坡、加拿大、芬兰、新西兰、澳大利亚、沙特、阿联酋等协定国规定由这些国家单方面承当饶让抵免的义务，具体国家饶让抵免的范围不同。

中国同泰国、意大利、马耳他、韩国、印度、越南、牙买加、马其顿等国家在协定中明确双方相互给予饶让抵免待遇。

（3）定率抵扣

对于居民从境外取得的股息、利息和特许权使用费等项投资所得，无论采取免税法和抵扣法的国家，通常都采用税收抵扣的方法消除双重征税。我国同大多数国家签订的税收协定中，采取了对投资所得定率抵扣的方式，即缔约国一方居民从缔约国另一方取得的投资所得，不论缔约国一方是按照协定规定的限制税率征税，还是按照其国内法的规定给予减免税，该缔约国一方在对其居民征税时都按照协定规定的比例给予税收抵扣。

中国同法国、比利时、荷兰、德国、挪威、瑞典、瑞士、波兰、西班牙、匈牙利、奥地利、卢森堡、日本、丹麦、新加坡、加拿大、芬兰、新西兰、澳大利亚、科威特、阿联酋、冰岛等国家协定规定，由这些国家单方面承诺对其居民从中国取得的投资所

得，在计算征税时按协定规定的比率，给予税收抵扣。

在我国与意大利、巴基斯坦、马耳他、韩国、越南、牙买加的税收协定中，明确双方对各自国家居民从对方国家取得的投资所得，在征税时，按协定定率抵扣，即相互给予定率抵扣。

4. 实行税收无差别待遇

税收无差别待遇包括：一是国籍无差别，即不同纳税人国籍不同、身份不同（居民或非居民）而在纳税上受到差别待遇；二是常设机构无差别，即常设机构的税收负担不应高于所在国的本国企业的税收负担；三是支付无差别，即除联属企业和收支双方有特殊关系的以外，在计算应纳税所得额的费用扣除上，不因支付对象是本国居民或对方国居民而有差别；四是资本无差别，即不因资本为对方国家的企业或个人所拥有或控制，而与本国其他企业的税收负担不同或比其更重。

5. 情报交换条款

为防止逃税、避税，税收协定规定了情报交换的内容：一是交换为实施税收协定的规定所需要的情报；二是交换与税收协定有关税种的国内法律的情报；三是交换防止税收欺诈、偷漏税的情报。所交换的情报应作密件处理，仅应告知与本协定所含税种有关的查定、征收人员或当局包括与其有关的裁决上诉的法庭。

6. 相互协商程序

缔约国一方居民或者缔约国双方居民，感到缔约国一方或者缔约国双方的征税措施不符合协定规定的征税条款时，缔约国一方居民可以将案情书面提交本人为其居民的缔约国主管当局，此项申请应说明要求修改征税的依据。上述主管当局如果认为所提意见合理，又不能单方面圆满解决时，应设法同缔约国另一方主管当局相互协商解决，以避免不符合本协定规定的征税。

五、中国政府与外国政府签订的国际税收协定的简单介绍

1978 年前，中国与其他国家一般只是通过税收换文或在某些经济活动的协定中写进有税收条款，以达到对某项特定经济活动的收入或所得实行税收互免。从 1979 年 1 月 23 日开始，中国才正式对外签订综合税收协定，近 30 年来中国签订税收协定方面取得了很大的成绩，税收协定网络基本形成。20 世纪 80 年代初到 20 世纪 80 年代末，中国共签署了 22 个税收协定，谈签对象主要是发达国家，主要目的是配合改革开放、吸引外来投资，维护来源地税收管辖权。20 世纪 90 年代至今，中国对外共签署了 74 个税收协定以及与香港特别行政区和澳门特别行政区的两个安排，谈签对象主要是发展中国家，主要目的是配合"走出去"战略的实施，为中国企业和个人境外投资、经营和劳务等提供税收法律上的支持。截至 2011 年 5 月底，我国已对外正式签署 96 个避免双重征税协定，其中 93 个协定已生效。

已经生效的 93 个协定是（依签字顺序）：日本、美国、法国、英国、比利时、德国、马来西亚、挪威、丹麦、加拿大、瑞典、新西兰、泰国、意大利、荷兰、捷克斯洛伐克、波兰、澳大利亚、前南斯拉夫、保加利亚、巴基斯坦、科威特、瑞士、塞浦路斯、西班牙、罗马尼亚、奥地利、巴西、蒙古、匈牙利、阿联酋、卢森堡、韩国、

俄罗斯、巴新、印度、毛里求斯、克罗地亚、白俄罗斯、斯洛文尼亚、以色列、越南、土耳其、乌克兰、亚美尼亚、牙买加、冰岛、立陶宛、拉脱维亚、乌兹别克斯坦、孟加拉国、原南斯拉夫联盟、苏丹、马其顿、埃及、葡萄牙、爱沙尼亚、老挝、塞舌尔、菲律宾、尼泊尔、爱尔兰、南非、巴巴多斯、摩尔多瓦、卡塔尔国、古巴、委内瑞拉、哈萨克斯坦、印度尼西亚、阿曼、尼日利亚、突尼斯、伊朗、巴林、希腊、吉尔吉斯、摩洛哥、斯里兰卡、特立尼达和多巴哥、阿尔巴尼亚、文莱、阿塞拜疆、格鲁吉亚、墨西哥、沙特阿拉伯、阿尔及利亚、新加坡、塔吉克斯坦、土库曼斯坦、捷克、芬兰。

已经正式签署但尚未生效的 5 个协定是：埃塞俄比亚、比利时、赞比亚、马耳他、叙利亚。

思考题

1. 避免重复征税的方法有哪些？
2. 两个税收协定范本有何不同？
3. 中国对外签订税收协定的基本原则是什么？
4. 中国对外签订税收协定的主要内容有哪些？

第五节　国际税收管理的经验

国际货币基金组织财政事务部主任说过"税收是一门强调可行性的学问，一种不可管理的税制是没有多少价值的"，自从 20 世纪 80 年代，税制改革席卷全球，在税制改革的探索中，各国逐渐认识到税收管理是税制改革的核心而不是辅助的问题。税收管理作为税收制度中体现执行力的关键内容，必然要适应税收制度的现代趋势不断变革发展，综观世界各国税收征管的实践，目前在形式上及内容上都较以前发生了许多深刻的变化，虽然世界各国在具体的税收管理措施方面有所区别，税收征管改革的步伐不同，但是建立一个适应经济社会发展变化，有利于提高税收征管质量和效率的税收征管体系已经成为各国完善税收征收管理的共识，经过近 30 年的征管改革，各国积累了许多加强税收征管的经验，这些经验对我们加强税收征管具有借鉴意义。主要经验有：

一、税收管理法制化

（一）依照税法对应税收入的整个活动过程进行全程管理

世界各国的税收管理改革的历程是相同的，即由人治走向法治。各国的税收管理法律最初大多只规定税务机关的权利和纳税人的义务。伴随着税收管理的实践，各国都逐渐开始重视纳税人的权利与保护，并出现了保护纳税人权利的专门性法律法规。目前，发达国家普遍把税收管理提高到法律的高度，依照税法对应税收入的整个活动过程进行全程管理。它主要包括两点；一是依照法律把纳税人和其应缴纳的税额全部纳入税收管理范围，对应缴税款都纳入了法律、法规的调节范围，从源头上加强管理。二是依法把税收活动运行的全过程，包括应交税的管理、已交税的管理、减免税的管理、欠交税的管理（如税务登记、纳税申报、税款征收、代扣代缴、税收减免和出口退税）、税务争议和税务处罚、税务机关的权利与义务、纳税人的权利与义务、税务代理的权利与义务等均纳入税收管理的范围，从而形成系统化的管理。

（二）建立内外并举的税收执法监督体系

许多国家都建立了外部执法监督和内部执法监督。外部执法监督是指政府、社会组织、媒体等对税务机关行使税收执法权的监督，主要有议会监督、政府监督、司法监督、媒体监督和公众监督。内部执法监督是指税务机关内部上级对下级、同级之间对税收执法权的监督，主要通过抽象行政行为审批制度、大案通报制度、即时监控制度、质量复查制度、办税公开制度、纳税人评议制度、复议制度、责任追究制度等相关制度体系来实现。

二、利用高度发达的信息化，加强税收管理

（一）推行统一税务代码制度

目前许多发达国家都建立了全国性的税务代码，即纳税人鉴别号码，以加强对纳税人税务登记和纳税信息的管理。统一的代码制度强调代码的终身性和唯一性。个人纳税人终身只有一个代码，保证信息的连续性。个人用身份证作为代码，以便核查纳税人的各种信息，监督其照章纳税；法人纳税人则要求总公司和分支机构使用同一个代码，以明晰其间的关联性信息。纳税人的各种活动都会以代码相联系。

（二）纳税申报严格规范

纳税申报的国际模式主要有两种：一是自主申报模式。以加拿大、美国、澳大利亚、法国为代表。该模式以自行申报为特色，税务机关根据纳税人提供纳税申报信息建立纳税人的个人档案，并通过获得的第三方信息进行比对、核查。如加拿大建立了全方位的自核自缴制度，提供了包括社会、司法、税务在内的服务。美国将纳税人自主申报的信息与银行、社保局、海关、商业注册局等信息系统的数据进行对比，以审查申报信息的准确性和完整性。二是非自主申报模式。以德国为代表。德国法律规定营业登记机关必须将工作记录传递给税务局，税务机关根据接收到得信息，对纳税人进行编码登记并备案，税务机关完全掌握了纳税人成立、变更、注销的信息，规避了纳税人利用各部门的信息部对称，钻法律空子。在申报上除邮寄申报外，大量采取电子申报方式，如网上申报、电话申报和代理电子申报。缴纳税款也大量通过电子方式，主要包括税务机关从纳税人银行账户直接扣除，纳税人拨打电话直接电子支付税款，通过网络账单支付功能进行税款缴纳等。

（三）普遍采用纳税评估手段

纳税评估是各国普遍采用的税收管理手段。税务机关运用数据信息对比分析的方

法，对纳税人和扣缴义务人的纳税申报的真实性和准确性做出定性和定量的分析，从而进一步采取相应的征管措施。流程包括税务部门将纳税人的申报表录入计算机后，利用系统设定的程序，自动核查纳税人申报表的税率和计算结果，如果没问题，则转到下一环节；如果有问题，则退给纳税人。在快速评估后的数年内，税务机关可以对申报表再次评估，如果发现纳税人有涉税疑点，则转入实地审计。

（四）实行税务审计制度

西方发达国家税源管理普遍推行税务审计制度，各审计机构必须严格按照一系列审计业务程序和方法实施税务审计。在美国，审计人员约占税务人员的50%以上，在德国，税务审计人员是高级税务官员，如果企业不提供会计核算资料，或者资料不齐全，在足够证据的前提下，税务审计人员可采用一定的方法进行税款估算并补税，还可以对补税金额除以罚款。税务审计制度的推行，提高了征管效率，最大限度地遏制了偷逃税款的发生。

三、税源管理社会化

税收征管是税务机关的法定职责，但由于社会分工的日益细化，税务机关根本不可能独立地完成税收征管任务，必须得到银行、海关、司法等部门的支持和配合。不少各国都在法律中明确规定，一是任何负有纳税义务的纳税人在离开关境前必须缴清税款，否则，海关不允许离境；二是银行对于存款人的利息收入，在通知存款人的同时，也必须通知税务机关。目前，许多国家的税务机关都与政府的其他部门（如海关等）以及银行、保险公司和雇主之间建立了广泛的合作网，使税务机关的电子服务与其他部门进行了广泛的连接。通过建立离境人员清税制度，有效地控制了外籍人员偷逃税款。通过信息通报制度（如通过对有欺诈、瞒骗税款行为人员向银行通报，提高其贷款门槛和增加贷款成本），有效地加强了税源监管。

四、方便快捷的纳税服务措施

一是贴近广大纳税人的税法宣传，包括制作大量内容丰富、通俗易懂、有针对性的宣传手册，向纳税人免费发放。二是重视税收政策出台前的宣传讨论，包括利用新闻媒体进行宣传、发布税务公告等。三是提供规范、标准的纳税咨询，包括为纳税人提供电话、上门、网络等多种形式的咨询服务，例如24小时的电脑自动服务。四是设置为纳税人服务的专门机构。在机构设置上，西方各国大多成立了为纳税人服务的机构或者针对纳税人需求调整了纳税机构。如美国1998年国会通过的《联邦税务局再造和改革法案》，对税务机构进行了重新的设置，在新设的机构中，四个业务局、上诉办公室和纳税人服务局最能体现对纳税人的服务的理念。澳大利亚联邦税务局设立了相对独立的投诉服务部，新加坡税务局设立了纳税人服务办公室。五是不断规范中介代理。目前，世界各国都制定了税务代理法律法规，以调节和规范税务代理行为。包括对税务代理的业务范围、从业人员资格认定以及法律责任都作出了明确细致的规定，比如日本的《税理士法》、德国的《税务咨询法》、法国和韩国的《税务士法》等。专业机构的代理一方面积极地保护了纳税人的合法权利，降低了纳税成本，而且提高了纳税人的遵从度。六是提供志愿者服务。通过社区志愿者的帮助，有效地解决了残疾人、老年人和低收入者的纳税问题。

五、尊重和保障纳税人权利

一是制定保护纳税人权利的相关法案。在 OECD《纳税人宣言》范本基本思想指导下，许多国家都相继通过了类似的保护纳税人权利的法案。如美国 1966 年通过了《纳税人权利法案》，澳大利亚 1997 年制定了《纳税人宪章》等都是针对纳税人权益进行保护的专门法律。作为纳税主体的纳税人享有获取信息资料、不受歧视、礼貌待遇、诚实推定、享受专业的服务及帮助、隐私保密、信息安全、有权提出异议或提出诉讼的基本权利。为开展纳税服务工作提供了法律基础和保障。二是增加公共财政开支透明度。每个财政年度结束后，各级财政部门都会公布财政收支情况，让纳税人知道自己缴纳的税款都用在哪些公共开支项目上。三是畅通的申诉途径，提供税务救济，包括行政复议和行政诉讼。

思考题

中国应如何借鉴世界上先进的税收管理制度？

第七章　国内避税和反避税

第一节　避税概述

避税是指纳税人通过个人或企业事务的人为安排，利用税法的漏洞、特例和缺陷规避或减轻其纳税义务的行为。

避税违反了税收立法意图，有悖于政府的税收政策导向，不仅会使国家税基受损，导致税款流失，减少财政收入，而且会影响资本的正常流动，破坏公平竞争的经济环境。对于避税各国大多是通过完善立法与加强管理来加以防范。

一、避税产生的原因和条件

（一）原因

第一，利益驱动是避税行为产生的最主观原因。第二，采取避税行为的纳税人必须具备一定的条件：一是对税法有一定的了解，能够了解什么是合法，什么是非法，以及合法与非法的临界点，在总体上确保自己经营活动和有关行为的合法性。二是纳税人必须具有一定的经营规模和收入规模，值得为有效避税花费代价。三是纳税人应对政府征收税款的具体方法有一定的了解，知晓税收管理中的固有缺陷和漏洞。

（二）避税产生的条件

避税之所以产生，主要是税法及有关法律方面的不完善、不健全。一般来说，税法本身具有原则性、稳定性和针对性的特征。一是从原则性来说，无论哪一种税收法律制度的内容，都以简练为原则，不能包罗现实经济生活中的一切。二是从稳定性来说，税收法律制度一经制定，就同其他法律制度一样，就具有相对的稳定性。既使修改，然而，社会经济生活的状况是瞬息万变的，由于情况的变化，要求税法做出相应的修改，但修改税法也要有个过程，需要一定的时间。三是税收法规是总的规定不可能针对每个经济生活做出具体规定，税收法制中的具体规定虽然一般都有针对性，但在具体运用时，使针对性达到全部对号入座的程度是办不到的。这也就是说，当税法等规定不够严密时，纳税人就有可能通过这些不足之处，实现自己避税的愿望。

二、避税的主要方式

在我国，目前避税的主要方法包括：
一是利用现有税收法规相对不够具体、详细、完善避税。为了防止纳税人避税，目前中国国家税务机关一直在致力于不断完善税法，但是税收法规不可能将与纳税有关的所有方面都十分全面而又详尽地予以规定和限定，不可能把避税的通道全部堵死。一些纳税人就会利用税法漏洞避税。

二是利用税收优惠政策避税。目前中国的税收优惠政策比较多，当纳税人处于不同经济发展水平条件下，税法规定有不同偏重和优惠政策时，容易造成不同经济发展水平的企业、经济组织及纳税人利用税收优惠的差异实现避税。如利用经济开发区或新技术产业园区作为实现少纳税或不纳税的目的。

三是利用税收征管漏洞避税。由于目前国地税之间，不同地区之间、不同部门之间的不协调，税源难以有效监控。同时由于我国税务部门缺乏了解国际市场行情，税务人员缺乏丰富的反避税经验和能力，都给反避税工作带来困难。

四是利用转让定价避税。转让定价是现代企业特别是跨国公司进行国际避税所借用的重要工具。在现代经济生活中不论是国内避税还是国际避税活动，都与转让定价有关。本章将在下面详细介绍。

五是利用国际避税地避税。在国际避税地建立公司，然后通过避税地的公司与其他地方的公司进行商业、财务运作，把利润转移到避税地，靠避税地的免税收或低税收减少税负。

第二节　内资企业常用的避税方式

一、利用税法条文伸缩性避税

税收政策是有弹性的，弹性主要表现在某些特定条款往往具有特殊性。特殊性往往隐含着较大的避税空间，寻找并运用税制结构及税收政策中的特定性、特殊性条款，可以降低企业税负。

我国增值税暂行条例及其实施细则第五条对纳税人的混合销售行为有如下规定：从事货物的生产、批发或零售为主，并兼营非应税劳务的企业、企业性单位和个体经营者，年增值税销售额超过50%，非应税劳务营业额不到50%的混合销售行为，均视为销售货物，一律征收增值税。对以从事增值税非应税劳务为主，并兼营货物销售的单位和个人，其混合销售行为应视为销售非应税劳务，不征增值税，但必须单独核算，如果不单独核算就视同销售货物，一并征收增值税。这样纳税人可以通过控制增值税应税货物和劳务与营业税应税劳务占整个销售收入的比例来达到选择缴纳低税负税种的目的。

例如，某建材商城主营建筑材料批发和零售的同时，还兼营安装、装修劳务，该商城是增值税一般纳税人，增值税税率为17%。2007年9月对外发生一笔混合销售业务，销售建筑材料一批并为客户提供装修服务共收取价款280万元，该批材料的购入价为220万元，营业税税率为3%。该建材商城的实际增值率为（280－220）÷280×100%＝21%，临界增值率为3%÷17%×100%＝17.65%。实际增值率大于临界增值率，缴纳营业税比较合算，可以节约税款（280×17% - 220×17%） - 280×3% = 1.8（万元）。假如该商城销售货物并提供装修服务共收取价款 250 万元，则实际增值率为（250 - 220）÷250×100% = 12%，小于临界增值率 17.65%，此时缴纳增值税比较合算，可以节约税款 250×3% - （250×17% - 220×17%） = 2.4（万元）。

二、利用法律条文不明晰和不完善避税

有些条文则不够确定或不太完整，使人们可以对其有多种理解，在实际执行中模棱两可，而纳税人从对自身有利的角度来理解又能得到税务机关的默许或是税务机关没有明确的法律依据对其进行证伪，纳税人也就实现了避税。例如，美国政府对中国出口的纺织品征收较高的进口关税税率，其中针对手套征收 100% 的进口关税。中国某纺织企业迫于成本压力研究美国税法，发现美国税法中有一条关于纺织品的规定：进口纺织残次品按吨征收进口关税，而且税率很低。于是该企业不再将手套包装精美后出口，而是将大批手套的左手捆在一起出口，由于手套仅一只，美国海关认定为残次品，税负大幅下降。一段时间以后，该企业将大批手套的右手捆在一起从另一海关向美国出口，也被认定为残次品，然后将两批手套在美国重新组合包装精美后销售。该企业利用美国税法这一条文的不明晰和不完整巧妙地避免了大量税负。

三、利用税收筹划避税

（一）利用调整成本避税

调整成本避税是指通过对成本的合理调整，抵消收益，减少利润，以达到躲避纳税义务的避税。企业从事生产经营活动时产品成本涉及的范围很广，为了划清企业各项资金的使用界限，保证产品成本的真实性，国家统一规定了产品成本的开支范围，各个企业都要遵照这一范围来进行成本核算。但各个企业的具体情况不同，而国家规定的范围是一定的，在这种情况下，有些企业开始运用这一规定的范围，选择有利于扩大产品成本的计算方法，尽可能地扩大产品成本，从而减少利润，减少所缴纳的公司所得税。成本调整法普遍适用于工矿企业、商业企业和各种经营实体。其内容主要有材料计算法、折旧计算法、费用分摊法等。

1. 材料计算法

在企业中，材料资金是企业流动资金的重要组成部分，材料费用在产品成本中占有很大比率，而且材料种类繁多，变动频繁。在市场经济条件下，材料价格是不断变化的，它随着市场供求的变化，价格围绕价值做上下波动。企业购进材料也是分期分批的，材料价格的变动势必影响产品成本的变化，从而影响企业的利润，进而影响企业缴纳税款的多少。把材料费用计入产品成本的方法有以下几种：一是先进先出法；二是全月一次加权平均法；三是移动加权平均法；四是后进后出法。

例如，某一生产企业为保证其生产经营活动的正常进行，必须有可供一年生产用的库存材料。2009 年，该企业共进货 6 次，在 2009 年底，该厂销售产品 10 000 件，假定该产品市场销售价格为 30 元，除材料费用外，其他费用开支每件 5 元。试分析：采

用哪种计算方法对企业最有利？相关数据如表7-1所示。

表7-1 相关数据

次数	进货数量	单价	总价
第一次	5 000 件	15 元	75 000 元
第二次	6 000 件	16 元	96 000 元
第三次	2 500 件	20 元	50 000 元
第四次	8 500 件	21 元	178 500 元
第五次	5 000 件	18 元	90 000 元
第六次	7 000 件	20 元	140 000 元

假定该厂本年年初无结存进货材料，当期生产领用数量与年度销售数量一致，则各种方法下的成本计算及税额计算如下：采用先进先出法，有关计算为：

本期材料成本 = 15 × 5 000 + 16 × 5 000 = 155 000（元）

其他费用 = 5 × 10 000 = 50 000（元）

本期生产成本 = 155 000 + 50 000 = 205 000（元）

由于本期产品全部销售，故产品的生产成本与产品销售成本一致，即产品销售成本为 205 000 元。

产品销售收入 = 30 × 10 000 = 300 000（元）

假如该厂无其他调整事项，则：

应纳税所得额 = 300 000 - 205 000 = 95 000（元）

应纳所得税额：95 000 × 25% = 23 750（元）

采用后进先出法，有关计算为：

本期材料成本 = 20 × 7 000 + 18 × 3 000 = 194 000（元）

其他生产费用 = 5 × 10 000 = 50 000（元）

本期生产成本 = 194 000 + 50 000 = 244 000（元）

本期产品销售成本与本期生产成本一致。

产品销售收入 = 30 × 10 000 = 300 000（元）

假如该厂本期无其他调整事项，则：

应纳税所得额 = 300 000 - 244 000 = 56 000（元）

应纳所得税额 = 56 000 × 25% = 14 000（元）

采用加权平均法，有关计算如下：

本期进货材料单价 = （75 000 + 96 000 + 5 000 + 178 500 + 90 000 + 140 000）÷（5 000 + 6 000 + 25 000 + 85 000 + 5 000 + 7 000）= 18.51（元）

本期材料成本 = 18.51 × 10 000 = 185 100（元）

其他生产费用 = 5 × 10 000 = 50 000（元）

本期生产成本 = 185 100 + 50 000 = 235 100（元）

由于本期产品全部对外销售，故产品销售成本数额与本期生产成本数额一致。

本期产品销售收入 = 30 × 10 000 = 30 000（元）

假如该厂本期无其他调整事项，则：

应纳税所得额 = 300 000 – 235 100 = 64 900（元）

应纳所得税额 = 64 900 × 25% = 16 225（元）

显然，在这个例子中先进先出法计算材料成本使企业产品销售所承担的税负最重，纳税额最多，加权平均法次之，后进后出法税负最轻、最少。当然，这个例子有其自身的局限性。先进先出法与后进后出法本身不一定哪个更好，这主要看企业如何运用，在这个例子中用后进后出法比用先进先出法的税负要低，主要是因为最后一批材料价格高于第一批价格。企业完全可以从自身需要出发，选择使自己受益最大的计算方法。

2. 折旧计算法

折旧的计算方法主要有两种：一是平均年限法；二是加速折旧法。

在企业采用累进所得税税率的情况下，平均年限法企业承担的税负最轻。其原因就在于，平均年限法使折旧额摊入成本的数量平均，从而有效地遏制住某一年内利润过于集中，而适用较高税率，其他年份利润骤减，适用税率较低的现象。采用加速折旧法提取折旧额，在使用期早期提取较多，后期提取较少，利润主要集中在后几年，后几年承担的税负明显加重。但对于适用比例税率缴纳所得税的企业而言，由于使固定资产成本在使用期内得到加快补偿，导致企业前期利润少，后期利润多，实际上起到了延期缴纳所得税的作用。我国财务会计制度规定，固定资产折旧应当采用平均年限法（直线法）计算，只有符合规定的企业，才能采用加速折旧法。故在此不再举例。

3. 费用分摊法

企业费用开支有很多种内容，如劳务费用开支、管理费用开支、福利费用开支等。在所有费用开支方面，劳务费用和管理费用开支最为普遍，也是企业费用开支中两项最主要的内容。通常所用的费用分摊方法主要有三种：平均分摊法、实际费用摊销法和不规则摊销法。企业选择不同的费用分摊办法，可以扩大或缩小企业成本，进而影响企业利润和应纳税款。

例如，我国的生产性外商投资企业，经营期在 10 年以上，可以从获利的年度起享受"两免三减"的税收优惠。这类企业为了充分享受税收优惠，在开业之初，就采用扩大成本开支范围，多计成本费用的办法，使企业前几年不反映利润，甚至账面亏损，由此推迟获利年度。当企业产品销路已打通，生产经营走上正轨后，报表上反映有利润，抵补以前年度亏损后仍有利润才是获利年度，这时候开始计算两年免税，企业又采用减少费用开支的办法，将应摊入的费用后移，使免税期利润异常的大，企业在免税期内的利润完全归己所有。不仅如此，费用后移使以后年度应税所得额变小，相应地减少了国家应得的税款。

（二）利用不同的筹资方式避税

筹资避税是指利用一定的筹资技术使企业达到最大获利水平和税负最轻的方法。企业筹资的方式主要指以下几种：

1. 企业自我积累，即通过企业自身经营活动的不断扩大，增加赢利，增加积累，扩大、增加投资。

2. 银行贷款，即向银行申请贷款，用贷款作为投资奖金。

3. 企业之间或者有关系的经济组织之间的拆借，即企业之间、经济组织之间凭借良好的信誉进行相互融资。

4. 在社会上或在本企业及经济组织内部集资，如发行债券、股票等形式。

5. 融资性租赁，也称金融租赁，是指出租人将租赁物件出租给承租人，按期收取租金。回收的租金总额相当于租赁物件价款、价款利息、手续费的总和。租赁期满时，承租人可以支付象征性货价以取得租赁物件的所有权。融资性租赁具有可自由选择租赁物件，租赁时间长、不得中途退约的特点。所有这些筹资方法基本上可以满足企业从事生产经营活动对资金的需要。然而，从纳税的角度来说，这些筹资方法产生的税收后果却有很大的差异。

从税收角度考察，发行债券特别是发行股票，可以使企业税收负担最轻。这是因为，当企业发行股票后，企业的股东是很多的，它涉及许多公司和个人，这样有利于企业利润的平均分摊，以负利润的过分集中而带来相应的较高税率。

向金融机构贷款的筹资方式只涉及企业与银行两个部门。如果企业与银行是有关联的，尚可减轻税收负担，但事实上大多数企业是与银行无关联的，也就是说不能通过利润平均分摊，所以，这种筹资方式在税收负担上比发股票集资的方式要差，但要好于企业自身积累方式。企业自身积累这种筹资方式，是企业需要很长时间才能完成的。对企业来说，是企业实力的表现，但从税收负担上看却不尽如人意，因为这一筹资方式只涉及企业自身，由这笔投资所带来的利润，没有任何办法去加以平均，所以企业只能承受这笔利润所带来的相应的税收负担。企业之间相互拆借以及结算中形成的资金，从税收负担看，要次于发股票方式，但要好于其他两种。这是因为采用企业之间的相互融资及结算中形成这种筹资方式的企业，一般相互间是有一定关联的，这时双方必然要从各自利益角度出发，来分摊投资带来的利润，使税负达到最小。

融资性租赁这种筹资方式，对承租单位来讲，租金的支付过程是比较平稳的，与用其他方式筹集来的资金购买企业所需的机器设备相比，具有很大的均衡性。因为企业购买机器设备时，贷款一般为一次性支出，即使是用分期付款的方式，资金的支付时间仍是比较集中的。而租赁过程中所支付资金的方式，可在签订合同时由双方共同商定。这样，承租单位就可以减少税负的角度出发，通过租金的平稳支付，来减少企业的利润水平，使利润在各个年度均摊，以达到避税的目的。对出租人来讲，不需要过分关心机器设备的使用情况，就可以取得数额相高的租金收入。特别是当两个企业有关联时，关联企业完全可以通过固定资产的出租来进行固定资产的转移，并可以通过租金的支付来平衡两个关联企业的利润水平，从而实现有效地避税。

四、通过企业合并或者收买亏损企业避税

企业合并中的避税主要是指利润高的企业通过兼并有累计亏损的企业，可将原企业利润冲抵亏损企业的亏损额。此举表面上是冲抵亏损，实质上是以被兼并企业的亏损额来抵减其应缴纳的所得税，从而使合并后企业的税负降低。

例如，假定有甲、乙两个企业，甲企业 2000 至 2001 年度损益及纳税情况如表 7-2 所示。

表 7-2　　　　　　　　甲企业 2000 年至 2001 年损益及纳税情况表　　　　　单位：元

	2000 年	2001 年	合计
利润总额	100 000	100 000	200 000
所得税额	25 000	25 000	50 000
实际利润额	75 000	75 000	150 000

注：企业所得税税率为 25%（下同）。

乙企业在 1999 年末有 15 万元的亏损额需递延至以后年度弥补，且其在资产结构、经营范围等方面与甲企业均有良好的互补性。如果甲企业于 2000 年兼并了乙企业，则甲、乙合并后的损益及纳税情况如表 7-3 所示。

表 7-3　　　　　　　　甲、乙企业合并后损益及纳税情况表　　　　　单位：元

年份	2000	2001	合计
利润总额	100 000	100 000	200 000
抵补亏损	100 000	50 000	150 000
应税利润额	0	50 000	50 000
所得税额	0	12 500	12 500
实际利润额	0	37 500	37 500

由表 7-3 可以看出，通过企业合并，使税负由原来的 50 000 元降低到 12 500 元，减少了 37 500 元（150 000×25%），归属所有者的利润也增加了 37 500 元。

五、通过企业分立进行避税

企业分立中的避税，主要体现在企业所得税制度对不同企业采取不同的税收负担待遇，通过分立来降低企业的整体税收负担。

例如，在企业所得税采用累进税率的前提下，一个因利润额较大适用高税率的企业，可通过企业分立，分化成两个以上的企业，从而将利润总额分解，使分立后的各个企业均适用较低的税率，达到减轻税收负担的目的。

假设某企业年应纳税额为 40 万元，适用税率 25%，应缴所得税额为 100 000 元（400 000×25%）。根据我国现行所得税法，尽管统一为比例税率，但为照顾一些利润低的或规模小的企业的实际负担能力，规定年应纳税所得额在 30 万元以下的企业按 20% 的税率征收，这种税率结构实质上相当于累进税率，从而为中国内资企业通过分立避税提供了可能。该企业保持总体规模不变，可考虑分立为 A、B 两个企业，其中 A 企业所得额 20 万元并且满足中小企业的判定其他标准，B 企业所得额 20 万元，则两个企业的纳税金额为：A 企业应纳所得税额 40 000 元（200 000×20%）；B 企业应纳所

得税额为 40 000 元（200 000×20%）。两企业合计纳税 80 000 元（40 000 + 40 000），较分立前避税 20 000 元（100 000 - 80 000）。

六、通过企业清算进行避税

根据《中华人民共和国企业所得税法》第五十五条、《中华人民共和国企业所得税法实施条例》第十一条的规定，企业在办理注销登记前，应当就其清算所得向税务机关申报并依法缴纳企业所得税。清算所得是指企业的全部资产可变现价值或者交易价格减除资产净值、清算费用以及相关税费等后的余额，由于企业清算中的避税十分复杂，在此仅就企业如何利用清算日期的选择进行避税做一说明。

例如，某公司董事会于 2001 年 7 月 20 日向股东代表大会提交解散申请书，股东代表大会 7 月 28 日通过并做出决议，决定公司 7 月 31 日宣布解散，于 8 月 1 日开始正式清算。而后发现，当年 1 月至 7 月公司累计赢利 10 万元，应纳所得税款 2.5 万元（10万元×25%）。于是，在决议尚未公布的前提下，股东代表大会再次通过决议把公司解散日期更改为 8 月 15 日，于 8 月 16 日开始清算。公司在 8 月 1 日至 8 月 14 日共发生停产、停业费用 15 万元。如果按照原定的清算期，这 15 万元费用自然属于清算期间的费用。但因清算日期的改变，使其变为经营期间的费用，抵减了经营期的赢利额，导致该公司由原 1 月至 7 月盈利 10 万元变为 1 月至 8 月 14 日亏损 5 万元。清算后，假设该公司清算所得为 10 万元，将该公司清算日期变更前后纳税情况比较如下：

当清算开始日期定为 8 月 1 日时，2001 年 1 月至 7 月应纳所得税额为 2.5 万元；清算所得亏损 5 万元（10 万～15 万元）。当清算开始日期变更为 8 月 16 日时，2001 年 1 月至 8 月 14 日亏损 5 万元，该纳税年度不纳税，亏损额还可递延弥补：清算所得 10万元，弥补经营期间亏损后的应纳税所得额为 5 万元，则清算所得税额为 12 500 元（10 万元 - 5 万元）×25%。两方案比较的结果，显然通过变更清算日期，使该企业减轻税收负担 12 500 元（25 000 元 - 12 500 元）。

七、通过业务性质的转化来避税

企业有很多业务可以通过变通或转化进行避税筹划。例如，购买、销售、运输、建房等业务可以合理转化为代购、代销、代运、代建等业务，无形资产转让可以合理转化为投资或合营业务，工程招标中介可以合理转化为转包人等。

代理销售通常有两种方式：一是收取手续费的方式，即受托方根据所代理销售商品的数量向委托方收取手续费，这对受托方来说是一种劳务收入，需要缴纳营业税；二是视同买断，即委托方通过较低的协议价格鼓励受托方，而受托方对外销售的价格由受托方自行决定，与委托方无关。这种情况受托方无须缴纳营业税，但委托方、受托方之间的流通环节应视为正常销售行为，缴纳增值税。两种代销方式对委托双方的税务处理和总体税负水平是不同的，合理选择代销方式可以合法达到避税的目的。

甲商场用收取手续费的方式为乙服装生产企业代销服装，销售单价为每件 800 元，每销售一件收取手续费 200 元，2008 年 2 月甲商场销售此服装 100 件，共收取手续费

20 000 元。则双方的涉税处理如下：

甲商场应缴纳营业税 = 20 000 × 5% = 1 000 （元）

甲商场应缴纳城建税及教育费附加 = 1 000 × （7% + 3%）= 100 （元）

假定乙服装生产企业生产该批服装相应的进项税为 8 000 元，则：乙服装生产企业应缴纳的增值税额 = 800 × 100 × 17% - 8 000 = 5 600 （元）；乙服装生产企业应缴纳的城建税及教育费附加 = 5 600 × （7% + 3%）= 560 （元）；甲、乙公司承担的税负之和 = 1 000 + 100 + 5 600 + 560 = 7 260 （元）。

如果甲商场按照视同买断方式为乙服装生产企业代销服装，乙服装生产企业以每件 600 元的价格销售给甲商场，甲商场再以 800 元每件的价格对外销售，2008 年销售此服装 100 件。则双方的涉税处理如下：甲商场应缴纳的增值税额 = 800 × 100 × 17% - 600 × 100 × 17% = 3 400 （元）

甲商场应缴纳的城建税及教育费附加 = 3 400 × （7% + 3%）= 340 （元）。假定乙服装生产企业生产该批服装相应的进项税为 8 000 元，则：乙服装生产企业应缴纳的增值税额 = 600 × 100 × 17% - 8 000 = 2 200 （元）；乙服装生产企业应缴纳的城建税及教育费附加 = 2 200 × （7% + 3%）= 220 （元）。

甲、乙公司承担的税负之和：3 400 + 340 + 2 200 + 220 = 6 160 （元）

对上述两种方法进行比较，视同买断方式下，甲商场节省了 1 000 元营业税，但多缴了 3 400 元增值税，相应的城建税及教育费附加也增加了 240 元，取得的收益减少了 2 640 元；乙服装生产企业少缴增值税 3 400 元，相应的城建税及教育费附加也少缴了 340 元，从而多取得收益 3 740 元。委托双方总体税负水平，视同买断方式比收取手续费方式减少 1 100 元。

因此，在代理销售业务中，委托双方应尽量争取采用视同买断方式。此时，受托方需多缴一部分增值税，而委托方则可少缴等额的增值税，受托方可以要求委托方在协议价格上做出一定的让步，以使受托方多缴纳的增值税额在协议价格制定时就得到补偿，最终使委托双方的总体税负水平趋于合理。假定协议价格为 X，受托方多缴纳的增值税可以通过议价让步得到补偿，则：

$$800 × 100 × 17\% - X × 100 × 17\% = （600 - X）× 100$$

$$X = 559.04 （元）$$

即乙服装生产企业应按每件 559.04 元的协议价格销售给甲商场，甲商场再按 800 元每件的价格对外销售，这样甲商场销售 100 件服装缴纳的税额为：（800 - 559.04）× 100 × 17% × （1 + 7% + 3%）= 4 505.95 （元），取得的收益为：（800 - 559.04）× 100 - 4 505.95 = 19 590.05 （元），比收取手续费方式的收益 18 900 元（20 000 - 1 000 - 100）增加了 690.05 （元），而乙服装生产企业则维持原有的税负水平。有的企业拥有大量闲置库房用于出租获取租金收入，出租库房不仅要按照租赁收入缴纳营业税，还要缴纳房产税，税负较重。此时企业可以将租赁行为转化为仓储行为进行避税。租赁是指租赁双方在约定的时间内，出租方将房屋的使用权让渡给承租方，并收取租金的一种契约形式；仓储是指在约定的时间内，仓库所有人用仓库代客户储存、报关货物，并收取仓储费的一种契约形式。不同的经营行为适用不同的税收政策，进行经营行为的转化可以实现避税。

我国税法规定：租赁业和仓储业均需缴纳营业税，适用税率相同为 5%；房产用于租赁的，其房产税按照租金收入的 12% 计算缴纳，而仓储业按照房产余值的 1.2% 计算缴纳房产税；财产租赁合同按照租金收入的 1‰ 计算缴纳印花税，而仓储保管合同按照保管费用的 1‰ 计算缴纳印花税。

甲公司订立一份房产租赁合同，将一座闲置库房出租，其房产余值为 1 000 万元，年租金收入为 200 万元，则甲公司涉税情况如下：

应缴纳营业税额 = 200 × 5% = 10（万元）

应缴纳房产税额 = 200 × 12% = 24（万元）

应缴纳印花税额 = 200 × 1‰ = 0.2（万元）

应缴纳的城建税及教育费附加 = 10 × (7% + 3%) = 1（万元）

税负总额 = 10 + 24 + 0.2 + 1 = 35.2（万元）

如果甲公司与客户协商将此项业务改为：订立一份仓储保管合同，增加服务内容，配备仓库保管人员，为客户提供 24 小时服务，年收取仓库保管费用 200 万元，则甲公司涉税情况如下：

应缴纳营业税 = 200 × 5% = 10（万元）

应缴纳房产税额 = 1 000 × 1.2% = 12（万元）

应缴纳印花税额 = 200 × 1‰ = 0.2（万元）

应缴纳的城建税及教育费附加 = 10 × (7% + 3%) = 1（万元）

税负总额 = 10 + 12 + 0.2 + 1 = 23.2（万元）

因此，采用仓储保管形式比采用租赁形式每年可减少税负 12 万元。

合作建房的避税问题。合作建房是指一方提供土地使用权，另一方提供资金，双方合作建造房屋。合作建房有两种方式：一是"以物易物"方式，二是成立"合营企业"方式，这两种方式产生了不同的纳税义务。

甲、乙两家企业均需要建房扩大经营规模，甲企业拥有地理位置优越地段的土地使用权，但缺乏资金；乙企业资金充裕，但苦于没有合适地段的土地。经过协商，两家企业决定合作建房，甲企业提供土地使用权，乙企业提供资金，双方约定建成后均分房屋。经有关部门评估，建成后的房产价值 16 000 万元，于是甲、乙企业各分得价值 8 000 万元的房屋所有权。

按照现行税收政策，甲企业属于以转让部分土地使用权为代价换取房屋所有权，发生了转让土地使用权的行为；乙企业属于以转让部分房屋所有权为代价换取土地使用权，发生了销售不动产的行为。

因此，甲企业应按照转让无形资产缴纳营业税：

甲企业应缴纳营业税额 = 8 000 × 5% = 400（万元）

乙企业应按照转让不动产缴纳营业税：

乙企业应缴纳营业税额：8 000 × 5% = 400（万元）

如果甲、乙两家企业改变合作方式，采取分别以土地使用权和资金投资入股的方式合作建房，则可以不缴纳营业税。即甲企业以土地使用权，乙企业以资金入股成立合营企业，合作建房，房屋建成后双方采取风险共担、利润共享的分配方式经营，则按照现行税法的规定，甲、乙企业均不需要缴纳营业税。

八、利用税收优惠政策避税

企业所得税法涉及的税收优惠方式有多种（见企业所得税法），包括免税收入、减计收入、低税率、抵扣应税所得税、加计扣除、投资抵免应纳税所得额、加速折旧等。税法中的诸多税收优惠政策，为纳税人税收筹划提供了可能性。

九、利用关联企业之间分配利润避税

企业之间的关联关系主要反映在管理、控制和资本三个方面。

例如，我国税法规定，一个企业如果直接或间接拥有另一企业股权总和的25%或以上，这两个企业即为关联企业。关联企业之间由于在资金和管理上具有特殊的关系，所以它们之间进行交易并不一定完全采用市场价格，因而关联企业之间可以通过转让定价来转移利润。尤其是当关联企业适用的所得税税率存在差异时，利用转让定价向适用税率低的关联企业转移利润就成为企业税务筹划的一个重要方法。我国企业所得税有关法规规定，纳税人与其关联企业之间的业务往来应当按照独立企业之间的业务往来收取或支付价款、费用。不按照独立企业之间的业务往来收取或者支付价款、费用而减少应纳税所得额的，税务机关有权进行合理调整。但由于税务机关在判定关联企业之间的交易价格是否合理时有一定的难度，所以在实践当中这种避税方法仍给各国企业进行税务筹划留有一定的空间。

思考题

1. 内资企业避税的主要方式有哪些？
2. 如何防范企业避税？

第三节 外资企业的避税方式

据商务部2009年公布的数据表明，从1979年到2008年年底，在中国注册成立的外商投资企业累计已达66万户左右，累计实际使用外资金额约为8800亿美元，自1992年起我国已连续16年成为世界上吸收外资最多的发展中国家。然而，在这些令人欣喜的数字后面，也存在着这样一个事实：总数达66万多家的外企中，有相当部分企业长期处于亏损状态，亏损面之大，令人触目惊心。但这些企业在连年亏损的情况下，还不断追加投资，越做越大。结果外商投资企业占用我国大量的资源，包括土地资源、人力资源等，最后只有产值，没有税收。显然，这种"假亏损""没利润"，利用税收

优惠年度跳跃性赢利现象已成为众多外资企业"合理避税"的重要手段。随着中国市场经济的不断发展,外商投资企业在中国的避税行为已经从最初的"高进低出"方式转移利润,转变为通过支付劳务费和特许权使用费方式转移利润;从一般的减少征税客体(应纳税所得额)方式避税,转变为纳税主体利用税收优惠政策避税,以及利用国际避税地、滥用税收协定、实施资本弱化等新方式避税。从目前情况归纳,外商避税的常用的方式主要有以下几个方面。

一、通过控制购销渠道,连年亏损避税

中国一些早期的合资企业避税主要采取此种方法,由于合资企业外方控制了营销权,采取了高报进口原材料和低报出口成品的方式,将利润转往海外,即所谓的高进低出,由于合资中方不掌握企业营销的实际情况,又没有查证能力,最终导致企业连年亏损,最后中方只能让出属于自己的股份。

例如,北京某中外合资企业,是一个"两头在外"(原料采购和产品销售均由外方在境外进行)的加工企业,外方采取抬高原料进口价格、压低成品出口价格的办法,从中赚取高额差价,致使企业从成立开始便连续亏损,中方股东蒙受了巨大的经济损失。

北京的这家企业,只是众多亏损外企的冰山一角。这些合资企业的亏损,在很大程度上是一种避税手法,其结果严重侵害了中方权益。由于利润被转移到境外,中方投资人不但无法获利,而且需要赔钱弥补亏损。对外方来说是明亏实赢,对中方来说是实实在在的亏本生意。在无力出钱弥补亏损的情况下,中方只能出售公司股权减少损失,从而逐步丧失对公司的所有权,造成国有资产的大量流失。

二、利用关联公司价格避税

一些国外厂商在依靠境外的母公司或母公司的其他子公司为其代购原材料和包销产品中,由于是集团公司内部的产品转移,所以外资企业在让境外关联公司采购原材料的过程中提高原材料价格,境外公司销售产品时压低产品价格,通过高进低出的方式来逃避中国税收。这样就出现了一个怪现象,企业产品销路不成问题,生产也处于饱和状态,但企业表现为亏损或虽有利润但获利水平较低,然而,尽管企业亏损或微利,但生产规模并不呈现萎缩,反而不断扩大。

例如,厦门某手套有限公司,是美国某兄弟股份公司在厦门湖里工业区举办的独资企业,主要生产各式手套,其母公司是美国有名的手套生产和销售公司,在世界市场上占有率较高。该企业产品全部由母公司包销,所需原材料全部由母公司与国内、外材料供应商店签订合同购买,并提供给该企业,该企业不设供销部门,根据母公司的订单生产,产品直接运往美国、加拿大、西欧等国销售。出口产品价格完全是母公司制定的内部结算价。结算价按工时计算,每打手套有标准的工时定额,平均计算每打手套工时费用为3.3美元,再加上工厂管理费等,母公司以每打手套6.6美元的价格支付给该企业,这个价格基本上是生产成本,没有利润。企业的利润只有美元汇兑收入,没有销售产品的利润。

三、通过设备投资形式合资，从中渔利和避税

在外商投资合资经营企业的过程中，有相当一部分是以设备投资的，在此过程中，外方渔利和避税的方法通常是：一是高估设备价值，二是以旧充新、以次充好、以淘汰的机器充先进设备，一些外观看起来很新的机器设备，实际无形损耗严重。一方面，高估设备价值减轻了外方的出资义务和出资风险，并能为其带来诸多的相关经济利益（使其牟取了暴利），另一方面在生产过程中外方通过计提折旧逃避税收。而在整个合资过程中，合资中方的利益则大大受损。

四、向母公司或关联企业支付巨额无形资产使用费避税

在和中方合资或者是向中方投资过程中，向母公司或关联企业支付巨额特许权使用费，最典型的是支付高额商标使用费，而合资的另一方中方，由于合资心切和缺乏对自己无形资产的价值认识等，致使中方企业的无形资产的价值被低估，在合资初期投资时期就处于下风。

五、合营、合作企业的外方通过承包控制企业的生产经营，独自获取经营利润

目前，一些合营、合作企业也实行承包经营，对于"两头在外"的企业一般由外方承包。通过承包，虽然保证了中方每年有一定数额的收入，但也为承包方转移利润提供了条件。

例如，深圳××针织实业有限公司开业后由合资外方承包，每年向合资中方上缴40.8万港元的承包费。某年该企业的销售收入为7 453 884港元，成本为7 338 443港元，成本利润率仅为1.57%。企业的产品大部分由外方在中国境外包销，其出口产品价格与同行业深圳××有限公司销售给第三方的价格水平相比，低30%~40%，因是外方承包，中方无权干涉，只能听凭外方转移利润，让所得税自由流失。

六、通过转移定价转移应税所得避税

在当今世界经济中，跨国公司迅猛发展，使得各国的经济活动越来越趋于国际化。据统计，跨国公司集团内部交易额占世界贸易额的比重已达50%左右。公司集团的内部交易定价，即转让定价所带来的税收问题日益引起众多国家的重视。

（一）通过控制原材料和零部件的转让价格来影响关联方的成本与利润

例如，母公司向子公司提供原材料为其生产零部件，母公司进一步加工装配后投入市场。母公司按高于市场价格向子公司供应原材料，子公司则以低于市场价格向母公司出售零部件。结果子公司的生产成本提高，利润减少。这种现象称为"高进低出"，造成子公司利润流向母公司。

例如，我国某经济特区有一家电子有限公司S，其母公司T设在香港地区。T公司还在这个特区设立另一家子公司K，T公司从S公司购进2万台录音机，但没有出境，直接加价20%转销给K公司。母公司T要S公司收到K公司货款后，将300万元价差

汇给 T 公司，把本应由 S 公司取得的利润转移到境外。

例如，联兴鞋业有限公司（以下简称联兴公司），其母公司 P 设在日本，P 公司在台湾地区设一家子公司 M。M 又在香港地区设一家子公司 N。联兴公司的原材料采购和产成品销售均按照 N 公司提供订单载明的数量、价格采取委托加工的方式结算。税务机关检查发现，联兴公司工缴费收入远远低于加工成本支出，年年亏损。实际上，联兴公司的制鞋利润全部转移到了 N 公司，同时逃避了所得税。

转让定价不仅反映在商品购销活动之中，而且在资金借贷、专业劳务、无形资产转让以及管理费用分摊等方面也有反映。比如，外商投资企业列支境外母公司或总机构的上级管理费，数额较大，而且该上级管理费是否真实、合理，往往难以查证。

（二）通过"资本弱化"向海外支付巨额利息

外商投资者通过扩大债权性投资、减少权益性投资来扩大税前利息扣除，进而规避企业所得税。一些外商在投资时企业时，将资本定得尽可能小，而企业经营所需资金则以借贷方式解决。通过向境外关联公司借款投资，一方面节省了本应投入企业的资本，另一方面通过支付境外关联公司贷款利息，减少了企业应税所得。

七、在引进项目的合同中，将应税项目纳入免税项目避税

在有些引进项目上，由于中方谈判人员无经验或其他原因，外商在中方默认的前提下，将应税的特许权使用费或工程款等项目都纳入设备价款中，合同价款仅反映设备总价，连技术服务或安装作业也有人数，没有金额，外商通过签订这样的合同，逃避了应负担的我国税收。例如，有的引进项目合同中，将专有技术使用费不单列出，而是分散在技术文件、人员、培训、技术服务等费用中，逃避预提所得税。

八、利用承包工程进行避税

我国实行对外开放政策以来，许多外国公司纷纷来我国从事承包工程、提供劳务作业。对这些外国公司在我国境内承包工程、提供劳务所得的收入，国家在税收政策上本着优惠从宽、手续从简的原则，允许其扣除 70% 的设备、材料费用、仅就其余的 30% 的收入征收货劳税和企业所得税。目前，外国公司在我国境内承包工程主要有两种方式。

1. 外国公司（非集团公司）对工程进行总承包（包工包料）。它们在与我国的工程发包单位商定了工程总价格的前提下，分别签订工程材料供应合同和工程劳务合同，利用我国的工程发包单位不熟悉国际市场行情、缺乏公平价格信息、只注重工程总价款的弱点，有意提高工程材料供应合同的价款，压低工程安装合同的价款（在缴税时，外方提出工程材料价款是垫付款，要求扣除），以达到避税的目的。

例如，中国香港 ×× 公司在一个承包工程项目中，工程材料供应合同的价款是工程总价款的 97%，而工程安装合同的价款为 3%，低于内地同行业的 4~5 倍。

2. 外国的集团公司或联属企业内具有独立法人实体的两个公司共同承包一个工程项目。其中，一个公司与发包单位签订工程材料供应合同，另一个与发包单位签订工

程安装合同，它们通过这种应包方式，在内部相互转移商品、劳务的价款进行避税。

一般来说，外国公司的技术力量，管理水平与我国内的同行业相比，是比较强、比较高的，工程安装的取费标准应高于我国内的同行业；但是，它们有意压低工程安装的收费标准，目的就是要人为地加大工程材料的价格，因为工程材料的价款内大约含 20% ~ 35% 的毛利润，从而逃避了所得税。

九、挂靠国内企业避税

有的外商投资企业挂靠国内企业避税。由于外商投资企业已享受国家特殊的优惠照顾，它们生产的产品出口，不能按国内企业出口规定退税。但有的外商（包括代理人、中介人和部分"三资"企业中的外商代表）打着为国内企业增加投资、引进设备的旗号，千万百计地挂靠国内企业，与国内企业合谋，将外资企业生产的产品转由国内企业出口，或国内企业转让商标通过中介人挂靠在别的企业出口，以谋求退税，甚至有的外商专门从事以"投资"、"办厂"为诱饵，以索取出口退税凭证为条件来要挟"招商外资"心切的地方政府和企业主管部门，为其提供出口退税的便利条件。

十、利用投资过程进行避税

投资过程的避税，就是在签订合同时，埋下了避税的"伏笔"，通过资本的控制投入、抽回、虚假等方式，引起股本的变化、利润的归属变化，以达到避税的目的。常见的做法有：

1. 外商利用投资总额与注册资本的比例严重失调进行避税。现行法规规定，投资总额与注册资本要成正比例，可是在具体执行中，一方面中外双方为了得到政府的批准，故意压低投资总额，使注册资本与投资额形式上成比例；另一方面，有关部门吸引外资心切，对可行性报告及合同缺乏逻辑审查，致使这方面的漏洞越来越大，避税问题相应而来。

如某房地产开发公司，主要从事房地产的开发、建设及经营，合同投资总额仅为500 万元人民币，其中中方占 75%，为 375 万元，外方占 25%，为 125 万元。而该公司实际营运时第一期工程就需资金 4 000 万元，主要用来支付庞大的土地转让费和水、电、暖等费用。随着经营规模的扩大，一期工程后贷款将达 7 000 万元。资金缺口由国内银行贷款解决。这种投资状况，外方注册资本少，节省了自身资本，而把贷款营运要承担的巨额利息塞进合资企业，列入当期费用，使企业利润基础下降，事实上这些利息带有资本利息的性质，违反了税法列支规定。

税基的缩小并不意味着外方少得。这里所说的税基缩小是相对而言的，外方节省的投资可以取得利息或另去投资；更重要的是企业所创造的效益，乃动用了超过注册资本几倍甚至十几倍的国内银行贷款资金，而分配却要按注册资金比例进行，可谓一举两得。仍以上例说明，如果该房地产公司注册资本 500 万元，产出效益 100 万元，则中方分利 75 万元，外方分利 25 万元。实际投资额 7 000 万元，产出效益 1 400 万元，外方所出的资本仅为 125 万元，占全部资本的 1.78%，应分利 25.2 万元，而实际上外方按 25% 的资本比例分利 350 万元，为出资 125 万元应分利的 14 倍。

2. 合作企业的外方抽回资本本息时，使税负转移，进行避税。目前，一种定期偿付外方本息、固定向外方支付利润的生产合作性企业较多，特别是组成企业法人的合作企业，所得税由原双方分别缴纳变为合作企业统一缴纳，问题比较突出。如某合作企业，合作期15年，合同规定：外方注册资本100万美元，合作企业在头5年中归还外方本息150万美元，后10年每年固定向外方支付利润10万美元。这种合作形式对中方的吸引力在于：可以享受免征进口环节的工商统一税及关税；可以得到自营产品的出口权，免缴流转税；生产性合作企业享受"两免三减半"所得税优惠政策。对外方的吸引力在于：税收优惠政策让中方用足、用活，外商可以不担风险，不管经营盈亏均可分得利润。这实质上中外方是建立在套取税收优惠的基础上达成一致协议的。前例的外商5年将股本本息抽回，合作企业将不存在外方资本，而合作的双方仍然享受着国家有关优惠政策。表现在税收上既享受了"两免三减半"的所得税优惠，又使外方所得利润不含税收，尤其是合作企业亏损，该合作企业承包仍向外方支付利润，这部分利润未含税，即使税务机关补征，根据双方合同，依然是合作企业承担，外方基本上充当了征税者与税负实际承担者的中介，躲避了税收。

3. 合资企业外方变相抽回资本。如某企业外方履行合同规定为合资企业包销产品，而销货款不再汇回，截留自用，合资企业只好长期挂账。这样外方变相抽回了股本。合资成了形式上的合资，仍享受税收优惠待遇。

十一、利用利润分配过程避税

1. 多提并分配劳务费。合资企业在提取劳务费时，超过国家规定的提取基数和标准，扩大计提范围，对临时工也提劳务费，然后按投资比例进行分配。这样，实现的利润被劳务费吃掉，躲避了所得税的征收。

2. 调剂股本，分配假利润。企业利用外汇双轨制，调剂投资股本，使企业假赢利。在免税年度中尽早获利分配，待减免税期满又使企业亏损或微利，达到避税。该手段对外方的激励之处是：变相收回股本；免税年度利润高；纳税年度由于贷款增加，费用增大，利润减少。

3. 把中方老企业的利润转移到外资企业，享受税收优惠。这种情况主要表现在嫁接型外资企业中。如某家具公司，让原中方老厂中的一部分车间、设备、工人进入合资企业。合资双方议定，合资企业利润，外方不参与分配，但合资企业的产品加10%的利润，由外方包销，不论获利多少，由外方直接留取，不再汇回企业核算、分配。为此，中方故意将内资部分生产的产品转移到合资企业销售，并且连利润也转移进来，以享受税收优惠，外方的利润也随之逃避了税收。

十二、通过滥用税收优惠政策避税

比如某高科技公司，其在中国生产的产品是将各地采购的1万多个零件，在中国进行组装成品后返销到其他国家。其工作过程就是拧螺丝组装的过程，一点科技含量都没有。但是企业却享受生产高科技成品的高新企业税收优惠政策，享受政策优惠和实际工作完全不相符合。

十三、通过在避税地设立受控外国公司，通过避税地公司开展全球营销，从而避税

在 2008 年中国统一企业所得税后，一些外资企业采取了更加复杂隐蔽的手段避税。其中利用跨国公司的优势，或者是利用多个海外关联公司，增加销售环节，从而减少在中国本土的收益进行避税的情况逐渐加剧。

例如，某外资××集团公司，2009 年该公司以 100% 股权移转的方式，将在中国大陆所有投资事业全部改为由香港地区控股公司控股。公司方面毫不讳言其一系列变化主要是应对内地实施的新企业所得税法，借助内地对香港地区的税收优惠，实现赋税递减。公司将这一行为解释为合法避税，并且称其下属 10 家以上公司正在推行此模式进行类似避税。

总之，外资企业避税已较严重地影响了中国的税收收入。据调查，目前外资企业的亏损面高达 1/3，如果扣除外资企业中内销产品的利润，其亏损面更大，利润率更低，应纳税款更少。在我国工资水平很低（不足香港地区的 1/10）、土地等费用也很低的情况下，这种情况显然是不正常的。通过对亏损的三资企业作进一步分析发现，有的是新办企业，有的间隔出现亏损，更多的则是连续多年亏损。众所周知，实际上，在我国的公司亏损了，而作为跨国公司的整体是赢利的，这反映在税收上，我们应该能征到税的现在征不到了；有的企业因连年亏损，连纳税期都进入不了。跨国公司的避税作为一种国际现象存在并不奇怪，但像在我国这样普遍的避税恐怕在国际上也是少见的。

第四节　个体工商户避税方式

对于个体工商户而言，可以通过减少应税所得和通过增加核算费用达到少缴税款的目的。

一、利用税收优惠政策，减少计税所得

由于计税基数的降低，必然减少应纳税款，而且计税依据的降低，还可以使适用的税率档次下降，增加比较利益。比如，根据我国现行税法，凡是设在经济开发区、经济特区、保税区从事生产经营的企业，其应享受的税收优惠要比国内其他地区多，个体工商户在选择投资地点时，不能不考虑这一因素。

再如，我国现行税法还规定，孤老、残疾人员和烈属从事个体生产经营的，某些社会急需劳动强度大而收入又偏低的，因严重自然灾害造成重大损失的，可以定期减征、免征个人所得税。个体工商户完全能利用这些规定，享受税收优惠待遇。

二、利用费用核算，减轻纳税义务

个体工商户在生产经营过程中，会发生一系列的费用支出，这些费用支出，一般

可以列入成本，直接减少应税所得。通常扩大费用列支的方法有：

一是混淆家庭支出与经营支出，将家庭支出的水电费、通信费列为经营费用。尽可能地把一些收入转换成费用开支。由于个人收入主要用于家庭的日常开支，而家庭的很多日常开支事实上很难与其经营支出区别开来，如水电、通信费等，个体工商户往往把本来应由其家庭支出转换为经营支出，从而既满足家庭开支的正常需要，又减少了应纳税所得，少缴了所得税。

二是使用家庭成员或雇用临时工，扩大工资等费用支出。家庭成员的工资具有极大的灵活性，既能增加个人家庭收入，又降低了应纳税所得额，甚至必要时还可以作为调剂应纳税所得额的重要手段，使应纳税所得额降到较低的税率档次上，减少所得税。

三是租用自家的房屋办公司加大费用支出。收取租金，表面上看使个人缴纳的房产税增加，但实质上收取的租金可记入经营支出，减少应纳税所得。收取租金的最佳界限为：年租金所带来的个人所得边际税率的变化应不超过企业所得税的边际税率。换言之，目前个体工商户的租金收入与月收入的增加幅度不超过35%的税率档时，税收支出是有利可图的。

三、利用应收账款减少纳税

例如，一个体工商户应纳税所得额已接近5.5万元，这时又发生一笔业务收入，扣除成本费用后其应纳税所得额可能为3万元左右。如果该个体工商户将这笔收入以已实现收入计入账户，则这笔收入将按35%的税率缴纳个人所得税；如果把这笔收入以应收款的形式暂时挂账，一直挂到下一个纳税年度，该个体工商户就可能因原应纳税所得额未超过5.5万元这个级距而按30%的税率缴纳个人所得税，同时这笔新实现的收入被推迟到下一个纳税年度缴纳个人所得税，很可能下一个纳税年度因新实现的收入额低于5.5万元，则按低于35%的税率缴纳个人所得税。

四、挂靠集体企业享受税收优惠

由于国家规定"三来一补"的企业（来料加工、来样加工、来件装配和补偿贸易）享受的税收优惠仅限于国有、集体企业，一些私营企业和个体工商户纷纷想方设法挂靠集体企业，为的是享受三年免税照顾。

例如，有的个体工商户与集体企业商定，以该集体企业的名义承接来料加工，并按期上交一定数量的管理费，他们通过与外贸部门签订代理合同，由外贸部门代理加工企业与外商签订来料加工合同，外商直接向加工企业提供原材料，企业加工后，再通过外贸部门交付外商，外商向加工企业支付工缴费。这样，个体工商户以集体企业的身份出现，将外贸部门代签的"来料加工合同"和与外贸部门签订的委托代理协议书及有关部门的批件提供给税务部门，享受三年免征所得税的优惠。

第五节 个人避税方式

一、利用劳动报酬的支付次数减少缴纳个人所得税

当某人提供劳务服务时所取得的劳动报酬,要计入当月收入总额,然后按适用税率计算所得税。一般来讲,劳务报酬收入采取什么方式取得,直接影响某人一定时期的收入。现行税法规定,当某项活动取得的收入在一个月以上时,支付间隔超出一个月,按每次收入额计入各月计算,而间隔时间不超出一个月的,应合并每次的收入额计算。因此,当为他人提供劳务时,需要根据劳务合同书,合理安排纳税年度内每月收取劳务费的数量和实际支付的次数,减少纳税。

例如,王某为他人装修房子取得收入,由于受季节限制,每年 4 月、5 月、6 月、9 月、10 月、11 月这六个月装修较为集中,他与事主签约时约定,事主将劳务费采取支付预订金、生活费和结算金方式,分批分次支付。这样王某就在年度内每月能取得一定数量的现金收入,分次收取的结果,减少了每月的应纳税所得额。对于事主来讲,由于不用一次性支付全部费用,也减轻了经济负担。

二、利用收入的时间、数量上的变化减少缴纳个人所得税

在社会主义市场经济条件下,随着经济体制改革的逐步深入,我国个人收入来源也发生了较大变化,许多人不仅有工资等固定的收入来源,同时也有从事第二职业等不同形式的非固定收入来源。特别是一部分人由于承包、租赁经营企业而获得相应的承包、租赁经营所得。这就可能在不同的纳税期限内出现较大的波动,即有的月份收入过高,有的月份收入过低,在按月计算缴纳个人所得税的情况下,如果按上述收入数量直接缴税,则意味着个人既要在高收入的月份按较高税率课税,缴纳较多的税款;同时在较低收入的月份又不能享受税法为个人提供的费用扣除等种种优惠。因此,许多人为了减轻自己的税收负担,往往通过推迟或提前获得收入,以避免某些月份按较高税率课征,并分享费用扣除和费用宽免等优惠,从而减轻纳税义务。

三、利用不同的投资方式减少缴纳个人所得税

个人利用购买股票、债券等方式向企业投资,所获利息、股息和分红等收益按规定必须缴纳个人所得税。但为了鼓励企业和个人进行投资和再投资,一般不对企业的留存未分配收益课征所得税。个人为了不使所得税课及自己的投资额,往往把自己的投资所得留存到企业账上,作为对企业的再投资。而企业则可把这笔收益以债券或股票的形式记入个人的名下,从眼前来看,避免了缴纳个人所得税,从长远来看,如果对企业发展前景看好,又保障了个人财产的完整与增值。

四、稿酬所得的不同规定减少缴纳个人所得税

稿酬所得不同于劳务报酬所得。劳务报酬所得可以通过扩大费用支出来少缴一部

分个人所得税，而稿酬所得则不能通过类似的费用扣除来降低应纳税所得额。但是，作者可以通过收入后移和降低收入总额，达到少缴个人所得税的目的。

如果某作品市场看好，作者可与出版社协商采取分批量印刷的办法。例如，一部30万字的作品，双方协定稿酬标准为40元/千字，发行量在1万册以内，另支付发行费5 000元，如果发行量为1万册，作者将取得17 000元的收入，如果发行量达2万册将取得22 000元的收入，如果发行量达3万册，将取得27 000元的收入。经签订协议，3万册分两次印刷，出版社将分两次支付稿酬，每次35 000元，作者可以取得两次20%定率扣除，并享受减免30%的税收优惠。当然对于出版社来讲，两次印刷会造成一定的负担，但可以通过协商适当降低付费标准来保证收入。如果稿酬标准与支付方式不变，作者和出版社也可以通过协商，采取分册发行。例如当作者的稿酬超过2万元，字数突破一定标准时，可将书稿分上下册送出版社出版。这样就降低了每一册作品的稿酬，总体上减轻了个人的税负。

五、外籍个人的避税

外籍人员由于同时在几个国家出入、流动，因而其收入计算相对复杂和困难，加之其适用几个国家的税法，进行避税的空间相对较大。

例如，某澳大利亚人在我国一所大学任教，两个学期教学工作量饱满，只是寒暑假休息。他于2000年12月20日至2001年1月20日去新加坡、马来西亚、泰国旅游，2001年7月10日至8月30日去日本、韩国旅游。该人在我国任教的工资为3.6万元人民币，他在澳大利亚的房产出租可获得租金收入折合人民币80万元人民币。如果他在寒暑假不离开中国旅游，就被确认为我国居民，应按其境内外所得纳税：境内所得3.6万元由于没有超过每月4 000元，共9个月零10天的免征额37 333元，无须缴纳境内个人所得税；境外所得应纳税额＝80×（1－20%）×20%＝12.8（万元）。但由于他纳税年度内离境时间分别为31天和51天，按我国税法规定，一次离境超过30天的，则不能算作我国居民，境内所得尚不够交税资格，境外租金收入的所得税款也被避免了。

思考题

1. 个体户避税的手段有哪些？应如何防范？
2. 如何有效防范个人避税？
3. 外商在中国的避税方法有哪些？
4. 内资企业的避税行为有哪些？

第六节　中国的反避税

一、中国目前反避税的现状

随着经济全球化进程的加快，纳税人特别是跨国公司的避税手段在不断翻新，变得更加复杂和隐蔽，为此各国纷纷加大反避税力度，制定了许多新的反避税法律和措施。近几年来，我国反避税工作取得了很大进展，立法进一步规范，管理机制逐步健全，反避税调查力度不断加大，我国目前反避税的现状如下：

（一）反避税的法律、法规得到不断完善

一是早在 1991 年出台的《外商投资企业和外国企业所得税法》及其实施细则、1992 年出台的《税收征收管理法》及 1993 年出台的实施细则，以及 2001 年修订的《税收征收管理法》及 2002 年发布的实施细则中，都对限制转让定价作出了规定。2008 年，开始实施的《企业所得税法》及其实施条例第六章规定了"特别纳税调整"条款，这是我国第一次较全面的反避税立法。该章不仅包括我国实践多年的转让定价和预约定价的原则，还借鉴国际经验，首次引入了成本分摊协议、资本弱化、受控外国企业、一般反避税以及对避税调整补税加收利息等规定。

二是根据税法制定一系列反避税配套政策。1998 年，国家税务总局发布的《关联企业间业务往来税务管理规程》，2004 年税务总局发布了《关联企业间业务往来预约定价实施规则》，对转让定价税收管理作了进一步的细化解释。2008 年财政部、国家税务总局《关于企业关联方利息支出税前扣除标准有关税收政策问题的通知》对企业关联方利息在所得税税前的扣除问题作出了明确规定。

三是制定了《特别纳税调整实施办法》。2009 年为了贯彻实施《企业所得税法》及其实施条例，全面加强反避税管理，在总结我国转让定价和预约定价管理实践并借鉴国外反避税立法和实践经验的基础上，国家税务总局出台了《特别纳税调整实施办法（试行）》，办法对企业的转让定价、预约定价安排、成本分摊协议、受控外国企业、资本弱化以及一般反避税等特别纳税调整事项的管理作出了全面的规定。

《特别纳税调整实施办法（试行）》、《企业所得税法》，《税收征收管理法》，《企业所得税法实施条例》，《税收征收管理法实施细则》，财政部、国家税务总局《关于企业关联方利息支出税前扣除标准有关税收政策问题的通知》和《企业年度关联业务往来报告表》等法律法规的颁布执行，形成了涵盖各个法律级次在内的反避税法律框架和管理指南，为税务机关执法和纳税人遵从提供了法律依据。

（二）反避税的实际工作取得了较大的成绩

20 世纪 80 年代初期，开放的前沿阵地深圳就发现了企业的避税行为。税务部门随即开始了反避税工作。国家税务总局专门成立了反避税处，组织协调全国的反避税工作。涉外反避税更是反避税工作中的重点。早在 1998 年，厦门市国税局就与某台资公司签订了预约定价协议，首开我国预约定价反避税的先河。2001 年深圳地税局与某日资企业签订了第一份预约定价协议书。开展了预约定价反避税的实践工作。随着随着反避税工作的逐渐收入，中国反避税工作力度不断加大，立案调查户数、调整补税额度也在逐年增加。目前，税务机关已经将反避税工作的重点放在审查长期亏损、微利却在不断扩大经营规模的外资企业和跳跃性赢利的内资企业上，并在全国推进联查和跟踪管理。通过全国联查和对重点避税嫌疑企业的重点调查内外资企业的避税势头得到一定遏制。通过开展预约定价谈签和转让定价双边磋商的工作，带动了中国企业所得税收入的增加。

（三）反避税信息基础建设进一步加强

中国各地、各级税务机关继续推广使用 BVD 公司的数据库，绝大部分地区的反避税专业人员已经能够熟练运用该数据库开展反避税调查和调整工作，一些省份的税务机关已经开始在调查审核工作中使用美国标准普尔数据库，该数据库的使用，增大了反避税可比信息的选择范围和优化空间。通过积极利用所得税汇算清缴数据、进出口退税数据、互联网信息以及其他特色数据库等信息，对开展反避税选案、调查和调整工作，拓宽信息资料来源，都起到了较好的作用。

（四）反避税人员的专业水平进一步提高

税务总局在反避税工作中，不断加大对反避税工作人员的专业培训的力度。通过培训，使反避税工作人员，明晰了反避税工作思路，提高了反避税工作的专业水平。

二、国内有关税种的反避税方法

（一）增值税的反避税

一般纳税人根据新增值税是价外税，当期的应纳税额是当期销项税额大于当期进项税额的差额进行避税和一般纳税人与小规模纳税人计税税率不同等进行避税。

1. 利用会计核算的时间差多计进项税额。常见的手段包括以下几个方面：

（1）预支材料款或其他货物款，提前取得发票，加大当期进项税额。实际收到材料少于发票数额时不做冲销。材料或货物款按实际收到数额支付。

（2）发生了退料或退货时，在做退货账务处理的同时，不做冲减进项税额的账务处理，从而使当期进项税额大于实际进项税额，即加大扣税额，减少应纳税额。

（3）货款已经支付，材料在运输或存储过程中发现毁损，供货方、运输或保险公司支付损失金额后（赔偿损失包括购进时支付的增值税损失）。当企业收到赔偿金后应冲销已赔偿的增值税损失，但为减少应纳税金，企业不做冲销进项税额的账务处理。

（4）将非生产用货物和劳务支付的进项税额算做生产用货物和劳务的进项税额，非生产用货物和劳务支付的进项税额不得在当期销项税额中抵扣。但有的企业也将这部分进项税额混于生产用货物和劳务的进项税额，或生产用货物在储存、生产的过程中改变为非生产用途后，不冲销该货物的进项税额，依然由当期销售额抵扣，从而减少当期应纳税金。

对前三种避税行为，一般通过对材料有关账户与进项税额的账户进行复核与分析就不难发现，特别是要注意材料账户的贷方或借方红字冲销的内容是什么，如属上述行为是否相应冲销了进项税额。计算冲销进项税额的方法有两种：一是在进项税额明细账上找出该批货物或劳务购进时支付的增值税税额，并予以冲减。二是在找不出该批货物或劳务购进时支付的增值税税额的情况下，可用下列公式计算：

进项税额比率 = 当期进项税额之和 ÷（当期购进货物和劳务之和 - 当期购进免税货物和劳务之和）

当期应冲销进项税额 = 应冲销或退库货物和劳务之和 × 进项税额比率

用上述公式计算出当期应冲销的进项税额后，应在进项税额及有关账户上做相应的账务处理。

对第四种避税手法，需要对进货发票、原材料账户的贷方或借方红字，在产品的账户的贷方或借方红字、产成品账户的贷方或借方红字的性质进行分析，找出它们的真实用途，加以区别和划分。

例如，某汽车销售公司购入汽车配件，一增值税专用发票汇总后不含税商品 100 000 元，税金 17 000 元，本月销售收入 107 640 元（零售价按购入含税商品加 15% 的进销差价，即 93 600 × 1.15），增值税税率为 17%，计算该公司本月应缴增值税。按照现行增值税的公式计算：本月的销项税额 15 640 元（107 640 ÷ 1.17 × 0.17），进项税额 17 000 元，因此本月应纳增值税为 -1 360 元（15 640 - 17 000）。计算结果出现负数，表明该公司本月不应缴纳增值税。

实际上，按照该公司规定的进销差价率 15%，假如本月购入的含税商品 11 700 元，全部销售可取得 134 550 元（117 000 × 1.15）的销售收入。然而本月销售收入只是 107 640 元，不难看出该公司只销售了含税商品的 80%（107 640 ÷ 134 550 × 100%），实际销售含税商品 93 600 元（117 000 × 80%）。按照配比原则，销售了购入含税商品 93 600 元，就应该分摊 93 600 元的进项税额，不应该把购入 117 000 元的含税商品的进项强加于只销售了 93 600 元的头上。按实际销售的购入含税商品应分摊的进项税额为 13 600 元（93 600 ÷ 117 000 × 17 000）。

据此重新计算本月应纳增值税，销项税额 15 640 元，本月应抵扣的进项税额 13 600 元，本月应缴增值税金 2 040 元。由于本月购入商品的进项税额 17 000 元，按实际销售计算抵扣了 13 600 元，剩下的 3 400 元（17 000 - 13 600）待库存商品售出后再抵扣。对一个公司而言，无论是商业企业还是工业企业，只要有销售收入，就在原来一个基数上有所增值，这个基数就是与销售成本相对应的成本。根据这一论证，企业计算增值税时，要先计算出一个会计期间应该抵扣的进项税额。

本期实际分摊应抵扣的进项税额 = 本期实际消耗的产品（商品）/期初产品（商品）+ 本期发生的产品（商品）× 期初进项税额 + 本期发生的应抵扣的进项税额

根据上述公式再来验证一下刚分析过的例题：假设该公司没有上期结转的库存商品和结转的进项税额，因此本期实际分摊应抵扣的进项税额为 13 600 元（107 460 ÷ 134 550 × 17 000）。应纳增值税金 2 040 元（15 640 - 13 600）。

　　配合这样的计算公式，要求会计人员在财务处理上，在应交税费账户下多设置一个二级科目"本期实际分摊应抵扣的进项税额"进行核算。

　　第一，销项税额：

借：主营业务收入　　　　　　　　　　　　　　　　　15 640

　　贷：应交税费——销项税额　　　　　　　　　　　　　　　　　15 640

　　第二，进项税额：

借：库存商品　　　　　　　　　　　　　　　　　　　100 000

　　应交税费——进项税额　　　　　　　　　　　　　　17 000

　　贷：银行存款　　　　　　　　　　　　　　　　　　　　　　　117 000

　　第三，本期实际分摊应抵扣进项税额：

借：应交税费——本期实际分摊应抵扣进项税额　　　　13 600

　　贷：应交税费——进项税额　　　　　　　　　　　　　　　　　13 600

　　第四，本期应缴增值税：

借：应交税费——销项税额　　　　　　　　　　　　　15 640

　　贷：应交税费——本期实际分摊应抵扣进项税额　　　　　　　　13 600

　　　　应交税费——应缴增值税　　　　　　　　　　　　　　　　2 040

　　应交税费——进项税额的借方余额反映的是待销售的商品需要抵扣的进项税额。

　　通过这样的计算方法，凡是缴纳增值税的企业只要本企业有销售收入就得缴纳增值税，也就不会出现一些中小型企业和私营企业经营者为了扩大规模经营而人为地增加库存，导致在很长一段时间里不缴纳增值税或少缴纳增值税，影响国家财政收入的及时入库。

　　2. 通过一般纳税人和小规模纳税人之间的相互转换进行避税。这是因为同样的销售额，同样的增值额用征收率和扣除法计算出的应纳税额是不一致的。如某企业月销售额为 40 万元，进项税额为 5.1 万元（增值率约为 25%），适用增值税税率为 17%。

　　用征收率计算的应纳税额 = 40 万元 × 6% = 2.4（万元）

　　用扣除法计算的应纳税额 = 40 万元 × 17% – 5.1 万元 = 1.7（万元）

　　企业若想减少应纳税额，关键是企业进项税额的多少或者是增值率的高低，增值率与进项税额成反比关系，与应纳税额成正比关系。用公式表示为：

　　进项税额 =（1 – 增值率）× 增值税税率 × 销售收入

　　应纳税额 = 增值率 × 增值税税率 × 销售收入

　　本题按 6% 的征收率计算的应纳税额约为按 36% 的增值率计算的应纳税额。也就是说，当增值率低于 36% 时，计算出的应纳税额就低于按征收率计算的应纳税额；反之增值率高于 36% 时，计算出的应纳税额就高于按征收率计算的应纳税额。这就说明，企业在测定增值率后，可进行选择，从而减少纳税。反避税的方法是要严格按税法规定执行，排除"核算健全"与否的人为因素的干扰，对于达到年销售标准的企业，核算不健全，要限期改进，使之健全核算；不准企业自行选择核算方法。

　　3. 利用销售废品和下脚料避税。废品和下脚料的残值是外购材料价值的一部分，在材料购进时均已按发票载明的税额计入了进项税额科目，计算了扣除税额，若不做销售处理，就等于少计算了销项税额，少纳了税金。有些企业把废品和下脚料的销售不做其他业务收入处理，而直接冲减生产成本或增加营业外收入，逃避这部分收入应纳的增值税。反避税的方法是加强税务检查：了解纳税人有无废品、下脚料的销售业务；对下脚料、废品较多的企业要重点查"营业外收入"账户的贷方发生额和"生产成本——基本生产成本"账户借方发生额的红字冲销情况。对数字可疑摘要不详的业务，需调出记账凭证、原始凭证加以核对，以防错记。

4. 利用自产品用于在建工程，未视同销售计算、申报增值税，也未体现应获得的销售利润。例如，某企业将自产品用于在建工程，产品成本 20 000 元，同类产品销售价格 30 000 元（不含税）。

企业会计处理为：

借：在建工程	20 000
贷：产成品	20 000

实际上，该企业的应纳税额为：30 000×17% = 5 100

应该把账务调整为：

当年：

借：在建工程	15 100
贷：应交税费——增值税检查调整	5 100
本年利润	10 000

跨年：

借：在建工程	15 100
贷：应交税费——增值税检查调整	5 100
以前年度损益调整	10 000

5. 利用委托加工产品用于在建工程，未视同销售计算、申报增值税，也未体现应获得的销售利润，而以含税价转产品成本。

例如，某企业将委托加工收回的产品用于在建工程，产品成本 26 000 元，同类产品销售价格 32 000 元。企业会计处理为：

借：在建工程	26 000
贷：产成品	26 000

实际上，该企业的应纳税额为：32 000×17% = 5 440

应该把账务调整为：

当年：

借：产成品	11 440
贷：应交税费——增值税检查调整	5 440
本年利润	6 000

跨年：

借：产成品	11 440
贷：应交税费——增值税检查调整	5 440
以前年度损益调整	6 000

（二）消费税的反避税

1. 利用少转销售收入避税

（1）价外收入不入销售收入账

有些企业对价外收取的"技术开发费"、"保险费"等，在进行产品销售收入的账务处理时，往往钻现行税法"实际取得的销售收入的金额"与"产品销售价"的空子，将产品销售收入的全部金额分开发票。仅以产品原销售价部分做销售处理，开正式发票，对按产品销售量规定的各种名义的加价部分开普通收据，冲减有关的成本费用。还有的企业将加价部分以联营为名直接以利润分成的形式记入"投资收益"账户。

税务部门要防止这种现象的发生，必须了解企业生产产品的市场销售价格，掌握产品的销售情况。对供不应求的紧俏商品，应注意审查企业销售产品的有关协议、合同。从某协议合同的内容及价格上分析判断有无价外收入，同时审查产品销售收入的入账价格，审查有关的成本费用账户有无红字冲销的现象，"投资收益"、"应付福利费"及往来账户有无不合理的贷方发生额，确认核实企业转移的价外收入。

（2）以实际销售收入扣除各种费用后的余额入销售收入账

一些企业为了促销，搞"有奖销售"、"以旧换新销售"、"还本销售"、"销售折让"、"销售回扣"等，有的企业便利用这些经营方式，以扣除多种费用支出后的缩小了的销售收入记账，以此来减少消费税的负担。

对此，税务机关可具体规定如下：对企业采取以旧换新方式销售的应税产品，应按照新商品的销售价格（不剔除旧商品的收购价）计征消费税；对企业采取"还本销售方式"销售的应税产品，一律于产品销售时按实际销售收入征收消费税，企业还本的支出不得冲减产品销售收入；对企业采取"销售折让"方式销售的应税产品，如果折让额在同一张发票上单独注明的，对这部分折让额可不征收消费税，如果企业将这部分折让额另开一张发票，无论其在财务上如何处理，均应将折让额并入销售收入，按照规定征收消费税。

（3）利用"以物易物"销售方式少做销售收入

当甲、乙两个企业各自均需要对方的产品时，在购销时往往实行"以物易物"的销售方式，双方通过协商均以低价出售，这样便可以在双方利益均不受影响的前提下，使双方都可以通过低价销售达到少纳消费税的目的。针对这一问题，税务机关应明确规定，对企业"以物易物"方式销售的应税产品，按纳税人销售同类材料、产品的市场价格计算销售收入。

2. 利用税率高低不同避税

由于消费税是按不同产品设计高低不同的税率，税率档次较多。当企业为一个大的联合企业或企业集团时，其内部各分厂所属的商店、劳动服务公司等，在彼此间购销售商品，进行连续加工或销售时，通过内部定价，达到整个联合企业避税。即当适用高税率的分厂将其产品卖给适用低税率的分厂时，通过制定较低的内部价，便把商品原有的一部分价值由高税率的部门转到低税率的部门。适用高税率的企业，销售收入减少，应纳税额减少；而适用低税率的企业，产品销售收入不变，应纳税额不变，但由于它得到了低价的原材料，成本降低，利润增加。至于内部各分厂之间的"苦乐不均"问题，公司可以通过其他方式，如把一些开支放在获利多的企业等方法进行调剂。

例1 某公司由甲、乙两个企业组成，甲企业生产的产品为乙企业的原料，进行连续加工。如果甲企业产品适用税率为20%，乙企业适用税率为10%，当甲企业产品销售收入为100万元时，乙企业销售收入为130万元时，计算甲、乙两个企业和该公司的应纳税额。

甲企业应纳税额 = 100 × 20% = 20（万元）

乙企业应纳税额 = 130 × 10% = 13（万元）

该公司应纳税额 = 20 + 13 = 33（万元）

如果甲企业把产品降价销售给乙企业，销售收入减少为75万元时：

甲企业应纳税额 = 75 × 20 = 15（万元）

乙企业应纳税额 = 130 × 10% = 13（万元）

该公司应纳税额 = 15 + 13 = 28（万元）

通过公司改变内部定价，减轻了消费税的税收负担，形成了更多的利润。

税务机关要进行反避税，必须了解联合企业下属各分厂之间彼此购销产品的价格，是否与该种产品的市场价格相符。若相差悬殊，在征税时，应要求企业内部各分厂之间销售商品必须按市场价格计算销售收入，并据以计税。

3. 利用委托加工产品避税

现行税法规定，工业企业自制产品销售时按产品的适用税率，依销售收入计税。工业企业接受其他企业及个人委托代为加工的产品，仅就企业收取的加工费收入计税，税率是5%，显然，工业企业制造同样的产品，如属受托加工则比自制产品税负轻。一些企业便运用各种手法，将自制产品伪装成受托加工产品。例如，当企业按照合同为其他企业加工定做产品时，先将本企业生产该产品需要耗用的原材料以"卖给对方"的名义作价转入往来账。待产品生产出来后，不做产品销售处理，而是向购货方分别收取材料款和加工费。也有的企业在采购原材料时，就以购货方的名义进料，使产品销售不按正常的产品销售收入做账，不纳消费税。

例2 某酒业集团公司，将白酒委托某药厂加工成药酒后，以酒业集团公司名义销售，白酒销售收入100万元，适用税率25%，药酒销售收入160万元，适用税率10%，分别计算其应纳税额。

白酒应纳税额 = 100 × 25% = 25（万元）

药酒应纳税额 = 160 × 10% = 16（万元）

但是酒业集团公司生产的白酒未做销售处理，视同委托加工产品，不缴纳消费税。仅就药酒缴纳消费税16万元。而实际上酒业集团公司是把白酒卖给药厂，应纳消费税25万元，药厂除了缴纳增值税外，还应缴纳消费税16万元。

例3 甲企业交给乙企业烟叶20吨，每吨成本500元，委托加工成烟丝，乙企业在生产过程中代垫辅助材料实际成本1 000元，双方协议加工费为5 000元。乙企业的会计账务处理如下：

乙企业计算代扣代缴消费税时：

组成计税价格 = （500 × 20 + 5 000） ÷ （1 - 30%） = 21 428.6（元）

应纳消费税 = 21 428.6 × 30% = 6 428.6（元）

借：应收账款　　　　　　　　　　　　　　　　　　　　6 428.6

　　贷：应交税费——应交消费税　　　　　　　　　　　　　6 428.6

根据《消费税暂行条例实施细则》规定：加工费系指受托方加工应税消费品向委托方收取的全部费用，包括代垫辅助材料的实际成本，而乙企业未将此项计入，必须予以调整。

乙企业组成计税价格：（500 × 20 + 5 000 + 1 000） ÷ （1 - 30%） = 22 857（元）

应纳消费税 = 22 857 × 30% = 6 857（元）

少计提消费税：6 857 - 6 428.6 = 428.4（元）

借：应收账款　　　　　　　　　　　　　　　　　　　　428.4

　　贷：应交税费——应交消费税　　　　　　　　　　　　　428.4

为了有效地规避这种行为，税务机关需要加强对纳税人进行经济业务上的检查。由于真正的委托加工，一般受托方与委托方需签订委托加工产品的合同，委托方带来的原材料成为代管物资，受托企业一般要在"受托加工来料备查簿"中登记，而不记入往来账等本企业账中。因此，若企业有委托加工业务，先审查其是否有委托加工合同及合同中所规定的原材料来源等内容；同时可审查往来账，看往来账上是否有原材料登记，并核实该原材料是否属于企业自用的材料，以便确定企业的委托加工业务是否真实可靠。

（三）营业税的反避税

有些从事服务业务的纳税人为了少纳营业税，将提供服务时实际取得的服务业务收入分解为服务收入和附加费，或巧立名目另收材料费、供暖费、报刊费、基建费、保安费、保险费等，分别开票，将提供服务时耗用的材料、燃料及其他费用从服务业务收入中单独列出来，以红字冲减材料及有关的费用账目，或记入往来账，然后被缩小的服务收入计缴营业税。还有些旅游服务单位根据税法中规定的计税依据为旅游费收入，而旅游部门为旅游者付给其他单位的食宿和交通费用，可以从旅游费收入中扣除。纳税人就利用这一点，将本单位经营中的一些费用开支混入为旅游者支付给其他单位的费用中，减少了计税收入。

例4　某饭店为了招揽生意，对在本饭店住宿的顾客就餐时给予一定的餐费补贴，补贴支出在费用中列支 6 000 元，未缴营业税。

应做下列账务调整：

借：营业费用　　　　　　　　　　　　　　　　　　　　6 000

　　贷：主营业务收入　　　　　　　　　　　　　　　　　　6 000

借：主营业务税金及附加　　　　　　　　　　　　　　　　300

　　贷：应交税费——应交营业税　　　　　　　　　　　　　300

对上述现象，税务部门主要应加强税务检查，特别注意检查材料及各种费用账户的红字冲减现象，对业务收入不正常的单位要审核其原始凭证，堵塞漏洞。

（四）企业所得税的反避税

1. 利用材料避税。实行实际价核算材料的企业，有意加大材料耗用成本，或者通过变换材料计价方法加大材料发出成本，或者干脆不按规定的计价方法计算材料的发出成本，而是随意提高材料发出单价，多转材料成本，造成本期利润减少而少纳所得税。

实行计划价核算材料的企业，在计算材料成本时，将材料成本差异账户作为调节企业利润的"调节阀"。如在核算差异额时，将材料盘盈。无主账款等应直接调增本期利润的业务记入差异账户推迟实现利润。在计算差异率时，不按规定的差异率计算方法，而是人为地确定，当材料成本差异为节约差时，长期挂账，不调整差异账户，从而扩大生产成本，挤占利润。还有的企业材料盘盈不做处理，将材料盘盈长期挂账于待处理财产损益账户中，不去抵减管理费，变相截留利润。

税务机关对企业进行检查时，若企业的材料成本上升，引起利润减少，在材料进价正常的情况下，要注意检查企业有无中途改变发出材料计价方法的问题；同时按照企业使用的各种具体的发出材料计价方法，复核验算企业结转的材料发出成本是否正确。若账面数与复核的情况不符，应按复核数与企业实际结转的材料发出成本数，计算多结转的材料成本的数额，扣除期末在产品和库存产成品应分摊的多转的材料成本后，调整当年产品销售利润。对实行计划价材料核算的企业，税务机关主要查企业结转差异是否按正确的差异率结转，有无人为地多转正差、少转负差，或长期挂账不转差异的现象。还要审查企业待处理财产损益账户的贷方发生额，看盘盈材料的盘点时间，了解审批情况，对材料盘盈不做收益处理的，要给予一定的处罚。

2. 利用工资避税。个别企业为了加大成本，减少利润，少缴所得税，往往通过做假工资表，用空额工资来加大成本、加大计提福利费的基数。甚至无加班也虚发加班津贴。税务机关进行该项检查时，应将工资表上的职工人数与劳动人事部门掌握的职工人数、劳动调配手续、出勤考核记录进行核对。注意"应付工资"账户借方发生额的记账凭证及所附的原始凭证，了解加班津贴的发放是否正确。对工业企业要同时核对"产成品"、"自制半成品"明细账，看节假日期间是否有产成品、半成品入库，若只有节假日加班而没有节假日产品入库，很可能是虚列加班津贴，对多列的津贴一律从工资中剔除并补缴所得税。

3. 利用待摊费用和预提费用避税。一些企业利用待摊费用账户，调节企业的产品成本高低，不按规定的摊销期限、摊销数额转入"制造费用"、"产品销售费用"、"管理费用"等账户，而是根据产品成本的高低，人为地缩短摊销期。特别是年终月份，往往将应分期摊销的费用集中摊入产品成本，加大摊销额，截留利润。一些企业在使用预提费用账户时，人为地扩大预提费用的计提范围，提高计提标准，甚至巧立名目，虚列预提费用，实际上是提而不用长期挂账，或用于其他不合理的开支，使本期利润减少，少纳所得税。税务机关必须注意审查企业的"待摊费用"、"递延资产"账户的各明细账贷方发生额，审查其摊销费用的内容、数额、应摊销期限是否按规定期限和数额摊销。审查"预提费用"各明细账预提的费用是否符合会计制度规定，有无扩大预提费用的计提范围。核对"预提费用"账户借方发生额的支出凭证，看有无以预提费用为名进行其他不合理开支的问题。还要注意审查预提费用的年终余额，因为多数预提费用年终都应支付完毕，若年终余额较大，很可能是虚列预提费用，提而不用或提高预提费用标准形成的。一旦查清，应将其年终余额转入企业的当年利润中，补缴所得税。

（五）个人所得税的反避税

由于大多数个体工商业户，承包和承租者的账证不健全，在实际征收所得税时，一般采取在核定纳税人收入、赢利的基础上，直接核定其应纳所得税额。

个别纳税人为了减轻所得税的负担，使税务部门降低核定税额，采取隐匿进货的方法，将购进商品存放在其他地方，不运入经营地。在销售时，购货方只到经营地门市部交款，然后到存货地点提货。不仅逃避了所得税的缴纳，而且逃避流转税的缴纳。对个人工资、薪金的征税，有的支付单位，将原本应一次性支付给个人的收入，分散在各月支付，进行避税。对上述问题，税务机关一方面要创造条件尽快推广先进的征管手段；另一方面针对一些支付单位支付收入时化整为零的做法，可以把个人所得税由按月缴纳改为按年缴纳。对个体工商户要加监督，尽可能掌握其购销经营情况，防止其造假。

（六）土地增值税的反避税

一些单位通常采用隐瞒、虚报房地产成交价格，加大扣除项目范围或房地产购进成本和费用；压低房地产的成交价格；买卖双方以其他形式进行补偿等方式进行避税。

由于房地产的价格评估和管理与税务机关脱节，因此反避税就需要同房管部门、土地管理部门密切配合，严格执行有关手续制度。纳税人未按规定缴纳土地增值税的，有关部门不得办理有关的权属变更手续。如果有关部门违反规定，造成纳税人避税或漏税的，必须严肃处理。

（七）房产税的反避税

对纳税人用于经营活动的自有房屋，依房产原值一次减去 10% ~30% 后的余值，按 1.2% 的税率征收。对纳税人出租的房屋依租金收入按 12% 的税率征收。有的纳税人出租房产时，将房产出租给与本企业的经营活动有联系的企业，按低于市场上同类房产的出租价格收取租金，少收取的房租通过向对方企业购买低价原材料的方法来得到补偿。这样出租房产的一方便可以逃避一部分应纳的房产税，而承租房产的一方也可通过降低产品销售收入来逃避一部分流转税的缴纳。对这种行为，一经发现，必须予以重罚，提高税法的威慑力，使纳税人在利益与风险的权衡上，尽量减少避税。

（八）契税的反避税

如果个人进行房屋所有权买卖时，应按照买价的 6% 征收买契税。如果取得房屋又赠与他人的，应按照现值的 6% 缴纳赠与契税。契税的纳税人由当事人双方订立契约，并由承受人完税。在现实生活中，有些人以自己名义建造住房，完工后，自己就是所有人，就可以免除契税。因此，无论是房屋的买卖还是房屋的赠与和交换，税务机关均应对土地房屋所有证进行严格审查，防止出现纰漏。

（九）车船使用税的反避税

由于中国现行税法规定，使用中的车船纳税，未使用的车船不纳税，因此给纳税人以可乘之机，将短期停用的车船，办理长期停用手续，逃避纳税。未停用的车船虚报停用而不纳税。现行税法还规定，对国家机关、人民团体、军队自用的车船，凡由国家财政部门拨付事业费的单位自用车船，均不征税，但上述车船若出租或营业使用，必须照章纳税。一些单位往往利用自己办的附属工厂、校办企业及各种公司，把本单位自用的车船用于生产经营，或将自用车船出租给其他单位使用，逃避缴纳车船使用税。税务机关对于有关车船免税的单位，凡是办有企业公司等经济实体的，应深入了解其车船使用情况，并对所有企业申报停用的车船认真地进行核对，防止纳税人以各种手段逃避纳税。

三、针对关联企业的反避税

随着中国市场经济的不断发展，在中国进行转让定价安排的企业已经从外资企业为主，发展到内资企业，特别是大型内资企业集团逐步增加的趋势。外资跨国企业集团和国内的一些大型内资企业集团设在中国的企业不仅要考虑该企业在中国的税负，还要考虑整个企业集团的税负，谋求整个企业集团税负的优化。所以，目前转让定价已成为企业在中国避税的重要手段。为此国家税务总局颁布了《特别纳税调整实施办法（试行）》，该办法的颁布被视为中国转让定价法规历史上的一座里程碑，表明了国家税务总局加强转让定价执法力度，以及进一步与国际标准接轨的决心。办法涵盖了转让定价税制、避税港税制、资本弱化税制及国际反避税等四大领域。主要内容包括：

（一）转让定价管理

转让定价管理是税务机关对企业与其关联方之间的业务往来（以下简称关联交易）是否符合独立交易原则进行审核的管理，包括关联关系的判定、关联交易主要包括的类型、同期资料管理、转让定价方法、转让定价调查及调整。

（二）预约定价安排管理

企业可以依据所得税法和税收征管法的相关规定与税务机关就企业未来年度关联交易的定价原则和计算方法达成预约定价安排。预约定价安排的谈签与执行通常经过预备会谈、正式申请、审核评估、磋商、签订安排和监控执行六个阶段。预约定价安排包括单边、双边和多边三种类型，包括适用预约定价安排的企业条件、预约定价安排的形式、预约定价安排书面申请报告内容、预约定价安排的审核和评估。

（三）成本分摊协议管理

企业与其关联方签署成本分摊协议，共同开发、受让无形资产，或者共同提供、接受劳务，应遵守企业所得税法的有关规定。企业对成本分摊协议所涉及无形资产或劳务的受益权应有合理的、可计量的预期收益，且以合理商业假设和营业常规为基础。

企业应自成本分摊协议达成之日起 30 日内，呈报国家税务总局备案。税务机关判定成本分摊协议是否符合独立交易原则须呈报国家税务总局审核。

（四）受控外国企业管理

受控外国企业是指根据所得税法第四十五条的规定，由居民企业，或者由居民企业和居民个人（以下统称中国居民股东，包括中国居民企业股东和中国居民个人股东）控制的设立在实际税负低于所得税法第四条第一款规定税率水平50%的国家（地区），并非出于合理经营需要对利润不作分配或减少分配的外国企业。

（五）资本弱化管理

资本弱化管理是指税务机关对企业接受关联方债权性投资与企业接受的权益性投资的比例是否符合规定比例或独立交易原则进行审核评估和调查调整等工作的总称。

（六）一般反避税管理

一般反避税管理是指税务机关对企业实施其他不具有合理商业目的的安排而减少其应纳税收入或所得额进行审核评估和调查调整等工作的总称。

税务机关可依据所得税法第四十七条及所得税法实施条例第一百二十条的规定对存在以下避税安排的企业，启动一般反避税调查：一是滥用税收优惠；二是滥用税收协定；三是滥用公司组织形式；四是利用避税港避税；五是其他不具有合理商业目的的安排。

（七）相应调整及国际磋商

关联交易一方被实施转让定价调查调整的，应允许另一方做相应调整，以消除双重征税。相应调整涉及税收协定国家（地区）关联方的，经企业申请，国家税务总局与税收协定缔约对方税务主管当局根据税收协定有关相互协商程序的规定开展磋商谈判。

涉及税收协定国家（地区）关联方的转让定价相应调整，企业应同时向国家税务总局和主管税务机关提出书面申请，报送《启动相互协商程序申请书》，并提供企业或其关联方被转让定价调整的通知书复印件等有关资料。

企业应自企业或其关联方收到转让定价调整通知书之日起三年内提出相应调整的申请，超过三年的，税务机关不予受理。

税务机关对企业实施转让定价调整，涉及企业向境外关联方支付利息、租金、特许权使用费等已扣缴的税款，不再做相应调整。

（八）法律责任

企业未按照特别纳税调整办法的规定向税务机关报送企业年度关联业务往来报告表，或者未保存同期资料或其他相关资料的，依照征管法相关规定处理。

企业拒绝提供同期资料等关联交易的相关资料，或者提供虚假、不完整资料，未能真实反映其关联业务往来情况的，依照征管法、所得税法及所得税法实施条例的相关规定处理。

思考题

1. 针对企业的避税行为，中国税务机关的反避税措施有哪些？
2. 简述《特别纳税调整实施办法》内容。

第八章　国际避税和国际反避税

第一节　国际避税概述

一、国际避税的概念及相关问题

（一）概念

国际避税是指跨国纳税人利用两国或两国以上税收法规制度和国际税收协定的差别、特例和缺陷的差异，躲避相关国家税收管辖，以谋求最大限度减轻其跨国税收负担的行为。国际避税按其性质可以分为国际税务筹划、国际税收规避和国际税收条约滥用三种形式。其具体避税方法包括变更居民身份避税法、转让定价避税法、成本费用转移避税法、利润分配避税法、资本弱化避税和滥用国际税收协定避税法等。

国际税务筹划也称节税，是国际税收避税的一种形式。是跨国纳税人为达到避税目的而制定的节税计划。它是在税法规定的范围内，当存在多种纳税方案的选择时，以税收负担最低的方式来处理财务、经营和交易等事项。国际税务筹划的特点，一是不违犯税法；二是符合政府税收政策导向；三是具有筹划性。国际税务筹划已经成为一种普遍存在的经济现象，是税务代理机构的重要业务，也是会计师的咨询业务之一。

（二）国际避税与国内避税

跨国纳税人躲避国际纳税义务与国内纳税人躲避国内纳税义务有很大的不同。一般来说，国际税收所涉及的纳税人多是指在两个或两个以上的国家获取收入，并在这些国家均负有纳税义务的法人和自然人，或者纳税人虽然没有在两个或两个以上国家获得收入，但在这些国家却负有纳税义务的法人和自然人。例如某自然人，他居住在A国，到B国从事劳务服务并取得收入，他同时对A、B两国负有纳税义务。再如A国的某个公司，到B国去投资建厂，同时对A、B两国都负有纳税义务。跨国纳税是以一定跨国经济活动或经济往来为基本条件的，而跨国避税也是在这一基础上产生和发展的。

（三）国际避税与国际逃税

国际避税与国际逃税也有性质上的不同。这主要表现在：

（1）利用的条件不同。国际避税利用的是各国现行税法的差别和不完善之处，而国际逃税则是利用国家间税收管理与合作存在的困难，如管辖权的不一致，对跨国纳税人在他国纳税情报掌握不够等。

（2）采取的手法不同。国际避税采取的手法是公开的，它不违反现有税法，而国际逃税的手法则是隐蔽的，是违反现有税法或国际税收协定的。

（3）达到的目的不同。国际避税谋求的是在不触犯税法的情况下，尽量减少国际纳税义务，而国际逃税谋求的是逃避税法或国际税收协定规定应该承担的纳税义务。

（4）处理的方式不同。对于国际避税，一般需要通过有关国家对国内税法或税收协定做出相应的补充规定，以期杜绝税法漏洞，而在没有做出补充规定之前则无法进行处理；对于国际逃税则可以由有关国家根据其国内税法或税收协定的规定，依法进行补税或加处罚金，以示惩处。不过，从经济后果角度分析，合法的避税和非法的逃税对于有关国家的财政收入和跨国纳税人的税负，以及歪曲经济活动方面发生的影响来说是基本相同的。

二、国际上判断避税的标准

（一）动机标准

动机标准即根据纳税人经济活动的安排的法律特征或其他特征，看其主要或部分目的是否在于减少或完全逃避纳税义务。纳税人的动机蕴涵于纳税人的思想中，不易直接检验，但动机可以通过其行为、效果反映出来，可以通过分析纳税人对有关经济事务的处理来间接地推断其动机。

（二）人为状态标准

人为状态标准即通过纳税人使用一种在表面上遵守税法而在实质上背离立法机关对之征税的经济或社会实际状况来判定。也可以把人为状态标准表述为缺乏"合理"或有说服力的经营目的或其他非积极目的。运用这一标准，需要完全从特定条款或法规条款中的意图和目的来判定，尽管这些意图和目的并非总是表现得十分清晰，但它们能在一定程度上表明纳税人使税法的目的和意识落空的企图。

（三）受益标准

受益标准即从实行某种安排而减少的纳税额或获得的其他税收上的好处来判定。在一项税收上的好处可能是一特定交易的唯一结果，与一项税收上的好处是某一交易的主要的或仅是一部分结果之间，必须做出区别。受益标准的最大优点是其客观性，便于观察，但要发现正确的因果关系，分清受益的主要原因和次要原因通常又是很困难的。

（四）规则标准

规则标准即依据税收法规中的特殊规则来判定。但通常情况下，判定是否避税的权力基本落在税务主管部门的手中，有时它们完全可以自由处置，而不依据什么准则。一个典型的例子是，在美国的 1970 年所得税和公司税法第 482 节中，包含了针对公司迁移出境的规则。法令中没有具体包含制定公司迁移出境的税收动因和非税收动因的标准，而是规定纳税人必须到财政部办理手续。财政部可以宣布什么是避税行为，由此可以拒绝公司迁出境的要求。

（五）排除法标准

排除法标准即依据一种避税的行为是否具有普遍性来判定。如果一种避税方法在大多数纳税人中盛行，这种避税方法就变得为立法机关、财务主管部门、法院或其他方面所不容，避税就可以被确认为"不可接受"，甚至会在新的立法中宣布为偷漏税。然而，如果避税是由能够对选举施加重大影响的强大势力集团所实施，就仍然被归类于可接受的避税。相反，如果避税是由没有重大政治影响的选民所为，则可能列入"不可接受"的范围。运用这一标准可能有三种方式：第一，立法机关可能考虑应通过一项新的反避税规定来堵塞漏洞；第二，一个税务法官可能使用某项原则作为证据，来支持判定纳税义务存在的裁决；第三，税务部门可以运用原则，对以前有关做法没有盛行时本不应被课征的纳税人进行征税。

三、产生国际避税的原因和条件

（一）产生的原因

1. 主观原因

在市场经济的条件下，企业和个人行为的目标是追求经济利益最大化，国际避税可以使纳税人逃脱、规避或者减轻其纳税义务，增加其最终可以支配的经济利益，因此利益驱动是跨国投资者努力避税的主要主观原因。

2. 客观原因

客观原因主要是各国税收制度存在的差异以及由此产生的税负轻重上的差异。跨国纳税人通过利用这些差异所形成的机会，不仅维护经济利益，而且为躲避跨国纳税找到法律保证。

（二）国际避税产生的条件

1. 由于税收管辖权的不同产生的避税

税收管辖权是一个国家在税收领域内行使的具有法律效力的管理权力，或者说是一国政府在征税方面所实行的主权。它具有独立性和排他性，意味着一个国家在征税方面行使权力的完全自主性，在处理本国税务时不受外来干涉和控制。

（1）居民税收管辖权的避税

居民税收管辖权的避税是指各个实行居民居住管辖权的国家，由于在各自税法中对居民不同的确定标准而引起的避税，如对居民的判定标准有：有的国家采取住所标准、时间标准，即居住时间超过一定期限为准，还有的国家采取意愿标准，即根据纳税人的意愿确定是否为本国居民。在确定法人居民地位时，有的国家采取登记注册标准。当两个有关国家（如德国和日本）同时以住所标准确定纳税人身份时，跨国纳税人若在两个国家均有住所，就会导致双重纳税，若在两国均无住所，便可同时躲避两国纳税义务；当一国以时间标准确定纳税人身份时，纳税人可采取不使自己停留时间超过一定量（3个月、半年或一年），就可躲避纳税；在实行居民居住管辖权的国家里，居民居住管辖权也因具体确定的标准不同而产生税收管辖的真空地带，从而使跨国纳税人利用其不同实现避税。

（2）不同税收管辖权的跨国纳税人的避税

譬如 A 国实行来源地税收管辖权，B 国实行居民税收管辖权，这时 B 国的居民就会由于从 A 国获得收入而成为双重纳税人。相反，A 国的居民从 B 国取得的收入就会躲避所有纳税义务。同样，假如 A 国实行来源地税收管辖权，B 国实行公民税收管辖权，B 国的公民也会因从 A 国获得收入而成为双重纳税人，但 A 国的公民从 B 国取得收入，也会躲避纳税义务。

总之，利用有关国家税收管辖权的差异进行合法避税，是跨国纳税人惯用的做法。

2. 由于各国税法不同产生的避税

各国国内税法的差别包括有关国家税法规定的纳税义务人的差别、征税对象的差别、同一税种征税范围的差别、计税依据的差别、税率的差别、应纳税额计算的差别、减免税的差别、消除减免税方法的差别等。

（1）课税范围不同

如对针对法人所得征收的所得税，在名称上有的国家称之为法人税，有的国家称为法人所得税，在征税范围上有的国家则与对个人所得课税放在一起称所得税。有国家干脆不对所得征税，如巴哈马、百慕大等国。因此，对跨国纳税人来说，只了解各国对课税对象所采取的一般分类还不够，还应具体掌握某一课税对象所拥有的全部内容。各国政府制定的所得税法对课税对象及计算、各种扣除等均有十分详细的说明，基本上每一类纳税企业和纳税个人都可以从中发现适合自己的规定及说明，所以纳税人只有掌握有关纳税的全面情况，才能维护纳税者的合法权益。

（2）税率上的差异

税率上的差异就是同一数量的应税收入或应税金额在不同国家所承受的不同税率。如果简单地比较一下各国的所得税税率表，就会发现这方面存在着巨大差异。有的国家最高税率可达 55%，有的国家则不超过 35%。显然纳税人会选择在税率低的国家纳税。

（3）税收优惠措施不同

许多国家，尤其是发展中国家，为了吸引外资，税法中有许多税收减免措施。有些国家为了有效地巩固自己在国际社会中税收地位的优势，常常不惜代价进行竞争，为跨国纳税者提供各种税收优惠措施。实行税收优惠的结果，使实际税率大大低于名义税率，导致跨国避税良机大大增加。各国在税收优惠（税率的高低、免税期的长短、折旧提取的快慢）的具体规定上千差万别，这为跨国纳税人选择从事活动的国家和地区奠定了基础。在各种条件相同的情况下，税率低、优惠多的国家对跨国纳税人的吸引力就大，反之则小。

不同的税收管辖权和差别很大的各国税制，使避税逐渐发展成为一种重要的国际化的现象。在这一过程中，为了避免过大的风险，越来越多的法人和自然人都非常精心地研究有关国家的税法和行政惯例，以寻找漏洞，用合法方式避税，以减轻税负。

（三）各国征管制度的缺陷以及合作不充分

有关国家税收征管制度和执行中存在的漏洞和缺陷，以及各国税务当局之间由于种种原因没有充分的合作，甚至完全不交换税收情报，可以使一个跨国纳税人有机可乘，达到其避税的目的。

思考题

1. 国际避税产生的原因包括哪些？
2. 国际避税的条件包括哪些？

第二节　国际避税的方式

一、一般常用的避税方式

（一）利用个人居住地的变化避税

目前，世界上多数国家都同时实行居民税收管辖权和地域税收管辖权。其通常的做法是对居民纳税人的全球范围所得征税，称为无限纳税义务。而对非居民仅就其来源于本国的所得征税，称为有限纳税义务。因此，以各种方法避免使自己成为某一国居民，便成为逃避纳税义务的关键所在。

1. 避免成为居民

跨国纳税人为了避免纳税，可设法使其不成为任何一个国家的居民。他们采取不购置住宅、出境、流动性居留或压缩居住时间（如某国税法规定居住半年为该国居民，某君仅住 5 个月又 20 天，然后出境）等方法来避免成为任何一国的居民，来逃避税收；有的甚至长期住在轮船上，四处漂泊，成为"无国籍人"。

2. 避免成为高税国居民

高税国通常是指具有较高所得税和包括遗产税、赠与税在内的一般财产税国家，但最主要的还是指较高的所得税国。居住在高税国的居民可以移居到一个合适的低税国，通过迁移住所的方法来减轻纳税义务。这种出于避税目的的迁移常被看做"纯粹"的居民。一般包括两类：第一类是已离退休的纳税人。这些人从原来高税区居住地搬到低税区居住地（如将居住地搬到避税地等低税国家或地区）以便减少退休金税和财产、遗产税的支付。第二类是在某一国居民，而在另一国工作的纳税人。他们以此来逃避高税负的压迫。一般来说，以迁移居住地的方式躲避所得税，不会涉及过多的法律问题，只要纳税居民具有一定准迁手续即可，但要支付现已查定的税款，就一定的资本所得缴纳所得税。

各国政府为了反避税，对旨在避税的虚假移民作了种种限制。所谓虚假移民是指纳税人为获得某些税收好处而进行的短期移民（通常是 1 年以内）。许多国家都明文规定，凡个人放弃本国住所而移居国外，但在1年内未在国外设置住所而又回本国的居民，在此期间发生的收入所得一律按本国税法纳税。这一规定使跨国避税的可能性减少，还有可能承担双重征税的风险。

（二）利用公司居住地的变化避税

利用公司居住地的变化与个人居住地变化来避税，二者有明显的不同。公司很少用向低税国实行迁移的方法。这是因为，许多资产（厂房、地皮、机器设备等）带走不便，或无法带走；在当地变卖而产生的资产利得，又需缴纳大量税款，这实在是一项破财之举。那么，公司采用什么方式避免成为高税国的法人居民呢？

1. 针对国际对法人居民判定标准而变更登记地

国际上对法人居民的判定标准主要有两类：一类是按机构登记所在地。另一类是按实际管理机构所在地。按前一类判定标准，企业只要采取变更登记地的权宜措施，便可比较容易达到避税的目的。后一类实际管理机构判别标准有多种，譬如总机构标准，即在一个行使居民税收管辖权的国家内设有总机构的公司，就是该国的居民；管理中心标准，即在一个行使居民税收管辖权的国家内设有实际控制或实际管理中心的公司，就是该国的居民；主要经济活动标准，只要某公司的主要经济活动在一个行使居民税收管辖权的国家境内，则该公司就成为该国的居民。

2. 利用"信箱公司"

在利用公司居住地变化进行避税的过程中，人们还可借助"信箱"公司或中间操作等方式进行。"信箱"公司是指那些仅具有法定的组织形式（公司章程等）完成居住所在国法定登记手续的公司。这些公司名义上所应从事的各项工商活动，均由在其他国家的公司或分支机构实行。这些公司或分支机构多是设在有投资税收优惠的国家中的法人组织和实体，这些公司和实体享受各种税收优惠。

3. 借助中间操作

中间操作与"信箱"公司不同，它是通过在所得来源地与最终所得人或受益人中间设置一个中心机构。该机构通常设在避税地、自由港或拥有某些税收优惠规定的国家或地区。当该中心机构收入和利润积累到一定程度和规模时，可用作再投资。中间操作公司主要通过所得、股息、利息、红利，不动产及有价证券等进行避税。

4. 避免成为常设机构

目前，绝大多数国家利用常设机构的概念作为对非居住者公司征税的依据。常设机构一般是指企业进行全部或部分经营活动的固定场所。例如生产管理厂所有办公室、工厂等。但是，近些年，由于不需要设置常设机构的经营活动越来越多，再加上技术水平的提高和产品生产周期的缩短，很多企业可以在政府规定的免税期内实行其经营活动，并获得相当可观的收入。例如，韩国一些海外建筑承包公司承包工程作业，由于在中东、拉美一些国家规定非居民公司在半年（183天）以内在本国获得的收入可以免税，韩国海外建筑承包公司常常设法在半年（183天）以内完成其建筑工程，免缴这些国家的收入所得税。又如，日本早在20世纪80年代初就兴建了许多海上流动工厂车间，这些工厂车间全部设置在船上，可以流动作业。这些流动工厂曾先后到亚洲、非洲、南美洲等地进行流动作业。海上工厂每到一国，就地收购原材料，就地加工，就地出售，整个生产周期仅为一两个月。加工、出售完毕，开船就走，不需缴纳一分钱的税款。例如，日本的一家公司到我国收购花生，该国公司派出它的一个海上车间在我国港口停留27天，把收购的花生加工成花生米，把花生皮压碎后制成板又卖给我国。结果我国从日本获得的出售花生的收入，有64%又返给日本，而且日本公司获得花生皮制板的收入分文税款未纳。造成这一现象的直接原因就是我国和其他多数国家都对非居民公司的存留时间作了规定（如我国规定非居民公司只在超过半年后才负有纳税义务），日本公司就是利用了这种规定巧妙避税。

（三）通过安排常设机构与总部机构、常设机构与常设机构之间的交易避税

避免成为常设机构可以达到一定的避税效果，由于各国对常设机构界定日益严密，在无法避免成为常设机构时，可能巧妙地安排总机构与常设机构、常设机构与常设机构之间的交易，通过重新划分总机构与常设机构间的收入和费用分配方式，达到避税的目的。

在确定常设机构的利润时，国际上有两种通行的做法。一是直接法，即将常设机构视为独立分设的企业，按独立核算原则或正常交易原则与总机构和其他常设机构进行交易，利润进行独立核算。二是间接法，考虑到常设机构在法律顾问上不是独立法律实体的事实，认为总机构与常设机构是在全球范围内产生共同利润的一个实体，所以按一定规则和计算公式，将其经营损益在总机构与常设机构之间分配，体现了总利润原则。

直接法和间接法均存在着进行避税的可能，但二者所产生的效果不同。运用直接法，常设机构作为一个独立法人实体，其成本、收入难以实现转移，避税的可能性相对于间接法要小些。不过，由于在各国税法中，往往很难找到有关"正常"营业活动的条款，所谓按正常利润估计，也给避税提供了更广阔的空间。运用间接法，成本和利润的转移是根据常设机构母国及其所在国对常设机构的利润分配情况而定。由于对常设机构的利润分配至少涉及两个国家，一国可能是以正常的市场价格等客观规定计算成本和利润，另一国可能是根据整个法人实体的收入、成本来计算和分摊全部收入和成本。

（四）利用总机构成本的分配避税

有的国家还利用总机构成本的分配进行避税。一些国家根据协议确认分支机构在其实现的利润中，必须把它的10%至20%作为应负担的费用归属总公司。但在没有此类规定的国家内，总公司和常设机构间所发生的一些共享费用，如董事长活动费、共同的贷款利息等，使跨国法人往往通过抬高分配标准的办法，将大部分成本费用向分支机构转移，从而减少纳税。

例如，某跨国纳税人，总公司在甲国，甲国所得税税率为25%，在乙国设一常设机构，乙国所得税税率为40%，该公司某年从甲国获得的收入为2 000万美元，来自乙国的收入为1 000万美元，总公司承担了200万美元的销货贷款利息，原应按20%的比例分配给分公司，现抬高到80%的比例分配。经计算，原应负担的税收为：

$(2\,000-200\times80\%)\times25\%+(1\,000-200\times20\%)\times40\%=844$（万美元）；提高费用分配标准后的实际税收为：$(2\,000-200\times20\%)\times25\%+(1\,000-200\times80\%)\times40\%=826$（万美元）。

该跨国纳税人用增加常设机构的成本费用的办法，减少纳税 18 万美元，从而成功地躲避了一部分税收。

鉴于总机构与常设机构之间的业务往来和成本收入核算的联系，可以利用常设机构转移财产、利息、特许权使用费、管理费用等，使得收入从高税国转入低税国，费用从低税国转入高税国，整个法人实体的税负较轻。

（五）利润资产的流动避税

资产的流动是指纳税人（包括自然人和法人）将其资产移居国外的行为。

1. 企业资产的流动

跨国公司利用其分支机构或子公司分布国度的税收差异，可以精心安排收入和费用项目及其收付标准，使高税国机构或公司的成本费用加大，应税所得减少；低税国机构或公司的成本费用减少，应税所得加大，导致企业的所得从高税国流向低税国，达到避税目的。

2. 个人资产的流动

个人也可以通过财产由高税国向低税国移动来达到避税的目的。他们通常采用信托方式，造成法律形式上所得或财产与原所有人的分离，但分离出去的这部分所得或财产仍受法律的保护。

例如，日本某公司为躲避本国所得税，将其年度利润的 80% 转移到巴哈马群岛的某一信托公司，由于巴哈马群岛是自由港，税率远比日本低得多，该日本公司就可以有效地避税。

（六）利用多种方式的结合避税

跨国纳税人的避税通过是几种方法交叉并用。从纳税主体同纳税客体的结合看，主要有 4 种基本的结合方式：

1. 人的流动与资产的流动相结合

个人或法人连同其全部或部分收入来源或资产移居出境，一般可以避免本国的税收。实行人员和资产流动避免的一个先决条件是纳税人及其拥有的资本、财物等享有充分或一定的流动自由，在国家管制甚严、自由度不高的国家，此种方法实现的可能性较小。

2. 人的流动与资产的非流动相结合

当纳税人游离于不同国度之间，而其资产却保留在某一国境内时，就构成了人员流动和资产的非流动。这种方式的优越性在于，纳税人可将其资产置放于某一低税国或低税区。同时，纳税人还可将其活动安排在低费用区。但用这种方法避税较为罕见。因为一个自然人移居，通常会结束在原居住国内的工作，而在新居住国开始新的工作。而一个法人移居出境，则要带走他的营业。这就意味着他们的主要收入来源和资产已一同迁出。如果在移出国留下部分资产，那么，他们在移出国对留下资产的收入仍要负纳税义务。

3. 人的非流动和资产的流动相结合

这是一种十分重要的跨国避税方法，它的内容主要有两种。

一是纳税人通过转移利润或收入的方式避税。收入、利润、资本的跨国移动是当今经济发展的一个十分普通的现象。从本质上讲，收入、利润、资本的跨国移动与跨国避税并没有什么天然联系，二者并不等同。然而在事实上，这种收入、利润、资本的跨国移动确实为跨国避税创造了条件。譬如收入、利润、资本从高税区转移到低税区或从纳税区转移到国际避税地、自由港，这种转移都构成了事实上的避税。

二是纳税人通过建立基地公司方式避税。基地公司是指一个对国外收入不征税或少征税的国家或地区建立公司，该公司的主要业务并不发生在该国，而是以公司分支机构或子公司的名义在国外从事和进行。当其国外收入汇回该公司时，可以不履行或少履行纳税义务。显然，基地公司具有避税地的某些性质，它通过公司内部的业务及财务往来，很容易实现跨国避税。

4. 人的非流动与资产非流动结合

这是一种利用短期居留在国外，而将取得的收入既不在收入来源国纳税，也不在居住国纳税的避税方法。这种方法主要是利用各国税收管辖权的差异寻找"真空地带"，打"擦边球"，其避税数额一般不大，但要堵塞却不容易。

二、利用国际避税计划避税

国际避税计划是指跨国纳税人为了避税而制定的计划。由于税收负担的轻重对国际性经营关系重大，所以越来越多的跨国纳税人精心研究各国税收制度间的差异及法律上的漏洞，以合法的方式逃避税收，减免税负。许多精通国际税收事务的职业税收顾问为纳税人在不违反税法的前提下打开一条条通道，并逐渐使这项业务专门化。他们聚集在会计师事务所和律师事务所，为客户逃避国际税收提供咨询服务，献计献策。

国际避税计划可以在许多方面为跨国纳税人提供避税方式的选择。例如：一个跨国公司在国外应采用哪一种最有效的经营方式来减少税收，是设立分公司好，还是设立子公司好；如果设立一家子公司，是独资好，还是合资好；或者既不设分公司，也不设子公司，而是设常设机构更有利。一个跨国公司内各联属企业的收入和费用应如何安排，怎样才能在不触犯税收法规的前提下，通过设计最优的内部价格，把收入多安排在低税国，费用多安排在高税国；一个跨国公司应如何充分利用各相关国家税法中的减免优惠条款，来减轻税负，这些都属于国际避税计划所研究的问题。举例如下。

许多国家税法规定，合伙企业的营业利润不按公司征税，而按各个合伙人征税。假定某个纳税人 A 经营一家水果商店，年赢利 2 万美元。该商店如按合伙人课征个人所得税，税率 40%，纳税人 A 可净得税后利润 12 000 美元（20 000 - 20 000 × 40%）。这家商店如按公司课征所得税，税率 30%，税后利润 14 000 美元全部作为股息分配，纳税人 A 还要再交个人所得税 5 600 美元（14 000 × 40%）。这样，他净得税后利润只有 8 400 美元。与前者相比，多负担所得税款 3 600 美元（11 600 - 8 000）。面对这一现实，专家可以告诉 A 不要做出组织公司的决定。

这样的例子举不胜举，任何一个国家的税收制度，不管考虑得如何周全，税收负担在不同纳税人、不同征税对象之间，总有安排失当之处，这就给纳税人提供了选择的余地。

三、利用税收优惠避税

世界各国都规定有各种税收优惠政策，诸如差别税率、亏损结转等，纳税人在利用优惠待遇上大有文章可做。

例如，一个跨国公司可以通过买进低税国被清盘的亏损企业来减轻税负。假定某高税国的 A 公司原应税所得 5 000 万元，所得税率 60%，应征所得税 3 000 万元。某低税国的 B 公司亏损 1 000 万元，A 公司支付 500 万元将 B 公司购进，作为 A 公司的子公司。在两公司所得汇总计算后，所得税可以少交 600 万元。减去购进支付的 500 万元，A 公司还可净得 100 万元。即 A 公司在这次购买中，获得了相当于 500 万元资产的一家公司，但其分文未付，反而还得到 100 万元收益。

计算公式如下：

A 公司原应税所得 5 000 万元——B 公司亏损额 1 000 万元

避税收益 1 000 万元×60% ＝600 万元

支付购进 B 公司投资 500 万元

净收入 100 万元

通过这种选择，纳税人少缴了税款。

又如：A 先生是日本居民，在避税港某国设立一家 X 公司，并拥有该公司 40% 的股份；另外 60% 的股权由 B、C、D 各拥有 20%，B、C 先生非日本居民，D 为日本居民。依据日本税法规定，设在避税港的公司企业，如 50% 以上的股权由日本居民所拥有，这家公司的税后利润即使没有作为股息汇回日本，也要申报合并计税。而 A、D 两先生的股权均未超过法定的 50%，结果享受到了税收优惠。

四、滥用税收协定避税

滥用税收协定以逃避税收的手法有多种多样，大体上可以归纳为以下三类。

（一）设置直接导管公司

直接导管公司是指通过一个公司做中介，就能得到税收协定所给予的税收优惠的中介公司。

例如：甲国一公司打算在乙国拥有一个子公司，但乙国要对汇往境外（尚未签订避免双重征税协定的国家）的股息征收 20% 的预提所得税。通过协定选择，甲国公司发现乙国与丙国签订了相互减按 5% 征收股息预提所得税的税收协定，甲国也与丙国签订了相互减按 5% 征收股息预提所得税的税收协定，于是甲国公司就在丙国组建一家全资持股子公司。通过丙国持股公司拥有乙国的公司，这样甲国公司就可以减少其股息应缴纳的税款。这是一种典型的滥用税收协定转移纳税客体进行国际避税的方法。由于甲国公司通过丙国公司就能得到丙国与其他国家签订的税收协定的优惠，丙国公司就犹如一根直接吸取其他税收协定所给予的税收优惠的导管，因此这类公司被称为直接导管公司。

（二）设置脚踏石导管公司

脚踏石导管公司是指通过两个或两个以上公司做中介，得到税收协定所给予的税收优惠的中介公司。A 国与 B 国，B 国与 C 国缔结有双边税收协定，A 国与 C 国无协定关系。所不同的是，B 国规定 M 公司支付给 A 国 H 公司的投资所得允许作为公费用扣除，并按常规税率课税征预提税。这时 A 国 H 公司可以在 A 国有缔约关系并提供减免预提税优惠的 D 国组织一家 P 公司。A 国 H 公司取得来源于 C 国（非缔约国）N 公司的投资所得，可以先从 N 公司支付给 B 国的 M 公司，再转付给 D 国 P 公司，拐了一个更大的弯，同样可以得到协定提供的两方面优惠。其一方面是 M 公司的计税所得可以大量地扣除股息、利息、特许权使用费以及佣金报酬等支出，另一方面 M 公司在 B 国缴纳的预提税又可以在 D 国得到抵负；D 国向 A 国 H 公司支付的收入还可以享受协定提供的按限定低税率课税的好处。国际上把 D 国 P 公司一类的第二道的传输公司称为脚踏石的导管公司。

（三）企业合并、分立和重组

许多国家对外缔结双边税收协定都明确规定，对缔约国一方公司向持有其大量股份的缔约国另一方居民公司支付的股息、利息或特许权使用费，不给予税收协定规定的对股息的税收优惠。可享受协定优惠的必要条件是该公司由外国投资者控制的股权不得超过一定比例。因此，这些国家的一些跨国公司在缔约国另一方建立子公司时，就往往把公司分立成几个公司，使每个公司持有该公司的股份都在限额以下，以便使股息可以得到优惠。

五、利用国际避税地避税

国际避税地是指可为外国人提供不承担或少承担所得税、财产税等直接税税收负担的国家和地区，是国际避税活动的中心。跨国纳税人的避税活动，有许多是利用国际避税地进行的。

避税地的国家或地区的政府为吸引外国资本流入，繁荣本国或本地区经济，弥补自身的资本不足和改善国际收支状况，在本国或本地区划出一定区域和范围，也可能是全部区域和范围，鼓励吸引外国资本来此投资及从事各种经济、贸易活动。投资者和从事经营活动的企业享受不纳税或少纳税的优惠待遇。这种区域或范围就被称为避税地。避税地可以是港口、岛屿、沿海地区或交通便利的城市，也可以是内地大陆。一般把避税地粗分为三大类型：

（一）不征收所得税和一般财产税的国家和地区

在一些国家和地区完全不征收个人所得税、公司所得税、净财富税、遗产税或赠与税，这一类国际避税地一般被称为纯国际避税地。属于这一类的国家和地区包括巴哈马、百慕大、格陵兰、开曼群岛、瑙鲁、瓦努阿图和凯科斯等。

以开曼群岛为例。开曼群岛位于加勒比海西北部，全岛两大经济支柱，金融和旅游。金融收入约占政府总收入的40%、国内生产总值的70%、外汇收入的75%。那里课征的税种只有进口税、印花税、工商登记税、旅游者税。三十多年来没有开征个人所得税、公司所得税、资本利得税、不动产税、遗产税等直接税。

（二）对外国经营给予特别税收优惠的国家和地区

属于这一类的国家和地区有马来西亚、新加坡、巴拿马、中国香港、哥斯达黎加、安哥拉、塞浦路斯、直布罗陀、以色列、牙买加、列支敦士登、中国澳门、瑞士、阿根廷、牙买加、委内瑞拉、海地、汤加、黎巴嫩、摩纳哥等。

（三）虽有规范税制但有某些税收特例或提供某些特殊税收优惠的国家和地区

属于这一类的国家和地区有英国、加拿大、希腊、爱尔兰、卢森堡、荷兰、比利时、菲律宾等。

六、逆向避税

在一般的国际避税中，纳税人常常是尽可能避免高税管辖权，而进入低税管辖权，以进行国际避税，但是客观上也存在着另一种避税现象，即跨国纳税人避免低税管辖权，而进入高税管辖权。由于避免高税管辖权而进入低税管辖权所进行的国际避税是顺向的，而避免低税管辖权进入高税管辖权则正好相反，所以称之为逆向避税。逆向避税这一概念可以表述为跨国纳税人借助避免低税管辖权而进入高税管辖权，以最大限度地谋求所需利益的行为。

逆向避税的方式很多，最常见的大致有三种：

1. 以谋求即期净利润最大化为目标。举例来说，甲国的税率为50%，乙国的税率为20%，甲国某公司A到乙国开办了一家合营企业B，并负责原材料进口和产品的出口。按一般做法，外方合营者应向乙国转移利润，如采用高价将B的产品卖给A，或采用低价从A购买原材料，但相反。假设某年度B应实现应税所得100，向乙国纳税20，税后利润80，但由于外方合营者的操纵，B仅实现利润50，向乙国纳10，税后利润为40；而A多实现应税所得50，多向甲国纳25，同时增加税后利润25，A公司因独享所增加的利润25，将会实现净利润最大（假设税后利润对半分配，则有 $40 \times 50\% + 25 > 80 \times 50\%$）。在这个过程中，乙国减少税收10（20－10），甲国增加税收25，跨国纳税人多纳15（25＋10－20），而本国合营者少得利润20（80×50％－40×50％）。这种逆向避税，以谋求即期利润最大化为目标，故与一般的国际避税较接近。

2. 以有效实现某项必要的经营策略为目标。举例说明：甲国（税率为30%）A公司在乙国（税率为20%）开办了一家子公司B，某年度A公司因缺乏资本，需从B公司补充，但由于乙国采取了较为严格的外汇管制措施，A公司难以从B公司直接取得资本。这时，可通过转让定价的方式使B公司少实现应税所得100，而相应地A公司多实现应税所得100。这样，跨国纳税人共需多纳税10（100×30％－100×20％），其中乙国减少税收 20 （100×20%），甲国增加税收 30 （100×30%），但跨国纳税人借助税收损失 10 而有效地实现了资本转移 70 （100-30）。虽然以损失一定的即期税收利益为代价，但有效地实现了所需的资本转移，预期会带来更大的利益。

3. 以逃避预期风险为目标。这里的预期风险常常主要是指政治方面而非经济方面的，因而是一种政治性的逆向避税。例如，一国现行税率很低，但政局不稳或政策多变，跨国纳税人会因存在预期风险（没收财产，大幅度提高税率），而借助逆向避税以实现逃避预期风险的目标。跨国纳税人会采用种种手段尽可能将所得转移走，以谋求预期大量利益。

一般来说，对于第一类型的逆向避税，纳税人是主动运用的；对于后面几种类型的逆向避税，却是纳税人迫不得已而为之。

七、利用转让定价避税

转让定价是指两个或两个以上有经济利益联系的经济实体为共同获得更多利润而在销售活动中进行的价格转让（以高于或低于市场正常交易价格进行的交易）。它普遍运用于母子公司、总公司与分公司及有经济利益联系的其他公司。这种价格的制定一般不决定于市场供求，而只服从于公司整体利润的要求。因为它可能偏离市场价格，从而成为一些公司避税的手段。转让定价主要包括以下几种形式：

1. 关联企业间商品交易采取压低定价的策略，使企业应纳的税变为利润而转移，进行避税。例如，某橡胶企业是执行高税率产品企业，为减轻产品的税负，将自制半成品以低价卖给了执行较低产品税的联营企业，虽然减少了本企业的销售收入，却使联营厂多得了利润，企业反而从中多得联营利润，从而实现了减轻税负的目的。

2. 关联企业间商品交易采取抬高定价的策略，转移收入，实现避税。有些实行高税率增值税的企业，在向其低税负的关联企业购进产品时，有意抬高进货价格，将利润转移给关联企业。这样既可以增加本企业增值税扣税额，减轻增值税负，又可以降低所得税负。然后，从低税负的关联企业多留的企业留利中多获一部分。

3. 关联企业间采取无偿借款或支付预付款的方式，转移利息负担，以实现避税目的。有些资金比较宽裕或货款来源较畅的企业，由于其税负相对较重，往往采用无偿借款或支付预付款的方式给其关联企业使用，这样，这部分资金所支付的利息全部由提供资金的企业负担，增加了成本，减少了所得税负。

4. 关联企业间劳务提供采取不计报酬或非常规计报酬的方式，转移收入避税。例如，某些企业在向其关联企业提供销售、管理或其他劳务时，不按常规计收报酬，采取要么不收，要么多收、要么少收的策略相互转移收入进行避税，当对哪一方有利时就向哪一方转移。当前尤为突出的是某些国有企业的富余人员大量从事厂办经济或第三产业，但工资报酬仍由原企业支付，减轻了原企业所得税负，增加了新办企业的利润。

5. 关联企业间通过有形资产的转让或使用，采用不合常规的价格转移利润进行避税。有些企业（特别是国有大中型企业）将更新闲置的固定资产以不合常规的低价销售或处理给某些关联企业（主要是乡镇企业和个体、私营企业），其损失部分由企业成本负担，减轻了所得税负，然后，再从中获取个人和集体的好处。

6. 关联企业间通过无形资产的转移和使用，采用不计报酬或不合常规价格，转移收入，实现避税。有些国有企业将本企业的生产配方、生产工艺技术、商标和特许权无偿或低价提供给一些关联企业（主要是乡镇企业），其报酬不通过技术转让收入核算，而是从对方的企业留利中获取好处。这样既减少了税收，又可为企业解决福利及其他方面的需要。

思考题

1. 国际避税和国内避税的相同点包括哪些？
2. 国际避税的主要做法有哪些？

第三节 国际反避税

由于纳税人（特别是跨国纳税人）广泛利用避税地的税收优惠、税收漏洞等进行避税活动，影响了纳税人居住国的财权利益，所以，许多国家（地区）和国际组织付出巨大努力，纷纷采取各种有力措施来加以防范。

一、制定专门标准判断避税是否存在

从反避税的角度出发，国际上有两个专门的标准来判断避税是否存在。这两个标准是：实质重于形式，税法是否被滥用。

（一）实质重于形式

实质重于形式的标准更多应用于采用成文法的国家中。所谓形式，是指成文法的形式，是征税的必要的事实基础，即某一事实要对之进行征税或不征税，则它必须具有作为依据的法律或法律条款所规定的诸种要素。最终是要依据法律的立法意图，而不是把法律条文作为判断问题的标准，也称为法律对一件事实的适用性，它不仅要求这一事实和法律条文要有一致性，还要求它与法律意图相一致，否则就是不适用。国际上通常用以下几条标准来衡量：

第一，检验经济上的实质关系与法律上形式条件是否一致。其具体体现是："一个人在法律上即使不属于一项所得的所有人，但在事实上有权享受此项所得，则可认为是该项所得的有效拥有者。"第二，是否存在虚伪的因素。虚伪指用蒙蔽事实的主要方法，或利用人为的或异常的法律上的形式。第三，有无经营上的目的。如果没有合理的经营目的，该类交易行为就是税收法律所不可接受的。比如获取商业利润是商业的目的，而一项不以获取利润为目的的交易则要考虑是否存在避税的动机。对于实质重于形式直接运用于避税案件上，一些国家以法律上明订条款作为执法依据。如德国修正的税法通则规定"伪装的民法形式上无效的"。换言之，征税时可不予承认。

（二）税法是否被滥用

是指法律法规的应用与该准则的意义、目的及适应范围显著抵触的情况。对于税法的滥用，尚未形成国际共识，但一些国家已有了自己的标准。如德国税法通则规定：禁止以滥用合法的形式来规避税法规定，若发生此类情况，税务当局有权判定其仍负有纳税责任；法国税法通则规定：当事人的各项合法行为或交易，如有隐瞒其契约或协议的真实情况者，对税务机关不发生效力。由此可见，各国的反避税实践经验，已逐步形成或提出了一些法律上的理论原则和指导思想，并取得了一定成效。

二、各国完善反避税措施

（一）完善反避税法规

很多国家通过制定反避税法规，防止或者制裁避税行为。反避税法规包括反避税一般法规、反避税港条款、反转让定价条款、受控外国公司法规和禁止不合理结转损失条款。

（二）规定报告义务与举证责任

为了弥补越境调查国际避税活动的困难，对与居民纳税人境外纳税义务有关的情况，以及与非居民纳税人境内纳税义务有联系的必要国外情况，可以通过国内税法单边规定，使属于本国管辖的纳税人本人或与纳税人本人有关的其他纳税人，有义务向征税当局主动报告各种动态和静态资料。为了使由于缺乏确凿证据的涉嫌国际避税案件能得到迅速有效地处理，可以通过国内规定，将举证责任转移给纳税人。

（三）强化税收征收管理

为了有效地对付和防范国际避税，税务当局规定严格纳税申报制度，加强会计审计制度等。除通过纳税人的申报书取得一些现成的资料外，税务当局还通过大量的调查来获取有关情报，尤其是积极争取与银行部门合作，了解资金流转情况，用以有效地打击避税活动。

三、加强反避税的国际合作，签订双边或多边反避税协定

要有效地防范国际避税，必须依靠国际间的合作。有关国家（地区）签订包括有反避税内容的双边税收协定，就是一个重要的反避税措施。这其中包括了 OECD 的努力、联合国的努力、欧洲经济共同体（简称欧共体）的努力、北欧五国的努力和非区域性国家的努力。

（一）双边形式

双边税收协定中的反避税内容主要体现为相互交换税收情报。经济合作与发展组织在 1963 年的范本第二十六条就规定了税务当局之间的情报交换，从此，关于这个问题的条款普遍出现在避免双重征税的协定中。以后，《经济合作与发展组织范本》经多次修改，均强调了情报交换的重要性。在 1978 年范本的第二十六条中，规定缔约国将

相互交换情报，交换的情报可能包括非居民的详细情况。在注释中还解释被要求提供情报的国家，必须以处理本国税收问题的同一方式去搜集另一国家需要的情报，使用的方法包括进行特别调查和特别审查。联合国在国际反避税工作中主要研究两个专题：一个是跨国公司转让定价处理方式；一个是发达国家与发展中国家的税收条约。专家小组提交的七次关于税收协定的报告中都涉及国际避税问题。

（二）多边形式

1973 年，瑞典、丹麦、芬兰、冰岛、挪威等五个国家签署了一个关于在税收事务中相互援助的协定——《北欧协定》，这是一个对签字国具有约束力的多边文件，它比一般的双边协定更为详细。它包括了在税款查定和征收方面给予援助，也提供了以文件发送形式的合作，缔约国应交换关于居民所得的大量情报，并列举了这些情报的内容。通过上述措施，把跨国纳税人的避税活动降至最小的范围内。

除北欧五国外，还有一种非区域性的多边合作，就是美国、英国、法国和德国之间的多边合作。合作的主要内容是四国税务当局就所涉及的有关纳税人的生产经营活动、所得以及缴纳税款情况进行同步式比较一致的审查，以其同堵塞漏洞，不让国际避税的发生。

四、对应税所得进行必要的调整

1982 年 5 月，联合国跨国公司委员会制定了《跨国公司行为守则（草案）》，明确规定跨国公司必须尊重东道国的国家主权，接受东道国的管理和监督。如因企业之间存在特殊关系（关联企业）而会计核算没有正确反映发生在一国的应税所得额时，为了正确计算税收，该国的税务主管当局可以对该企业的应税所得进行调整，并据以征税。对关联企业转让定价所造成的应税所得不实，调整的依据是独立企业之间交易的正常价格标准，即所谓正常交易原则。任何交易事项，都应当按顺序采取市场标准、比照市场标准、组成市场标准、成本标准等进行合理核定价格。

（一）采取市场标准

市场标准是指国际关联企业进行交易时，必须按照当时当地的市场价格作为其内部交易价格，如果内部交易价格不符合市场价格，都应依此进行调整。简言之，采取市场标准就是按当时当地独立竞争市场价格来确定关联企业之间各交易的价格。在市场独立竞争的基础上，谋求以市场价格来解决收入和费用分配的问题。

例如，甲国制造母公司在乙国设立了子公司，甲国公司所得税税率为 50%，乙国则为 20%。甲国母公司把其生产的一批产品以 15 万美元的转让价格销售给乙国子公司。甲国税务当局检查发现当时市场上同样数量的该种产品成交价格是 20 万美元。这时，甲国税务当局就可以按照市场标准加以调整纠正，向甲国母公司就调整后所增加的 5 万美元所得补征公司所得税。

（二）比照市场标准

比照市场标准是一种倒推算出来的市场价格标准，即通过进销差价倒推算出来的市场价格。其适用范围为联属企业之间工业产品销售收入的分配。其计算公式为：

比照市场价格＝转入企业市场销售价格×（1－合理毛利率）

其中，合理毛利率是以转入企业所在地无关联企业同类产品销售毛利占其销售价格的比例计算出来的。

例如，2000年纳税年度，甲国A公司在乙国设立一子公司，甲国公司所得税税率为34%，乙国所得税税率为17%，甲公司的汽车制造成本为每辆10万元，在甲国市场上尚未销售过，现以每辆12万元作价销售给乙国子公司一批汽车，乙国子公司最后以20万元的价格在当地出售这批汽车。这样，甲国A公司销售这批汽车的所得额为每辆2万元（12－10）；乙国子公司取得利润每辆为8万元（20－12）。但是，这种企业集团内部作价分配是不符合独立核算原则的。根据乙国税务当局调查证明，当地无关联企业同类汽车的销售毛利率为20%，那么根据比照市场标准，这个企业集团内部甲国A公司向其乙国子公司销售汽车的价格每辆应调整为16万元［20×（1－20%）］。税务当局按照比照市场标准，即可认定甲国A公司这批汽车的销售收入，每辆应按16万元进行分配。

经过调整分配后，甲国A公司取得利润每辆为6万元（16－10）；乙国子公司取得利润为4万元（20－16）。

（三）组成市场标准

组成市场标准是指用成本加利润的方法，所组成的一种相当于市场价格的标准，以此来确定联属企业之间某种交易的价格，并进行分配。它要求联属企业要遵循正常的会计制度规定，如实记录有关成本费用，然后加上合理的利润作为联属企业间内部产品销售收入分配的依据。其中合理的利润是从国内和国际贸易的情报资料中取得的。组成市场价格是一种运用顺算价格法计算出来的市场价格。

例如，甲国A汽车制造公司以成本价格（每辆10万元）销售给乙国子公司，乙国子公司还是以20万元的价格在当地售出去。

这样，这个企业集团内部经过人为地作价分配，使甲国A公司销售这批汽车的利润每辆为：10－10＝0（万元）；乙国子公司取得利润每辆为：20－10＝10（万元）。但是甲国税务当局认为，根据甲国市场资料，甲国A公司生产的这批汽车，一般的生产费用率为64%，那么按照组成市场标准，对甲国A公司销售这批汽车的收入（价格）每辆应调整为：100÷64%＝15.625（万元）。

税务当局按照组成市场标准，就可以认定甲国A公司这批销售收入，每辆应按15.625万元进行分配。经过调整分配后，甲国A公司取得利润每辆为：15.625－10＝5.625（万元）；乙国子公司取得利润每辆为20－15.625＝4.375（万元）。

（四）成本标准

成本标准是指按实际发生的费用作为分配标准。一般只适用于联属企业之间非主要业务的费用分配，以及一部分非商品业务收入的分配。非商品业务包括贷款、劳务提供和财产租赁等，这些非商品业务的相应收入是利息收入、劳务收入和租赁收入等。

成本标准要求转出企业必须把与该项交易对象有关的成本费用正确地记载在账册上，并以此为依据进行分配。而该项交易又必须是与转入企业的生产经营有关，并使转入企业真正受益。

按照国际惯例，对于总公司或母公司的国际管理费用，按成本法进行分摊时，必须满足下列条件：第一，转出管理费用的总公司或母公司应纯属管理性质机构，而并不是直接对外营业的机构；第二，转出的管理费用必须与转入企业的生产经营有关；第三，其他单独为转入企业提供服务所发生或垫付的管理费用。

对于母公司作为整个企业集团的控制机构，以及对外国子公司有控制权的股东所进行的与其职能有关的活动而产生的费用，应属母公司的费用，不得向其子公司计取劳务收入，也不得以补偿成本的名义把费用分摊给子公司。对于母公司向子公司提供某项劳务而计取劳务收入后，要防止它向子公司销货时，又把此项劳务费用分摊给子公司。对于母公司从事的有利于联属企业集团和各个单位的一些劳务，如母公司的研究和开发活动，母公司对整个企业集团的财务、生产、销售等工作所花费的劳务费用，由于各联属企业的结构不同，企业之间的关系不同，以及各联属企业集团内部所采用的费用分摊方法不同，所以应该由各有关国家税务机关协商解决。

至于对联属企业之间发生的某些非商品业务往来的收入，则要区别不同情况，以确定是否适用成本标准进行分配。例如，甲国母公司将其本身所有的机器设备等有形财产租给它的乙国子公司所收取的租赁收入，如果出租者（母公司）或承租者（子公司）有一方是专业租赁公司，那么，必须按照市场标准进行分配，即按照含有利润的市场价格计取租赁收入。否则，一般应按成本标准分配。又如，甲国母公司向乙国子公司提供咨询服务收取的劳务收入，如果提供的劳务，是该项劳务提供企业（甲国母公司）或接受企业（乙国子公司）的主要经营业务，那就必须按含利润的价格计算劳务收入，即必须按照市场标准进行分配。如果该母公司不是主要经营业务，那么，它就可以按照成本费用，确定向其乙国子公司的收费，即按照成本标准进行分配。

上述几种标准是对关联企业转让定价的应税所得调整的一般方法。由于商品、交易、价格的复杂性，调整关联企业的应税所得时往往非常困难。许多国家都有各自的具体规定，概括起来，通常有以下三种做法：一是按交易项目调整，即对关联企业之间的交易事项进行逐笔审查，符合正常交易价格的不调，不符合的要调到正常交易价格的水平；二是对某些交易项目的收付定价标准实行"安全港规则"，比如贷款利率允许按市场平均利率上下浮动20%，非专业劳务允许按成本收费，加工订货规定工缴费统一比率等；三是按总利润进行合理分配，即从企业集团的整体利润的分配水平进行考察，低于合理平均利润率的予以调高。许多国家在实践中都采用"合理的利润率"作为核定关联企业应税所得的依据。由税务机关采取核税的办法来调整应税所得已成趋势。这种办法的实施，大大缓和了避税活动。

五、实行预约定价制

预约定价制（Advanced Pricing Agreement，简称APA），指的是纳税人事先将其和境内外关联企业之间内部交易与财务收支往来所涉及的转让定价方法（Transfer Pricing

Methodology，简称 TPM）向税务机关申请报告，经税务机关审定认可后，可作为计征所得税的会计核算依据，并免除事后税务机关对定价调整的一种制度。APA 的突出特点是税务机关把对关联企业转让定价的事后审计改变为事前审计，对保护纳税人的合法经营和税务机关的依法征税都有好处。美国于 1991 年推出了预约定价制，随后日本、澳大利亚、加拿大、西班牙和英国等先后实行。

预约定价制的申请和审定程序为：第一，纳税人向主管税务机关提出加入 APA 申请。纳税人向主管税务机关提出加入 APA 申请时，税务机关要求纳税人提交有关资料。资料的内容可根据税务当局的具体要求而设置，但以下内容是必备的：纳税人涉及的关联企业清单，包括企业名称、生产经营范围、经营地点、机构设置、员工人数和所在国的税务编码、关联企业内部交易的作价方法、各个关联企业的财务成果和税收数据。税务机关接到纳税人申请，对有关资料进行初审，初审后，相关税务人员同纳税人约谈，提出有无必要补充报送相关资料。第二，各项资料齐备后，税务主办者提出审定意见，经主管人员复审后正式批准。一旦实施，税务机关将进行跟踪管理，了解转让定价方法是否符合关联企业的实际，关联企业生产经营和交易往来若发生重大变化，纳税人必须及时向税务机关报告，做必要的修改。第三，纳税人每年需向税务机关提供 APA 的实施报告，并按规定期限保留有关的原始资料和会计凭证，以备检查。

六、防范逆向避税

1. 税务机关积极促进本国合营者参与合营企业的经营管理和决策，增强自身的经营管理能力，主动控制合营企业的生产经营活动，建立和完善对外方合营者的制约机制，使外方真正形成利益共享、风险共担的观念，从而消除这种逆向避税。

2. 积极创造良好的外部环境，使跨国纳税人能够合法经营，并能够以正当方式直接地实现其必需的经营策略，如尽可能放宽对外来投资者的外汇管制等，使跨国纳税人能直接实行资本转移，既消除逆向避税活动，也给本国带来更多的税收收入。

3. 尽可能保持政策的稳定性和连续性，保持国家政局稳定，增强外国投资者的信心，消除预期风险产生的各种因素，这也是防止跨国纳税人逆向避税的一个重要方面。此外，防止逆向避税，还应加强国际合作。这对于那些税率较低、税收优惠政策较多的国家和地区，尤其是发展中国家来说，更为重要。按照惯例，跨国公司为了保持利益的最大化，一般会将高税率国家或地区的利润转移到低税率国家或地区。

七、防止纳税人利用避税港避税问题

美国于 1962 年制定了避税港对策税制，随之各西方国家纷纷仿效。1972 年德国、1980 年法国和加拿大、1990 年澳大利亚等国都建立起避税港对策税制，这些国家避税港对策税制的框架基本相同包括：一是在税法中明确避税港的判定标准。对于避税港，各国有不同的判定方法，有的国家采取列举方法，直接列举出避税港的"黑名单"，如美国列举的避税港有 39 个，德国列举的避税港有 31 个，澳大利亚列举的避税地则只有16 个。而更多的国家则以规定的税率为标准来判定避税港，如日本将法人税率低于 25% 的国家和地区判定为避税港，英国这一标准为 24.5%，巴西将所得税税率低于

20%的国家和地区判定为避税港，法国则将税率低于本国税率1/3的国家和地区判定为避税港。二是明确税法适用的纳税人。即明确本国居民设立在避税港的受控外国公司适用避税港对策税制。这种受控关系一般以本国居民在国外公司的参股比例确定。一般以本国居民直接或间接拥有外国公司有表决权股票50%以上且每个本国股东直接或间接拥有外国公司有表决权股票至少10%为标准。三是明确税法适用的课税对象。为防止打击面过大，各国避税港对策税制均规定，适用避税港对策税制的所得，主要是来自受控外国公司的消极投资所得，如股息、利息所得、特许权使用费，而来自生产经营活动的积极投资所得则不包括在内。四是明确对税法适用对象的制约措施。在明确了上述税法适用对象后，各国税法均规定，对作为避税港公司的股东的本国居民法人或自然人，其在避税港公司按控股比例应取得的所得，不论是否以股息的形式汇回，一律计入其当年所得向居住国纳税。该部分所得相应已纳入外国税收可获抵免。美国更进一步规定，上述所得如果没有汇回国，则每个美国股东在该受控外国公司持有的股票基数，还要随视同分配股息相应增加，即一方面视同分配征税，一方面视同增加投资。当以后年度该利润实际分配汇回美国时，不再征税，并相应减少股票基数。

八、限制滥用税收协定

各国限制滥用税收协定的措施，大致有以下几种方法：

（一）节制法

节制同那些实行低税制的国家或易于建立导管公司的避税地国家（如列支敦士登、摩纳哥、巴拿马等）签订税收协定，因为税收协定滥用往往是借助于在这类国家中建立导管公司来实现的。

（二）排除法

将缔约国另一方被课以低税的居民公司（如控股公司），排除在享受协定优惠待遇的范围之外。

（三）透视法

将享受税收协定优惠的资格不限于公司的居住国，而是要透过法律实体看其股东的居住国。它不考虑名义股东而是考虑实际受益人，即最终接收股息人的居住国。

（四）承受税收法

该法给予协定优惠应以获自一国的所得，在另一国必须承受起码的税负为基础。其目的是为了避免同一笔所得，在缔约国双方均不纳税。

（五）渠道法

该法限制一个公司一定比例的毛所得，不得用来支付不居住在缔约国任何一方的个人或公司收取的费用。否则，该公司付出的股息、利息、特许权使用费不给予协定优惠。

（六）真实法

该法规定特许条款，来保证真实交易不被排除在税收协定优惠之外。这些条款包括建立公司的动机、公司在其居住国的经营交易额、公司在其居住国的纳税额等。除非建立一个公司的动机具有充分的商业理由，公司在居住国有大量的经营业务，公司在居住国缴纳的税款超过要求的扣除额等；否则，不给予该公司协定优惠。

（七）调整法

在加强税收调查的基础上，确实掌握居民的真实身份，对滥用税收协定的做法，及时予以调整，防止国家税款的流失。

例如，甲国国内税法规定对其境内汇出股息应缴纳20%的预提税；乙国国内税法规定对股息征30%的预提税。甲国和乙国签有税收协定，规定发生在签约国的同类所得只征收5%的预提税，以协调甲乙两国的税收利益关系。某跨国公司A总机构设在丙国，其拥有甲国B公司50%的股票。B公司当年所得税后利润为200万美元，需支付丙国A公司一定的股息。股息在汇出前须缴纳20%的预提税。跨国公司A为减轻税收负担，在乙国租用一个邮箱，地址显示A居住地为乙国。根据甲乙两国的税收协定，对于B公司从甲国向A公司汇出的股息按税收协定所规定的税率5%来计算预提税，结果使跨国公司A的税负大大减轻。

此例中A采用邮箱方式冒充乙国居民，滥用甲乙之间的税收协定，使B公司逃避了一定的税款。实际上，A的真实身份应是丙国居民，因为它的总机构设在丙国。所以，对于B向A汇出的股息应按一般办法处理，即缴纳20%的预提税，应纳税额 = 200×50%×20% = 20（万美元）。但由于A冒充了乙国的居民身份，在税收处理上仅对汇出股息按5%的税率纳税。应纳税额 = 200×50%×5% = 5（万美元）经比较，可以发现，B公司缴纳的预提税减少了15万美元（20−5），税负减轻了75%〔（20−5）÷20×100%〕。跨国公司A从中获得了极大的利益，但B公司所在国甲国政府则损失了15万美元的税收收入。因此，对这种滥用税收协定的做法，必须给予调整。美国在反滥用税收协定所采取的措施包括：一是在国内立法中制定目的在于反滥用税收协定的特殊条款。二是在税收协定中列入反滥用协定的特殊条款。例如，美国在其对外缔结的五十多个税收协定中，约一半包含了反滥用税收协定的条款。

九、防止通过纳税主体国际转移进行国际避税的一般措施

（一）对自然人进行国际避税的约束

1. 限制自然人避税性移居

对以避税为动机的自然人的国际迁移，有些国家采取了使移居出境者在移居后的很长一段时间内，在其原居住国（国籍国）仍负有纳税义务的措施。如美国有保留追索征税权的规定。根据美国《国内收入法典》，如果一个美国人以逃避美国联邦所得税为主要目的，而放弃美国国籍移居他国，美国在该人移居后的10年内保留征税权。对其实现的全部美国来源所得和外国的有效联系所得，按累进税率纳税；出售位于美国的财产以及出售由美国人发行的股票或债券所实现的收益，被视为美国来源所得。美国税务当局通过对该人滞留在美国境内的银行存款、房地产等财产的留置权，实行有效的征管，从其在美国的财产中扣除应纳税款。

2. 限制自然人假移居和临时离境

对自然人以避税为目的假移居和临时离境，居住国往往采用不予承认的方法加以约束。例如，英国曾有一个对移居出境的自然人仍保持 3 年居民身份的非正式规定。该规定限制一个自然人要放弃在英国的居民身份，必须为此提供证据，比如卖掉在英国的房子，并在国外建立一个永久住宅，才能于其离境之日，暂时批准其要求。然后等该人在国外居留至少一个完整的纳税年度，如果在这段时间内对英国的任何访问天数全年累计不超过 3 个月，那么，才正式认定其移居。否则，对其放弃英国居民身份要求的批准决定要延期 3 年。在这 3 年内，将仍视为英国居民征税。待 3 年届满，再参考在这一段时间内实际发生的情况做出决定。

对于采用临时离境方式来避免达到法定居住天数的避税方法，有的国家采用对短期离境不予扣除计算的对策。有的国家则采用将前一两年实际居住天数按一定比例加以平均，来确定某个人在本纳税年度是否达到居住天数标准。

3. 限制自然人利用避税地公司累计避税所得

为了防止纳税人利用在国外低税或无税条件下积累所得和财产进行避税，若干发达国家制定了一些有关反避税法律条文。

（1）英国的享有权规定。英国税法中规定，凡是对英国境外"人"的所得有"享有权"的英国居民，应在英国就享有的国外所得纳税。"享有权"适用于下列情况：第一，不论是否以所得的形式表现出来，事实上是由某人支配的所得；第二，收到或应计的所得起到了增加个人持有资产的作用；第三，个人收到或有权收到的各种所得或货币收益；第四，个人通过行使一种或多种权力就可得到的收益；第五，个人能以各种方式直接或间接控制所得的运用。这种"享有权"的规定非常广泛，使得一个英国居民在许多情况下，要就其在另一税收管辖权下拥有的所得纳税，而不论他的这笔所得是否汇回英国。

（2）法国对利用避税地公司避税的规定。《法国税收总法典》规定，一个在法国定居或开业（包括只在法国开业，而不在法国定居）的人提供服务的报酬，而由一个在国外定居或开业的人获取。如果符合下列条件之一，应由前者在法国纳税。第一，获取服务报酬的人，是由法国纳税人直接或间接控制；第二，不能证明获取服务报酬的人是主要从事工商活动，而非提供服务；第三，获取服务报酬的人，是在低税负国家或地区定居或开业。

（3）美国对个人控股公司未分配所得余额征收惩罚税。个人控股公司是指在纳税年度的后半年中任何时间内，其股票价值 50% 以上直接或间接为 5 个或更少的人（包括非美国人）所拥有，其消极所得在调整所得中达到一定比例的公司。对这种公司，除了征收正常的公司税外，再对其应分配而未分配的"累积盈余"比照个人所得税最高税率征收一道惩罚性所得税。这种个人控股公司税主要针对个人的三种避税方法。第一，为了躲避个人所得税比公司所得税税率高的那部分差额负担，便组建一个公司来持有个人的投资证券，使个人的利息和股息所得转变为公司的应税所得，从而可以按较低的公司税税率纳税。第二，将个人的劳务所得，转给一家公司。比如某个人组建一家公司，使自己成为该公司的雇员。由公司出面与服务需要方签订合同，个人只负责提供服务，而由公司收取服务收入，公司支付给个人的薪金少于赚取的服务收入，通过这种方法；个人可以成功地将某些收入转给公司，使其按较低的公司税税率纳税。第三，利用公司营业活动扣除的好处。如个人将其游艇、赛车或度假别墅等财产，连同其投资一并转给公司，使与个人财产有关的费用，像上述财产的维修保养费等，由非扣除性费用转化为可扣除性营业费用，用以冲减营业所得，而获得少缴所得税的好处。

（二）对法人进行国际避税的约束

1. 限制迁移出境

英国在税法中规定，在没有得到财政部允许的情况下，英国公司不能向避税地迁移和转移部分营业，或建立一个避税地子公司。违反者将受到严厉处罚，包括对当事人的 2 年监禁、总额为应纳税额 3 倍的罚款。

2. 限制转移营业和资产

英国在税法中，除了约束法人的直接迁移外，还规定居民公司将贸易或经营转让给非居民公司，居民母公司允许非居民子公司发行股票或出售债券以及售出子公司等行为，也必须事先得到财政部的批准，否则将受到处罚。

3. 限制利用公司组建、改组、兼并或清理避税

在法国，当改组涉及法国公司被外国公司合并，或者法国公司以其资产缴付换取外国公司的股份时，应按适用于合并的一系列税务规定执行，并须经法国财政部批准。本期应纳税利润仍由被合并公司承担纳税义务，对合并前的亏损也准予核销。但是，所转让的资产必须保留在法国境内，并必须列入外国公司在法国的分支机构的资产负债表中。

4. 限制改变经营形式

美国规定，对本国公司在国外以分公司的形式从事经营的初期损失，允许从美国公司的赢利中予以扣除；但国外分公司如有盈利而改变为子公司，仍须责令美国公司退还以前的扣除额，以防止通过改革经营形式，从损失扣除和延期纳税两方面获利。

为了防止将股东投资改变为举债，以增加利息费用扣除，减轻税负，一些国家在税法中明确规定了债务与产权的比率，不得超过 3∶1 或 5∶1 等，超过这一比率的债务所支付的利息不予扣除。

美国是最早实行反避税的国家。早在一战时期，就已经开始了反避税立法。经过几十年的不断完善，目前已经形成了比较健全的反避税法律体系。美国规定，企业避税（所得税）净额达 500 万美元以上的，除如数追缴外，还将处以 20% ~40% 的罚款；对来自避税港的企业，采用不同于其他地区企业的税收条款等等。明确规定：凡是受控外国公司（包括在避税港设立的由本国居民直接或间接控制的外国公司）的利润，不论是否以股息分配形式汇回母公司，都应计入美国母公司的应纳税所得征税。不仅

如此，在 11 万联邦税务人员中，数百人专门从事反避税工作。同时，美国还拥有一支精干的税务警察队伍，把避税当成偷税一样来严厉打击。

日本、英国、加拿大、澳大利亚等国家，无不重视反避税工作。日本和加拿大成立了反避税部，其中日本还投入了大量人力，13 万税务人员中有 300 人在反避税部门工作；意大利、新加坡等国也像美国一样设立了税务警察。这些国家经常就反避税法律、手段等方面情况交流信息，相互借鉴，取长补短。比如英国就借鉴美国的方法，要求税务顾问在向企业出售有关避税方案之前，必须取得税务部门的许可。

总之，在经济全球化和税收国际化的大背景下，越是经济开放程度高的国家，越是重视反避税工作。

思考题

1. 如何借鉴国际上反避税的先进经验？
2. 各国限制滥用税收协定的主要措施有哪些？

参考文献

［1］吴得丰，徐丽珍．管理风险、创造价值，公司税务治理与规划［M］．台北：财团法人资诚教育基金会，2010．

［2］靳万军，石坚．税收理论与实践［M］．北京：经济科学出版社，2009．

［3］李永贵．中国税收实务［M］．北京：经济科学出版社，1999．

［4］国家税务总局税收科学研究所．中国税收研究报告［M］．北京：中国财政经济出版社，2010．

［5］国家税务总局．中华人民共和国税收基本法规［M］．北京：中国税务出版社，2011．

［6］金人庆．中国税务词典［M］．北京：中国税务出版社，1999．

［7］国家税务总局．企业所得税管理工作规范［M］．北京：中国税务出版社，2011．

［8］国家税务总局全国税收"五五普法丛书编委会"．纳税咨询问答［M］．北京：中国税务出版社，2008．

［9］刘佐．中国税制概览［M］．北京：中国税务出版社，2008．

［10］陈俐．全球视野下的税收协调理论与实践［M］．北京：中国税务出版社，2010．

［11］刘佐．新中国税制60年［M］．北京：中国财政经济出版社，2009．